Principes et typologie des discours universitaires

© L'Harmattan, 2009
5-7, rue de l'Ecole polytechnique ; 75005 Paris

http://www.librairieharmattan.com
diffusion.harmattan@wanadoo.fr
harmattan1@wanadoo.fr

ISBN : 978-2-296-10599-7
EAN : 9782296105997

Jean-Marc Defays, Annick Englebert,
Marie-Christine Pollet, Laurence Rosier, Francine Thyrion (éd.)

Principes et typologie des discours universitaires

Tome I

Actes du Colloque international
« Les discours universitaires : formes, pratiques, mutations »
(Bruxelles – 24, 25, 26 avril 2008)

L'Harmattan

Sommaire

Jean-Marc DEFAYS :
  Défense et illustration de l'analyse des discours universitaires 9

A. PRINCIPES ET ENJEUX

Sémir BADIR :
Pour une description raisonnée des discours épistémologiques 25

Prisque BARBIER :
  Modalités et modes de communication des discours universitaires 37

Karine BERTHELOT-GUIET :
  Discours universitaires, discours professionnels : croisements et
  hybridations 47

Kjersti FLØTTUM :
  Une perspective comparative de langue et de discipline sur les écrits
  scientifiques : standardisation *vs* diversification 57

Olga GALATANU :
  Le discours « définitionnel » de l'identité universitaire : un processus de
  dénomination en cours 69

Dominique MAINGUENEAU :
  Les discours universitaires, entre appareils et discours constituants 85

Sophie MOIRAND :
  Qu'est-ce qu'un discours universitaire de recherche en lettres et
  langues ? 95

Marie-Anne PAVEAU :
  Vices et vertus du discours universitaire : une perspective éthique 111

B. FORMES ET TYPES

Driss ABLALI :
  Divorcer de la discipline. Vers une nouvelle configuration générique de
  l'Article scientifique 125

Hanne Leth ANDERSEN :
  Le nouveau discours universitaire : textes de présentation, marketing et
  recrutement — Vers un discours d'entreprise 139

Georgeta CISLARU et Chantal CLAUDEL :
  Le descriptif des cours de méthodologie, un discours métaréflexif ? 151

Robert CONNOR :
  The academic profession as displayed in the university lecture 163

Anne DISTER :
  La segmentation en unités minimales est-elle propre au genre ? Quatre
  discours académiques à la loupe 175

Sylvie FERRANDO :
  Qu'est-ce que l'édition d'un discours universitaire scientifique
  aujourd'hui ? Étude de critères et de méthodes 187

Zekiye Tüge Topcu GÜLŞEN :
  The popular in the academy: a bridge too far? 199

Thierry HERMAN :
  Rhétorique des incipit dans les articles scientifiques en sciences
  humaines et sociales 215

Principes et typologie des discours universitaires

Elaine HEWITT :
The university discourse of thesis-writing and the case of the
disappearing discussion chapter 229
Nadine LUCAS :
Le discours des géographes en situation pédagogique, académique et
médiatique 245
William PETTY :
Compétences discursives et littératie conceptuelle 255
Jocelyne ROBERT :
Uniformisation des critères de publication et émergence de « nouveaux »
discours dans le domaine des sciences de la gestion 267
Carmen-Ştefania STOEAN :
La dimension interactionnelle du discours universitaire écrit 283
Eija SUOMELA-SALMI :
Résumés des articles scientifiques : conventions disciplinaires,
langagières ou pragmatiques ? 297
Maria ZALĘSKA :
Communicating criticisms through written university genres 313

Défense et illustration de l'analyse des discours universitaires

Jean-Marc DEFAYS
Université de Liège

RÉSUMÉ

En espérant contribuer à justifier, à baliser, à éclaircir quelque peu le champ de recherche et de réflexion, relativement nouveau, qui fait l'objet des études aussi variées que spécialisées de cet ouvrage, nous nous proposons, dans cet article introductif, d'aborder trois questions générales qui couvrent l'ensemble de la problématique.

La première concerne la définition et la caractérisation des discours universitaires, ou plus précisément la topographie du terrain encore vague qu'ils occupent, avec des copropriétés, des mitoyennetés, des indivisions, des servitudes à débrouiller.

La seconde question est de savoir comment caractériser ces discours universitaires par leurs propriétés internes ; pour cela, nous discuterons à titre exemplatif quelques-unes des particularités que lui ont attribuées des professeurs de différentes disciplines que nous avons soumis à un premier sondage.

La troisième question portera sur la responsabilité, l'actualité, les enjeux d'une analyse de ces discours compte tenu des bouleversements que connaît depuis quelques années l'institution universitaire et dont nous présenterons les principaux vecteurs, en envisageant leurs impacts sur les discours concernés.

* Cet ouvrage constitue les actes du colloque organisé par l'Université Libre de Bruxelles, l'Université de Liège et l'Université Catholique de Louvain, les 24, 25 et 26 avril 2008, à la Fondation Universitaire de Bruxelles, grâce à l'aide de ces trois universités, ainsi qu'à celle du Fonds National de la Recherche Scientifique et du Commissariat Général des Relations Internationales de la Communauté française de Belgique, institutions que les éditeurs remercient chaleureusement pour leur précieux concours.

MOTS-CLÉS
Analyse du discours • discours universitaire • discours scientifique • internationalisation • épistémologie.

ABSTRACT

We hope to contribute to the justification, and to the clearing away and clearing up (to some extent) of this field of research and reflection, which is relatively new, which is the object of studies as varied as they are specialized in the present work*, and so in this introduction we propose to consider three general questions that cover the entirety of the problematic.

The first concerns the definition and the description of university-based discourse, or more precisely the topography of the terrain, still unclear, that this discourse occupies, along with its shared properties, its common boundaries, its areas of indistinction, and its dependencies, all remaining to be made clear.

The second question is to know how to describe university-based discourses according to their internal properties; in order to do that, we shall discuss in an exemplifying way some of the particularities that have been attributed to this discourse type by professors of different disciplines who have responded to our initial survey.

The third question bears upon the responsibility, the actuality and the enjeux involved in an analysis of this discourse, taking account of the upheavals that the institution of the university has been subjected to in recent years, concerning which we shall consider the principal vectors, and their impacts upon various discourses.

*This work constitutes the acts of the symposium organized by the Université Libre de Bruxelles, the Université de Liège and the Université catholique de Louvain, on April 24th, 25th and 26th, 2008, in the Fondation Universitaire of Brussels, thanks to the help of these three universities, as well as of the Fonds National pour la Recherche Scientifique and the Commissariat Général aux Relations internationales of the Communauté française of Belgium, institutions which the editors thank warmly for their precious collaboration.

KEYWORDS
Analysis of discourse • university discourse • scientific discourse • internationalisation • epistemology.

*   *
*

1. Cadre et objets

Nous nous sommes déjà demandé ailleurs (Defays 2006) si la dénomination « discours universitaires » couvrait les discours tenus *par* et/ou *pour* les universitaires (définition personnelle) ; et/ou tenus *dans* l'enceinte d'une université, de l'auditoire à la salle du conseil, en passant par le bureau du doyen et le séminaire des étudiants (définition situationnelle) ; et/ou tenus *sur* l'université, y compris par d'autres personnes en d'autres lieux (définition thématique). Il reste évidemment à préciser ce que l'on entend par une « université » et un « universitaire ». L'ensemble foisonnant des institutions et des établissements qui portent ou réclament le nom d'» université » est en pleine restructuration et il risque de demeurer longtemps très instable ; doit-on par exemple y compter certaines écoles, « hautes », « normales » ou « supérieures », collèges, instituts, centres d'expertise, laboratoires, etc. ? Commencent aussi à apparaître des universités virtuelles dont les structures et l'encadrement sont encore plus labiles. Si le principe de base est qu'une université associe étroitement l'enseignement (supérieur) et la recherche (scientifique), on sait toutefois qu'elle ne les combine pas tout le temps ni à tous ses niveaux, certains départements, en fonction de leurs spécificités, se consacrant plutôt à l'un ou plutôt à l'autre de ces deux pôles d'activités. On ne peut pas non plus oublier les tâches administratives et le discours y afférents, qu'ils soient assurés par les professionnels de l'administration ou les autres membres de l'institution, y compris le recteur.

Il n'est pas moins délicat d'identifier et de caractériser les personnes que l'on peut dorénavant dénommer « universitaires ». Premièrement, faut-il réserver cette désignation aux professeurs attitrés qui, par principe aussi, devraient être à la fois enseignants et chercheurs, mais qui sont souvent obligés de sacrifier l'une ou l'autre de ces responsabilités, souvent à cause d'un supplément de tâches administratives ? On se demande d'ailleurs si nous n'assistons pas à une dissociation, voire une spécialisation, dans la répartition de ces responsabilités qu'un seul et même professeur ne peut plus assumer seul comme auparavant. Par contre, on peut aussi observer une déprofessionnalisation du métier de professeur universitaire (« ordinaire ») puisque de nombreux membres (« extraordinaires ») du corps professoral d'universités y sont de plus en plus souvent engagés pour y enseigner ou y faire de la recherche sur base de leur expérience ou de leur expertise professionnelles, parfois même sans le titre de docteur. Deuxièmement, se pose la question des chercheurs qui n'enseignent pas ou qui ne le feront qu'à un autre stade de leur carrière, et aussi celle de l'étudiant universitaire : même s'il s'y initie progressivement, et même si cette initiation n'est pas toujours couronnée de succès, l'étudiant n'en reste pas moins à la fois un consommateur et un producteur de discours universitaires pendant sa formation. Et qu'en est-il, troisièmement, des membres du personnel administratif dont le rôle s'est dernièrement sensiblement accru au point de devenir les intermédiaires privilégiés avec le monde extérieur et entre les différents types de personnels — professeurs, chercheurs, étudiants — sur qui il s'est par ailleurs déchargé (via les NTIC) d'une partie de ses tâches, par exemple la gestion du courrier, des inscriptions des étudiants, des programmes de cours, des épreuves et examens, des projets de recherches ?

Voilà donc quelques-uns des problèmes que posent la définition et la délimitation du cadre de notre analyse du discours, qu'il faudra régler progressivement et revoir régulièrement. Concernant la constitution du corpus, un petit sondage effectué en 2007 auprès d'une douzaine de collègues de différentes facultés d'universités francophones de Belgique permet de donner à titre indicatif cet aperçu déjà fort riche, tant à l'oral :

> cours magistral, conférence, séminaire, dispute, débat, leçon publique, défense (présentation, commentaires...), examen (questions-réponses), travaux pratiques, « clinique », entretien, communication scientifique, « session poster », conseil scientifique, académique, réunion, conversation, etc.

qu'à l'écrit :

> syllabus, ouvrages et articles (pédagogiques, scientifiques, de vulgarisation), cours à distance (site Internet), mémoire, thèse, projet de recherche, résumé pour colloques, actes de colloque, rapport (de recherche, de lecture, de stage...), procès-verbal, examen (questions-réponses), notes de cours, courrier (postal, électronique), Internet, etc.

L'analyse des rapports, complexes et instables, entre les discours universitaires oraux et écrits est déjà fort révélatrice du mode de fonctionnement de la gestion du savoir à l'université (voir Waquet 2003) ; d'autres typologies ne seraient pas moins instructives. On peut par exemple partir du principe que les différents discours pratiqués entre les murs d'une université (où l'enquêteur se promènerait avec un enregistreur ou une photocopieuse) relèvent forcément d'une des trois catégories suivantes : la première, la catégorie des discours-*objets ;* la seconde, celle des discours-*instruments*,

Principes et typologie des discours universitaires

et, finalement, la troisième, celle de l'*analyse* des discours qui prend pour objets les deux première catégories (dont elle continuerait cependant à faire partie) et dans laquelle on rangerait les articles de ce recueil.

Rares sont les disciplines scientifiques et les cours de facultés qui ne soient peu ou prou basés sur l'étude critique de discours-*objets*, que ce soit d'œuvres littéraires, de documents historiques, de récits de témoins, d'anamnèses médicales, d'articles de lois, de transcriptions d'expériences, de bilans d'entreprise, de programmes politiques, etc. Les développements de l'analyse des discours ont démontré que rien ne peut lui échapper : non seulement les linguistes qui s'y livrent ont droit de cité dans toutes les spécialités, mais tout spécialiste est d'abord spécialiste des modalités de production, d'interprétation, d'évaluation, de gestion des discours appartenant à son domaine. Il entre dans les responsabilités de l'université d'apprendre à ses étudiants à comprendre, à utiliser, à analyser les discours-*objets* en rapport avec leur future spécialité, et, dans plusieurs cas, à en produire aussi eux-mêmes, par exemple à rédiger les statuts d'une association, un article de presse, à donner une leçon devant des élèves.

S'il l'on peut avancer qu'il y a autant de discours-*objets* que de matières dites universitaires, on peut aussi supposer *a contrario* que les discours-*instruments* eux se ressemblent davantage dans la mesure où ils caractérisent une institution ou une pratique discursive spécifiques (compte tenu des réserves ci-dessus émises). C'est précisément à ce niveau que l'on peut examiner les particularités du ou des discours universitaires : si l'on traite différemment la « passion » dans les départements de littérature, de psychologie, de droit, ces discours partagent suffisamment de points communs pour que l'on puisse les désigner de discours universitaires, les associer (dans le cadre de l'interdisciplinarité, par exemple), et pour que l'on ne les confonde pas avec les discours de la presse populaire, de la littérature sentimentale ou de l'exhortation religieuse.

Le partage entre discours-*objets* et discours-*instruments* n'est évidemment pas étanche : le discours du professeur de littérature sera certainement plus littéraire (surtout dans certains types d'approches, dénommées précisément « intersubjectives ») que celle du professeur de biologie moléculaire. Dans la mesure où, dans certaines facultés, beaucoup de professeurs, nous l'avons dit, exercent le métier à l'extérieur, il y a aussi confusion des discours : quand il prend la parole à l'université, est-ce le professeur de droit (de médecine, d'économie...) qui parle à ses étudiants ou l'avocat (le médecin, l'homme d'affaires...) expérimenté qui s'adresse à des (futurs) collègues ?

Pour approfondir cette typologie, nous nous inspirerons de la triple mission du professeur telle qu'on la trouve décrite dans les différents statuts ou chartes d'universités belges ou étrangères, à savoir les missions d'enseignement, de recherche, et de service à la communauté (universitaire ou extra-universitaire, que l'on désigne aussi du beau nom de « citoyenneté »), pour nous demander si un discours ne correspondrait pas à chacune de ces responsabilités : le discours *professoral*, le discours *scientifique*, le discours de *communication* générale, surtout administrative.

Même s'ils sont fort proches, qu'ils connaissent beaucoup de variantes et de sous-genres, et qu'ils interagissent continuellement dans le travail du professeur universitaire, il faudrait d'abord noter attentivement les différences entre le discours *professoral* et le discours *scientifique*, qui ne sont pas destinés aux mêmes personnes : des étudiants, d'une part, des paires, d'autre part ; qui ne visent pas le même objectif : développer le savoir des étudiants (appelés à l'assimiler et à le restituer lors de l'examen), d'une part, développer le savoir en général en collaboration avec d'autres scientifiques (appelés à confirmer ou infirmer la contribution), d'autre part ; qui ne répondent pas aux mêmes exigences : le discours scientifique requiert l'exhaustivité et l'économie, alors que certaines méthodes pédagogiques reposent sur la redondance, d'autres, plus contemporaines, sur la rétention d'informations et d'explications (qu'il est plus profitable de laisser les étudiants chercher eux-mêmes). À ce propos, d'intéressantes comparaisons pourraient être faites entre l'exposé d'un même sujet par un même professeur devant différents publics d'étudiants (discours pédagogique), de collègues (discours scientifique), de profanes (discours de vulgarisation)…

Le nouveau contexte, sur lequel nous reviendrons plus loin, a développé au sein de l'université l'usage du discours de *communication*, non seulement entre les différentes catégories du personnel universitaire, mais aussi avec le monde extérieur où l'université doit valoriser son image et multiplier ses contacts, notamment via les médias, avec d'autres universités, avec d'autres acteurs sociaux, avec des partenaires économiques, avec les milieux professionnels, et aussi avec le public où seront recrutés les futurs étudiants, chercheurs, professeurs. L'université-tour d'ivoire, qui pratiquait des discours réservés aux initiés, a laissé la place à l'université médiatique, qui communique, qui rayonne, qui séduit.

Pour assumer cette responsabilité de « service à la communauté », de « citoyenneté », le professeur est amené lui aussi à pratiquer ce discours de communication qui peut osciller — en interne ou en externe — entre le discours purement informatif, dans sa version la plus administrative, et le discours argumentatif, pour convaincre (les autorités académiques, les commissions de recherche, les partenaires économiques), et qui peut même tendre vers le discours militant, propagandiste, publicitaire, quand ce professeur est appelé à représenter et à défendre son département, son université dans des réunions, dans des congrès, dans des salons des études ou de la recherche.

Ces discours *professoral*, *scientifique* et de *communication* sont pratiqués en alternance dans des proportions très différentes chez tel ou tel professeur, en fonction de son profil, de ses fonctions, de l'évolution de sa carrière dans l'institution. Non seulement ces discours ne cessent de se combiner, mais il est évident aussi qu'ils se contaminent de la même manière que nous avions observé une certaine osmose entre les discours-*objets* et discours-*instruments*. Nous verrons plus loin quels impacts les mutations du monde universitaire peuvent avoir sur les discours qu'on y pratique, mais on peut répéter ce qui a été évoqué plus haut, que le discours de *communication* prend de plus en plus de place et d'importance autant dans le fonctionnement de l'université, que dans l'emploi du temps de son personnel académique, comme si on assistait actuellement à une fonctionnarisation du discours, et partant du métier de professeur.

2. Caractéristiques et variantes

Dans le sondage évoqué plus haut, nous demandions également à nos collègues d'indiquer, en première analyse, quelques propriétés, à leurs yeux essentielles, du discours universitaire. Ainsi, ce discours, ici entendu comme celui de l'enseignement et de la recherche confondus, a-t-il été qualifié, dans les réponses obtenues, d'*abstrait*, de *décontextualisé*, d'*impartial*, de *formel*, de *structuré*, de *précis*, de *critique*, d'*autocritique*, d'*univoque*, de *spécialisé*, d'*argumentatif*, mais surtout, caractéristiques les plus fréquemment utilisées, d'*objectif*, de *modalisé*, de *dense*, d'*intertextuel* et de *logique*. Toutes ces particularités — relevées, rappelons-le, par les professeurs eux-mêmes — mériteraient évidemment d'être confirmées par un plus large échantillonnage et confrontées à une analyse interne détaillée des discours en question. Nous nous contenterons ici d'épingler les cinq dernières caractéristiques.

2.1. Objectivité et incertitude

Sur le plan de l'énonciation, les discours universitaires se caractérisent et se différencient effectivement par le degré d'objectivité et le degré de certitude (modalité épistémique) que leur énonciateur manifeste. Qu'il réponde à un examen, rédige sa thèse de doctorat, donne un cours ou écrive un article scientifique, l'universitaire novice ou expérimenté doit inévitablement prendre position, d'une part, sur le caractère indécidable, relatif ou vériconditionnel (falsifiable, selon Popper) de l'objet qu'il traite — en fonction de la nature de cet objet ou de la perspective adoptée —, et, d'autre part, sur la possibilité, la probabilité ou la certitude de ce qu'il avance à son propos — en fonction de l'état des/de ses connaissances. Ces deux axes sont distincts dans les sciences humaines comme dans les sciences dites exactes où il faut autant assumer la subjectivité que douter de l'incontestable (cf. les relations d'incertitude d'Heisenberg). En croisant ces deux axes, on pourrait représenter un champ où situer les différents types de discours (notamment en fonction des disciplines), ou encore retracer les différentes étapes par lesquelles passeraient les discours professoraux et scientifiques en fonction des progrès de la recherche : dans l'angle de l'objectivité et de la certitude minimales se trouverait l'*intuition*, à l'origine de tout initiative scientifique, qui pourrait devenir une *conviction*, si la certitude se renforce, notamment quand elle est partagée par plusieurs, ou une *constatation* quand on peut se baser sur des faits recueillis grâce à des observations ou à des expérimentations, à partir desquelles on peut émettre une *hypothèse* en vue d'une *démonstration*, qui conjuguerait, elle, la certitude et l'objectivité maximales. Suivant divers processus et modalités propres aux différentes disciplines, mais aussi selon les aléas parfois imprévisibles du développement des connaissances, on peut faire l'hypothèse que toute entreprise scientifique et que tout discours qui lui est associé suivent et recommencent sans cesse ce mouvement de l'intuition vers la démonstration, avec des combinaisons variables d'objectivité et de certitude. Le discours des étudiants et des jeunes chercheurs en témoigne de manière souvent caricaturale.

2.2. Densité (grande quantité d'information)

Vis-à-vis de l'interlocuteur, les discours universitaires peuvent remplir différentes fonctions qu'il faut distinguer aussi, même si elles s'associent fréquemment. Par exemple, le discours professoral vise à la fois, même si c'est à des degrés divers, à informer (en sélectionnant les données à exposer) son public d'étudiants, à le convaincre (en organisant ces données selon une « orientation argumentative »), à le contraindre (à acquérir ces connaissances, à suivre la même démarche et/ou à aboutir aux mêmes conclusions), à le mettre à l'épreuve (en dosant le niveau de difficultés, ne serait-ce que linguistique, pour le simuler ou l'évaluer), à le sanctionner positivement ou négativement (pour l'améliorer ou le rejeter, lors d'un examen). Tous ces aspects devraient évidemment être détaillés aussi, mais nous nous arrêterons seulement à la bipolarisation des discours universitaires qui, dans les nouvelles pédagogies, oscillent

Principes et typologie des discours universitaires

sans cesse entre leur rôle *informatif* et *formatif*, le paradoxe étant que pour mieux *former* un étudiant il conviendrait de moins *l'informer*, pour qu'il prenne lui-même l'initiative de développer ses propres connaissances selon ses propres modalités, alors que les enseignants de naguère les lui livraient toute préparées, prêtes à l'emploi. Ainsi G. Leclercq (1996) propose-t-il, sur base du célèbre triangle pédagogique de Houssaye, d'en articuler les termes selon les trois modèles suivants : « l'enseignant explique quelque chose à l'étudiant » dans la formation explicative (ex. : un cours magistral), « l'étudiant s'explique quelque chose grâce à l'enseignant » dans la formation appropriative (ex. : un séminaire), et « l'enseignant et l'étudiant s'expliquent ensemble à propos de quelque chose » dans la formation dialogique (ex. : tâches problèmes).

2.3. Intertextualité

On sait combien les discours universitaires sont fondamentalement interdiscursifs, dialogiques, polyphoniques, sur le plan de leur objet (la plupart des sciences humaines portent sur d'autres discours, la philologie, l'histoire, la philosophie…) comme sur celui des démarches, des méthodes, des théories (qui s'imitent, s'influencent, s'opposent…). En attestent la taille des bibliothèques, la diffusion des revues, la prolifération des références sur Internet. La légitimité de ces discours en dépend, comme la valeur d'une thèse, d'un article ou d'un ouvrage scientifiques dépend du nombre de citations qui y sont faites, et la valeur d'un auteur scientifique du nombre de fois qu'il est cité dans les travaux de ses collègues (« coefficient d'impact »), une manière de convertir le qualitatif en quantitatif, plus facile à mesurer. En sciences humaines, la bibliographie tient parfois lieu de preuves, et le prestige de l'érudition avantage toujours la tête bien pleine par rapport à la tête bien faite. Aussi est-il intéressant de comparer la place et le rôle que tient l'interdiscursivité dans les différents discours universitaires. Rappelons rapidement que ce rôle peut être ambivalent, contradictoire même. D'une part, ou dans certains cas, le savoir est cumulatif et son progrès dépend de l'intertexte, par exemple des ouvrages qui ont déjà été écrits sur le même sujet, sous peine de « redécouvrir l'Amérique » comme mettent en garde les directeurs de thèse. D'autre part, ou dans d'autres cas, le savoir est créatif, et son développement dépend de la nouveauté, de l'originalité, de l'ingénuité du point de vue, l'intertexte pouvant alors encombrer l'esprit, gêner la découverte, décourager l'inventivité. Aussi les discours universitaires — professoral ou scientifique — présentent-ils des combinaisons, des concurrences, des dialectiques variées entre le *déjà dit* et l'*inédit*, qu'il est aussi nécessaire de comparer car elles participent à leur définition.

2.4. Logique

En fait, les discours universitaires relèvent de plusieurs logiques, et c'est de leur interaction que l'analyse doit avant tout rendre compte : la logique de la pensée, la logique de la raison raisonnante (la logique des logiciens), la logique de la langue, la logique de l'objet considéré, la logique de la culture (de la société, de l'idéologie), la logique de la discipline, la logique de la recherche scientifique, la logique de l'enseignement, la logique de l'institution, et aussi la logique du marché, du profit commercial… Il n'y pas évidemment pas d'adéquation systématique entre ces logiques, principalement entre la langue, la raison et la réalité comme le pensaient les

Principes et typologie des discours universitaires

Grammairiens de Port Royal qui estimaient qu'à l'organisation des mots correspond parfaitement l'organisation des choses, et que l'esprit parle et connaît dans le même mouvement (Foucault 1966). La grammaire représentait alors la science des sciences puisqu'elle met au jour en la mettant en œuvre la logique universelle, un statut que la linguistique retrouvera en partie au vingtième siècle, au moment où le structuralisme servira de modèle aux sciences humaines. Actuellement, c'est le paradigme cognitif qui domine les sciences humaines, et il est évident que son éclairage contribuera de manière significative à la compréhension des discours universitaires : quand on saura mieux comment on sait, c'est-à-dire comment on raisonne et comment on apprend à raisonner, on saura comment on peut mieux chercher et mieux enseigner. On veillera cependant à ne pas confondre les conditions (naturelles, innées, universelles) de la cognition et les conditions (culturelles, institutionnelles, idéologiques) de ses manifestations, les unes et les autres déterminant ensemble les discours universitaires selon des modalités encore à découvrir. On pourrait en effet être tenté d'invoquer des mécanismes cérébraux pour justifier le succès de certains modèles scientifiques qui s'expliquent au moins autant, sinon davantage par les circonstances historiques, par des options épistémologiques ou des pressions institutionnelles, commerciales, idéologiques.

3. Actualité et enjeux

À voir le rythme des rencontres et des publications qui leur sont consacrées, l'institution universitaire est en train de s'interroger sur les caractéristiques, les modalités, les finalités des discours qu'elle façonne et qui la façonnent. Il n'est certainement pas inutile de se poser des questions sur les raisons pour lesquelles l'analyse des discours, ambitieuse et invasive comme elle eut l'être, a attendu si longtemps pour s'intéresser aux discours universitaires : est-ce parce qu'on a cru jusqu'à tout récemment à l'utopie d'un discours scientifique absolu, qui serait complètement neutre, transparent, logique, universel, qui conviendrait autant à la botanique, à la philosophie, à la médecine, au droit… qu'à la linguistique, qui permettrait de décrire son objet sans le dénaturer, de décrire l'ordre du monde sans le fausser, qui empêcherait tout ambiguïté dans ses rapports avec la réalité comme avec l'interlocuteur ? En fait, la science n'est ni dans l'objet, ni chez le sujet, ni dans le discours que celui-ci tient sur celui-là, mais dans leurs inter-retro-actions (comme dit E. Morin) chaque fois à remettre en cause et en perspective. Ce serait une illusion ou une imposture intellectuelles (Sokal & Brickmont 1997) que de postuler l'existence et d'imposer l'usage d'un « degré zéro » du discours scientifique, aussi que de tout autre discours d'ailleurs.

Ou bien est-ce pour éviter le risque qu'entraîne inévitablement le fait d'être à la fois juge et partie, de verser dans la tautologie, la pétition de principe, l'autodétermination ? Il pourrait arriver en effet, consciemment ou non, qu'une analyse des discours universitaires, en principe descriptive, sur base statistique, repose sur des présupposés normatifs et/ou débouche sur des conclusions normatives conformes au modèle que l'auteur scientifique pratique lui-même dans son discours, ou, plus précisément, qui lui est imposé par ses professeurs, les membres du jury de sa thèse ou des comités scientifiques des colloques et des revues auxquels il veut participer. Mais, pour éviter ce cercle vicieux, qui se chargera de mettre en cause les discours universitaires si ce n'est les spécialistes eux-mêmes, par une autocritique systématique de leurs pratiques et de leurs analyses discursives, et de leurs tenants et aboutissants épistémologiques et idéologiques ? Cette autocritique n'est cependant possible que si l'on se ménage des points de vue alternatifs d'où mettre les différents paradigmes scientifiques en contexte, en perspective, que si l'on cultive les différences de méthodes, de cultures, de discours scientifiques. D'où les enjeux considérables des travaux comme ceux que l'on peut lire dans ce recueil.

Or l'université est actuellement en train de vivre de profondes transformations qui affectent autant ses missions (scientifiques, pédagogiques, sociales, économiques, politiques) que les stratégies qu'elle met en œuvre pour les remplir. Dans ces circonstances, il est important, et même urgent que l'analyse universitaire des discours s'occupe enfin de l'analyse des discours universitaires qui doivent indubitablement témoigner de cette mutation, qui l'ont peut-être entraînée (par leur sclérose, leur inadaptation) ou qui sont en train de la subir (dans le cadre d'uniformisation, d'une instrumentalisation), qui, en tous cas, y participent selon des interactions complexes et intenses qu'il convient d'examiner pour pouvoir les comprendre et éventuellement les contrôler.

On retiendra de cette mutation historique les quatre traits suivants :

3.1. Démocratisation, popularisation, massification de l'université

Au cours des dernières décennies, le nombre d'étudiants à entreprendre des études universitaires a augmenté de manière significative, notamment parce qu'ont heureusement pu y accéder de nouveaux publics d'origines socioculturelles moins favorisées. Mais la popularité de l'université est aussi due au discrédit (auquel elle a d'ailleurs probablement aussi contribué) des écoles supérieures non universitaires qui débouchent plus rapidement sur des professions moins valorisées. Ceci entraîne inévitablement l'arrivée à l'université d'un certain nombre d'étudiants dont la préparation, les intérêts et la motivation ne correspondent pas aux exigences d'études universitaires. Il semblerait d'ailleurs que le phénomène s'inverse maintenant avec une concurrence de plus en plus forte entre les universités et les grandes écoles prestigieuses, lesquelles attirent les étudiants les plus doués ou les plus ambitieux de certaines branches.

À en croire les professeurs qui s'en plaignent, la maîtrise de la langue maternelle de leurs nouveaux étudiants baisse année après année, et, le fossé entre la langue pratiquée au niveau secondaire et au niveau supérieur s'accroissant, les universités se sentent de plus en plus souvent obligées de proposer des évaluations et des formations linguistiques à leurs étudiants pour dépister leurs éventuelles faiblesses et les aider à y remédier avant qu'ils n'en subissent les conséquences. Si le problème de la baisse de maîtrise de base de la langue soutenue est bien réel, il ne s'agit cependant pas seulement d'une question de niveau, mais aussi d'une question de genre. En effet, les discours universitaires ne se distinguent pas uniquement par leur degré d'exigence (vocabulaire plus riche, syntaxe plus articulée, textes plus complexes…), mais aussi ou surtout par des normes propres dont les caractéristiques sont trop rarement explicitées et qui portent sur des formes textuelles et des procédés discursifs spécifiques. On commence heureusement à prendre conscience de ces spécificités, de la nécessité de les analyser, de les annoncer, d'y initier les nouveaux étudiants et chercheurs.

Principes et typologie des discours universitaires

3.2. Commercialisation, libéralisation, privatisation de l'université

On peut observer cette deuxième tendance à trois niveaux. D'abord au niveau des fondements mêmes de l'université dans la mesure où le monde économique est de plus en plus présent dans ses projets, dans son financement, dans ses organes de décision, monde dont elle adopte par ailleurs de plus en plus les structures et les modalités de gestion entrepreneuriales. Ensuite, au niveau des pratiques universitaires que nous n'illustrerons que de ces quelques exemples : le découpage et le calcul de l'enseignement en unités et crédits capitalisables ; l'incitation à la compétition entre personnes, services, départements, institutions ; la préférence accordée aux sciences appliquées au détriment des sciences pures, aux sciences exactes au détriment des sciences humaines, aux approches quantitatives dans les sciences humaines au détriment des approches qualitatives, et, en général, à la spécialisation (de plus en plus précoce et pointue) au détriment de la formation de base. Enfin, au niveau des finalités de l'université, vu l'importance qu'elle accorde de plus en plus à son développement économique, à son image en terme de *marketing,* à l'efficacité et au profit à court terme, ceci sur un marché des étudiants, des diplômes, des projets scientifiques, des brevets, de plus en plus concurrentiel. Bref, les universités d'aujourd'hui doivent vendre, à une clientèle de plus en plus exigeante, des produits académiques de plus en plus performants, mis au point par des enseignants et des chercheurs de plus en plus spécialisés.

À ce propos, quand on prend un peu de recul, on peut se rendre compte que nous sommes en train d'assister à une nouvelle étape dans l'histoire de l'université qui a toujours rencontré les mêmes difficultés à maintenir son indépendance dans l'organisation de la société par rapport aux différentes formes de pouvoirs. À ses débuts, au Moyen Âge, l'université occidentale a eu toutes les peines à s'émanciper du pouvoir religieux, ce qui a donné lieu à une succession de combats, de controverses, de compromis. Peu de temps après et jusqu'à l'époque contemporaine, notre université a dû négocier sans cesse sa liberté académique, avec plus ou moins de succès selon les cas, avec le pouvoir politique dont elle devait se préserver des ingérences dans son fonctionnement interne, tout en le ménageant pour qu'il assure administrativement son statut et financièrement son existence. Si l'université européenne a pu finalement prendre ses distances par rapport à ces pouvoirs religieux et politiques, au bénéfice de sa souveraineté, de son développement et de son rayonnement intellectuels, il est curieux de constater que c'est pour se soumettre aujourd'hui aux conditions, peut-être pas moins contraignantes ni aliénantes, du pouvoir économique qui, sous le couvert de libéralisme, de pluralisme et de démocratie, n'est peut-être pas moins orienté idéologiquement et menaçant pour la liberté académique des universités, de leurs professeurs, de leurs chercheurs, et finalement pour le sens critique de leurs étudiants. Les chapitres que Naomi Klein consacrait déjà en 2000, dans son ouvrage *No Logo,* aux collusions entre les universités américaines et les entreprises qui financent leurs enseignements et leurs recherches, étaient prémonitoires.

Principes et typologie des discours universitaires

3.3. Internationalisation, globalisation de l'université

Évidemment liée à la première mutation, l'internationalisation — dans le sens de la compétitivité comme de la collaboration — est désormais un des principaux vecteurs de l'évolution de l'université. La multiplication des contacts, des échanges d'étudiants, de chercheurs et de professeurs, des projets, des planifications transfrontalières sur le plan de l'enseignement comme sur celui de la recherche, est en train de profondément modifier le fonctionnement interne de chaque institution qui doit non seulement se conformer à ces exigences extérieures, mais qui doit aussi, pour survivre, se rendre visible sur le plan international soit par ses qualités (la meilleure), soit par sa taille (la plus grande), soit par sa spécificité (la seule dans tel ou tel domaine), ces trois critères étant interdépendants selon les cas, tandis que le critère de proximité n'intervient pratiquement plus, chez les étudiants, que pour le choix des premières années d'études. S'il est difficile de contester les bénéfices de cette internationalisation, il faut tout de même se demander s'il n'est pas parfois inadéquat, contraignant, voire contreproductif d'organiser à tout prix et de valoriser à ce point des revues, des projets, des colloques, des programmes, des classements internationaux au détriment d'initiatives moins ambitieuses, mais peut-être au moins aussi pertinentes… sans compter les risques d'uniformisation qu'entraîne inévitablement cet *Internationale académique* et dont il va être question.

En tout cas, sans même aborder la question de l'enseignement et l'usage des langues étrangères, l'internationalisation a amené la communauté universitaire à s'interroger sur ses pratiques linguistiques et discursives, pour en relever les singularités ou au contraire pour tenter de les neutraliser afin de s'inscrire dans cette globalisation intellectuelle en plein essor. Que ce soit pour aider les étudiants, les chercheurs, les professeurs à participer à cette internationalisation, les études contrastives sur les discours universitaires se sont développées d'abord de manière empirique afin de répondre à des besoins concrets, avant de devenir un champ de recherche théorique, spéculatif. En tout cas, comme en atteste cet ouvrage, on analyse enfin maintenant les discours pratiqués à l'université comme on analyse depuis longtemps les discours politiques, juridiques, médicaux, publicitaires…

3.4. Uniformisation, standardisation, formatage de l'université

Conséquence logique de la commercialisation et de l'internationalisation, le monde universitaire est en train de s'organiser, de se normaliser, de se standardiser pour permettre les échanges et les projets évoqués plus haut, ainsi que pour répondre aux critères de classification qui permettent de les comparer et surtout de les classer les unes par rapport aux autres (*ranking*). N'importe quel universitaire qui se déplace peut constater que les universités du monde se ressemblent de plus en plus, que ce soit dans leur mode de fonctionnement, dans la manière dont les cours sont organisés et même enseignés, dans la manière dont les chercheurs et les professeurs sont recrutés, travaillent (dans des équipes internationales), publient (dans des revues internationales).

Ainsi ne compte-t-on plus le nombre de systèmes communs de programmes de cours (Bologne), d'évaluation des études (ex. : le Cadre Européen Commun de Références pour l'apprentissage des langues), d'évaluation des *curriculum vitae* des professeurs et chercheurs, de « contrôle de qualité » de départements et de laboratoires, etc. En ce qui

Principes et typologie des discours universitaires

concerne le discours à plus proprement parler, le prestige de seulement quelques grandes revues internationales par discipline (souvent publiées en langue anglaise dans les pays anglo-saxons), que les universitaires de tous les pays lisent et dans lesquelles ils rêvent de publier, finit par imposer le même modèle de résumés, le même modèle d'articles, le même modèle de recherches, inévitablement le même modèle de raisonnement, peut-être les mêmes valeurs scientifiques, éthiques, culturelles, idéologiques.

C'est ici que l'on doit se montrer attentif aux dommages collatéraux d'une politique universitaire globalisante et uniformisante. Il est évident que c'est un avantage énorme pour la diffusion du savoir que de ne plus avoir à surmonter les barrières institutionnelles, culturelles et même linguistiques. Mais quels sont les inconvénients ou les risques à terme d'un système et d'un discours universitaires internationaux ? Jérôme Brunner, un des pères fondateurs de la psychologie cognitive, alarmé de constater que ces progrès se font en dehors, et même au mépris de l'environnement culturel, rappelle que le savoir — autant au niveau de sa production que de sa transmission — est indissociable de la culture d'où il est issu, qui l'a permis, qui l'a provoqué. L'implémentation d'un savoir chez des personnes à qui il est étranger est autant vouée à l'échec, aux illusions, aux égarements, que l'applicationnisme aveugle de modèles théoriques d'une discipline à l'autre. On sait depuis longtemps en linguistique qu'il n'y a pas de langue sans culture, sur le plan de son fonctionnement, de son utilisation, de son apprentissage ; il n'est pas moins irréaliste, illégitime, dangereux de vouloir gommer la culture du savoir, décontextualiser la science sous prétexte d'en assurer une meilleure diffusion, de favoriser les échanges et les collaborations. Cela reviendrait à tarir la source de la pensée créatrice dont elle émane.

À ce propos, est-ce favoriser la science à long terme que d'imposer une *lingua franca* qui n'est la langue maternelle que d'un petit nombre de scientifiques, soit parce qu'on la juge — naïvement ou non — dépourvue dorénavant de toute dimension idéologique, soit parce qu'on adopte — consciemment ou non — la culture qui lui est associée. Les universitaires commencent à s'inquiéter de l'envahissement de l'anglais dans les universités et les laboratoires du monde entier, et des effets néfastes de la rupture de plus en plus précoce et radicale des étudiants et des chercheurs avec leur langue et leur culture maternelles. Beaucoup annoncent un appauvrissement culturel, et partant scientifique, d'autres parlent d'aliénation. Nous n'entrerons pas non plus dans ce débat qui fait maintenant l'objet de plus en plus de discussions.

Revenons un instant, avant de conclure, l'hypothèse selon laquelle les trois types de discours universitaires décrits au début de cet article — scientifique, professoral, de communication — subissent différemment l'impact des vecteurs de la mutation qui vient d'être décrite. À première vue, si l'uniformisation touche uniformément ces discours universitaires, la démocratisation et la popularisation de l'université concerneraient d'abord le discours professoral (qui a dû s'adapter à la baisse de niveau), sa commercialisation influence surtout le discours de la communication (qui doit être plus attractif), et l'internationalisation est surtout contraignante pour le discours scientifique (qui doit être formaté pour être diffusé).

Sans être alarmiste, nous voulons seulement attirer ici l'attention sur les enjeux scientifiques, idéologiques, humains d'une standardisation des discours universitaires au service d'une globalisation académique, comme d'une standardisation de tout discours au service de n'importe quelle cause. En uniformisant les discours universitaires, on uniformise et on oriente les méthodes, les approches, le regard que les scientifiques, les professeurs et leurs étudiants portent sur le monde (physique, social), et on uniformise et oriente le monde par la même occasion. Il y a effectivement de sérieux risques qu'à long terme, un discours unique entraîne une pensée unique, qu'elle soit scientifique, politique ou culturelle. Il est donc urgent — vu la rapidité avec laquelle s'internationalisent les universités, leurs programmes d'études, leurs projets scientifiques, leurs systèmes d'évaluation — que l'on interroge, discute, explicite une articulation entre, d'une part, les besoins indiscutables de communications, de collaborations, d'échanges entre les pays, les institutions, les disciplines, et, d'autre part, la sauvegarde, si possible le développement des spécificités disciplinaires, culturelles, institutionnelles, mais aussi de la liberté, de la flexibilité, de la créativité sans lesquelles la recherche et l'enseignement ne sont pas viables.

Repères bibliographiques

ABÉLARD (coll.) (2003), *Universitas calamitatum : le livre noir des réformes universitaires*, Paris, Éditions du Croquant.
BOURDIEU P. (1982), *Ce que parler veut dire*, Paris, Fayard.
—— (1984), *Homo Academicus*, Paris, Éditions de Minuit
BRUNNER J. (1996), « Éducation, porte ouverte sur le sens. Éduquer et former. Les connaissances et les débats en éducation et en formation », *Sciences humaines* 67 (déc. 1996), 183-187.
CHARLES Ch. & Ch. SOULIÉ (dir.) (2008), *Les Ravages de la « modernisation » universitaire en Europe*, Paris, Syllepse.
Conference on Bi- and Multilingual Universities, challenges and future prospects, University of Helsinki, 1-3 september 2005 : www.palmenia.helsinki.fi/congress/bilingual2005/program.asp
DEFAYS J.-M. (2006), « Prolégomène à une analyse des discours universitaires », *in* E. Suomela-Salmi & Fr. Dervin (éd.), *Perspectives inter-linguistiques et interculturelles sur le discours académique / Cross-cultural and Cross-linguistic Perspectives on Academic Discourse*, Department of French Studies, University of Turku, 193-219 :
www.hum.utu.fi/oppiaineet/ranskankieli/tutkimus/julkaisut/BOOK.pdf
—— (2000), « Au commencement était le texte : Des rapports entre contraintes phrastiques et textuelles », *Actes du XXIIe Congrès de linguistique et philologie romanes, Bruxelles, 23-29 juillet 1998. Vol. VII Sens et fonctions*, Tübingen, Max Niemeyer Verlag, 153-158.
—— & M. MARÉCHAL (1997), « Évaluation et amélioration de la maîtrise de la langue française chez les étudiants universitaires », *in* V. Boxus *et al.* (éd.) 1997. *Actes du 15e Colloque de l'Association Internationale de la Pédagogie Universitaire, 7-8 juillet 1997*, Université de Liège, 289-300.
ECO U. (1994), *La recherche de la langue parfaite dans la culture européenne*, Paris, Seuil.
FEYERABEND P. (1975), *Contre la méthode. Esquisse d'une théorie anarchiste de la connaissance*, Paris, Seuil.

FOUCAULT M. (1969), *L'archéologie du savoir*, Paris, Gallimard.
—— (1971), *L'Ordre du discours*, Paris, Gallimard.
GOFFMAN E. (1987), *Façons de parler*, Paris, Éditions de Minuit.
HAGÈGE Cl. (1985), *L'Homme de paroles. Contributions linguistiques aux sciences humaines*, Paris, Fayard.
KLEIN N. (2001), *No Logo. La tyrannie des marques*, Paris, Actes Sud (trad. française)
KUHN Th. (1962), *La structure des révolutions scientifiques*, Paris, Flammarion.
LECLERCQ G. (1996), « La communication en pédagogie », *Éduquer et former. Les connaissances et les débats en éducation et en formation*, Sciences humaines 67 (déc. 1996), 223-230.
MAINGUENEAU D. (1998), *Analyser les textes de communication*, Paris, Dunod.
MORIN E. (1999), *La tête bien faite. Repenser la réforme, réformer la pensée*, Paris, Seuil.
SCHULTHEIS F., M. ROCA I ESCODA & P-Fr. COUSIN (dir.) (2008), *Le Cauchemar de Humboldt, Les réformes de l'enseignement supérieur européen*, Paris, Raisons d'agir Éditions.
SOKAL A. & J. BRICKMONT (1997), *Impostures intellectuelles,* Paris, Odile Jacob.
WAQUET F. (2003), *Parler comme un livre. L'oralité et le savoir (XVIe-XXe siècle)*, Paris, Albin Michel.

A. PRINCIPES ET ENJEUX

Pour une description raisonnée des discours épistémologiques

Sémir BADIR
Fonds National belge de la Recherche Scientifique
Université de Liège

RÉSUMÉ

L'épistémologie, comme toute forme de savoir, est l'objet d'une pratique discursive. Or il s'avère que cette pratique discursive est beaucoup plus variée que les historiens de la philosophie ne veulent bien, le plus souvent, la considérer. C'est sans doute qu'il faille que cet objet représente lui-même un enjeu épistémologique, ainsi que cela l'a été pour Jean Piaget, pour que sa variété soit reconnue, mise en avant et raisonnée. La présente étude propose une typologie des discours qui soit applicable à l'épistémologie. Après quoi, elle établit le modèle d'une description raisonnée (ou caractérologie) de la variété des discours épistémologiques. In fine, elle fait retour sur les discours universitaires.

MOTS-CLÉS
Piaget • caractérologie • épistémologie • discours.

ABSTRACT

As every form of knowledge, epistemology is the result of a discursive practice. But it so happens that this discursive practice is much more varied than historians of philosophy most often tend to consider it to be. That is why we need to realize that the status of epistemology itself represents an epistemological stake, as was the case for Jean Piaget, in the sense that his epistemological purposes had to be known as a truly original and well-formed epistemology. This study is first about a typology of discourses. Then, a variety of epistemological discourses will be commented on the basis of this typology. Finally, we will discuss the status of the academic discourses such as our commentary on epistemology reveals it.

KEYWORDS
Piaget • characterology • epistemology • discourse.

* *
*

1. Préambule

La notion de *discours* est particulièrement labile. Si elle est utilisée distinctement par plusieurs tendances théoriques au sein des sciences du langage (sémiotique, pragmatique, linguistique de l'énonciation, analyse du discours...), elle rencontre en outre la langue ordinaire, de sorte qu'elle paraît éprouvée par l'usage. Du coup, toute acception technique est sommée de s'articuler à cet usage ordinaire, quelle qu'en soit la manière. La locution *discours universitaires* bénéficie de cet état de langue. Il s'agirait pourtant de se donner les moyens de la mettre en question. Son identité — qu'il y ait du discours à qualifier d'universitaire — comme sa pluralité — que ce discours fasse l'objet de distinctions internes susceptibles de le diversifier — demandent à ce que l'on interroge les caractères capables de le définir. En empruntant à Fr. Rastier une acception de discours relativement lâche (« ensemble d'usages linguistiques codifiés attaché à un type de pratique sociale » — Rastier 2001 : 298)[1], on notera que le discours a un double statut : il est indissolublement objet de langage et objet social. Si nous nous en tenons ici à une approche linguistique, admettons, en deçà d'éventuelles nuances à apporter, que le discours considéré comme objet linguistique spécifique (c'est-à-dire distinct du texte ou de la phrase) fait sens d'abord par son caractère social.

Pourtant, s'il y a quelque chose qui, a priori, paraît permettre la caractérisation des pratiques universitaires parmi l'ensemble des pratiques sociales, c'est leur rapport au savoir. L'étude des discours universitaires, qu'ils soient d'institution, de recherche ou d'enseignement, rencontre alors inévitablement des considérations d'ordre épistémologique, en matière d'organisation et de qualification des connaissances. C'est cette rencontre que l'on voudrait préparer ici, car son caractère incontournable ne la rend pas moins problématique pour l'épistémologie elle-même, laquelle n'a pas l'habitude d'inclure les discours universitaires parmi ses objets, à tout le moins ne désigne-t-elle pas ceux-ci sous une telle locution. Aussi, la *réflexion* inhérente à l'épistémologie demande à ce que l'on interroge l'épistémologie du point de vue de sa discursivité, et de la pluralité de ce discours.

Une fois établis les discours épistémologiques dans leur variété, j'inviterai le lecteur à faire retour sur les discours universitaires dans leur ensemble et à regarder la possibilité d'application de la caractérologie[2] mise en place pour les discours épistémologiques vers les discours universitaires.

2. L'épistémologie comme objet

Concernant l'épistémologie comme objet d'étude, on pourrait reprendre à son endroit, et presque *a fortiori*, l'observation faite par M. Temmar concernant la philosophie en général : il existe une forte résistance de la part des épistémologues à constituer

---

[1] Ou, tout aussi bien, à celle de J. Fontanille (1998 : 85) : « Le discours est une instance d'analyse où la production, c'est-à-dire l'énonciation, ne saurait être dissociée de son produit, l'énoncé ».
[2] Par *caractérologie*, j'entends une étude de caractères permettant de qualifier la variété d'un objet donné.

l'épistémologie comme objet d'étude pour un regard extérieur à celui de l'épistémologue (cf. Temmar 2007 : 154).

Cependant, il me semble que cette résistance est encore plus problématique que celle qui a la philosophie pour objet, car elle exprime une exclusive alors même que l'*usage* du terme d'épistémologie dépasse de très loin le cadre du travail réalisé par les philosophes épistémologues (c'est-à-dire par les épistémologues qualifiés à l'intérieur du champ des études philosophiques), et même dépasse de très loin le discours philosophique.

J'ai eu la curiosité d'interroger Google sur le mot « épistémologie ». Dès la deuxième page, on tombe sur des textes tout à fait hétérodoxes vis-à-vis de l'épistémologie philosophique. On tombe, par exemple, sur un texte intitulé « Du texte à l'hypertexte : vers une épistémologie de la discursivité hypertextuelle ». Vérification faite, ce texte a paru dans la revue *Hermès* en 1995, une revue spécialisée en SIC — ça n'est donc pas un de ces textes « sauvages », « illuminés », qui pullulent sur le Net — et l'auteur en est Jean Clément, un littéraire spécialisé dans l'hypertexte. Mais ce que l'on remarque est que, contrairement à ce qui serait attendu en philosophie épistémologique, une épistémologie peut porter sur autre chose qu'une discipline de savoir ; en l'occurrence, elle porte sur l'*objet* d'un savoir en constitution ; le terme d'épistémologie est donc pris ici, suppose-t-on, comme un équivalent de celui de science.

Ça n'est qu'un exemple parmi des centaines d'autres qui atteste de la diffusion tous azimuts du terme d'épistémologie largement en dehors du champ philosophique. Or, cette variété, ce disparate même, touchant au terme d'épistémologie, les épistémologues philosophes refusent d'en tenir compte. Ils l'*ignorent* — au sens actif, espère-t-on, du terme. On trouve des ébauches de description dans les dictionnaires spécialisés, mais seulement en introduction, en préface. La *Philosophie des sciences*, ouvrage dirigé par D. Andler, A. Fagot-Largeaut et B. Saint-Sernin (2002) comprend ainsi dix pages intitulées « Vue rapide sur la philosophie des sciences au XXe siècle ». De même, *Les Philosophes et la Science* comprend une « Introduction », signée par le directeur du volume, P. Wagner (2002), où plusieurs pages sont consacrées à l'examen du concept d'épistémologie et où, notamment, une distinction terminologique est proposée entre épistémologie et philosophie des sciences. Il va de soi que ces sources, dictionnaires et ouvrages collectifs, procurent tous les indices d'autorité et d'érudition attendus. Ils ont toutefois tendance à aborder la variété des épistémologies, non comme un réservoir de questions, mais plutôt comme une matière à nommer et à définir, un corpus dont il faut faire l'histoire, un champ disciplinaire à situer ; bref, ils répugnent à appliquer à la diversité épistémologique le traitement que les épistémologues — qu'ils sont eux-mêmes par ailleurs, la plupart du temps — réservent à leurs objets. Ce que je déplore en effet, c'est l'absence d'une réflexion proprement épistémologique sur l'épistémologie ; bref, c'est l'absence d'une réflexion *méta-épistémologique*.

3. La méta-épistémologie de Jean Piaget

J'ai trouvé un ouvrage qui fait davantage d'efforts dans ce sens, et il est significatif que cet ouvrage soit aujourd'hui contesté, sinon refoulé, par les épistémologues philosophes. Il s'agit du volume dans la Pléiade *Logique et Connaissance scientifique* dirigé par J. Piaget (1967).

Principes et typologie des discours universitaires

Je dis que sa contestation, voire son ignorance (toujours au sens actif), est significative, et elle l'est précisément en ce qui concerne la question qui m'intéresse : la réflexion méta-épistémologique de Piaget[3] n'est pas perçue comme appartenant au champ du discours épistémologique, alors qu'il est manifeste que, si Piaget a mené une telle réflexion sur l'épistémologie, c'était précisément dans le but de justifier et de rendre légitime la place qu'il attribue, dans cet ouvrage (comme dans d'autres antérieurs), à ses propres vues épistémologiques.

Je ne donnerai pas à suivre dans son déroulement la réflexion, tout à fait passionnante pourtant, de Piaget sur l'épistémologie prise comme objet d'étude. Je ne présente que les éléments utiles à la caractérologie que j'ai en visée.

La réflexion piagétienne suit un plan élaboré, partant du plus général pour aborder finalement le cas de la méta-épistémologie : quatre domaines scientifiques ; dans chacun de ces domaines, quatre domaines de recherche ; dans les troisième et quatrième de ces domaines de recherche, à savoir ceux qui touchent à l'épistémologie, trois tendances et trois formes épistémologiques (dont une à privilégier, évidemment celle qu'utilise Piaget lui-même pour cet ouvrage). Un organigramme permettra de visualiser le plan d'ensemble de la réflexion :

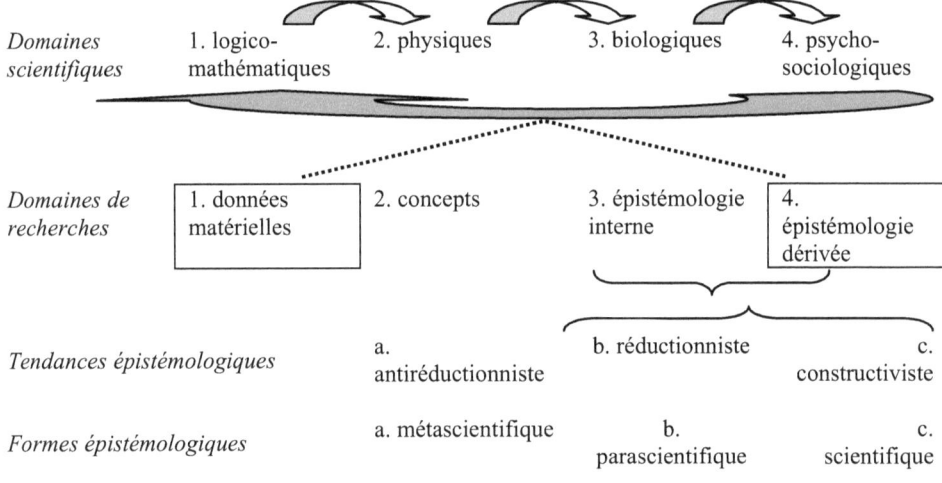

Tableau 1. Organigramme des connaissances selon Piaget

Quelques commentaires sur la méta-épistémologie piagétienne à partir de cet organigramme :

1) Les flèches entre domaines scientifiques marquent des déterminations ; ainsi, par exemple, la flèche supérieure à l'extrême-gauche signifie que les sciences logico-mathématiques déterminent les sciences physiques selon les quatre domaines de recherches dans ces domaines scientifiques ; d'après Piaget, les sciences psycho-sociologiques déterminent les sciences logico-mathématiques, mais seulement en ce qui concerne leurs données matérielles et leur épistémologie dérivée (l'épistémologie dérivée d'un domaine scientifique consiste en la généralisation de

---

[3] C'est moi qui l'appelle « méta-épistémologique ».

Principes et typologie des discours universitaires

l'épistémologie interne vers les autres domaines scientifiques — cf. Piaget 1967 : 1172-1178).
2) La répartition entre domaines scientifiques n'est pas équilibrée : le domaine logico-mathématique est strictement circonscrit, tandis que le domaine psycho-sociologique est un grand fourre-tout pour toutes les sciences non reprises dans les trois premiers groupes.
3) De même, la répartition des domaines de recherche ne dit rien de la quantité des travaux réalisés dans chacun de ces domaines ; notamment, elle ne permettrait pas d'équilibrer en quatre zones égales la masse des ouvrages répertoriés dans une bibliothèque de recherche de type généraliste (la *Library of Congress*, par exemple). À vrai dire, le premier domaine se taille la part du lion, les domaines épistémologiques n'occupant qu'une part congrue. Ainsi, les répartitions proposées par Piaget sont générales (puisqu'elles ne laissent pas de reste) mais orientées vers l'objet visé, à savoir l'épistémologie.
4) La méta-épistémologie piagétienne fait état d'une certaine diversité entre les épistémologies. Le premier critère de cette variété est banal. Il consiste à distinguer, parmi les épistémologies, des « tendances » : antiréductionniste, ou structurale ; réductionniste, ou génétique ; constructiviste, complexe (génético-structural — cf. Piaget 1967 : 1240-1241). Là encore, la répartition que permet l'usage de ce critère est orientée, puisqu'elle permet à Piaget de valoriser la tendance constructiviste qu'il défend lui-même.
5) Le second critère de la diversité épistémologique est moins commun, et d'ailleurs plus problématique ; c'est celui qui m'intéresse ici. Piaget distingue en effet trois « formes » d'épistémologie. Le problème afférent à ce critère est double : au départ, on ne sait pas ce que Piaget entend par « formes épistémologiques » ; en toute apparence, ce ne sont pas des genres, bien que ces formes aient pour but le tri d'un corpus de textes ; à l'arrivée, le tri réalisé entre les formes épistémologiques sépare des textes qui appartiennent pourtant à la même tradition (à savoir la tradition philosophique de l'épistémologie), tout en permettant le rassemblement de textes de traditions distinctes. Dans la forme métascientifique, Piaget groupe en effet les œuvres de Platon, Kant, Leibniz, Hegel ; le parangon de la forme parascientifique serait Husserl (en ce que la phénoménologie husserlienne cherche à atteindre un mode de connaissance distinct de la connaissance scientifique) ; la forme scientifique rassemble les écrits de Comte, Koyré, Cavaillès, mais aussi ceux de Poincaré, Duhem ou Gonseth (cf. Piaget 1967 : 15-16).

4. Une typologie des discours

Voici à présent mes propositions personnelles. Elles partent de l'appareil conceptuel piagétien, dès lors que celui-ci représente un devancier pour le développement méta-épistémologique, mais tâchent d'amener les critères à un degré conceptuel non problématique.

1) Selon le principe structural, la caractérisation des discours épistémologiques se base sur la constitution préalable de frontières entre domaines de savoir.

(1bis) La qualification scientifique (*vs* non scientifique) ne saurait jouer a priori comme critérium de ces délimitations.
2) Selon le principe génétique, il faut instruire entre les domaines de savoir un dynamisme marqué par le passage des frontières. Quatre mouvements dynamiques peuvent être ainsi distingués :

- de l'intérieur (d'un domaine de savoir) vers l'extérieur (de ce même domaine) ;
- de l'extérieur vers l'intérieur ;
- en dedans (de l'intérieur vers l'intérieur) ;
- en dehors (de l'extérieur vers l'extérieur).

3) Il s'agit d'assigner à la caractérisation, et aux formes piagétiennes, un champ d'application bien défini. Autrement dit, il est nécessaire d'attribuer un statut à cette caractérisation, les domaines de savoir n'ayant par eux-mêmes aucune qualification préalable. Nous proposons que cette caractérisation concerne les *discours*. Les domaines de savoir sont alors des domaines *discursifs* de savoir, et les passages entre domaines doivent être vus comme des parcours positionnels, analysables en termes dialogiques[4].

Deux positions sont considérées :

- selon la visée ou, plus communément dit, selon l'instance énonciative du discours ;
- selon la saisie ou, plus communément dit, selon l'instance réceptrice du discours.

Selon la saisie, les discours sont soit des *ésotéries* (c'est-à-dire des discours adressés à des co-énonciateurs à l'intérieur du domaine), soit des *exotéries* (des discours adressés à des récepteurs extérieurs au domaine).

Selon la visée, les discours sont soit des *exégèses* (des discours énoncés depuis une position extérieure au domaine-objet ; je généralise ainsi la relation d'exégèse à toute taille discursive : non seulement, d'œuvre à œuvre, mais également extériorité face à un genre ou au discours tout entier), soit ce que je propose d'appeler des « éségèses », en construisant le néologisme selon le principe d'analogie décrit par Saussure (1916 : 220-230) : *éségèse* est à *exégèse* ce que *ésotérie* est à *exotérie*.

À partir de ces notions, une typologie des discours est envisageable. Observons que saisie et visée, source et but, ne sont pas hiérarchisés entre eux. On pourrait les faire jouer comme des critères dans un tableau à double entrée. Conventionnellement, toutefois, on a l'habitude de placer la source avant le but ; c'est pourquoi une présentation arborescente sera privilégiée.

---

[4] Pour l'analyse dialogique, je renvoie à Rastier (1989).

Principes et typologie des discours universitaires

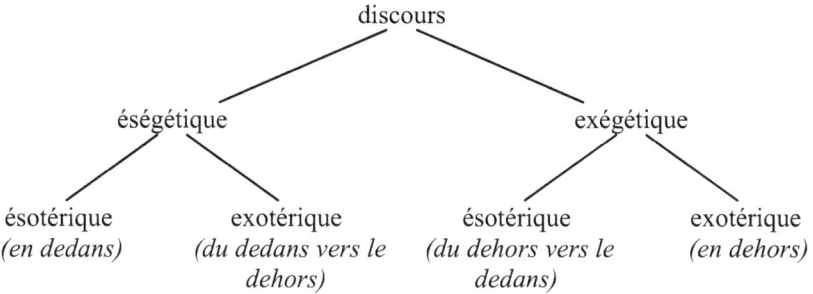

Tableau 2. Typologie des discours

Cette proposition typologique concerne n'importe quel type de discours. Le critère qui y est à l'œuvre concerne l'instauration (ou non) d'une frontière au sein des discours et la négociation du franchissement de cette frontière. Autrement dit, cette typologie contribue à une réflexion *gnoséologique*, avec cette particularité d'y insuffler une fonction dynamique (quand les classifications traditionnelles des discours de savoir sont au contraire souvent marquées par le statisme des critères utilisés).

5. Caractérologie des discours épistémologiques

C'est cette typologie générale que j'applique à présent aux discours épistémologiques.

type de discours	éségétique et ésotérique (type I)	éségétique et exotérique (type II)	exégétique et ésotérique (type III)	exégétique et exotérique (type IV)
exemple de manifestations textuelles	théories	préfaces, autobiographies intellectuelles	travaux académiques d'épistémologie	manuels, dictionnaires, articles de presse
rapport au discours-objet	projection	présentation	analyse	vulgarisation
mode d'existence	motivations	croyances	effectuations	aptitudes
horizon idéologique	utopie	déontologie	praxéologie (et ontologie)	pédagogie
valeurs génétiques	prévalence des questions			prévalence des réponses

Tableau 3. Caractérologie des discours épistémologiques

Le type III (un discours exégétique à positionnement ésotérique) crée un standard et est le plus à même de constituer le domaine discursif en discipline spécifique : en tant qu'exégèse, l'épistémologie a un objet distinct (à savoir le domaine discursif sur lequel elle porte) ; en tant qu'ésotérie, elle s'adresse à un groupe en constitution de co-énonciateurs.

Cependant, la constitution disciplinaire de l'épistémologie est mise en difficulté par des phénomènes dynamiques d'incidence aux frontières. Le type II, de fait, constitue un ensemble concurrent : c'est le discours épistémologique produit par les scientifiques eux-mêmes ; plus généralement, tout commentaire d'un savant sur sa propre pratique (et sur la pratique de ses pairs) relève de ce type II. Les préfaces, les introductions (d'ouvrage ou de toute autre portion textuelle), les autobiographies intellectuelles, les mémoires sont des lieux privilégiés accueillant ce type de discours.

Le type I est plus radical : il consiste, de la part du savant, à intégrer une réflexion épistémologique dans le corps de sa pratique discursive elle-même. Il désigne ce que Piaget appelle les « épistémologies internes » ; leur caractère le plus évident est que ce sont, peu ou prou, des épistémologies *programmatiques :* elles énoncent des conditions de possibilité pour que le discours-objet (celui du savoir en question) soit conforme à ce qu'il *devrait être*, en dépit de ce qu'il est.

À l'autre bout, il faut envisager un type IV de discours épistémologique, qui n'est pas produit depuis le domaine-objet ni à l'intention des praticiens de ce domaine. Ce qui est visé par l'instauration de ce quatrième type de discours épistémologique, c'est le vaste ensemble des écrits de vulgarisation (les manuels, les dictionnaires encyclopédiques, les articles dans la presse spécialisée) dont Bachelard disait qu'il réalise une « psychanalyse » du savoir (cité dans Jeanneret 1994 : 94). Un tel type de discours épistémologique ne considère que ce qui est, il l'actualise comme tel (il fait *état* de ce qui est), l'institutionnalise et le normalise.

Outre les critères qui ont conduit à leur distinction typologique, les différents discours épistémologiques sont soutenus par des caractères généraux.

En premier lieu, les discours épistémologiques ne tiennent pas une position invariable vis-à-vis de leur discours-objet. Si les travaux disciplinaires des épistémologues (type III) mènent des analyses, tout autre est le rapport des manuels et des notices encyclopédiques (type IV), dont le travail de vulgarisation est dirigé par un effort de synthèse. De même, les types I et II fonctionnent en symétrie : le regard prospectif des épistémologies programmatiques a un effet de diffraction sur les travaux du discours-objet, en élargissant les frontières de ce discours ; le regard rétrospectif des autobiographies intellectuelles, au contraire, a tendance à produire des effets de concentration qui circonscrivent, pour les franchir, les frontières disciplinaires.

Deuxièmement, les discours épistémologiques sont modalisés[5], et c'est en fonction de ces modalisations que les discours épistémologiques acquièrent plus ou moins de cohérence en tant que domaine spécifique de savoir. Le type III est de l'ordre du *faire*, construisant explicitement sa formation disciplinaire et l'autonomie de celle-ci vis-à-vis du discours-objet. Il conduit donc à une praxéologie (un art du faire épistémologique), voire à une ontologie (une recherche sur les spécificités formelles de ce discours), comme c'est le cas dans la méta-épistémologie. Le type IV appartient à l'ordre du *pouvoir :* il actualise et consacre le discours épistémologique en tant qu'il est déjà réalisé. Dans le cadre de l'acquisition des savoirs, la visée de ce type de discours est pédagogique ; l'idéologie, toutefois, le cerne et guette ses effets. Le type II, en

---

[5] Je suis ici la théorie sémiotique des modalités. Cf. par exemple Fontanille & Zilberberg (1998).

revanche, appartenant à l'ordre du *croire*, potentialise ce discours en le définissant comme univers d'assomption d'un autre discours (le discours-objet) dans lequel il serait englobé. Un univers assomptif de croyances, quand il correspond à l'univers d'un praticien du savoir, développe la part déontologique des discours épistémologiques. Enfin, le type I, de l'ordre du *devoir* et du *vouloir*, virtualise complètement le discours épistémologique, celui-ci n'énonçant que l'idéal du discours-objet. Ce discours-là n'a pas de lieu propre, il demeure u-topique (sans valeur axiologique déterminée).

Enfin, un troisième caractère s'attache aux valeurs génétiques, distribuée sur un axe tensif en valeurs problématiques et valeurs apodictiques[6]. Suivant cet axe, les théories (type I) produisent une mise en cause de leur domaine de discours ; les autobiographies intellectuelles (type II) sont le lieu d'une mise au point, d'un questionnement de soi par soi ; les travaux académiques d'épistémologie (type III) actent de ce qui est, tout en laissant la possibilité d'y pointer des problèmes ; les manuels pédagogiques (type IV) fournissent en priorité les résultats les plus assurés.

Il me reste à préciser, ainsi que j'en avais averti en préambule, que cette caractérologie risque fort d'être contestée par les épistémologues philosophes, dès lors qu'elle fait éclater le discours épistémologique et leur en retire le monopole. Admettre la pluralité des discours épistémologiques, cela n'est peut-être pas tout à fait envisageable dans le champ des discours de connaissance au sens strict — dans l'organigramme des connaissances, il n'y a place en somme que pour un seul domaine épistémologique, fût-il varié, voire hétérogène ; pour l'accepter, il faut se placer dans un champ plus large, tel le champ des discours universitaires, lequel est fondamentalement hétérogène, porté par des valeurs contrastées selon ses acteurs, partagé, notamment, entre recherche et enseignement, recherche fondamentale et recherche appliquée.

6. Retour sur les discours universitaires

La typologie des discours mise en place dans cette étude pointe une difficulté d'ordre théorique au sujet de la notion de « discours universitaires ». En effet, si elle permet largement d'entériner, au sein de ceux-ci, la distinction entre recherche (de type éségétique) et enseignement (à valeur exotérique), en revanche elle semble incapable de déterminer ces deux champs discursifs face au champ institutionnel. De fait, à devoir être appliquée à ce dernier champ, la typologie joue à nouveau à plein, sans considération pour les deux autres champs. Autrement dit, la typologie mise en place s'applique aux discours institutionnels tenus dans l'université sans trouver à marquer leur spécificité au sein des discours universitaires dans leur ensemble comme on peut s'en assurer à travers un exemple choisi dans chaque catégorie :

- discours institutionnel éségétique à fonction ésotérique : notes de service administratif à l'adresse de son personnel pour les tâches qui lui sont conférées ;
- discours institutionnel éségétique à fonction exotérique : parution au moniteur des postes académiques à pourvoir ;
- discours institutionnel exégétique à fonction ésotérique : note ministérielle concernant l'enveloppe budgétaire globale annuelle de l'université ;

---

[6] Tel que les raisonnerait M. Meyer dans sa problématologie (cf. Meyer 1986).

- discours institutionnel exégétique à fonction exotérique : relais dans la presse des discours de types précédents.

Aussi, de deux choses l'une : ou bien la locution de *discours universitaires* demande à être restreinte aux discours institutionnels de l'université — mais alors on risque de s'apercevoir que bien peu de choses distinguent ces discours de ceux tenus en rapport avec d'autres institutions (concernant l'administration d'un hôpital, par exemple), de sorte que la locution de *discours institutionnels* semblerait plus légitime ; ou bien la locution de *discours universitaires* ne contient que les discours concernant la recherche et l'enseignement — mais dans ce cas également on peut se demander si la locution est la plus adéquate, quand d'autres paraissent plus largement reçues, à commencer par la locution de *discours scientifiques* en usage dans la plupart des épistémologies.

Dans les deux cas, au terme de l'examen qui a été proposé, c'est la notion même de *discours universitaires* qui paraît fragile et discutable. Quand bien même on accepte de lier la notion de discours à celle d'une pratique sociale (ce qui semble la proposition la plus apte à donner une assise théorique aux discours universitaires), il faut reconnaître qu'une pratique sociale ne saurait regrouper les activités discursives de l'ensemble des agents associés au lieu de cette pratique, surtout quand ce lieu est une institution aussi ouverte qu'une université ou un hôpital. Un directeur d'hôpital n'a pas de pratique commune avec le médecin qu'il emploie et on qualifierait indûment son discours de *médical*. Il en est de même, au sein de l'université, entre un enseignant / chercheur et un administrateur.

Ajoutons quelques mots plus directement politiques à ce sujet. Parler de « discours universitaires » entérine les politiques néo-libérales relatives aux institutions de recherche et d'enseignement. Sa prise en compte est la marque de l'attention que les chercheurs réservent aux pressions qui s'exercent depuis l'extérieur sur le champ de leurs pratiques épistémiques. Au terme de l'examen, je ne suis pas tenté, pour ma part, de cautionner la notion de discours universitaires.

Repères bibliographiques

ANDLER D., A. FAGOT-LARGEAUT & B. SAINT-SERNIN (2002), *Philosophie des sciences*, Paris, Gallimard, « Folio » [2 vol.].
FONTANILLE J. (1998), *Sémiotique du discours*, Limoges, Pulim.
—— & Cl. ZILBERBERG (1998), *Tension et Signification*, Liège, Mardaga.
JEANNERET Y. (1994), *Écrire la science. Formes et enjeux de la vulgarisation,* Paris, P. U. F., « Science, histoire et société ».
MEYER M. (1986), *De la problématologie : philosophie, science et langage*, Liège, Mardaga.
PIAGET J. (1967), *Logique et Connaissance scientifique*, Paris, Gallimard, « La Pléiade ».
RASTIER Fr. (1989), *Sens et Textualité*, Paris, Hachette.
—— (2001), *Arts et Sciences du texte*, Paris, P.U.F.
SAUSSURE F. de (1916), *Cours de linguistique générale*, Paris, Payot.

TEMMAR M. (2007), « Analyse du discours philosophique : perspectives croisées », *in* S. Bonnefous & M. Temmar (éd), *Analyse du discours en sciences humaines et sociales*, Paris, Ophrys, 153-165.
WAGNER P. (dir.) (2002), *Les Philosophes et la Science*, Paris, Gallimard, « Folio ».

Modalités et modes de communication des discours universitaires

Prisque BARBIER
DIPRALANG EA739
Université Paul Valéry – Montpellier

RÉSUMÉ

Cette communication s'interroge sur les caractéristiques discursives propres aux discours universitaires. Tout d'abord, nous tenterons de décrire la notion de « Discours Universitaire » en rendant compte à la fois de leurs spécificités fonctionnelles, énonciatives, textuelles et communicationnelles. Ensuite, nous réfléchirons aux statuts et aux rôles assignés dans ces discours aux étudiants, aux enseignants et/ou chercheurs. Enfin, nous nous interrogerons sur les modes de transmission des discours universitaires, ainsi que sur les compétences discursives mises en œuvre, tant par les enseignants dans leurs cours, que par les chercheurs dans les ouvrages et les revues spécialisés en linguistique.

MOTS-CLÉS
Discours universitaire • spécificités sociales • spécificités pragmatiques • spécificités organisationnelles • spécificités énonciatives.

ABSTRACT

This study analyses the discursive characteristics specific to universities speeches. Firstly, we will try to describe the notion of « university speech » while considering at the same time their functional, enunciative, textual and communicational specificities. Then, we will examine the status and roles assigned to students, lecturers and/or researchers in these speeches. Finally, we will observe the modes of transmission of universities speeches, and also the discursive competences put in place by lecturers in their courses, as well as researchers in linguistic specialized works and revues.

KEYWORDS
Universities speeches • social specificities • pragmatic specificities • organizational specificities • enunciative specificities

*   *
*

Principes et typologie des discours universitaires

1. Introduction

Cette communication souhaite décrire les caractéristiques discursives propres aux Discours Universitaires, afin d'en déduire leur mode de transmission. En effet, si l'on considère les Discours Universitaires comme un ensemble cohérent il faut alors se donner les moyens d'en décrire les caractéristiques sociales, pragmatiques, organisationnelles, et énonciatives, car l'étude approfondie de ce genre de discours permet de repérer leurs enjeux et les modes de médiation du savoir, en contribuant à la construction d'un discours qui puisse être entendu, compris et débattu et pour en assurer la médiation pour les citoyens, les décideurs politiques, les entreprises et les milieux associatifs. En outre, comme le souligne Pollet (2000),

> la variété discursive du système de communication à l'Université et la nécessité de son enseignement poussent à rechercher et décrire des modèles génériques dans lesquels s'inscriraient des réalisations aussi diverses que les cours et syllabiques, les ouvrages et articles scientifiques, les ouvrages et articles de diffusion, les travaux d'étudiants...

Elle souligne aussi que pour cela il faut passer d'une logique de remédiation de compétences « générales » à une logique d'adaptation aux pratiques langagières spécifiques de l'Université.

2. Caractéristiques du discours universitaire

Nous allons ainsi commencer par décrire les caractéristiques des « Discours Universitaires » en rendant compte à la fois de leurs spécificités sociales, pragmatiques, organisationnelles et énonciatives.

2.1. Des caractéristiques d'ordre sociolinguistiques et pragmatiques

Tout d'abord, si l'on considère les Discours Universitaires en fonction du contexte dans lequel ils sont produits, on observe que leurs caractéristiques d'ordre sociolinguistique est d'être réalisés dans un univers de communication dont au moins l'émetteur appartient à la communauté universitaire, et que l'objet du discours participe d'un savoir disciplinaire enseigné ou construit à l'Université. Ainsi, ce contexte influence largement les caractéristiques pragmatiques des Discours Universitaires dont la visée est la transmission d'un savoir, pour ne pas dire d'une doctrine, mais également d'une méthode d'analyse des objets dont elles souhaitent étudier le fonctionnement. Par conséquent, la communication universitaire, étant produite dans des circonstances particulières (comme le lieu institutionnel, le statut des interlocuteurs, le rapport qu'ils entretiennent, l'objet du discours, l'intention du locuteur, et le domaine disciplinaire concerné), elle génère donc des spécificités organisationnelles et énonciatives.

Principes et typologie des discours universitaires

2.2. Des caractéristiques organisationnelles et énonciatives

En effet, si l'on considère le milieu de circulation des genres académiques et le type de relations entretenues, même implicitement, entre les interlocuteurs, on observe que ces caractéristiques provoquent des spécificités sur le plan de l'organisation des énoncés et des modalités d'énonciation.

2.2.1. Les caractéristiques organisationnelles

Ils possèdent aussi des caractéristiques organisationnelles spécifiques puisque pour construire son discours l'énonciateur doit le structurer selon un contenu thématique particuliers et une organisation séquentielle. En effet, on observe que les discours universitaires ont une continuité thématique entre les parties, les paragraphes et à l'intérieur de ceux-ci, qui assure leur cohérence que ce soit dans un discours oral ou un discours écrit (article ; ouvrage), par un jeu constant de coréférences (substitutions lexicales, pronominales) et une organisation interne (marqueurs d'organisation).

Organisation externe des parties

[1] 2. 1. 2. Structure de l'*intervention*
     2. 1. 2. 1. Constituants directeurs et subordonnés
     2. 1. 2. 2. Le principe de composition de l'*intervention*
     2. 1. 2. 3. L'*intervention* discontinue
(Moeschler J., Argumentation et conversation, 1985, p. 88-92)

Organisation interne des paragraphes

[2] Deux types de conditions semblent nécessaires : *le premier*, de nature épistémologique, assignerait à la l'interprétation sa place […]. *Le second* porterait sur la détermination des unités pertinentes qui rendent une interprétation possible […].
(Cossuta F., Catégories descriptives et catégories interprétatives, 2004, p. 199)

2.2.2. Les caractéristiques énonciatives

Ils possèdent également des caractéristiques énonciatives spécifiques puisqu'ils sont pris en charge par un énonciateur spécifique, en fonction d'une époque donnée, selon un mode donné, et qu'ils sont construits à partir de certains interdiscours.

Les marques de personnes

On peut tout d'abord observer comment l'énonciateur choisit de prendre en charge ses énoncés. On remarque ainsi qu'il peut choisir soit une prise en charge neutre, sans sujet ou avec un sujet collectif, soit une prise en charge personnelle.

Prise en charge neutre

[3] Parler est une forme d'action sur autrui et pas seulement une représentation du monde.
(Maingueneau D., Analyser les textes de communication, 1998, p. 39)

Principes et typologie des discours universitaires

Prise en charge collective

[4] Face aux termes et aux expressions d'usage courant qui neutralisent les propos et permettent une exploitation argumentative voilée, *on* trouve des choix lexicaux voyants […].
(Amossy R., *L'argumentation dans le discours*, 2000, p. 145)

[5] *Nous* avons comparé de ce point de vue, de cours récits d'accidents publiés dans la presse française avec d'autres récits […].
(Blanche-Benveniste Cl., *Approche de la langue parlée en français*, 2000, p. 60)

Ces deux modes de prise en charge sont caractéristiques des discours à portée généralisante où l'énonciateur se pose non pas en détenteur et en producteur des savoirs qu'ils souhaitent transmettre, mais en canal de transmission ce ceux-ci et donc en unité de recherche s'incluant dans une communauté de chercheurs.

Prise en charge personnelle

En outre, comme il est également un chercheur indépendant et donc un producteur de savoirs, l'énonciateur à certains moments prend en charge une partie des énoncés qu'il produit.

[6] Par l'opération d'ancrage — ancrage référentiel — la séquence descriptive signale, au moyen d'un (pivot nominal que *j*'appelle le THEME-TITRE qu'il s'agisse d'un nom propre ou commun).
(Adam J.-M., *Les textes types et prototypes*, 2001, p. 85)

Par cette prise en charge personnelle, l'énonciateur se pose en producteur personnel de ses énoncés dont il assume le contenu et la portée, tout en se posant ou même parfois en s'opposant à certains membres de la communauté dont il fait partie.

Les marques de contexte temporelles

Dans les DU, on repère aussi des marques temporelles dont l'énonciateur se sert pour situer historiquement son discours.

[7] C'est *au début des années 1970* que l'on assiste à l'émergence de ce nouveau champ de recherche, et que les conversations deviennent l'objet d'une investigation systématique.
(Kerbrat-Orecchioni C., *La conversation*, 1996, p. 10)

[8] *Jusqu'à présent*, la plupart des travaux portant sur l'argumentation se sont focalisées sur les arguments proprement dits […]. À l'inverse *des auteurs récents* […] ont défendu avec brio que tout dans la langue est argument.
(Breton P., *L'argumentation dans la communication*, 1996, p. 40)

En effet, l'énonciateur construit son discours en fonction d'une époque donnée pour inscrire son œuvre dans une doctrine, mais également pour montrer les rapports de ses travaux avec la doctrine à laquelle il se réfère afin de montrer : sa continuité, son opposition, ou même sa rupture.

Principes et typologie des discours universitaires

Les marques de modalisation

On observe aussi des marques de modalisation comme le conditionnel.

[9] Les deux principes qui viennent d'être évoqués crédibilité et spectacle) ne *sauraient* se passer d'une troisième exigence ancrée très profondément dans les imaginaires des professionnels de la communication médiatique : l'exigence d'empathie.

(Lochard G. & Boyer H., *La communication médiatique*, 1998, p. 25)

Ce type de modalisation du discours est propre au discours scientifique qui se construit sur la base d'hypothèses construites par l'énonciateur-chercheur.

Les marques d'interdiscours

Enfin nous avons analysé les marques d'interdiscours, comme les citations indirectes ou directes qui servent de référence à l'énonciateur.

[10] Alors que *pour Frege*, le sens est une sorte de médiation obligatoire entre le langage et l'individu, *pour Kaplan*, cette médiation, c'est le contenu propositionnel qui l'opère.

(Vignaux G., *Le discours acteur du monde*, 1988, p. 75)

[11] Le postulat auquel je souscris, est donc que le sens n'est pas dans le tableau […], qu'il n'est pas dans le texte […], mais qu'il advient par celui qui regarde ou qui lit […]. Edgar Morin l'a très bien dit : *Toute découverte, à commencer par celle d'une chose visible par tous, est une conquête cognitive qui comporte invention et création* (Morin 1986 : 189).

(Grize J. B., *Logique et langage*, 1990, p. 92)

En effet, la présence d'interdiscours est caractéristique du Discours Universitaire puisque l'énonciateur construit ses énoncés en référence à d'autres discours, soit pour montrer les rapports de ses travaux avec la doctrine à laquelle il se réfère afin de montrer sa continuité, soit pour montrer son opposition ou même sa rupture par rapport à ces travaux.

3. Des caractéristiques liées aux statuts et aux rôles des étudiants et des enseignants-chercheurs

L'étude de ces différentes caractéristiques nous permet de rendre compte du statut et des rôles qui sont assignés aux enseignants et/ou chercheurs et aux étudiants, dans la transmission des Discours Universitaires. En effet, si l'on considère à la suite des travaux de Pollet (2000) que l'une des caractéristique essentielle des Discours Universitaires est la transmission de savoirs qui balance entre une démarche expositive similaire à celle du discours didactique scolaire (développements tels que définitions, traductions, descriptions, reformulations, décompositions, justifications... exemples, schémas causes-conséquences, séquences prototypiques explicatives répondant à des questions en « pourquoi ? »...) et une démarche argumentative plus typique du discours scientifique, on peut alors s'interroger sur les formes que prennent ces « balancements » dans les Discours Universitaires oraux et écrits.

Principes et typologie des discours universitaires

3.1. Statuts et rôles des étudiants et des enseignants-chercheurs dans les cours magistraux et les TD ou TP

Dans les cours magistraux, l'enseignant expose un savoir établi à des néophytes en position d'attente, de réception passive, et dans ce cas il obéit clairement à une intention didactique, confirmée par sa position hiérarchique, et de nombreux développements venant définir, décrire, traduire ou décomposer certaines notions. La relation d'autorité par rapport aux étudiants lui est conférée par son profil d'expert et l'enjeu institutionnel de cette communication universitaire qui se combine aux contraintes spatiales de la situation de communication en amphithéâtre pour aboutir à une stricte répartition des tâches langagières. En effet, à la parole de l'enseignant, les étudiants réagissent non par la parole mais par la prise de notes. Et réciproquement, les modalités de cette activité d'écriture (tension, relâchement, regards sur l'écrit du voisin etc.) sont pour l'enseignant autant de signaux auxquels il va répondre par des mots et, plus largement, par une certaine façon de gérer son discours — reprises, explicitations, rappels etc.

Dans les TD ou les TP, l'enseignant décide de privilégier, dans le contrat de communication qui le lie aux étudiants, une relation de chercheur à (futurs) chercheurs plutôt qu'une relation purement didactique. Dans ce cas, l'enseignant endosse alors son rôle de chercheur et fait participer les étudiants à une démarche de recherche de résultats en les invitant à une réflexion participative sur un savoir problématique (par des questionnements), s'inscrivant dans une situation « conflictuelle » (en comparant différents paradigmes), appelant des remises en question et nécessitant notamment le développement de l'esprit critique, l'adoption d'une démarche reconnue comme scientifique, l'introduction d'une dimension épistémologique. Dans ce type de communication, son discours se construit sur la remise en question des savoirs de références transmis dans les CM, sur la comparaison des théories, sur une réflexion autour des différentes méthodes d'analyse possibles des faits à observer, par le recours notamment aux éléments de construction des discours argumentatifs (connecteurs, connecteurs).

3.2. Statuts et rôles des étudiants et des enseignants-chercheurs dans les écrits universitaires

Dans les écrits universitaires, le chercheur est à certains moments enseignant, en exposant un savoir établi à des lecteurs néophytes ou non, en position d'attente, de réception passive, et dans ce cas il a une intention didactique, confirmée dans un article, dans un ouvrage spécialisé ou non, par la disposition hiérarchique du texte, une typographie marquant certaines mises en relief, et de nombreux développements explicatifs venant définir, décrire, traduire ou décomposer certaines notions.

[12]   **En linguistique**, la connotation d'un terme, c'est une partie seulement de sa signification — que B. Pottier (1964) appelle quant à lui « virtuème » […].
(*Dictionnaire d'analyse du discours*, 2002, p. 131)

Le statut de chercheur est également observable dans les écrits universitaires, où la mise en page peut paraître peu hiérarchisée, la textualisation importante, où on peut également observer la diminution, voire la disparition, des témoins typographiques de l'intention explicative, le grand nombre de connecteurs, la superstructure argumentative, ainsi que les notes en bas de page, qui sont autant d'indices montrant que l'auteur expose une polémique scientifique. Ainsi, les articles de recherche se caractérisent par la description complète d'une démarche de recherche (problématique, cadre théorique, hypothèses ou questions, méthodologie, résultats, conclusions et bibliographie). On y présente les résultats d'une recherche descriptive, appliquée ou évaluative ou d'une intervention, souvent à l'aide de statistiques, de tableaux et de graphiques. On peut retrouver ici des études cliniques n'impliquant que quelques personnes et des études descriptives impliquant des milliers de sujets.

[13]   Découverte en phonologie, la notion de marque a été appliquée aux unités significatives. Dans ce domaine, **pourtant**, le critère de neutralisation est moins utilisable. Rares, **en effet** sont les contextes où, de deux morphèmes opposés, l'un seul est possible. […]. Le phénomène est **cependant** plus compliqué, **car** la situation s'inverse avec « un peu ».
(*Nouveau dictionnaire encyclopédique des sciences du langage*, Édition de 1995, p. 277)

4. Les modes de transmission des discours universitaires

Après avoir analysé les caractéristiques des DU et leur impact sur les rôles des enseignants et des étudiants, nous allons à présent nous intéresser aux modes de transmission et de réception de ceux-ci, et donc aux compétences discursives mises en œuvre, tant par les enseignants dans leurs cours, que par les chercheurs dans les ouvrages et les revues spécialisés en linguistique, qu'aux compétences nécessaires aux étudiants pour pouvoir accéder à ces discours et les intégrer.

4.1. *Le mode explicatif ou didactique et le mode argumentatif ou scientifique*

Comme nous venons de le voir, les DU s'appuient sur deux modes de transmission des savoirs :

- *le mode expositif* qui intervient soit quand l'enseignant endosse son rôle de transmetteur de savoirs théoriques, soit quand il estime important que les étudiants aient une vision globale de tous les éléments d'une problématique, soit lorsqu'il juge qu'une mise au point s'impose ou lorsque l'explication peut participer à une stratégie, dans une argumentation, par exemple. Ainsi, l'« expositif « dans les DU affichera telle ou telle forme, aura telle ou telle fonction, selon que l'intention scientifique ou l'intention didactique prendra le pas dans l'interaction. En effet, selon le but de l'émetteur, selon l'environnement communicationnel, une intention supplantera l'autre et, dans le discours, l'« expositif « s'en ressentira : dans sa forme séquentielle (séquence explicative, narrative, descriptive…), dans ses caractéristiques linguistiques et/ou rhétoriques (caractéristiques énonciatives), dans sa fonction discursive réelle qui sera de développer un concept (définition) ou une situation, de résoudre un problème cognitif, ou de servir une stratégie argumentative…
L'intention didactique se manifestera donc par différentes actualisations de l'« expositif » : sur le plan interactionnelle « enseigner », sur le plan discursif « expliquer », sur le plan cognitif « expliciter », et sur le plan textuel » l'emploi de

Principes et typologie des discours universitaires

séquences explicatives ». Dans ce cas, l'« explicatif » interviendrait plutôt comme un moyen dans une stratégie démonstrative ou argumentative.
- *le mode scientifique* qui intervient quand l'enseignant endosse son rôle de chercheur. Le mode scientifique dans les DU s'appuie lui aussi sur des séquences expositives reconnaissables par leur forme (définitions, explications), leurs caractéristiques et leurs fonctions (pour faire comprendre, rendre intelligible...), mais également sur des séquences argumentatives (pour confronter des théories, des points de vue...). Ainsi, cette interaction donnera au mode « expositif » un but didactique, dans lequel l'explication servira à « rendre intelligible », et au mode scientifique, une intention argumentative, servant essentiellement à justifier, prouver, interpréter (par des reformulations, des comparaisons, des anecdotes, des citations ou des propos illustratifs...). **L'intention scientifique** se manifestera donc par une actualisation discursive de l'argumentatif : dans sa dimension interactionnelle « faire réfléchir », sur le plan discursif « justifier », dans sa dimension cognitive « rendre compte de », « donner la raison de », et sur le plan textuel « l'emploi de séquences argumentatives ».

4.2. Les compétences discursives mises en œuvre par les enseignants-chercheurs

L'état non achevé de la science, sur lequel insistait Greimas (1976), fait que la spécificité des Discours Universitaires tient en un paradoxe, comme l'analysent très bien Frier, Grossmann et Simon (1994) : en effet, ces discours doivent à la fois expliciter des concepts et accepter l'implicite de l'inachèvement étant donné l'état de chantier dans lequel ils fonctionnent.

Ainsi, le chercheur doit posséder des compétences textuelles et métatextuelles car il doit pouvoir faire des inférences à partir d'un savoir scientifique en construction, comme s'il naviguait à vue, apprendre à intégrer de nouvelles connaissances dans son univers cognitif, et à reconstruire des systèmes de représentation de plus en plus ouverts. En outre, enseigner, pour P. Berthier, est une ascèse car cela nécessite une séparation qui désimplique le conférencier d'avec lui-même, au profit du seul objet de savoir.

> La parole, pour prétendre au magistral, doit être instituée, c'est-à-dire affranchie de tout spontanéisme individualiste par le travail de préparation. Le professeur parle es qualité, non en propre. Dans les cours sur Spinoza, ce n'est pas l'homme Deleuze qui parle ni qui « s'implique » (qu'est-ce que ça voudrait dire ?), c'est le chercheur.

Concernant l'étudiant, outre l'assimilation et la compréhension de l'enseignement qui lui est dispensé à l'Université, il doit quant à lui acquérir une formation à la lecture scientifique afin d'augmenter ses connaissances et améliorer son esprit critique. En effet, il doit être capable de juger ce que lui apporte par exemple la lecture d'un article scientifique sur le plan de la connaissance et de la recherche scientifique. Mais pour cela, il doit être capable de reconnaître les caractéristiques organisationnelles et énonciatives d'un discours scientifique, pour être capable de savoir comment et où rechercher les données dont il aura besoin pour le comprendre, l'intégrer et être capable de le réutiliser lors de ses propres recherches, par emprunt des savoirs de référence et par construction personnelle de ses propres savoirs.

5. Conclusions

La complexité de la problématique posée par l'analyse des Discours Universitaires nous a imposé de restreindre la sphère d'observation à leur fonctionnement organisationnel et énonciatif, ainsi qu'à l'impact de leurs caractéristiques à la fois sur les rôles des partenaires qu'ils impliquent et sur leur mode de transmission des savoirs, mais également sur les compétences discursives que doivent posséder les partenaires qu'ils réunissent.

Cette étude nous a donc permis d'élaborer un modèle analytique permettant la conceptualisation des Discours Universitaires comme articulation des considérations relatives à plusieurs aspects : social, structural et énonciatif. Ainsi, la démarche proposée autorise la perception des Discours Universitaires en tant que forme distincte de communication ayant leur propre mode organisationnel et leur propre mode de construction énonciative, par le biais notamment du mode de prise en charge des énoncés utilisé par l'énonciateur et de l'espace qu'il donne aux énoncés dialogiques lui servant soit à les récupérer et à se les approprier, soit à les récuser.

En outre, cela nous a également permis de distinguer leur mode de transmission. En effet, nous avons repéré qu'ils utilisent soit le mode expositif dans une visée didactique, soit le mode scientifique dans une visée argumentative. Enfin, du caractère interdisciplinaire et pluridisciplinaire de notre perspective d'analyse surgit l'intérêt que l'étude des Discours Universitaires peut susciter aux domaines de la sociologie, de la psychologie, de la théorie de la communication, de la philosophie, et aussi la fonction que cette perspective est à même d'exercer pour la pratique des relations publiques dans une optique de transmission des savoirs au plus grand nombre, et de la traduction des Discours Universitaires dans une visée de partage planétaire des savoirs.

Repères bibliographiques

ADAM J.-M. (2001), *Les textes : types et prototypes*, Paris, Nathan.
AMOSSY R. (2000), *L'argumentation dans le discours*, Paris, Nathan Université.
BLANCHE-BENVENISTE Cl. (2000), *Approches de la langue parlée en français*, Paris, Orphys.
BRETON P. (1996), *L'argumentation dans la communication,* Paris, La Découverte & Syros.
COSSUTA F. (2004), « Catégories descriptives pour l'analyse des discours », *in* J.-M. Adam, J.-B. Grize & M. Ali Bouacha (éd.), *Texte et discours : catégories pour l'analyse*, Dijon, Éditions Universitaires.
Dictionnaire d'Analyse du Discours (2002), Paris, Éditions du Seuil.

FRIER C., F. GROSSMAN & J.-P. SIMON (1994), « Lecture et construction du sens : l'évaluation de la compréhension de textes spécialisés par des étudiants de première année de DFUG », *Lidil*, 10
GREIMAS A. J. (1976), *Sémiotique et sciences sociales*, Paris, Éditions du Seuil.
GRIZE J.B. (1990), *Logique et langage,* Gap, Ophrys.
KERBRAT-ORECCHIONI C. (éd.) (2002), *L'énonciation : de la subjectivité dans le langage*, Paris, Armand Colin
LOCHARD G. & H. BOYER (1998), *La Communication médiatique,* Paris, Éditions du Seuil.
MAINGUENEAU D. & F. COSSUTA (1995), « Les discours constituants », *Langages* 117, 112-125.
MOESCHLER J. (1985), *Argumentation et Conversation*, Paris, Hatier, LAL.
Nouveau dictionnaire encyclopédique des sciences du langage (1995), Paris, Éditions du Seuil.
POLLET M.-Chr. (2000), « Les étudiants face aux discours universitaires : de la réception d'un savoir stabilisé à celle d'un savoir en construction », *Pratiques de l'écrit et modes d'accès dans l'enseignement supérieur, Ateliers, Cahiers de la Maison de la Recherche*, Université Ch. de Gaulle, 25, 11-25
VIGNAUX G. (1988), *Le discours acteur du monde : Énonciation, argumentation et cognition*, Paris, Orphys.

Discours universitaires, discours professionnels : croisements et hybridations

Karine BERTHELOT-GUIET
GRIPIC-CELSA
Université Paris-Sorbonne

RÉSUMÉ

Cette présentation explore les discours tenus dans des lieux de formation universitaires destinés à former des professionnels de haut niveau et déléguant, de ce fait, une partie de l'enseignement à des professionnels des secteurs concernés. L'exemple pris concerne la formation aux métiers du marketing et de la publicité en France, en Master professionnel.

Nous interrogerons les systèmes de délégation de la parole et de dialogue des différents discours via l'analyse de l'exemple de l'enseignement de la sémiotique appliquée et de sa « naturelle » et en tout cas « historique » prise en charge par des professionnels du marketing et de la publicité.

MOTS-CLÉS
Sémiotique appliquée • marketing • publicité • professionnel • instrumentalisation.

ABSTRACT

This paper intends to explore discourses coming from universitary places where people working in marketing, advertising and communication give some of the courses. We will focus on the example of master cursus in France made for people who will work in these fields of specialization.

We will question the way the discourse is delegated via the way applied semiotics has been teached in this specific context.

KEYWORDS
Applied semiotics • marketing • advertising • professional • instrumentalisation.

* *
*

1. Introduction

Cette présentation se propose d'explorer le cas de discours tenus dans des lieux de formation universitaires destinés à former des professionnels de haut niveau et déléguant, de ce fait, une partie de leur enseignement à des professionnels des secteurs concernés. L'exemple pris concernera plus précisément la formation aux métiers du marketing et de la publicité en France, en Master professionnel.

Principes et typologie des discours universitaires

Le propos interrogera de façon générale les systèmes de délégation de la parole et de dialogue des différents discours proposés aux étudiants. Comment le discours universitaire peut-il tendre à l'application professionnelle et comment les discours professionnels s'adaptent-ils, ou non, au contexte universitaire pour produire un système hybride qui apparaît comme un métatexte. Dans ces dynamiques, la question se pose de savoir quel discours légitime l'autre et quelles reconfigurations en naissent.

C'est pourquoi, nous nous attacherons à l'analyse d'un exemple précis, celui de l'enseignement de la sémiotique et de la sémiotique appliquée et sa « naturelle » et en tout cas « historique » prise en charge par des professionnels du marketing et de la publicité. Ce faisant, ces derniers travaillent le propos sémiotique, le sélectionnent et le divulguent. C'est une forme de discours spécifique qui ressort, ni appliquée, ni professionnelle sans pour autant être universitaire que nous analyserons dans le contexte précis des formations à la publicité du Celsa-Paris-Sorbonne.

2. Discours universitaires, discours professionnels : contacts

2.1. Le Celsa et la formation professionnelle : le cas de la publicité

La création du Celsa, en 1958, se fait dans un contexte théorique de critique de la publicité. L'initiateur du projet, Ch. P. Guillebeau, soutenu par différentes entreprises dont l'agence Publicis et la société L'Oréal, crée, au sein d'une des plus prestigieuses universités parisiennes, réputée pour ses enseignements humanistes classiques, un centre de formation (le Centre d'Études Littéraires et Scientifiques Appliquées) à des métiers jusque là peu reconnus et polémiques, les métiers de la communication[1], des ressources humaines et de la publicité. L'autre originalité du projet réside dans les liens étroits qui se nouent, dès les débuts du Celsa, entre université et entreprises car les étudiants font des stages (ce qui est assez révolutionnaire pour l'époque et pour la Sorbonne) et des professionnels assurent une grande partie des enseignements. En effet[2], l'enseignement de la publicité au Celsa s'inscrit dans l'histoire de la professionnalisation du métier de publicitaire et de l'entrée des publicitaires dans les structures d'enseignement. Ainsi, M. Bleustein Blanchet, fondateur de Publicis, fut un des premiers à répondre à l'appel lancé par le fondateur du Celsa auprès de plus de 2000 dirigeants. Il participa activement aux années « expérimentales », qui devaient aboutir à la reconnaissance institutionnelle de l'école et à la mise en place d'un modèle pédagogique laissant une large place aux interventions de professionnels. Plusieurs publicitaires vont particulièrement marquer la formalisation de l'enseignement au Celsa et sceller l'imbrication des discours universitaires et professionnels au sein de cette structure d'enseignement et de recherche universitaire. Dans le cas qui nous intéresse, c'est

---

[1] La communication est entendue ici dans le sens restreint de "communication d'influence", car les métiers dont il s'agit regroupent toutes les professions qui abordent la communication des entreprises et des institutions, la communication politique et la communication marchande.

[2] Ce paragraphe et les citations qui s'y trouvent sont inspirés des travaux de recherches faites à partir des archives du Celsa par M. Drouet (2008 : 90-99).

la présence active de G. Peninou que nous mettrons en avant. D'une part, parce qu'il est « la preuve de l'engagement du Celsa dans les problématiques innovantes du métier » et, d'autre part, parce que Péninou, sous l'égide de R. Barthes, fait profiter les étudiants de l'école du travail de formalisation et de vulgarisation qui diffusera « durablement l'analyse sémiologique dans les procédures publicitaires ».

Un regard intéressant, qui n'est pas valable pour l'ensemble des sciences de l'information et de la communication[3] tout en étant pertinent pour la publicité, se construit donc par la participation de professionnels de premier plan[4], non seulement aux enseignements, mais également à la réflexion sur les formations et aux travaux du groupe de recherche. Cette organisation n'est cependant pas sans risque, dans une période où la recherche sur la publicité est largement prise en charge par les professionnels. En effet, elle acte le phénomène plus qu'elle ne le contrebalance.

2.2. Le cas particulier de la sémiotique appliquée au domaine publicitaire

Dès les débuts du Celsa, la sémiotique appliquée à la publicité est présente dans les enseignements et elle est dispensée par des professionnels. Georges Péninou est donc une figure de multiple importance, pour l'émergence d'une sémiotique appliquée, son intégration dans les agences et dans les enseignements universitaires liés au domaine publicitaire.

De fait, les rapports entre sémiotique et publicité sont, pour ainsi dire, initiaux en France tant ils sont intimement liés à l'émergence de l'analyse de l'image. En effet, dès 1964, dans son article, fondateur pour le domaine, « Rhétorique de l'image », R. Barthes (1964) fait le choix réfléchi, et lourd de conséquence, de « se donner une facilité considérable » pour atteindre le niveau prismatique de l'image en analysant une image publicitaire pour les produits de la marque Panzani. Ce faisant, et pour le thème restreint qui nous intéresse, Barthes associe pour longtemps publicité et analyse sémiotique — ou sémiologique dans la terminologie barthésienne — de l'image. Tout d'abord parce qu'il n'est pas un chercheur du domaine qui n'ait connaissance de l'image publicitaire reproduite à cette occasion dans la revue *Communications*. Ainsi, cette association inaugurale a été si commentée qu'il semble aujourd'hui impossible d'aborder le domaine de la sémiotique visuelle sans faire référence à ce texte, et donc à cette publicité. Par ailleurs, Barthes, en produisant l'analyse d'une image publicitaire va permettre l'entrée de la sémiologie dans le quotidien de certains professionnels de la publicité, qui produiront eux-mêmes un discours, à vocation d'enseignement universitaire sur la sémiologie et retravailleront en retour le discours théorique de la sémiologie.

Par la suite, le développement de la sémiotique en France a été nourri par l'analyse d'objets de communication commerciale et les différents outils d'analyse sémiotique ont été très souvent importés, retravaillés et utilisés dans le cadre d'analyses d'expertise

---

[3] La communication est entendue ici au sens large de toute manifestation communicationnelle, qu'elle soit interpersonnelle ou collective. Il s'agit de la dénomination de la discipline scientifique dans le champ de la recherche en France.

[4] G. Péninou, Y. Krief, A. Defrance, C. Becker, P. Weil, R. Rochefort, G. Lewi pour ne citer qu'une partie des intervenants professionnels actuels du département Marketing, Publicité, Communication.

et de conseil. En effet, l'analyse sémiologique appliquée à la communication commerciale est un champ qui n'a cessé d'exister malgré des modes diverses. Il s'est ouvert dès la deuxième moitié des années 1960 au domaine de l'expertise professionnelle grâce à des passeurs tels que G. Péninou[5]. Ainsi, dans les années 70, toujours sous l'impulsion de Publicis relayé par d'autres agences (50 cabinets d'études sur 259 recensés en 1982[6] déclaraient utiliser la technique), les analyses de ce type se sont diffusées. Le terme de « sémiologue » apparaît et, parallèlement, la conception des analyses et leurs objets évoluent.

La démarche sémiologique s'est ensuite étendue à l'analyse de tous les éléments de communication commerciale : film ou séquence radiophonique publicitaires bien sûr mais aussi logotype, emballage (packaging), marque, et aujourd'hui sites internet, blog, etc. Ces analyses ont une vocation opératoire lorsqu'une entreprise est dans une problématique de changement ou dans la recherche d'un nouveau positionnement pour l'un de ses produits. Les études sémiologiques doivent ainsi permettre de comprendre et de structurer un marché, comprendre le positionnement d'une marque, formuler un audit de marque etc. Parallèlement, le domaine des études professionnelles liées à la publicité continue, à travers le relais de l'organisation professionnelle qu'est l'Institut de Recherches et d'Études Publicitaires (IREP) de mener des réflexions plus théoriques sur les utilisations professionnelles des méthodes sémiotiques. Ces études tendent à être reconnues par les milieux universitaires et il est fréquent que des publications de sciences de l'information et de la communication et de sémiotique appliquée aient recours à un ou plusieurs professionnels pour faire la présentation du domaine publicitaire.

3. Discours universitaires, discours professionnels : délégations

3.1. Publicité et sémiotique : délégations et cautions professionnelles

En effet, force est de constater, que, dans le contexte français, les études universitaires sur la publicité en général, et celles portant sur la sémiotique appliquée en particulier, sont beaucoup moins nombreuses que les études menées par des professionnels, qu'ils fassent partie d'agences, de sociétés d'études ou qu'ils soient consultants indépendants. La publicité est, en sémiotique comme pour le reste, un champ d'analyse qui a largement et longtemps été délaissé par les chercheurs universitaires et pris en charge par des analystes professionnels. Ce faisant, nous passons d'analyses sémiotiques de la publicité ou du discours publicitaire à des analyses sémiotiques appliquées à la publicité et destinées à produire une expertise nécessaire à l'action future. La sémiotique en sort dans des formes spécifiques, en quelque sorte professionnalisée, tout en gardant un discours d'accompagnement qui s'attache à prouver l'importance des aspects universitaires. Notre propos s'attachera d'abord à déterminer quelle(s) forme(s) d'analyse

---

[5] Ancien directeur des études de l'agence de communication publicitaire Publicis.
[6] Ces éléments numériques sont empruntés à E. Fouquier (1999 : 11-19).

sémiotique produit ce discours « approprié » par les professionnels. Notre propos présente ici une première étape de l'analyse qui se concentre sur les productions éditées par les professionnels à destination d'un large public qui comprend leurs clients potentiels, des étudiants en formation, et jusqu'à la communauté universitaire liée au domaine. Une autre phase de cette recherche, encore en cours et donc à présenter dans un autre cadre, s'attachera au discours produits spécifiquement dans le cadre de séances d'enseignement au Celsa.

3.2. Reconnaissances du propos professionnel et caution

Avant d'analyser, partiellement, la teneur des discours sur la sémiotique ainsi tenus, il semble intéressant d'envisager la reconnaissance de ces discours et de ceux qui les tiennent dans un domaine universitaire comme celui des sciences de l'information et de la communication en France. Ainsi, dans le *Dictionnaire critique de la communication*, ouvrage de référence dans le domaine, la direction du chapitre *Publicité* a été confiée à deux publicitaires. C'est dans ce chapitre, dans une sous-section de « Publicité et sensibilité aux formes », que G. Péninou, que nous avons déjà évoqué, aborde la notion de sémiotique qui n'apparaît pas, par ailleurs, dans le reste du dictionnaire[7]. De même, le numéro de la revue *Mscope* dirigé par P. Charaudeau et intitulé *La publicité masques et miroirs* mêlent les contributions d'auteurs universitaires (P. Charaudeau, J.-C. Soulages, A.-M. Houdebine, P. Fresnault-Desruelles...) et celle de L. Basier (planneur stratégique, à l'époque, de l'agence DDB). Dans une perspective proche, le recueil *L'image réfléchie, sémiotique et marketing*, du groupe EIDOS comporte une contribution professionnelle, celle de C. Klapisch, sémioticienne indépendante. Enfin, le numéro de la revue *Hermès* intitulé *Les sciences de l'information et de la communication. Savoirs et pouvoirs* consacre à la publicité une contribution, seule à être produite dans la revue par un acteur professionnel, celle d'A. Defrance, Directrice du planning stratégique de Publicis Étoiles et intervenante au Celsa. De même, le chapitre sur la publicité de *Questions de sémiotique* dirigé par A. Hénault est rédigé par E. Bertin, planneur stratégique (Bertin 2002 : 175-200). Quand le propos n'est pas totalement délégué aux professionnels, il apparaît cependant que la « caution » d'un professionnel est importante dès que le domaine publicitaire est abordé. Cela induit donc soit une délégation du discours, soit une interpénétration ou, tout au moins, un « floutage » des frontières entre discours universitaires et professionnels.

De fait, il semble que la publicité appelle immanquablement la participation d'auteurs professionnels qui sont souvent planneurs stratégiques en agence (L. Basier, A. Defrance, E. Bertin) ou à la tête de sociétés d'études dites qualitatives (Y. Krief, E. Fouquier). Ceci est peut-être dû au fait que la France présente une configuration professionnelle relativement spécifique, d'un point de vue international, dans la mesure où les réflexions « qualitatives », proches donc de la sociologie, de la linguistique, de l'anthropologie, de la sémiotique et des sciences humaines en général, prennent une place importante dans le processus de réflexion et d'élaboration d'une campagne publicitaire. En ce sens, le planning stratégique paraît tout particulièrement dédié à la sémiotique. E. Bertin (1999) pose ouvertement la question dans un des chapitres de *Métiers*

---

[7] Souligné par J.-J. Boutaud, « Sémiotique et communication. Un malentendu qui a bien tourné », in *Hermès*, n°38, 2004, p. 97.

de la sémiotique intitulé « Le planning stratégique en communication : terre naturelle de la sémiotique ? ».

3.3. Sémiotique et planning stratégique

Le statut du planning stratégique au sein des agences est particulièrement intéressant. Les quelques personnes (deux ou trois par agence au maximum) qui occupent cette fonction forment une sorte « d'aristocratie intellectuelle de la profession », en charge de la réflexion sur la marque et le discours publicitaire, ses tendances, ses liens avec la société française, etc. Développée au cours des quinze dernières années en France, la fonction de planneur stratégique s'est progressivement éloignée du modèle anglo-saxon (elle est d'abord apparue dans les agences britanniques). D'instance relativement opérationnelle, en tout cas en rapport avec les clients, la fonction est devenue en France beaucoup plus réflexive. Il faut, de plus, noter l'influence que semble avoir eu le service Études et recherches, devenu ensuite Planning stratégique, de Publicis et des agences du groupe Publicis puisque, à la suite de G. Péninou, A. Defrance, P. Beucler et P. Weil sont venus, par leurs articles et ouvrages, contribuer au propos sémiotique publicitaire professionnel français.

Notre propos n'est pas ici de dire que les auteurs professionnels ne devraient pas prendre part à la réflexion, notamment sémiotique, sur la publicité, et même, dans le cas qui nous intéresse, la prendre en charge ; mais de constater que ce phénomène existe et qu'il est spécialement prégnant dans le domaine publicitaire en général et dans celui de la sémiotique appliquée au domaine en particulier, ce qui ne peut pas être sans conséquences.

De nombreux auteurs pourraient ainsi être cités parmi les professionnels et certains noms reviennent de façon récurrente dans les publications de l'IREP. L'apport des études et réflexions d'A. Defrance, Y. Krief, E. Fouquier est indéniable. Il est cependant deux noms qui reviennent plus souvent : G. Péninou et J.-M. Floch. En effet, ces auteurs sont particulièrement intéressants car ils se qualifient, dans une certaine mesure, comme des professionnels qui ont su ne pas couper leur pratique d'une réflexion théorique, qui ont su la nourrir en dehors du milieu professionnel, en allant « à la source », c'est-à-dire en suivant les séminaires de Barthes et de Greimas.

4. Aperçus d'un métatexte

4.1. Hygiène professionnelle

Avant d'entrer dans le « micro » des formes produites, il convient d'envisager, à un niveau plus « macro » les effets de sens que produisent ces auteurs, effets qui vont de la mise en avant d'une philosophie professionnelle, nourrie de la sémiotique à la construction d'une image flatteuse du consultant, passeur de connaissances, médiateur de la sémiotique et donc de l'intelligence et de la connaissance vers les publics d'entreprises, en passant par la participation de ces auteurs à la mise en place d'une « mythologie » du domaine sélectionnant et désignant les grands auteurs, les « pères fondateurs ».

Ces textes présentent, avant tout, la sémiotique comme une nécessité, un recul auquel il faut parvenir, une sorte d'hygiène de la pratique professionnelle. Péninou insiste sur cet aspect dans les premiers chapitres d'*Intelligence de la publicité*. Il estime que le recul par rapport à la pratique professionnelle est indispensable et que « la renonciation à des inspirations professionnelles est nécessaire à l'intelligence du système ». Pour lui, la méthode sémiologique doit permettre de guider l'action professionnelle, dès le processus de création publicitaire et non d'évaluer des productions finalisées et éventuellement en échec. Il veut aboutir à la production d'un guide pour l'évaluation de la création publicitaire. La sémiotique apparaît comme un instrument au service des bonnes pratiques professionnelles et, à ce titre, elle est sans doute un instrument provisoire, qui ne sera qu'une étape puisque Péninou (1972) se fixe le but suivant : « Tout laisse envisager que la sémiologie n'aura été qu'une étape transitoire vers une (re)connaissance de la création publicitaire envisagée sous des catégories poétiques ».

Jean-Marie Floch, dans *Sémiotique, marketing et communication. Sous les signes, les stratégies* (1990) présente la sémiotique comme une pratique nécessaire à l'analyse des phénomènes de communication marchande. Il construit une partie de son propos comme s'il devait répondre à l'incrédulité de ses clients d'entreprise. Il feint ainsi de répondre à une question qui pourrait être : « À quoi cela va-t-il me servir ? » et met en avant, dans la réponse, tout aussi imaginaire, ce que l'on peut qualifier, pour reprendre une terminologie marketing, de « plus produits » de la sémiotique, à savoir « plus d'intelligibilité », « plus de pertinence » et « plus de différenciation » (1990 : 10-14). Dans un autre texte, J.-M. Floch (1986) pose une distinction entre les pratiques universitaires de la sémiotique qualifiées de « terre ferme » et les pratiques professionnelles, ou « grande liquide ». Il aborde la complexité des relations que « terre ferme » et « grande liquide » entretiennent, entre méconnaissance « Certains d'entre vous croient que j'y [dans la grande liquide] "fais" encore de la sémiotique plastique [...] » et croyances diverses « D'autres, à ne pas me voir, s'imaginent que j'ai pu aborder quelque Eldorado ». Il acte, de plus, la délégation du champ publicitaire aux chercheurs professionnels quand il écrit : « Si je vous écris, ce n'est pas pour vous annoncer la découverte d'une Terra Incognita où pourraient se couvrir de gloire — et se tailler des fiefs — nos meilleurs conquistadors. Point de Publicitarité en vue ! ».

4.2. Petites « mythologies » sémiotiques

La sémiotique apparaît, dans ces écrits, comme un guide, comme une hygiène nécessaire à la pratique professionnelle éclairée et efficace. Les effets de ces discours ne s'arrêtent cependant pas là. En effet, Péninou comme Floch contribuent, et peut-être mettent en place, dans leurs ouvrages, des « mythologies » sémiotiques en brossant, et même en érigeant, la figure des « pères fondateurs » de la discipline, des « grands hommes de la sémiologie/sémiotique ». Ainsi, G. Péninou trace la figure centrale de R. Barthes, quand J.-M. Floch retrace l'historique de toutes les figures universitaires importantes de la sémiotique et déclare ce qu'il doit à Greimas, en le citant tout au long de l'ouvrage, en intitulant son chapitre « théorique » *Hors du texte, point de salut* et en le commentant ainsi : « Cette vigoureuse formule si souvent répétée par A. J. Greimas pourrait être la devise des sémioticiens » (1990 : 3). Comme un juste retour des choses, ce sont Péninou et Floch qui seront ensuite érigés en figures de la sémiotique appliquée par leurs successeurs.

Principes et typologie des discours universitaires

Par ailleurs, Péninou comme Floch construisent, dans ces ouvrages, la figure du consultant dans le domaine du marketing et de la communication commerciale, à la fois pionnier et passeur de la pensée sémiotique théorique, qui doit l'adapter et la diffuser dans un milieu professionnel hostile et/ou difficile. Leurs propos mettent ainsi globalement en avant, car les nuances sont bien entendu nombreuses, les aspects précurseurs de leurs démarches, leur propre capacité d'anticipation. Il s'agit, également, de mettre en évidence la nouveauté des orientations qu'ils introduisent et leur capacité à corriger, compenser et éventuellement supplanter les autres types d'approches par le recours à une approche doublement qualitative : parce qu'elle doit donner plus de qualité aux propos tenus et parce qu'elle vient s'inscrire en rupture avec une pratique professionnelle des études largement quantitative.

4.3. La sémiotique sans peine

En dernier lieu et au-delà de toutes les figures et mythologies que ces ouvrages brossent, ils présentent des méthodes que les analystes professionnels sélectionnent à des fins communicationnelles, dans une visée d'efficience de leur démarche, soit que ces formes leur semblent plus compréhensibles par le grand public, soit qu'elles leur paraissent plus recevables par leurs clients d'entreprise. Ils s'engagent donc dans la production et la diffusion de ce que l'on pourrait qualifier de « vulgates sémiotiques », destinées à permettre à leurs récepteurs présumés d'apprécier la valeur du propos tenu. Dans ces ouvrages Péninou comme Floch doivent donc préciser les objectifs qu'ils donnent à leurs écrits, à leurs démarches et à leurs analyses. Dans le mesure où ils utilisent des méthodes dont les présupposés théoriques sont consistants, il leur est nécessaire d'envisager le degré de théorisation nécessaire à la compréhension mais aussi acceptable pour que la dite compréhension ne soit pas compromise. Ils donnent donc des éléments théoriques tout en envisageant leur gestion par les lecteurs. Ainsi, dans le propos introductif de G. Péninou, le rôle du professionnel est de faire de la sémiologie un « outil d'analyse » en revenant aux éléments théoriques issus de la linguistique : « Le recours à des références d'ordre philosophique ou grammatical témoignerait […] d'une volonté de retour à la réflexion primordiale » et, plus loin, il affirme le croisement théorique entre les apports de Barthes, de Jakobson et des « sciences de la communication, et notamment à la théorie de l'information », à qui l'on doit le « primat donné au message sur le destinataire ».

J.-M. Floch assume et assure l'héritage greimassien en proposant un texte qui enchâsse des morceaux théoriques au sein des analyses concrètes. Il revendique ouvertement cette construction et donne une sorte de mode d'emploi à multiples géométries de son texte :

> […], ce livre a été conçu et écrit de telle sorte qu'on puisse à sa première lecture « sauter » les pages théoriques : le lecteur désireux de connaître d'emblée la façon de faire de la sémiotique peut très bien laisser le premier chapitre présentant sa façon d'être […]. De même, il pourra aller jusqu'au bout des analyses concrètes sans devoir lire les pages de présentation des grands concepts théoriques qui, par moments, les interrompent.

Principes et typologie des discours universitaires

Le rapport à la théorie que dessine ce propos est intéressant. En effet, Floch a parfaitement conscience du fait que son ouvrage est susceptible d'être lu par un vaste public qui, contrairement aux sémioticiens « de la terre ferme » n'aura pas forcément les références nécessaires pour comprendre les détails de ses analyses. En ce sens, les « encarts » théoriques s'avèrent importants et nécessaires. Cependant Floch présuppose, dans le même temps, qu'une partie de son lectorat pourrait être gênée par ces éléments théoriques, soit qu'elle soit constituée de sémioticiens pour qui la révision est inutile, soit qu'elle comporte des « profanes » qui souhaitent lire des résultats sans pour autant souhaiter comprendre de quelle façon on y est parvenu. Le texte prend donc une forme sémiotique finalement complexe, à géométrie variable, qui présuppose divers lectorats. Les universitaires ne se posent habituellement pas ce type de question, si ce n'est quand il rédige un manuel d'initiation. Le propos professionnel endosse donc toutes les configurations en laissant une liberté de parcours importante au lecteur.

Ces analyses sont, par ailleurs, destinées à un public spécifique, celui des services marketing des entreprises « annonceurs » qui achètent les prestations sémiotiques ou, plus souvent, des prestations « qualitative » qui, sans que cela soit spécifié particulièrement, comporte des résultats sémiotiques[8].

La sélection par les sémioticiens professionnels de formes schématisables, telles que le carré sémiotique et le schéma narratif, et donc présentables à un client, peut s'expliquer comme une fonction nécessaire pour bâtir une scientificité du propos acceptable par ses récepteurs principaux. Par ailleurs, la sélection d'outils schématisables garantit une certaine reproductibilité de l'analyse qui va dans le sens de ce qui précède. Ce choix est donc un choix pragmatique au sens fort du terme car il répond aux représentations de la scientificité telles qu'elles ont cours dans les domaines de formation des clients-récepteurs des études. D'une manière générale, les analyses menées par des professionnels correspondent à ce que Y. Jeanneret appelle le *courant d'analyse procédurale des messages* (1995 : 51). Il constate, en effet, la formalisation et le tour procédural que prend la théorie sémiotique chez certains auteurs, comme E. Veron et E. Fouquier. Il cite à ce propos le modèle d'analyse figurale proposée par ce dernier dans une des publications de l'IREP (Fouquier 1986). Nous pouvons donc penser que cette rigidification modélisante vient en partie, dans les méthodes et les écrits des professionnels, de la nécessité face à laquelle ils se trouvent de devoir présenter et justifier leurs résultats devant un public non averti. Ce choix est donc un choix pragmatique au sens fort du terme car il répond aux représentations de la scientificité telles qu'elles ont cours dans les domaines de formation des clients-récepteurs des études. Cependant, cela a pu en retour avoir un effet de disqualification, dans les milieux universitaires de ces méthodes d'analyse pourtant fortement nourries théoriquement et hautement heuristiques en occultant ces aspects au profit d'un apparent simplisme.

---

[8] Cet aspect « clandestin » de la sémiotique est particulièrement perceptible dans les entretiens menés par Sandrine Chabaud dans le cadre de sa thèse (Chabaud 2006).

Repères bibliographiques

BARTHES R. (1964), « Rhétorique de l'image », *Communications 4,* 40-51.
BERTHELOT-GUIET K., C. De MONTETY & M. DROUET (2008), « Le marketing et la publicité », *50 ans de communication,* Neuilly-sur-Seine, CELSA éditeur, 90-99.
BERTIN E. (2000), « Le planning stratégique en communication : terre naturelle de la sémiotique ? », *in* J. Fontanille & G. Barnier (éd.) (2000), *Les métiers de la sémiotique,* Limoges, Pulim, 27-43.
—— (2002), « Sémiotique et publicité. Image et stratégie », *in* A. Hénault (éd), *Questions de sémiotique,* Paris, PUF, 175-200.
BOUTAUD J.-J. (2004), « Sémiotique et communication : Un malentendu qui a bien tourné », *Hermès 38,* 97.
CHABAUD S. (2006), *Sémiologie et entreprise de 1950 à l'an 2000. La construction des discours identitaires des méga-marques,* Thèse de Doctorat, Université Paris III.
FLOCH J.-M. (1986), « Lettre aux sémioticiens de la terre ferme », *Actes sémiotiques. Bulletin IX,* 7-14
—— (1990), *Sous les signes les stratégies,* Paris, PUF.
FONTANILLE J. & G. BARNIER (éd.) (2000), *Les métiers de la sémiotique,* Limoges, Pulim.
FOUQUIER E. (1986), « L'analyse figurale des messages », *La communication publicitaire,* 1986, Paris, IREP, 253-269.
—— (1999), « Petite histoire de la sémiotique commerciale en France », *in* B. Fraenkel & C. Legris-Delportes (éd.), *Entreprise et sémiologie,* Paris, Dunod, 11-19.
JEANNERET Y. (1995), *Hermès au carrefour : éléments d'analyse littéraire de la culture triviale,* essai pour l'habilitation à diriger les recherches, Paris 7, Université Denis Diderot.
PENINOU G. (1972), *Intelligence de la publicité,* Paris, Robert Laffont.

Une perspective comparative de langue et de discipline sur les écrits scientifiques : standardisation versus diversification

Kjersti FLØTTUM
Université de Bergen, Norvège

RÉSUMÉ

 Cet article portera sur la question d'identités culturelles dans des articles scientifiques rédigés au sein de disciplines différentes (économie, médecine, linguistique) et en langues différentes (anglais, français, norvégien). Les notions de standardisation et diversification seront liées à une discussion de similarité et de différence entre les identités en question. Les différences repérées permettront de construire des profils de chercheur liés à chaque discipline et à chaque langue, basés sur la notion de rôle d'auteur. Pour finir sera présentée une étude de cas représentant la grande variation individuelle se manifestant à l'intérieur du corpus étudié.

MOTS-CLÉS
KIAP • discours scientifique • polyphonie • rôle d'auteur • langue • discipline.

ABSTRACT

 This paper focuses on the issue of cultural identities in research articles written within different disciplines (economics, medicine, linguistics) and in different languages (English, French, Norwegian). The notions of standardisation and diversification will be linked to a discussion of similarities and differences between the identities in question. The observed differences allow us to construct specific researcher profiles related to each discipline and each language, on the basis of the notion of author role. At the end of the paper, a case study will be presented, representing the great individual variation which exists within the studied KIAP corpus.

KEYWORDS
KIAP • academic discourse • polyphony • author role • language • discipline.

* *

*

Principes et typologie des discours universitaires

1. Introduction

Les deux notions de standardisation et de diversification constituant un arrière-plan, cet article portera sur la question de savoir dans quelle mesure il est possible d'identifier des identités culturelles dans des articles de recherches rédigés au sein de disciplines différentes et en langues différentes, à travers une sélection de quelques faits linguistiques, et dans quelle mesure ces identités sont différentes ou similaires. Une attention particulière sera portée à la présence de personnes manifestées par différentes voix, représentant les dimensions de *moi* et d'*autrui*. Cette approche se base sur une conception rhétorique du discours scientifique comme un discours créé dans une situation communicative particulièrement plurivocale ou polyphonique. Le but est de montrer que pour déterminer et comprendre les constellations complexes constituées par les voix présentes « derrière » des manifestations de personne, il est nécessaire de prendre en compte le cotexte aussi bien que le contexte extralinguistique. Le choix de dimensions contextuelles à considérer constitue une question étroitement liée à la conception d'identité culturelle adoptée dans la présente recherche.

Avant de procéder à la présentation des données étudiées, je dirai quelques mots sur le choix des trois langues représentées dans notre corpus, à savoir l'anglais, le français et le norvégien. Quand on aborde l'étude du discours scientifique, le choix de l'anglais semble aller de soi. L'anglais est de plus en plus considéré comme la lingua franca dans le monde scientifique. Il est bien connu que les publications scientifiques en langue anglaise l'emportent de beaucoup sur toutes les autres langues dans le monde. L'influence est telle que si on parle de norme ou de standard de par exemple l'article de recherche, ces standards sont souvent basés sur des modèles anglo-américains. Alors, on peut se demander dans quelle mesure cette dominance influence les écrits scientifiques rédigés dans d'autres langues : peut-on parler d'un procès de standardisation par l'influence de l'anglais ? Dans le projet dont je vais parler ici, nous avons choisi d'étudier cette question en comparant l'anglais, le français et le norvégien. Pour ce qui est du français, il est clair que cette langue est aussi une langue mondiale, mais qui n'a pas la même extension que l'anglais. Pour ce qui est du norvégien, la situation est tout à fait différente. Le norvégien est une langue qui a le statut de langue officielle seulement dans un pays, et dans un très petit pays. Le dilemme souvent ressenti par les chercheurs norvégiens est, d'une part, de se positionner au front scientifique international, ce qui en général nécessite de s'exprimer en anglais, et d'autre part, de cultiver le norvégien scientifique, en publiant des articles et livres en norvégien, mais auxquels seulement des scientifiques des pays scandinaves auront accès.

Voilà une description très simplifiée de quelques-unes des réflexions sous-tendant notre choix de comparer les articles de recherche en ces trois langues : l'anglais, le français et le norvégien — deux grandes langues et une petite — et un statut différent pour chacune dans le monde scientifique et universitaire. C'est une étude dont le but a été de voir dans quelle mesure on pourrait identifier des identités culturelles — similaires ou différentes — et par cela dans quelle mesure on pourra parler de standardisation versus diversification d'écrits scientifiques, non pas à un niveau général, mais à partir d'un choix d'articles rédigés en ces trois langues. Dans quelle mesure y a-t-il une diversification dans les articles français et dans les articles norvégiens par rapport aux articles anglais ?

Le présent article sera structuré comme suit : Je présenterai d'abord les points principaux du projet mentionné ci-dessus — le projet KIAP — avec les résultats les plus importants (§ 2). Cette présentation sera suivie par une section abordant la notion d'*identité culturelle* (§ 3). Ensuite je discuterai dans quelle mesure les résultats généraux sont modifiés par les différences repérées entre disciplines et langues — différences permettant de construire des profils plus ou moins typiques de chercheurs liés à chaque discipline et à chaque langue. La notion de *rôle d'auteur* sera importante dans ce contexte (§ 4). Avant de terminer par de brèves remarques finales (§ 6), je présenterai une étude de cas représentant un exemple de la grande variation individuelle qui se manifeste à l'intérieur de notre corpus (§ 5).

2. Brève présentation du projet KIAP

Le projet « Identité culturelle dans la prose académique », abrégé dans l'acronyme norvégien KIAP (voir www.uib.no/kiap/), a eu son origine dans une conception rhétorique du discours scientifique. Nous avons eu comme objectif de donner de la substance à la contestation de la conception traditionnelle du discours scientifique comme objectif, monologique et non-interactionnel ; une conception selon laquelle les observations scientifiques se raconteraient elles-mêmes.

Notre problématique principale a porté sur l'identification d'identités culturelles telles qu'elles se manifestent par des traces linguistiques de voix scientifiques dans le genre de l'article de recherche. Afin de mener à bien cet objectif, nous avons adopté une perspective doublement comparative, analysant des articles écrits en trois langues, à savoir l'anglais, le français et le norvégien, et tirés de trois disciplines, à savoir la médecine, l'économie politique et la linguistique. Notre recherche s'est fondée sur un corpus électronique (Corpus KIAP) comportant 450 articles (environ 3 000 000 de mots) publiés dans des revues reconnues à comité scientifique, des années 1992-2003. (Voir www.uib.no/kiap/ et Fløttum, Dahl & Kinn 2006.)

Nos analyses, quantitatives aussi bien que qualitatives, sont centrées sur la manifestation de personne, et orientées selon trois questions de recherches :

1) Comment les auteurs se manifestent-ils dans les textes (dimension MOI) ?
2) Comment les voix d'autres chercheurs se manifestent-elles (dimension AUTRUI) ?
3) Comment les auteurs présentent-ils leur propre recherche ?

Ces questions expliquent notre choix de cadre théorique, caractérisé par une perspective large, énonciative, polyphonique et interpersonnelle (voir Nølke, Fløttum & Norén 2004 ; Fløttum 2005a, b) ; avec différentes théories du genre constituant un arrière-plan important (Swales 1990 ; Berge 2003).

Pour aborder les trois questions, nous avons sélectionné différents faits linguistiques susceptibles de réaliser les dimensions moi et autrui de la manifestation personnelle. Ces faits sont les suivants : pronoms personnels de la 1ère personne, pronoms indéfinis, emploi de verbes combinés avec pronoms, marqueurs de modalité épistémique, connecteurs argumentatifs, expressions métatextuelles, la construction *let us/let me* + infinitif (impératif du pluriel en français : *considérons*), constructions polyphoniques (négation polémique et concession), références bibliographiques.

Principes et typologie des discours universitaires

Tout le long du projet notre hypothèse principale a été que la discipline prime sur la langue en matière d'identité culturelle. La grande majorité de nos analyses ont en effet confirmé cette hypothèse. En termes très généraux, on peut dire que, dans le Corpus KIAP, il y a plus de ressemblances entre les articles provenant de la même discipline, rédigés en langues différentes, qu'entre les articles rédigés dans la même langue, au sein de disciplines différentes : la discipline semble plus importante que la langue pour l'identification d'identités culturelles. Voici quelques résultats plus spécifiques (pour plus de détails, voir Fløttum, Dahl & Kinn 2006) :

- Les auteurs des articles de médecine sont les moins visibles des trois disciplines étudiées.
- Les auteurs rédigeant leurs articles en anglais ou en norvégien sont plus explicitement présents dans les textes que les auteurs rédigeant en français.
- La comparaison d'articles individuels montre une variation considérable aussi bien à l'intérieur d'une discipline qu'à l'intérieur d'une langue.

3. Identités culturelles dans le discours scientifique

Dès le début, nous avons vu les défis liés à la définition et la délimitation de la notion d'*identité culturelle*. Nous avons également compris qu'il faudrait faire attention à la manière de lier l'interprétation de nos résultats linguistiques aux contextes culturels que nous avons choisi de prendre en considération. Comme un point de départ, nous avons décidé que la notion d'identité culturelle serait discutée en termes de tendances possibles observées dans la pratique linguistique des différents groupes ou sous-corpus étudiés (9 en tout, consistant en combinaisons de 3 langues et 3 disciplines différentes). En termes plus clairs, nous avons étudiés des ressemblances au sein des 9 groupes et des différences entre ces mêmes groupes.

Les contextes que nous avons jugés pertinents pour le projet sont au nombre de quatre : la culture d'écriture nationale, basée sur la langue nationale (contexte normalement développé au sein du système général d'éducation, qui à son tour fait partie d'une société plus large, manifestant des valeurs déterminées) ; le monde scientifique (reflétant des valeurs transgressant les frontières nationales, comme par exemple l'intérêt pour la création de connaissances nouvelles) ; la discipline elle-même ; et la communauté discursive.

La communauté discursive, étroitement liée au genre discursif en question, constitue un contexte qui ne peut pas être considéré comme indépendant des trois autres, mais qui en effet peut ajouter des facteurs particuliers qui souvent s'expliquent en partie par l'histoire épistémologique de la discipline en question.

Tous ces contextes méritent d'être discutés de manière plus approfondie ; pour cela je renvoie à ma collègue Tr. Dahl, dont sont tirées les considérations présentées ci-dessus et qui a travaillé longuement sur ces questions (Dahl 2004, Fløttum et al. 2007). Je me contenterai ici de quelques commentaires liés aux questions jugées les plus difficiles.

Prenons d'abord le contexte de la culture d'écriture nationale. Avec l'anglais comme une des langues étudiées, comment est-ce que nous avons pu poser que la pratique au sein d'une langue fonctionnant comme langue nationale dans des pays situés dans le

Principes et typologie des discours universitaires

monde entier pourrait être liée à une culture d'écriture commune ? La même question, bien que dans une moindre mesure, est pertinente pour le français. Notre réponse à cette question a été de prendre en considération ou de faire appel à ce que nous considérons comme des idéaux communs pour des auteurs anglo-américains, des idéaux ou standards qui semblent être valables dans une mesure considérable dans les cultures de langue anglaises ; de même, certains idéaux partagés par le monde francophone pour le français.

On peut trouver du support de cette vue dans la littérature des études interculturelles. De telles études portent l'attention aux rencontres interculturelles et sont arrivées à développer des concepts qui expliquent des comportements différents à l'intérieur d'un groupe interculturel. Différentes cultures sont rangées les unes par rapport aux autres selon des dimensions différentes. Comme exemples on peut mentionner l'individualisme versus le collectivisme (Hofstede 2001) ou la communication de contexte dit « haut » ou « bas » — en anglais, « high and low context » (Hall & Hall 1990). Notre étude n'est évidemment pas basée sur un contexte interculturel, étant donné que nous avons étudié les trois langues séparément. Cependant, quand on discute les différences en pratiques linguistiques, il peut être tentant de considérer certains de ces concepts interculturels. Dans de telles études, on trouve par exemple que beaucoup de cultures de langue anglaise obtiennent une place élevée sur l'échelle de l'individualisme, ce qui dans les textes peut être traduit par des auteurs très visibles. Nous voyons également que les cultures de langue anglaise sont caractérisées comme étant de cultures de contexte dit « bas » (c'est-à-dire qu'ils ont tendance à être très explicite plutôt que de se baser sur des informations implicites) tandis que les cultures de langue française sont plutôt caractérisées comme étant de cultures de contexte dit « haut ».

Passons maintenant au contexte de la discipline. Ici nous avons dû considérer une question d'une autre nature : dans quelle mesure les disciplines choisies sont-elles représentatives des trois grandes branches scientifiques ? C'est que les disciplines qui partagent certains traits communs sont traditionnellement rangées dans la même branche scientifique. Becher et Trowler (2001) ont montré que beaucoup de facteurs différents peuvent jouer un rôle quand les institutions académiques situent leurs départements et instituts à l'intérieur de leur institution. En plus, au cours de l'histoire, les disciplines ont pu être déplacées d'un « camp » à un autre, dans bien des cas dû au développement de la recherche. Ensuite, plusieurs disciplines sont en contact avec d'autres disciplines dans leur recherche. Alors, comment est-ce que les disciplines que nous avons choisies se situent dans ce paysage ? Je dois dire que la linguistique, l'économie politique et la médecine ont été choisies en partie pour des raisons d'intérêt personnel, et en partie parce que ces disciplines ont été étudiées dans des recherches similaires. Cependant, nous admettons que ni la médecine ni la linguistique ne sont des représentants typiques des sciences naturelles et des sciences humaines respectivement. La linguistique est en effet particulièrement difficile à placer. Elle partage des traits avec toutes les trois branches — sciences naturelles, sociales et humaines. Étant bien conscients de ces questions difficiles, nous avons quand même opté pour les trois disciplines choisies.

Enfin, considérons tout brièvement le défi lié au contexte du genre et de la communauté discursive. Nous avons voulu inclure au moins une petite et une très grande langue. Cependant, cela implique que les communautés discursives respectives sont très différentes en taille ou extension — ce qui pourrait avoir une importance pour le genre en question. Dans quelle mesure est-ce qu'on peut poser, par exemple, que l'article scientifique norvégien représente le même genre que les articles scientifiques rédigés en anglais, visés à une communauté beaucoup plus large ? Dans ce contexte, il est intéressant de constater que selon nos résultats il ne semble pas en effet être une grande différence entre les articles norvégiens et anglais, en ce qui concerne les phénomènes étudiés au KIAP.

Pour récapituler un tant soit peu : il a été nécessaire de prendre en compte ces différents contextes extralinguistiques afin de déterminer et comprendre les constellations complexes constituées par les voix présentes, plus ou moins explicites, dans les articles étudiés. Ces contextes nous ont aidée de manières différentes à expliciter ce que nous considérons comme identités culturelles, dans le cadre du monde scientifique. Enfin, quelle que soit la complexité de ces questions importantes, il nous a été possible de construire des profils basés sur les disciplines, et dans une certaine mesure basés sur les langues. Par conséquent, on peut dire que les auteurs scientifiques sont membres d'un groupe ou d'une communauté. Il est toutefois clair que la standardisation, dans la mesure où l'on peut en parler, est plus forte à l'intérieur d'une discipline qu'à l'intérieur d'une langue.

4. L'auteur scientifique comme membre d'un groupe : profils d'auteurs scientifiques

Dans ce développement de profils, nous avons établi une catégorisation en différents rôles d'auteur, des rôles rhétoriques on peut dire, dont les plus importants sont le *chercheur*, le *scripteur* (ou guide textuel) et l'*argumentateur* (voir Fløttum 2003, 2004). C'est que sur la scène d'un article de recherche, les auteurs peuvent assumer différents rôles dans leur interactions avec les lecteurs ou avec des collègues différents (ce qui d'ailleurs va bien avec une perspective polyphonique ; Nølke et al. 2004 ; Fløttum & Rastier 2003 ; Fløttum 2005 ; Fløttum (éd.) 2007 ; Rosier 1999 ; Vold 2006). En ce sens, l'article peut être considéré comme un drame polyphonique où l'auteur est en interaction avec différentes personnes ou groupes de personnes.

Dans nos analyses, nous avons porté une attention particulière aux rôles rhétoriques qu'assument les auteurs quand ils renvoient à eux-mêmes par le moyen de pronoms personnels de la 1re personne, singulier et pluriel, ou par un pronom indéfini, comme *on* en français (voir aussi Poudat 2006 ; Rinck 2006). Nous avons identifié ces rôles en étudiant le cotexte immédiat du pronom, notamment les verbes ou les constructions verbales avec lesquels le pronom se lie, et dans une certaine mesure les expressions métatextuelles entourant le pronom et le verbe.

L'auteur en tant que *chercheur* apparaît typiquement quand le pronom de la 1re personne se combine avec ce que j'ai appelé verbes de recherche. Ces verbes réfèrent à l'action ou les activités directement liées au procès de recherche, tels que *analyser, considérer, examiner, étudier, trouver*. Comme ces verbes de recherche incluent des verbes plus ou moins spécifiques pour trois disciplines, caractérisées par différentes activités, il est clair qu'ils constituent un groupe très large. Il faut aussi dire que certains verbes peuvent traduire des rôles différents dans différents contextes. L'extrait suivant est un exemple où l'auteur assume le rôle de chercheur :

[1] **J'envisage** donc a priori la possibilité d'une relation entre […]. (frling13)

Quand le pronom se combine avec des verbes appelés verbes discursifs (Hyland 2000), l'auteur assume le rôle de *scripteur* ou guide textuel, c'est-à-dire avec des verbes référant aux procès impliquant une représentation verbale ou graphique, comme *décrire, illustrer, présenter, résumer,* ou aux procès liés à la structuration du texte et au guidage du lecteur, comme *commencer par, porter l'attention à, retourner à, revenir sur, etc.* Voici des exemples :

[2] […] pour simplifier **je décris** brièvement les procès conjugués […]. (frling30)

[3] **Je commencerai par** noter que […]. (frling13)

Le troisième rôle rhétorique est celui d'*argumentateur*. Ce rôle se manifeste quand le pronom se combine avec des verbes que j'ai appelés verbes de prise de position ; ce sont des verbes référant aux procès de prendre position, de manifester son point de vue, etc., comme *proposer, soutenir, défendre, réfuter*. Voici un exemple typique :

[4] L'idée que **je voudrais défendre** est que […]. (frling12)

En nous servant de ces rôles d'auteurs, nous avons pu établir différents profils disciplinaires. Je n'oserai pourtant pas les appeler des profils standards. Toutefois, il est clair que certains traits fréquents, typiques pour chaque groupe pris en considération, contribuent au développement d'un standard potentiel.

Si nous prenons, en premier, la caractéristique des auteurs de médecine, nous pouvons dire que la formulation *Les données cliniques suivantes ont été évaluées...* en est typique. Nous voyons ici que l'auteur est plus ou moins absent. On ne trouve pas souvent des formulations comme *Nous avons inclus les données cliniques suivantes...* dans les textes de médecine. En général on peut dire que les textes de médecine se caractérisent par l'absence de personne et par une argumentation plutôt implicite. En plus, nous avons noté que la recherche est typiquement présentée comme accomplie. Dans cette perspective, les auteurs de médecine assument typiquement le rôle de chercheur.

Pour ce qui est des auteurs économistes, ils sont au contraire présents, dans des expressions encadrées par un renvoi métatextuel, comme dans la suivante : *Dans la section 2, nous présentons le modèle.* Cependant, cette présence est assez modeste ; les économistes sont beaucoup moins directement argumentatifs que leurs collègues linguistes. Et en opposition aux auteurs de médecine, les auteurs économistes présentent leur recherche de manière « en ligne », c'est-à-dire comme étant entreprise dans le texte même. En ce qui concerne le rôle d'auteur, les économistes se manifestent comme chercheurs et comme scripteurs (guides textuels).

Il n'est peut-être pas surprenant que ce sont les auteurs linguistes qui sont les plus nettement présents des trois profils disciplinaires ; ils sont par ailleurs les plus explicitement polémiques. Ils argumentent de manière explicite dans des expressions comme *Au contraire, une théorie pragmatique doit pouvoir répondre [à]... Nous allons y répondre* Comme les économistes, ils présentent leur recherche de manière en ligne, c'est-à-dire comme étant entreprise dans le texte même. Alors, les auteurs linguistes assument tous les trois rôles dans leurs textes : ils sont chercheurs, scripteurs (guides textuels) aussi bien qu'argumentateurs.

Principes et typologie des discours universitaires

Voilà pour les profils disciplinaires. En ce qui concerne des généralisations potentielles portant sur la langue, il est plus difficile d'établir des profils. Cependant, il y a certains traits fréquents qu'il vaut la peine de mentionner, toujours limités au cadre du projet KIAP et les faits qui y sont étudiés.

Prenons en premier lieu les auteurs d'articles anglais, D'abord ces auteurs sont ouvertement ou explicitement présents dans leurs textes ; ils sont « reader-friendly », c'est-à-dire guidant les lecteurs dans leur parcours du texte, par des indications explicites de ce qui sera fait et où. Ces auteurs sont également relativement polémiques. Enfin, dans les articles à 1 auteur, ils tendent à utiliser « I » ('je'), comme dans l'énoncé *In this section, I will discuss…*

Les auteurs des articles norvégiens sont dans bien des égards similaires à leurs collègues auteurs d'articles anglais : ils sont nettement présents et « reader-friendly ». Cependant, ils semblent en effet plus polémiques que les Anglais, et ils se manifestent par une voix plus collective. Cela se traduit par un emploi de « vi » ('nous') dans les articles à un seul auteur, un pronom souvent incluant le lecteur, comme dans l'énoncé commençant par *Vi ser at…* ('Nous voyons que…').

Les auteurs d'articles français, en contraste, sont relativement absents. Ils ne guident pas de manière systématique les lecteurs dans leur parcours du texte ; et ils ont tendance à cacher leur polémique de manière très subtile. Les auteurs d'articles français, même dans les articles à un auteur, ont tendance à utiliser le pronom *on* au lieu de par exemple *nous* ou *je,* comme dans le suivant : *On peut constater…*

Pour récapituler et pour relier ces observations aux notions de standardisation et de diversification, je tiens à dire qu'il est difficile de parler de standardisation, notamment dans le cas de profils correspondant aux trois langues étudiées. La diversification y est en effet assez importante. Cependant, il est clair que les auteurs rédigeant en anglais et ceux rédigeant en norvégien ont plus en commun que par exemples les auteurs rédigeant en anglais et ceux rédigeant en français. L'influence qu'a eue l'anglais sur le norvégien est indiscutable. Ce n'est pourtant pas très surprenant, vu l'histoire et la longue tradition de collaboration entre la Norvège et le monde anglo-américain. Les auteurs rédigeant en français, par contre, se distinguent assez nettement de leurs collègues anglais et norvégiens. La grande valeur traditionnellement donnée à la culture française et par là à la langue française par le monde francophone y est certainement pour beaucoup.

5. L'auteur scientifique comme individu

Bien qu'il soit possible de poser des profils plus ou moins généraux, basés sur la variable de discipline et dans une certaine mesure sur la variable de langue, il est bien clair que la voix individuelle est nettement présente dans les articles de recherche étudiés.

À l'intérieur de tous les neuf sous-corpus, nous avons observé beaucoup de variations entre les articles individuels. La variation semble être particulièrement grande dans les articles de linguistique, et cela pour les trois langues. Je vais donc passer à une étude de cas, afin d'étudier une sélection de quelques-uns des phénomènes linguistiques étudiés ci-dessus, ayant contribué à la caractérisation des profils. Seront analysés deux articles français à 1 auteur, tirés du sous-corpus linguistique : frling20 (2 376 mot dans le corps du texte) et frling32 (2 629 mots). Cette analyse sera orientée vers des perspectives rhétoriques. Les articles sont produits dans des contextes similaires. Les deux auteurs, nous les appelons « auteur 20 » et « auteur 32 », respectivement, sont des linguistes femmes relativement jeunes, mais bien situées dans un cadre universitaire. Alors, certains des faits qui auraient pu expliquer des différences entre les articles n'existent pas (même discipline, même langue, même sexe, âge similaire). Les auteurs viennent de la même discipline, elles rédigent dans la même langue et elles ont toutes les deux des positions universitaires.

D'un point de vue rhétorique, les articles semblent assez similaires aussi. Bien qu'ils traitent des phénomènes différents et que leurs stratégies soient différentes, ils sont tous les deux marqués par la volonté ou le souhait d'être persuasif, nettement manifeste dans tous les textes rhétoriques. Les deux auteurs semblent vouloir inviter à des attitudes et actes collaboratifs en même temps qu'elles souhaitent prendre position dans ou par rapport à la communauté à laquelle elles appartiennent (ou voudraient appartenir). En d'autres termes, les facteurs rhétoriques n'indiquent pas que nous devons nous attendre à de grandes différences entre les deux articles. Cependant, il y a des différences très claires. Nous allons considérer de plus près comment leur choix linguistiques sont différents et dans quelle mesure ces choix corroborent la balance rhétorique entre l'invitation à une collaboration et la prise de position (une balance qui à mon avis n'est pas discutée de manière satisfaisante dans Prelli 1989). Mon hypothèse est que le choix de pronom pourra indiquer des balances différentes. Cependant, le choix de verbe combiné avec le pronom y constitue une correction importante d'interprétations unidimensionnelles possibles de pronoms isolés.

L'article frling32 contient 12 *je*, 4 *nous* et 14 *on*. Comme tous les trois pronoms sont utilisés, on pourra s'attendre à ce qu'ils s'emploient dans des rôles différents, qu'ils se complètent d'une manière ou d'une autre. Dans cet article, le *je* est typiquement utilisé dans le rôle de chercheur ou de scripteur, comme dans exemple [5], pris de la section d'Introduction :

[5] Mais avant de passer à l'analyse proprement dite de ces constructions, je vais décrire brièvement les conditions matérielles dans lesquelles cet échange s'est produit […].

Le rôle d'argumentateur est modestement présent, seulement dans une séquence :

[6] […], je propose des hypothèses explicatives […].

En ce qui concerne les deux autres pronoms, les occurrences rares de *nous* sont utilisées avec référence inclusive (renvoyant à la dyade auteur-lecteur), dans des constructions comme

[7] nous verrons que…

Les 14 occurrences de *on* sont également utilisées de manière inclusive, dans des constructions comme

[8] on observe / on a vu que…,

correspondant à une valeur qui va bien avec les verbes cognitifs (voir Fløttum et al. 2007) et qui typiquement se trouve aux sections du milieu de l'article.

Principes et typologie des discours universitaires

Par un tel parcours rapide, je tente une conclusion selon laquelle l'emploi pronom/verbe en frling32 se réalise entre une prise de position très modérée par *je* et une orientation de coopération assez forte manifestée par l'emploi inclusif de *nous* et de *on*.

L'article frling20 contient 27 *nous* et 15 *on*. Comme l'auteur 20 n'emploie pas de *je*, il semble raisonnable de s'attendre à ce que du moins quelques-uns des 27 occurrences de *nous* représentent le *nous* autorial. Ce *nous* est exclusif en ce sens qu'il n'inclut pas le lecteur. En effet, la plupart des *nous* de cet article sont du type autorial, mais l'auteur assume des rôles différents à travers ce pronom. Dans [9] il s'agit du rôle de scripteur :

[9]   Nous ne revenons pas sur…

Et le rôle du chercheur dans [10] :

[10]   Nous n'avons relevé aucun emploi…

Cependant, ce qui est peut-être plus intéressant, c'est la présence nette de l'auteur en tant qu'argumentateur, comme dans les exemples [11] et [12] :

[11]   […] nous postulons que, dans ce cas, il s'agit de préposition.
[12]   […] nous avons soutenu que des constructions attestées à l'écrit illustrent un emploi prépositionnel de genre.

À cause du sens des verbes en [11] et [12], il semble raisonnable d'interpréter le pronom *nous* comme autorial dans ces exemples. Cependant, le *nous* plurifonctionnel est également utilisé avec une référence incluant très clairement le lecteur, comme dans l'exemple suivant :

[13]   Nous allons voir maintenant…

avec l'adverbe déictique *maintenant* et le verbe *voir*, typique dans cette constellation : c'est une invitation nette au lecteur de suivre le raisonnement de l'article.

Ensuite, le pronom *on* montre également son potentiel référentiel dans cet article, renvoyant dans la plupart des cas à l'auteur plus la communauté disciplinaire pertinente (voir aussi Fløttum, Jonasson & Norén 2007).

Nous pouvons conclure que l'emploi pronom/verbe dans frling 20 est plus ou moins équilibré entre l'absence de la première personne du singulier, *je*, et une exploitation riche des pronoms *nous* et *on*. L'auteur utilise des constructions à prise de position aussi bien que des constructions d'invitation à coopération. La stratégie rhétorique de coopération, liée à une orientation argumentative du type problème-solution (voir Prelli 1989), est en plus clairement manifestée par de nombreuses questions adressées directement aux lecteurs, tout le long du texte, comme dans des constructions *comment analyser*…

Récapitulons : Les analyses de ces deux articles ont montré que les auteurs individuels peuvent assumer des identités discursives particulières en choisissant des expressions linguistiques différentes. Il est pourtant plus intéressant de noter que le premier ton annoncé par l'emploi pronominal en question, isolé d'autres choix linguistiques, peut donner une impression trompeuse. L'emploi du pronom de la première personne du singulier n'est pas nécessairement quelque chose qui met le *moi* devant les autres sur la scène établie dans l'article en question ; et le *nous* n'est pas nécessairement inclusif et coopératif. En considérant de plus près le cotexte immédiat des pronoms, nous avons vu que les auteurs peuvent construire leur propre stratégie rhétorique en créant un équilibre entre *moi* et *autrui*, entre la prise de position par rapport à une ou plusieurs communautés de recherche, d'une part, et la coopération avec les lecteurs, d'autre part.

6. Remarques finales

Je ne conclurai pas en donnant des commentaires définitifs sur les notions de standardisation et diversification. J'ai indiqué certaines tendances orientées vers une standardisation, mais j'ai surtout souligné l'importante diversification attestée dans les matériaux étudiés. Pour avancer dans une telle démarche, il faudrait encore de nombreuses études, dans d'autres disciplines, dans d'autres langues, et sur d'autres phénomènes que ceux qui ont été étudiés au sein du projet KIAP. Les traces à investiguer sont nombreuses, que ce soient des traces de personnes, d'attitudes, d'objets, de méthodes, ou encore d'autres phénomènes.

Repères bibliographiques

BECHER T. & P. R. TROWLER (2001), *Academic Tribes and Territories. Intellectual Enquiry and the Culture of Disciplines*, 2nd ed., Buckingham, The Society for Research into Higher Education & Open University Press.

BERGE K. L. (2003), « The scientific text genres as social actions: text theoretical reflections on the relations between context and text in scientific writing. », in K. Fløttum & Fr. Rastier, 144-157.

DAHL T. (2004), « Textual metadiscourse in research articles: a marker of national culture or of academic discipline? », *Journal of Pragmatics* 36, 1807-1825.

FLØTTUM K. (2003), « Personal English, indefinite French and plural Norwegian scientific authors? », *Norsk Lingvistisk Tidsskrift* 21, 21-55.

—— (2004), « La présence de l'auteur dans les articles scientifiques : étude des pronoms *je, nous* et *on* », in A. Auchlin *et al.*, *Structures et discours*, Québec, Nota Bene.

—— (2005a), « The self and the others - polyphonic visibility in research articles », *International Journal of Applied Linguistics* 15, 29-44.

—— (2005b), « MOI et AUTRUI dans le discours scientifique : l'exemple de la négation NE… PAS », in J. Bres *et al.* (éd.), *Dialogisme, polyphonie : approches linguistiques*, Bruxelles, De Boeck-Duculot, 323-337.

—— (2006), « The typical research article: does it exist? », *Perspectives interculturelles et inter-linguistiques sur le discours académique*, Vol. 1, Turku, Université de Turku, 16-44.

—— (ed.) (2007), *Language and discipline perspectives on academic discourse*, Cambridge, Cambridge Scholars Publishing.

——, T. DAHL & T. KINN (2006), *Academic Voices: across languages and disciplines*, Amsterdam, John Benjamins Publishing Company.

——, JONASSON K. & NORÉN C. (2007), *ON : pronom à facettes*, Bruxelles, Duculot-De Boeck.

—— & Fr. RASTIER (ed.) (2003), *Academic Discourse. Multidisciplinary Approaches*, Oslo, Novus.

HALL E. T. & M. R. HALL (1990), *Understanding Cultural Differences*, Yarmouth, ME, Intercultural Press.

HOFSTEDE G. (2001), *Culture's Consequences. Comparing Values, Behaviors, Institutions, and Organizations Across Nations*, 2nd ed., London, Sage.

HYLAND K. (2000), *Disciplinary discourses: Social interactions in academic writing*, Harlow, Longman.

LOFFLER-LAURIAN A.-M. (1980), « L'expression du locuteur dans les discours scientifiques : "je", "nous" et "on" dans quelques textes de chimie et de physique », *Revue de Linguistique Romane* 44, 135-157.

NØLKE H., K. FLØTTUM & C. NORÉN (2004), *ScaPoLine. La théorie scandinave de la polyphonie linguistique*, Paris, Kimé.

POUDAT C. (2006), « Étude contrastive de l'article scientifique de revue linguistique dans une perspective d'analyse des genres, Texto ! », *Textes et cultures* [revue électronique], vol. XI, n°3-4, Paris.

PRELLI L. J. (1989), *A Rhetoric of Science: Inventing Scientific Discourse,* Columbia, University of South Carolina Press.

RINCK F. (2006), *L'article de recherche en Sciences du langage et en Lettres. Figure de l'auteur et identité disciplinaire du genre*, Grenoble, Université Stendahl, Grenoble 3.

ROSIER L. (1999), *Le discours rapporté*, Bruxelles, Duculot.

SWALES J. M. (1990), *Genre Analysis. English in Academic and Research Settings*, Cambridge, CUP.

VOLD E. T. (2006), « Epistemic modality markers in research articles: a cross-linguistic and cross-disciplinary study », *International Journal of Applied Linguistics* 16, 61-87.

Le discours « définitionnel » de l'identité universitaire : un processus de dénomination en cours

Olga GALATANU
Université de Nantes

RÉSUMÉ

Nous nous proposons d'analyser les processus de « dénomination » qui participent à l'élaboration d'une identité collective de l'institution universitaire. L'étude se situe à l'interface de l'analyse du discours et de la sémantique et s'appuie sur un corpus de discours tenus par des universitaires français impliqués dans la gouvernance de leur institution. L'hypothèse de départ est que ces discours mettent en œuvre deux mécanismes sémantico-discursifs : un « mécanisme de prototypage » (construction d'un prototype pour chacun des acteurs de l'institution universitaire) et un processus de « stéréotypage » (inscription de nouveaux stéréotypes dans la signification des mots mobilisés).

MOTS-CLÉS
Discours • stéréotypage • prototypage • dénomination • cinétisme.

ABSTRACT

We propose to analyze the processes of "denomination" which participate in the elaboration of a collective identity of the university institution. The study is situated at the interface of Discourse Analysis and of Semantics, and is based on a corpus of discourses held by French academics involved in the governance of their institution. The starting assumption is that these speeches implement two sémantico-discursive mechanisms: a "prototyping mechanism" (construction of a prototype for each actor of the university institution) and a "stereotyping" process (inscription of new stereotypes in the meaning of the mobilized words).

KEYWORDS
Discourse • stereotyping • prototyping • denomination • kinesis.

*   *
*

1. Introduction

1.1. Objets et objectifs d'une recherche à l'interface de l'analyse du discours et de la sémantique théorique

Notre article se propose de faire apparaître, à partir des discours tenus par des universitaires impliqués dans la gouvernance de leur institution, quelques mécanismes sémantico-discursifs qui participent à l'élaboration de l'identité collective de l'institution universitaire.

Nous avons deux objectifs que nous situons à l'interface de l'analyse du discours et de la sémantique théorique :

- en analyse du discours, rendre compte des images de soi pour soi et pour autrui (voir à ce sujet Barbier & Galatanu 1998 : 65-69) que les acteurs sociaux de l'institution universitaire proposent dans leurs discours ;
- en sémantique théorique, expliciter les mécanismes sémantico-discursifs qui sous-tendent le processus de dénomination (cf. Kleiber 1984, Galatanu 2006 a) présent dans l'élaboration de nouvelles identités collectives[1].

Trois assertions poseront le cadre de notre exposé :

(a) Nous partons de la définition des « discours universitaires » proposée par les éditeurs de cet ouvrage : « les discours tenus dans le cadre d'une institution universitaire, plus précisément par ses enseignants, ses chercheurs et ses étudiants dans l'exercice de leurs fonctions »[2].

Cette définition nous semble en cohérence avec la définition « conventionnelle *a posteriori* » que nous avions donnée du « discours académique », comme « le discours qui relève de la pratique langagière qui accompagne et/ou fonde la pratique universitaire » (Galatanu 2006a : 125-127), qu'il s'agisse d'enseignement, de recherche, de gouvernance, etc.

(b) Dans la perspective théorique qui est la nôtre (Galatanu 2006a et à p.), le discours est appréhendé comme :

- Voie d'accès privilégiée aux représentations et identités des sujets parlants, et *ipso facto, aux représentations* portant sur la situation dans laquelle la parole prend place. Cette situation est envisagée comme le contexte de la production d'actes de parole dans la mesure où elle s'inscrit dans l'environnement cognitif des instances énonciatives pour participer à la production / interprétation du sens (Auer & Di Luzio 1992, Duranti & Goodwin 1992, Schmoll 1996) ;
- Force agissante sur les pratiques sociales, par les images qu'elle construit et propose de ces pratiques et notamment de la situation dans laquelle elle est produite. Nous inscrivons ainsi notre approche parmi celles (Duranti & Goodwin 1992, Van Dijk

---

[1] Il s'agit d'espaces nouveaux, définis et construits de manière volontaire, comme « l'Union Européenne », la Francophonie, etc., mais également de la « re-construction volontariste » d'espaces de pratiques sociales déjà existants, comme celui de l'institution académique.

[2] Defays, Pollet, Rosier & Thyrion, *Appel à communications pour le colloque international « Les discours universitaires : formes, pratiques, mutations »*, ULB, ULG et UCL, Bruxelles, 24-26 avril 2008.

1977, Charaudeau & Maingueneau 2002) qui considèrent d'une part que le contexte s'identifie à l'ensemble des représentations du contexte chez les interlocuteurs et d'autre part, que la situation est redéfinie, reconstruite par la parole. Autrement dit, nous pensons que la relation entre texte et contexte est bilatérale : « Context shapes language and language shapes context […] Context is not simply a constraint on language, but also a product of language use » (Duranti & Goodwin 1992 : 30).

- *Force agissante sur le patrimoine sémantique de la communauté linguistique,* mettant en œuvre des mécanismes qui fondent le cinétisme des significations lexicales (hypothèse issue de l'approche que nous proposons de la signification des entités linguistiques et du sens discursif, la Sémantique des Possibles Argumentatifs).

(c) Ceci revient à formuler des hypothèses sur les incidences sémantiques des déploiements discursifs des significations lexicales, tout au moins dans le cas des mécanismes pragmatico-discursifs de construction du sens, c'est-à-dire des déploiements discursifs dépendants du co(n)texte de production des énoncés.[3] Ce dernier point est au centre de la réflexion sur l'élaboration discursive de « l'identité européenne »[4] et notamment de « l'espace européen de l'éducation supérieure et de la recherche »[5]. Cela revient aussi à nous interroger sur les liens qui existent entre les discours sociaux identitaires, le cinétisme de la signification lexicale et le processus de dénomination (voir Galatanu 2006a : 499-510). Autrement dit, nous aimerions montrer que les images identitaires que le discours propose s'appuient sur le déploiement du potentiel discursif des significations lexicales mobilisées, mais également sur le changement, le cinétisme de ces significations linguistiques sous les contraintes du co-texte et du contexte.

1.2. Hypothèses dans l'approche SPA sur le corpus de discours universitaires

L'analyse que nous proposons ici dans le cadre de la *Sémantique des Possibles Argumentatifs* (Galatanu 2006a, 2007a, b, c), porte sur les mécanismes sémantico-discursifs de construction des représentations du monde universitaire et de son fonctionnement. Le domaine empirique est celui des enchaînements discursifs dans lesquels apparaissent les mots *université*, *enseignant-chercheur* et *étudiant* et leurs modificateurs sémantiques.

Notre hypothèse de départ est que pour construire ces images identitaires, deux mécanismes sémantico-discursifs sont mis en œuvre dans ces discours, leur conférant une spécificité, celle d'être des processus de « **dénomination conventionnelle a posteriori** » (Galatanu 2006a : 507-509).[6]

---

[3] Ces hypothèses ont fait l'objet d'une communication sur Les incidences sémantiques des déploiements argumentatifs dépendants du co(n)texte, au colloque « Représentation du sens linguistique 4 » (Helsinki, 28-30 mai 2008).
[4] C'est également le cas de la construction de « l'identité francophone », sur laquelle nous menons des recherches depuis 2004, dans le cadre du SAD-CERCI et de l'IRFFLE.
[5] Recherches que nous menons depuis 1999 dans le cadre du GRASP —SAD du CERCI.
[6] Pour la notion de définition conventionnelle a posteriori voir Martin (1990) et pour le processus de « dénomination » voir les travaux de Kleiber et en particulier Kleiber (1999).

Principes et typologie des discours universitaires

1) Le premier est celui de la construction d'un prototype pour chacun des acteurs de l'institution universitaire et pour l'institution elle-même, à travers les valeurs portées par les qualifiants de ces acteurs et de leurs actes : le « mécanisme de prototypage » (Siblot 1993, Galatanu 2007a).
2) Le second est un « mécanisme de stéréotypage » (Galatanu 2007a) de l'institution universitaire française et de chacun de ses acteurs, s'appuyant sur des phénomènes discursifs de déconstruction-reconstruction des significations lexicales, et faisant de acteurs de l'Université française des référents pour la confrontation avec les prototypes européens.

Nous allons d'abord proposer une approche sémantique du discours définitionnel, de sa place dans la construction de soi, par la production d'images identitaires, et de sa fonction dans les actes de prise en charge du processus de dénomination (§ 2).

Dans un deuxième temps nous allons analyser les mécanismes sémantico-discursifs qui sous-tendent ce processus dans le discours identitaire « définitionnel » (§ 3). Nous allons illustrer ces mécanismes par des exemples tirés de notre corpus. Celui-ci est formé des discours tenus par des universitaires s'impliquant dans la gouvernance de leurs institutions dans le cadre de l'application de la LRU (la Loi de la Réforme des Universités) (§ 4).

En guise de conclusion, nous allons proposer deux images identitaires construites dans et par ces discours, autour de « l'autonomie » des universités, mot qui acquiert des significations différentes, voire paradoxales, d'un discours à l'autre.

2. Définition, dénomination et Sémantique des Possibles Argumentatifs

2.1. *Définition, désignation et dénomination dans l'élaboration discursive des identités*

L'analyse du discours a su montrer que les acteurs sociaux sont présentés ou se présentent à travers les discours explicitement ou d'une manière indirecte, comme des identités. Les caractéristiques liées à leurs parcours, leur appartenance à un groupe, leurs systèmes de croyances, savoirs et valeurs, leurs comportements justifient un « étiquetage » et souvent un degré de représentativité de la catégorie à laquelle renvoie « l'étiquette ». Nous avons distingué ailleurs (Galatanu 1996 : 45-63) trois fonctions correspondant à trois opérations cognitives et discursives dans la construction des images identitaires par les discours des acteurs sociaux sur eux-mêmes et sur autrui. Ces trois fonctions sous-tendent la construction des identités comme des entités, mais également comme des valeurs (ce qui les distingue des autres identités du champ de pratique ou d'autres champs de pratique) :

- une fonction attributive « identificatoire » des caractéristiques de l'individu ou de la collectivité « étiquetée » comme configuration qualifiante, relativement stable et reconnaissable :

[1] Les universitaires ne sont pas impliqués dans la formation des PE.
[2] Les universitaires sont motivés surtout par une promotion sociale.
[3] Les universitaires ont l'habitude d'une grande autonomie
(Barbier & Galatanu 1993)[7]

- une fonction classificatoire, qui établit la correspondance de l'exemplaire ou des exemplaires à la classe d'individus formant l'identité collective :

[4] Ils [les collègues de l'IUFM appartenant au corps des universitaires] ont une conception « culture générale » qu'ils imposent aux I.U.F.M.
(Barbier & Galatanu 1993)

- une fonction discriminatoire qui permet de distinguer l'individu et *ipso facto* sa classe d'appartenance, d'autres individus et *ipso facto* de leurs classes d'appartenance :

[5] Il y a une « philosophie » chez les universitaires de partition entre « ceux qui pensent » (les universitaires) et « ceux qui font », les P. I. U. M. F.
(Barbier & Galatanu 1993)

L'analyse des corpus relevant des pratiques discursives universitaires, ou plus largement de « l'espace européen », fait apparaître le fait que les énoncés à fonction identificatoire, classificatoire ou discriminatoire peuvent acquérir la forme d'une définition naturelle[8] :

[6] Les universitaires sont les fonctionnaires qui font à la fois l'enseignement, la formation et la recherche.

Martin (1990) propose une définition de *la définition naturelle* dans un sens plus restreint, qui relève de l'activité épilinguistique, comme une esquisse définitoire, un jugement de l'adéquation des mots à la situation où l'on est et à l'objet dont on parle, comme dans les exemples que nous proposons en [7] ou [8] :

[7] Tout dépend de ce que vous appelez universitaire.
[8] Moi, je n'appelle pas cela un privilège, mais un acquis.

La remise en cause ou, au contraire, la confirmation de cette adéquation et du lien référentiel peut se faire :

- par un acte de désignation (qui autorise des séquences non codées, comme dans l'exemple [9] ;
- par un acte de définition conventionnelle, *a posteriori* ou même *a priori* (quand il s'agit de proposer une étiquette nouvelle), comme dans l'exemple [10] ;
- ou enfin, par une définition naturelle, comme dans l'exemple [6] de notre corpus :

---

[7] Corpus recueilli auprès des PIUMF — professionnels de la formation des enseignants (Barbier & Galatanu 1993).

[8] « La définition naturelle vise à saisir le contenu naturel des mots, c'est-à-dire le contenu plus ou moins vague que spontanément — et souvent inconsciemment — les locuteurs y associent. La définition naturelle est ainsi plus ou moins juste. Son contenu évolue avec celui des objets qu'elle entend cerner. Elle est descriptive et non stipulatoire » (Martin 1990 : 87).

Principes et typologie des discours universitaires

[9] La société de la connaissance renvoie à / désigne la communauté européenne dans laquelle les pays membres harmonisent et partagent la production et la transmission des savoirs et des savoir-faire.

[10] La communauté européenne dans laquelle les pays membres harmonisent et partagent la production et la transmission des savoirs et des savoir-faire s'appelle la société de la connaissance.

Dans les exemples [10] et [6], une habitude associative et/ou une dénomination institutionnelle qui précèdent l'acte de leur énonciation transforment cet acte en acte de prise en charge de la relation référentielle, qui devient ainsi une relation non pas de désignation, mais de dénomination.

Nous précisons que selon la description que fait Kleiber de la relation de dénomination, cette relation, partie constitutive de la dimension référentielle du signe linguistique, suppose l'existence de l'institution préalable d'un lien référentiel entre l'objet X et le signe x (Kleiber 1999). Cette fixation référentielle peut être le résultat d'un acte de dénomination ou d'une habitude associative, mais quoi qu'il en soit, elle est indispensable pour qu'il y ait une relation de dénomination dans le fonctionnement discursif (Kleiber 1984 : 80).

Les propriétés constitutives de la relation de dénomination peuvent être identificatoires, discriminatoires, classificatoires, mais elles apparaissent toutes comme des propriétés essentielles qui stabilisent le lien référentiel et permettent des énoncés définitionnels, comme celui de l'exemple [11] ou des actes de prise en charge de ce lien comme dans [12]^9 :

[11] La guerre est un phénomène social consistant dans une lutte armée entre groupes sociaux voulant imposer leur cause.

[12] Le phénomène social consistant dans une lutte armée entre groupe sociaux voulant imposer leur cause s'appelle guerre.

C'est pourquoi un énoncé comme celui de l'exemple [13] est difficilement interprétable comme le résultat d'un acte discursif de prise en charge d'une relation de dénomination déjà existante :

[13] Le phénomène social qui tue beaucoup d'innocents / de civils / de femmes / d'enfants / de vieillards, s'appelle guerre.[10]

Or, dans les corpus discursifs participant à l'élaboration de l'identité universitaire étudiés, qu'ils s'agisse des discours institutionnels ou des discours « réactifs » des acteurs sociaux de l'institution universitaires, nous constatons la présence d'énoncés qui fonctionnent discursivement comme des énoncés d'actes de prise en charge d'une relation de dénomination, mais qui ne sont pas conformes au lien référentiel « entre l'objet X et le signe x ». Ces énoncés, peu étonnants quand il s'agit de la création de nouvelles structures innovantes et d'activités inédites (qu'il faut « étiqueter »), acquièrent un véritable statut de « déclencheurs » de cinétisme des significations lexicales lorsqu'il s'agit de la convocation de mots comme *université, enseignant, chercheur, étudiant*, ou *liberté, autonomie*.

---

[9] Ces exemples ont été proposés dans Galatanu (2006a : 507).
[10] Pourquoi pas attentat, terrorisme, etc. (cf. Galatanu 2006a)

Principes et typologie des discours universitaires

L'ensemble des énoncés identifiant une relation référentielle (des dénominations), ou instaurant une nouvelle relation référentielle (énoncés produits par des actes de ce que nous avons appelé une « une dénomination *a posteriori* ») se constituent dans ces discours d'élaboration des identités collectives, en un « paradigme définitionnel / désignationnel » (Kleiber 1981, 1984, Mortureux 1993). Par extension du concept de paradigme définitionnel, il nous a semblé légitime de parler de discours définitionnel de soi, quand il s'agit de discours de construction ou de défense d'une identité collective.

Pour expliquer le fonctionnement discursif de ces énoncés, nous nous proposons de les analyser dans le cadre théorique de la Sémantique des Possibles Argumentatifs (désormais SPA), à l'interface de la sémantique et de l'Analyse du Discours.

2.2. Le cadre théorique : la SPA

Le modèle de la Sémantique des Possibles Argumentatifs (désormais la SPA), que nous allons rappeler brièvement ici, repose sur trois hypothèses :

- ***h1*** : Dans la filiation de la sémantique argumentative, la SPA postule que le sens des énoncés est argumentatif et fait l'hypothèse qu'il s'appuie sur et (ré)inscrit avec chaque occurrence discursive, un potentiel axiologique (donc argumentatif) dans la signification des entités lexicales (cf. Galatanu 1999, 2007a, b, à p.) ;
- ***h2*** : Ce potentiel, qui peut être formulé en termes d'associations dans des blocs sémantiques d'argumentation, est ancré culturellement et de ce fait évolutif produisant un cinétisme de la signification lexicale, qui préserve néanmoins un noyau stable, que nous pouvons représenter en termes d'universaux et primitifs sémantiques (MSN[11]) ;
- ***h3*** : L'ancrage dénotatif et la dimension argumentative sont présents aussi bien au niveau du noyau stable et au niveau des stéréotypes culturellement ancrés et évolutifs, le langage étant appréhendé comme outil cognitif, de représentation du monde « perçu » et « modélisé » par la langue, au travers des significations linguistiques (et en tout premier lieu, lexicales — voir Kleiber 1999).

À l'interface de la sémantique textuelle et lexicale et de l'Analyse du Discours, le modèle comporte 3 strates et une forme de manifestation, donc 4 niveaux :

- *Le noyau* : traits de catégorisation sémantique (cf. Putnam 1975), propriétés essentielles, rendues par la MSN : *N* ;
- Les stéréotypes : ensemble ouvert d'associations des éléments du noyau avec d'autres représentations, constituant des blocs d'argumentations internes[12] : Sts ;
- Les *« possibles argumentatifs »*, séquences discursives déployant, dans des blocs d'argumentation externe, l'association du mot avec un élément de son stéréotype. *PA*. Ces séquences sont calculées à partir des stéréotypes ;
- *Les déploiements discursifs* qui sont les séquences argumentatives réalisées par les occurrences discursives : *DA*.

---

[11] Nous parlons de la Métalangue Sémantique Naturelle – MSN, telle qu'elle a été définie par Wierzbiscka (1996).
[12] Pour la définition et la description des blocs d'argumentation externe et interne, voir Carel & Ducrot (1999).

La sémantique des possibles argumentatifs est dans ce sens :

- d'une part, un modèle de représentation du discours comme lieu de manifestation de mécanismes sémantico-discursifs de construction de sens et de re-construction de la signification, mécanismes qui expliquent le cinétisme sémantique, entendu comme processus holistique et associatif ;
- et, d'autre part, un modèle de représentation de la signification linguistique susceptible de rendre compte de sa partie stable et de son cinétisme (Galatanu 2006a, b, 2007a, b).

2.3. Acte de dénomination et cinétisme des significations lexicales

Dans la perspective de la SPA et en fonction du statut différent des trois strates de la signification lexicale quant à la stabilité du lien argumentatif entre les prédicats dénotatifs, nous avons envisagé ailleurs trois types d'actes de dénomination, c'est-à-dire d'instauration d'un lien référentiel constant (cf. Galatanu 2006a : 507-508) :

1) La fixation du lien référentiel par un acte de dénomination métalinguistique qui débouche sur la relation de signification descriptive et qui est actualisée par des énoncés dénominatifs (ou des énoncés d'attribution d'identité correspondants). Cet acte actualise des propriétés intrinsèques essentielles de l'objet, comme étant des traits définitoires du noyau de signification ;
2) La convocation d'éléments relevant des stéréotypes et qui génèrent des propriétés intrinsèques accidentelles (cf. Anscombre 1995). L'acte équivaut à une rectification du lien référentiel, débouchant sur une relation de signification nouvelle, partiellement reconnue par les locuteurs ;
3) L'évocation « d'éléments du stéréotype » par des actes discursifs de dénomination, avec ou sans prise en charge élocutive explicite, correspondant à des PA ou, au contraire, non-conformes au protocole sémantique du mot (Galatanu 2006a).

Nous faisons l'hypothèse que dans les professions de foi des différentes listes de candidats aux conseils de l'université, la construction identitaire de l'université française passe essentiellement par les deux derniers types d'actes de dénomination, constituant ainsi une image prototypique et idéale de cette institution et proposant en même temps une nouvelle signification du mot *université*.

3. L'élaboration discursive de l'identité de l'université française : un processus de dénomination en cours

Pour identifier le processus de dénomination en cours[13], et les formes linguistiques de manifestation de ce processus, nous avons mené des recherches sur plusieurs types de corpus :

---

[13] Ce processus se justifie socialement par les changements qui accompagnent le processus de Bologne en Europe et l'application de la LRU en France.

- le texte de la Magna Charta Universitatum (cf. Galatanu 2006b) ;
- le texte de la LRU ;
- les « professions de foi » de 4 listes candidates aux nouveaux conseils d'administration et de 2 présidents d'université ;
- les échanges libres des enseignants, administratifs et enseignants-chercheurs sur un site des facultés de lettres et sciences humaines.[14]

Dans l'espace limité de cet article, nous allons illustrer notre recherche portant sur les trois types de dénomination et sur les phénomènes de prototypage et de stéréotypage à partir du corpus de professions de foi des listes candidates aux conseils des universités. Nous allons confronter les résultats de cette analyse à ceux de l'analyse de la signification de *université* dans les dictionnaires explicatifs et dans le texte de *Magna Charta Universitatum* (Galatanu 2006b).

Selon les dictionnaires étudiés, le sens moderne de *université* est : « un établissement d'enseignement supérieur constitué par un ensemble d'unités de formation et de recherche ». L'analyse des définitions peut être représentée sous la forme d'une structure prédicative, sémantico-syntaxique complexe, autour de trois prédicats : *enseigner, apprendre,* et *chercher* (faire de la recherche, ou produire des savoirs), dont les actants peuvent être décrits par des propriétés essentielles, censées être le noyau de la signification du mot *université* (Galatanu 2006b : 137-142) :

> Noyau Stéréotypes
> Les enseignants doivent faire savoir P aux étudiants
> <valeurs : déontique, épistémique>
> DC
> Les enseignants font savoir P aux étudiants DC sont respectés
> <valeur épistémique>
> Et
> Les étudiants veulent apprendre P
> <valeurs : volitive, épistémique>
> DC
> Les étudiants apprennent P DC savent / réussissent dans la vie
> <valeur épistémique>
> Et
> Les enseignants doivent vouloir connaître nouveau P DC font des efforts
> < valeurs : déontique, volitive, épistémique>
> DC
> Les enseignants cherchent à comprendre P DC comprennent / découvrent
> <valeurs : épistémique, pragmatique>
> Où P = le contenu de l'enseignement et de l'apprentissage et DC = un marqueur abstrait du lien argumentatif, quels que soient les connecteurs discursifs qui l'activent

---

[14] Recherche en cours, portant essentiellement sur les marqueurs affectifs et leurs environnements modaux dans ces échanges.

Principes et typologie des discours universitaires

Le texte de Bologne, *Magna Charta Universitatum,* propose un lien référentiel enrichi par des processus de stéréotypage et de prototypage, entre le mot *université* et un prototype de structure institutionnelle européenne d'éducation supérieure et de recherche au service de la société de la connaissance.

Il se présente ainsi comme un macro-acte de dénomination de l'institution européenne de l'éducation supérieure et de la recherche. Le lien référentiel actualise dans un énoncé dénominatif des propriétés de l'objet, censées être « des propriétés intrinsèques essentielles » et, conformément au modèle SPA, des traits définitoires du noyau de signification :

[14] 1. […] que l'avenir de l'humanité, en cette fin de millénaire, dépend dans une large mesure du développement culturel, scientifique et technique qui, lui se forge dans les centres de culture, de connaissance et de recherche que sont devenues **les vraies universités**.

(Magna Charta Universitatum, Bologna, 1998)

L'évocation des propriétés essentielles appartenant au noyau, comme garants de l'identité de l'institution lui confère un statut de *prototype*, ayant pour descripteurs les déploiements argumentatifs de ces propriétés essentielles, fixées par un processus de dénomination préalable. Or parmi ces descripteurs nous retrouvons les stéréotypes que nous avons pu identifier dans les exemples des dictionnaires explicatifs, mais également des associations des éléments du noyau avec d'autres représentations, dépendantes du contexte social et politique : *l'université* et ses *professeurs* sont appelés (modalisation aléthique NÉCESSAIRE, si *sont appelés* = sont prédestinés, ou modalité déontique OBLIGATOIRE, si *sont appelés* = doivent) à produire et transmettre le savoir, à garantir les moyens et outils nécessaires pour remplir leurs fonctions, à partager la culture et le savoir avec les autres universités et avec la société dans son ensemble, à assurer aux générations futures une éducation et une formation permettant de contribuer au respect de l'environnement et de la vie, à répondre aux évolutions sociales et aux besoins de la société. Ils ont la capacité (modalisation aléthique POSSIBILITÉ INTERNE) et la volonté (modalisation volitive) d'assumer et de mener à bonne fin ces tâches « aléthisées ». *Les étudiants*, de leur côté ont le droit (modalisation déontique PERMIS), la volonté (modalisation volitive) et la capacité (modalisation aléthique POSSIBILITÉ INTERNE) de « s'enrichir du savoir des professeurs » (modalisation épistémique surmodalisée par une modalisation axiologique positive complexe : pragmatique, affective, morale).

Nous pouvons également constater une modalisation paradoxale au sens logique du terme au niveau de la modalisation de *l'université*, entendue comme personne morale, ou ensemble de ses acteurs, dans les blocs d'argumentation externe. En fait, l'université est nécessairement libre, autonome et indépendante de tout pouvoir politique, économique et idéologique et en même temps elle doit suivre les exigences et évolutions de la société, de son développement et du progrès (économique et social) et par ailleurs répondre à des règles sociales qui préservent un certain type de société en cours de construction.

Ces éléments du « lien référentiel », relevant de la strate des stéréotypes, sont présentés comme définitoires, comme des propriétés essentielles de l'institution et de ses acteurs, par des actes de dénomination de type II, de rectification du lien référentiel initial. Ils vont être repris dans la formulation de la LRU, avec un autre processus de rectification qui reprend des représentations associées par un lien argumentatif aux éléments de ce nouveau noyau. De nouveaux stéréotypes sont ainsi proposés, comme dans [15] :

[15] Suivre les exigences et évolutions de la société, de son développement et du progrès (économique et social) donc articuler la recherche fondamentale et la recherche technologique

Nous avons confronté 4 professions de foi accompagnant des listes candidates au Conseil d'Administration d'une Université française : 2 favorables à l'application de la LRU (listes notées ici par A, B) et 2 défavorables (listes notées ici par C, D). Sur les 2 favorables à la réforme, l'une n'active pas du tout l'identité « étudiants », concentrant l'image identitaire de l'université sur la carrière des enseignants chercheurs, sur la gestion et sur la gouvernance. Les trois autres actualisent l'ensemble des acteurs de l'institution universitaire, contrairement au texte de Bologne qui occulte complètement le personnel administratif.

Nous allons nous arrêter seulement sur les énoncés de dénomination de l'université. Nous avons focalisé l'analyse sur la propriété essentielle du Noyau, proposée par la LRU pour l'institution universitaire française, *l'autonomie* :

Liste A
Autonomie
      DC humaniste
      DC développement des connaissances
      DC diffusion des savoirs
      DC conciliation entre excellence et protection des disciplines structurantes
      DC approches pluridisciplinaires innovantes
      DC intégration de la politique de communication

Liste B
Autonomie
[réelle, le prototype de l'autonomie]
      DC gestion prévisionnelle des emplois et des ressources matérielles
      DC détermination
      DC concertation
      DC connaissance de ses forces
      DC connaissance de ses faiblesses

Liste C
Autonomie
      DC désengagement de l'État
      DC manque de moyens
      DC approfondissement des inégalités entre les établissements
      DC conflits d'intérêt entre les filières

Principes et typologie des discours universitaires

Liste D
Autonomie   DC rémunération au mérite DC refus de revalorisation de tous
DC augmentation des exigences
DC durcissement du ton
DC mauvaise ambiance
DC formation professionnelle
DC évaluation selon les critères des sciences dures

Les déploiements discursifs de ces liens argumentatifs confirment nos hypothèses sur la mobilisation des deux phénomènes sémantico-discursifs identifiés au § 1. 2. de notre exposé :

- un phénomène que nous avons appelé ailleurs « le mécanisme de stéréophagie » : enchaînement argumentatif avec le déploiement jusqu'aux dernières conséquences de l'un des stéréotypes, enchaînement qui bloque le fonctionnement des autres stéréotype :

    [16] Donner la liberté de chercher des financements alternatifs (droits d'inscription, entreprises et collectivités territoriales, mais aussi « ventes » du patrimoine immobilier) DC creuser les inégalités entre établissements DC remettre en cause le principe d'égalité DC multiplier les conflits d'intérêts. (Liste C)

- un phénomène d'association inédite de représentations dépendantes du contexte, qui sous-tend un mécanisme de stéréotypage :

    [17] Autonomie de l'université donc évaluation selon les critères des sciences dures.

4. Conclusion

En guise de conclusion, nous aimerions proposer les images identitaires prototypiques construites par les discours des professions de foi qui ont constitué notre corpus. À partir des DA du syntagme *autonomie universitaire,* développés par les listes A et B, avec une polarité positive, l'image prototype de *l'université autonome* réunit les éléments suivants qui vont constituer « la ressemblance de famille »[15] de toutes les vraies universités autonomes :

=   les étudiants pourront y trouver la source de leur épanouissement personnel et les outils pour développer leur vie professionnelle ;
=   les enseignants et chercheurs pourront avoir l'environnement et les conditions nécessaires pour l'accomplissement de leurs missions ;

---

[15] Nous empruntons cette désignation à la sémantique du prototype (Kleiber 1990, Dubois 1991).

= les personnels pourront remplir leur devoirs de service public et se réaliser personnellement ;
= l'université aura un partenariat avec l'environnement social ;
= l'université aura un rayonnement international.

donc

« Vous avez tout à y gagner »

Le prototype de l'université autonome proposé par les deux listes comprend des argumentations externes du mot université et au mot autonome, qui sont conformes au protocole sémantique du mot université, tel que nous l'avons construit à partir de la Magna Charta Universitatum.

L'orientation axiologique positive du sens discursif ainsi produit, qui est renforcée par son explication finale, « Vous avez tout à y gagner », fait de ce prototype l'idéal des acteurs de l'institution universitaire et renforce ainsi la conformité de la désignation avec la dénomination (le lien référentiel posé par le discours).

En revanche, le prototype construit par les deux autres listes, C et D, propose des DA (déploiements argumentatifs) des deux mots réunis dans le *syntagme autonomie universitaire*, qui sont soit « stéréophages », comme dans [16], soit « non conformistes », c'est-à-dire non-conformes au protocole sémantique du mot *université* tel qu'il apparaît dans sa définition européenne, comme dans [17] :

= les étudiants n'auront pas accès à des chances égales d'accomplissement personnel ;
= les enseignants subiront des exigences et des évaluations dures ;
= il y aura un manque de moyens ou un manque de liberté du personnel ;
= il y aura une vraie dépendance des partenaires sociaux.

donc

« Vous avez tout à y perdre »

Repères bibliographiques

ANSCOMBRE J.-Cl. (1995), « La nature des topoï », in J.-Cl. Anscombre (éd.), *Théorie des topoï*, Paris, Kimé, 49-84.

AUER J. C. P. & A. DI LUZIO (éd.) (1992), *The Contextualization of Language*, Amsterdam/Philadelphia, John Benjamins.

BARBIER J.-M. & O. GALATANU (1998), « De quelques liens entre action, affects et transformation de soi », in J.-M. Barbier & O. Galatanu (éd.), *Actions, affects et transformation de soi,* Paris, PUF, 45-70.

CAREL M. & O. DUCROT (1999), « Le problème du paradoxe dans une sémantique argumentative », in O. Galatanu et J.-M. Gouvard (éd.), *Langue Française123 : La sémantique du stéréotype*, Paris, Larousse, 6-26.

CHARAUDEAU P. & D. MAINGUENEAU (éd.) (2002), *Dictionnaire d'Analyse du Discours*, Seuil, Paris.

DUBOIS D. (dir.) (1991), *Sémantique et cognition*, CNRS Éditions.
DUCROT O. (1995), « Topoï et formes topiques », *in* J.-C. Anscombre (éd), *Théorie des topoï*, Paris, Kimé, 85-100.
DURANTI, A. et C. GOODWIN (éd.) (1992), *Rethinking Context*, Cambridge, Cambridge University Press.
GALATANU O. (1996), « Analyse du discours et approche des identités », *Formation et dynamiques identitaires*, *Éduction Permanente* 128, 45-62.
—— (2006a), « Sémantique des possibles argumentatifs et dénomination », *in* M. Riegel, C. Schnedecker, P. Swiggers & I. Tamba (éd.), *Au carrefour du sens. Hommages offerts à Georges Kleiber,* Peeters Publishers, Leuven, 499-510.
—— (2006b), « Sémantique et élaboration discursive des identités. "L'Europe de la connaissance" dans le discours académique », *in* E. Suomela-Salmi & F. Dervin (éd.), *Perspectives inter-linguistiques et inter-culturelles sur le discours académique / Cross-cultural and Cross-linguistic Perspectives on Academic Discourse*, Université de Turku, 20 -22 mai 2005, volume 1, 120-149.
—— (2006 c), « Le cinétisme de la signification lexicale », *in* J.-M. Barbier & M. Durand (éd.), *Sujets, activité, environnement,* Paris, PUF, 85-104.
—— (2007a), « Pour une approche sémantico-discursive du stéréotypage à l'interface de la sémantique théorique et de l'analyse du discours », *in* H. Boyer (éd.), *Stéréotypage, stéréotypes, Tome 4*, Paris, L'Harmattan, 89-101.
—— (2007b), « Pour une sémantique argumentative dans l'étude de la « proximité – distance » des systèmes lexicaux des langues romanes », *in* J.-M. Eloy & O. Ifeardin T. (éd.), *Near Languages /Collateral Languages 2*, Université de Limerick, Irlande-Université d'Amiens, Paris, L'Harmattan, 89-98.
—— (2007c), « Sémantique des possibles argumentatifs et axiologisation discursive », *in* D. Bouchard, I. Evrard & E. Vocaj (éd.), *Représentation du sens linguistique, Actes du colloque international de Montréal (2003)*, Bruxelles, De Boeck-Duculot, 313-325.
—— (à paraître), « L'Analyse du Discours dans la perspective de la Sémantique des Possibles Argumentatifs : les mécanismes sémantico- discursifs de construction du sens et de reconstruction de la signification lexicale », *in* J. Longin & N. Garric (éd.), *L'analyse linguistique de corpus discursifs : des théories aux pratiques, des pratiques aux théories, Cahiers du LRL,* Clermont-Ferrand, Presses Universitaires Blaise Pascal.
KLEIBER G. (1981), *Problèmes de référence. Descriptions définies et noms propres*, Paris, Klincksieck.
—— (1984), « Dénominations et relations dénominatives », *Langages* 76, 77-94.
—— (1999), *Problèmes de sémantique. La polysémie en question,* Nancy, Presses Universitaires du Septentrion.
MARTIN R. (1990), « La définition « naturelle » », *in* J. Chaurand & F. Mazière (éd.), *La Définition,* Paris, Larousse, 86-95.
MORTUREUX M-F (1993), « Paradigmes désignationnels », *Semen* 8, Université de Besançon.
PUTNAM H. (1975), « The meaning of "meaning" », *Philosophical papers* 2, Cambridge, Cambridge University Press.

SIBLOT P. (1993), « De la prototypicalité lexicale à la stéréotypie discursive. Le casbah des textes français », *in* C. Plantin (éd.), *Lieux communs. Topoï, stereotypes, clichés*, Paris, Kimé, 342-354.
SCHMOLL P. (éd.) (1996), « Contexte(s) », *Scolia* 6 (numéro spécial).
VAN DIJK T. A. (1977), *Text and Context*, London / New York, Longman.
WIERZBICKA A. (1996), *Semantics. Primes and universals,* Oxford University Press.

Les discours universitaires, entre appareils et discours constituants

Dominique MAINGUENEAU
Université Paris XII-Val de Marne

RÉSUMÉ

Cet article est constitué de deux parties. Dans un premier temps il s'efforce de clarifier la notion de « discours universitaire », dont il souligne la polyvalence en s'appuyant sur une typologie des unités utilisées en analyse du discours. Dans un second temps, il se focalise sur la manière dont l'institution universitaire tout à la fois conditionne et est investie par les discours théoriques. Deux exemples sont évoqués : une allocution de Hegel en 1818 à l'université de Berlin et le champ intellectuel français des années 1960-1970.

MOTS-CLÉS

Discours universitaire • analyse du discours • appareil • discours constituants • scénographie.

ABSTRACT

This article consists of two parts. The first part aims at making clear the notion of "university discourse"; by taking into account a taxonomy of the categories used in discourse analysis it is emphasized that this notion has various meanings,. The second part focuses on the way the university as an institution at the same time frames and is invested by theoretical discourses. This viewpoint is illuminated by two examples: a lecture by Hegel in 1818 at the University of Berlin and the situation of the French intellectual field in the years 1960-1970.

KEYWORDS

University discourse • discourse analysis • apparatus • constitutive discourses • scenography.

*   *
  *

Principes et typologie des discours universitaires

1. Introduction

L'analyse du discours rencontre souvent de fortes résistances quand elle aborde les discours de connaissance. Si elle s'inscrit dans une perspective d'application (par exemple en étudiant les textes scientifiques pour améliorer les capacités de rédaction des étudiants ou les logiciels de traduction), elle bénéficie d'un préjugé très favorable. Mais il n'en va pas de même quand elle cherche à mettre en relation ces énoncés avec les institutions qui les rendent possibles. La recherche tend alors à être perçue comme nettement critique, dans la mesure où elle va à l'encontre de l'idéologie spontanée des producteurs académiques qui se refuse à associer les idées aux lieux qui les rendent possibles. Ainsi, alors même que dans le monde entier l'université est sans aucun doute l'acteur essentiel en matière de production de savoir, on en reste le plus souvent à une étude des textes, ou à une sociologie des institutions. Deux démarches indispensables mais que, par nature, l'analyse du discours doit s'efforcer de ne pas disjoindre, pour appréhender des pratiques discursives qui soient à la fois textuelles et institutionnelles.

Quelque peu écrasé par l'ampleur du domaine dont j'ai à traiter, contre tous les bons principes de la saine rhétorique, je ne vais pas élaborer un exposé organique, mais partir dans deux directions : je commencerai par réfléchir sur un certain nombre de problèmes que pose à l'analyse du discours la notion de « discours universitaire ». Ensuite, je braquerai mon objectif sur un secteur très limité de ce domaine, à savoir la manière dont l'institution universitaire contraint les « idées » qui en émergent.

2. À propos du discours universitaire

2.1. *Une catégorie instable*

Quand on aborde en analyste du discours une notion comme celle de « discours universitaire », on est tout naturellement amené à la situer parmi les divers types d'unités auxquelles ont communément affaire les analystes du discours. J'en ai proposé il y a quelques années une typologie élémentaire (Maingueneau 2003, 2004), que synthétise le tableau suivant.

Unités topiques		*Unités non-topiques*	
Domaniales	*Transverses*	Formations discursives	Parcours
Types / Genres de discours	Registres linguistiques		
a) Genres de champs b) Genres d'appareils	Registres fonctionnels Registres communicationnels		

Tableau 1.

Les unités *domaniales* correspondent à des espaces déjà « prédécoupés» par les pratiques verbales. Il s'agit en particulier des *types de discours*, attachés à un certain secteur d'activité de la société : discours administratif, publicitaire…, avec toutes les subdivisions dont on peut avoir besoin. Ces types englobent un certain nombre de *genres de discours*, entendus comme des dispositifs de communication socio-historiquement variables (le journal télévisé, la consultation médicale, le guide touristique...).

La notion de type de discours est en réalité hétérogène ; ce principe de groupement peut en effet correspondre à deux logiques différentes : celle de la co-appartenance à un même *appareil* institutionnel, celle de la dépendance à l'égard d'un même *positionnement*.

- Dans une logique *d'appareil*, ce n'est pas au premier chef la concurrence qui est structurante. On a plutôt affaire à un réseau de genres complémentaires qui contribuent au fonctionnement d'une institution. Dans cette perspective, le « discours universitaire » serait l'ensemble des genres qui sont tenus dans l'espace universitaire : depuis le rapport de soutenance de thèse au compte-rendu d'un conseil d'université diffusé sur l'Intranet en passant par les relevés de notes ou les cours en amphithéâtre. C'est l'option choisie par les organisateurs de ce colloque ;
- On peut aussi avoir affaire à un *champ discursif* ; c'est le cas de types de discours comme le discours politique ou le discours religieux, qui sont structurés par des positionnements concurrents. Le « discours communiste », par exemple, ce sera la diversité des genres de discours (journaux, tracts, programme électoraux, etc.) produits par un positionnement déterminé à l'intérieur du champ politique. Chaque positionnement investit certains genres de discours, et non tels autres, et cet investissement est une composante essentielle de son identité.

Cette distinction entre logique d'appareil et logique de champ est affaire de point de vue : on peut aussi bien étudier le discours communiste comme discours d'appareil.

Même si c'est la logique d'appareil qui est dominante dans l'université, cette dernière n'est cependant pas étrangère à une logique de champ discursif. De manière directe, lorsqu'elle a affaire à la « politique universitaire », domaine dans lequel se confrontent divers positionnements de type politico-syndical. De manière indirecte également, puisque la recherche universitaire est soumise à une logique de champ disciplinaire. Il arrive d'ailleurs que l'on identifie tel ou tel positionnement théorique par le nom d'une université : « l'école de Chicago », « l'école de Genève »...

Avec les unités *transverses*, qui traversent les genres de discours, on est plutôt dans une logique du *registre*. Ces unités peuvent être définies à partir de critères linguistiques (a), fonctionnels (b) ou communicationnels (c).

a) Parmi les registres définis sur des bases *linguistiques* on signalera les distinctions qui reposent sur des critères d'ordre énonciatif ; ainsi la fameuse opposition de Benveniste (1966) entre « histoire » et « discours » ;
b) D'autres registres reposent sur des critères *fonctionnels* ; ainsi le célèbre schéma des six fonctions de Jakobson ;
c) D'autres enfin combinent traits linguistiques et fonctionnels pour aboutir à divers registres d'ordre *communicationnel :* « discours comique », « discours de vulgarisation », « discours didactique »...

Si l'on rapporte la notion de discours universitaire à cette grille élémentaire, on voit qu'elle est oscille entre trois modes de catégorisation.

Le premier est celui de genres de discours appartenant à un même appareil. Toutefois, on ne doit pas oublier qu'il existe de multiples activités verbales « officieuses » qui sont nécessaires à son fonctionnement : ainsi les conversations dans les couloirs, les

Principes et typologie des discours universitaires

courriels, les coups de téléphone personnels, etc. Il existe par ailleurs des genres qui peuvent entrer en conflit : par exemple telles réunions syndicales ou tels tracts étudiants qui critiqueraient des textes émanant de la direction d'une composant de l'université. En outre, cet appareil est foncièrement hétérogène : l'université, c'est à la fois une administration, un établissement d'enseignement et un espace voué à la recherche. Certains genres participent ainsi d'activités directement liées à l'enseignement (en particulier la transmission des connaissances et l'évaluation des étudiants) ; d'autres sont liés aux activités de recherche : thèses, articles, livres, colloques...

Le second mode de catégorisation ne concerne le discours universitaire qu'à travers les productions relevant de l'enseignement ou de la recherche ; il range le discours universitaire parmi les unités « transverses », plus précisément parmi les registres de type communicationnel. Il existe indéniablement dans la compétence communicative de nombreux individus une aptitude à caractériser un texte comme « universitaire » ; ainsi quand un éditeur demande à un auteur de « réécrire sa thèse » pour la rendre « moins universitaire ». On peut ainsi juger qu'une production verbale est « universitaire » alors même que son auteur est lui-même non-universitaire et qu'il énonce dans une situation non-universitaire. Cette catégorie entre facilement dans des oppositions stéréotypées qui prolongent à certains égards celle entre le « pédant » et « l'honnête homme ». Cette caractérisation mobilise des traits de divers ordres :

- Syntaxico-énonciatifs : les nombreux travaux sur le discours scientifique ont ainsi repéré des indicateurs comme la passivation, l'emploi des personnes et des temps verbaux, le traitement du discours rapporté, etc., en relation étroite avec les normes qui exigent des hommes de science « distance », « objectivité », « précision »... ;
- Interdiscursifs : les textes universitaires gèrent avec des normes spécifiques leurs « références » ;
- Textuels : le discours scientifique produit des textes qui explicitent beaucoup et qui affichent avec ostentation leurs balises : en élaborant des hiérarchies rigoureuses entre les parties du texte et en marquant dans le détail les étapes de l'exposition ;
- Typographique : la mise en page active un ethos sérieux, voire austère. Ce qui n'est pas sans susciter des tensions avec les possibilités qu'offrent par exemple les présentations PowerPoint, facilement associées à un ethos séducteur.

Selon le troisième mode de catégorisation, la notion de « discours universitaire » relève des unités *non-topiques*, de la « formation discursive » plus précisément. On peut en effet envisager une acception de « discours universitaire » comme « discours tenu par l'université ». Mais une telle étiquette ne peut référer qu'à un corpus construit par le chercheur : en fonction des présupposés de la recherche, la formation discursive ainsi dénommée pourrait recouvrir des textes de genres très divers.

2.2. Un discours d'appareil

Les trois plans de l'appareil universitaire (administratif, didactique, heuristique) interfèrent constamment. Par exemple, les bordereaux sur lesquels l'enseignant reporte les notes obtenues par les étudiants sont à la fois des genres didactiques et un rouage de la machine administrative. De même, un certains nombre de séminaires de master ou de doctorat participent à la fois du plan didactique et du plan heuristique.

Principes et typologie des discours universitaires

Considérons un genre de discours qui m'est assez familier (Dardy, Ducard & Maingueneau 2002), le « rapport de soutenance de thèse » qui dans l'université française est co-rédigé et co-signé par les membres du jury. On peut l'aborder à la fois comme un genre relevant du plan heuristique, puisqu'il évalue une thèse et sa soutenance, mais aussi comme un genre qui relève du plan administratif, puisqu'il est destiné à figurer dans le dossier de qualification, de recrutement ou de promotion des enseignants-chercheurs. L'énonciateur y assume une identité brouillée : il est à la fois chercheur, collègue (avec ce qui s'y mêle d'affectif), agent administratif. Les co-rédacteurs (je rappelle que chaque membre du jury ne rédige qu'une part du rapport) sont ainsi soumis à une triple contrainte : il leur faut à la fois se conformer aux normes qu'impose le surdestinataire scientifique, qui légitime leur activité de chercheur, aux normes qu'impose la communauté professionnelle dont relève la thèse, mais aussi aux normes administratives.

Ces trois plans du discours universitaire ne sont pas limités à la seule université, entendue comme une entité juridique dotée d'une direction, de divers conseils, etc. Chacun participe aussi d'un espace plus vaste :

- Sur le plan administratif, la gestion universitaire est soumise à des normes qui sont partagées non seulement par les autres universités, mais aussi par l'administration, qui impose les mêmes règles à des appareils très divers ;
- Sur le plan didactique, l'université est en prise sur l'ensemble du système éducatif, et en particulier l'enseignement secondaire. Mais les modalités varient selon les pays ; en France les universitaires président les jurys de baccalauréat et siègent massivement dans les jurys de recrutement des enseignants du second degré. L'intégration récente des instituts de formation des maîtres dans les universités ne fait qu'accroître ce phénomène ;
- Sur le plan heuristique, les chercheurs participent de communautés transverses aux universités : la recherche est affaire de réseaux disciplinaires ou transdisciplinaires qui échappent largement au contrôle de telle ou telle université.

La tentation est grande de se focaliser sur les genres de discours fortement institutionnels, qu'ils soient écrits ou oraux : compte-rendus des conseils, circulaires, rapports, allocutions du président, presse interne, sites Internet... Mais on ne peut ignorer les activités de parole qui n'ont pas de visibilité institutionnelle. Je reprends ici un exemple emprunté à un autre appareil, l'hôpital. Michèle Lacoste et M. Grosjean (Cosnier, Grosjean & Lacoste 1993) ont ainsi noté que la relève entre infirmières s'opère à travers trois genres d'activités verbales : un rapport écrit, voué à l'archivage, une relève orale routinisée dans laquelle l'infirmière indique à celle qui la remplace les faits saillants, malade par malade, et enfin une relève orale informelle. L'observation sur le terrain montre que ces trois activités ne sont pas redondantes ; elles sont toutes trois, à des titres divers, nécessaires au fonctionnement de la machine. S'agissant de l'université, des phénomènes de même ordre sont à l'œuvre.

De toute façon, quand on étudie des situations de travail, on « ne peut échapper à la question de la construction des données, de la mise en place d'un dispositif d'observation et d'élicitation à partir duquel s'ordonneront les choix de détail [...] La question du corpus se voit replacée dans une problématique plus générale de l'enquête » (Boutet, Gardin & Lacoste 1995 : 14).

3. Le discours universitaire, du côté des « idées »

Je vais à présent focaliser mon attention sur l'un des trois plans sur lesquels se distribuent les genres de discours universitaires, en l'occurrence le plan heuristique, et à l'intérieur de ce dernier sur une question à la fois très limitée et d'une ampleur considérable : la manière dont les « contenus » sont informés par l'espace universitaire et agissent en retour sur ce dernier. Un analyste du discours est naturellement porté à postuler une relation essentielle entre les modes d'organisation textuels et les modes d'organisation de ceux qui produisent ces textes, et donc à rejeter l'attitude « angélique » qui renvoie la dimension institutionnelle aux ténèbres extérieures du « contexte », comme si les idées se développaient dans un univers autonome, vaguement contraintes par l'appartenance des locuteurs à l'université. Un analyste du discours conséquent ne peut pas considérer la relation à l'institution comme un simple formatage, une rhétorique superficielle relativement indifférente aux « véritables contenus » qui seraient « profonds ».

Pour ne pas rester totalement dans le vague, j'aimerais évoquer rapidement deux exemples très différents dans lesquels on peut saisir de quelle manière l'appartenance d'un texte ou d'un ensemble de textes au discours universitaire est indissociable de ses contenus. Ces deux exemples illustrent deux modalités prototypiques de l'inscription d'un univers doctrinal dans l'espace universitaire. Le premier, emprunté à Hegel, nous montre comment un positionnement doctrinal investit délibérément l'espace universitaire où il est proféré ; le second nous montre une relation constitutive mais tacite entre la situation des locuteurs par rapport à l'université et leur positionnement dans le champ intellectuel.

3.1. Hegel

Le premier exemple relève d'un genre pleinement universitaire, en l'occurrence l'« allocution de Hegel à ses auditeurs à l'ouverture de ses leçons à Berlin », le 22 octobre 1818. Ce texte figure au début du *Précis de l'encyclopédie des sciences philosophiques* (trad. fr. par J. Gibelin, 4e édition, Vrin, 1978). C'est un moment crucial de la carrière du philosophe : Hegel vient d'être nommé à l'Université de Berlin pour prendre la suite de Fichte. Cette nomination s'inscrit dans un vaste projet politique de l'État prussien, au point que le ministre du roi de Prusse, Altenstein, s'est donné la peine d'écrire personnellement une longue lettre à Hegel pour lui proposer le poste.

Cette allocution est un genre typique de la vie académique, et Hegel satisfait aux normes du genre. Mais, et c'est là tout son intérêt pour nous, elle constitue aussi un fragment de la doctrine hégélienne. En effet, l'énonciation investit philosophiquement le lieu même dans lequel elle est proférée, l'institution académique. Hegel commence par ce qui pourrait sembler une phrase qui satisfait pleinement aux lois du genre, mais dont les derniers mots vont ouvrir sur des développements qui donnent un nouveau statut au rituel académique :

> En me présentant aujourd'hui pour la première fois en cette Université en qualité de professeur de philosophie, fonction à laquelle j'ai été appelé par la faveur de S. M. le Roi, permettez-moi de dire dans cet avant-propos combien, en ce qui me concerne, je considère comme particulièrement agréable et désirable, de me

consacrer à une activité académique plus importante, précisément en ce moment (*in diesem Zeitpunkt*) et en ce lieu (*auf hiesigem Standpunkt*).
(*Précis de l'encyclopédie des sciences philosophiques* 1978 : 7)

C'est grâce au « précisément en ce moment et en ce lieu » que le nouveau professeur peut « philosopher » la situation de communication académique, c'est-à-dire lui conférer une valeur philosophique, la convertir en scène d'énonciation philosophique. Il s'agit de construire *ce* moment et *ce* lieu institutionnels en lieu et en moment philosophiques.

Pour ce faire, Hegel s'attache à montrer que « l'esprit de l'univers » (*Weltgeist*), auparavant « entraîné vers l'extérieur » par la tourmente napoléonienne, peut « maintenant » (*nun*) « se rendre dans la patrie (*Heimat*) qui lui est propre et jouir de lui-même ». Reste à aménager dans le discours un lieu pour cette « patrie ». Hegel évoque alors la Prusse, qu'il caractérise comme cet État où « la culture (*Bildung*) et la floraison des sciences est un élément des plus essentiels dans la vie de l'État. » À l'intérieur de cet État, se trouve « cette Université » où il est précisément en train de parler, celle de Berlin : « l'Université du centre, le centre de la culture de l'esprit, de toute science et de toute vérité». C'est là qu'il faut que « la Philosophie trouve sa place (*Stelle*) ». On notera qu'en allemand « Stelle » désigne une place, mais peut désigner aussi un emploi, un poste.

Dans cette allocution inaugurale les déictiques de temps (*nun, in diesem Zeitpunkt*) et de lieu (*auf hiesigem Standpunkt*) fonctionnent dans une ambiguïté constitutive : le « ici » et le « maintenant » se voient assigner des référents à la fois dans l'espace académique et dans l'espace philosophique ; ce qui permet d'instituer de manière performative l'espace académique en espace philosophique, de fondre le « je » de l'énonciateur professoral et l'instance qui articule la doctrine.

L'exposé cherche à montrer que la doctrine hégélienne qui porte cette allocution est la seule légitime à ce moment-là. Hegel affirme donc 1) que la philosophie est désormais allemande : elle « s'est réfugiée chez les Allemands et ne vit plus que chez eux. La conservation de cette lumière sacrée nous a été confiée » (p. 8) ; 2) qu'elle ne peut être qu'hégélienne. C'est pourquoi, l'étape supplémentaire de son allocution consiste à disqualifier la philosophie critique kantienne pour poser que seule la doctrine hégélienne accomplit la vocation de la philosophie.

Je n'entre pas plus avant dans le détail de l'argumentation. Ce que j'ai dit est suffisant pour illustrer de manière exemplaire une opération typique des « discours constituants » (Maingueneau & Cossutta 1995, Maingueneau 1999), en l'occurrence l'investissement par le discours de la situation institutionnelle qu'il implique. Dans le cas de Hegel, cette contrainte prend un tour paroxystique puisque la philosophie hégélienne ne fait qu'un avec le système qui construit la nécessité de sa propre énonciation. Mais un tel positionnement ne se détache pas comme un acte à nul autre pareil, il appartient à un régime historique dans lequel l'université est devenue l'espace de référence du discours philosophique. L'allocution de Hegel s'appuie sur cet investissement philosophique préalable de l'université, comme le montre le simple fait qu'il vient occuper la chaire de Fichte.

On le voit, il ne suffit pas ici de mener une analyse du texte en termes de genre (montrer comment le discours de Hegel satisfait à un genre de l'institution universitaire), ou, au contraire, de mener une analyse purement philosophique, dans laquelle

Principes et typologie des discours universitaires

l'institution universitaire apparaîtrait comme un simple « contexte » : il faut considérer la manière dont l'appareil universitaire rend possible une scénographie philosophique qui a pour effet de légitimer l'ensemble de la situation de communication institutionnelle dans laquelle sont engagés les acteurs de cette activité de parole. Mais, l'université n'est elle-même pas une « donnée », elle n'existe elle-même que portée par d'autres discours. Par une régression inévitable, il faudrait donc étudier également l'étayage réciproque du discours politique et de la constitution de l'université allemande au tournant du XVIIIe et du XIXe siècles, pour comprendre comment une telle scénographie peut alors faire événement philosophique et politique, bien au-delà du public immédiat de cette allocution.

3.2. Le champ intellectuel français

Cette réflexivité en quelque sorte explicite entre un genre épidictique universitaire (ici l'allocution inaugurale) et une énonciation doctrinale n'est pas la règle. Le plus souvent, le rapport à l'institution universitaire n'est pas thématisé : pour le mettre en évidence il faut alors une approche qu'on peut dire « critique », en ce sens qu'elle vise à dévoiler ce qui rend le discours possible.

C'est ce qu'on voit dans le second exemple, emprunté aux travaux du sociologue allemand J. Angermüller, qui dans une perspective proche de l'analyse du discours, a étudié le champ des sciences humaines français des années 1960 et 1970. Ce champ apparaît dominé par un conflit entre ce qu'il appelle des « humanistes » (Ricœur, Picard, Dufrenne…) et des « prophètes » (en particulier Lacan, Althusser, Barthes, Deleuze…), deux groupes qui se différencient par leur manière de se rapporter à l'institution universitaire : les « humanistes » sont en effet liés à l'université traditionnelle, alors que les « prophètes » appartiennent à des institutions périphériques : École des Hautes Études en Sciences Sociales, C.N.R.S, université expérimentale de Vincennes, Collège de France, université étrangères, société psychanalytique (« la Cause freudienne » de Lacan), revue d'avant-garde (*Tel Quel* pour Sollers)… La domination de ces « prophètes » s'appuie sur des données sociologiques évidentes. On évoquera en particulier la multiplication soudaine des postes d'enseignants-chercheurs à l'université et l'essor des sciences humaines, domaine où, à la différence de ce qui se passe dans les études traditionnelles de lettres, la recherche l'emporte sur l'enseignement. On notera également l'influence croissante qu'exercent des institutions d'enseignement supérieur aux marges de l'université, en particulier la 6e section de l'École Pratique des Hautes Études et le CNRS.

Mais encore faut-il que cette contestation de l'espace académique par les « prophètes » trouve à s'effectuer dans le discours, c'est-à-dire que s'élaborent des « mécanismes discursifs qui permettent aux producteurs de s'approprier une subjectivité intellectuelle et par conséquent de se positionner dans un champ » (Angermüller 2003 : 85).

Les deux fractions antagonistes, les « prophètes » et les « humanistes académiques » énoncent à partir de ce je serais tenté de nommer deux « métascénographies » antagonistes. Si la scénographie (Maingueneau 1993) est la scène d'énonciation que tout à la fois présuppose et valide l'énonciation d'un texte particulier, une métascénographie domine l'ensemble des scénographies relevant d'un même positionnement. Les prophètes se positionnent ainsi contre la « métaphysique », le « capitalisme »,

« l'humanisme », etc., tandis que la subjectivité humaniste rejette le « nihilisme », « l'imposture », etc. Ces métascénographies impliquent aussi des déixis spécifiques. La déixis humaniste implique ainsi un mode d'énonciation fondé sur un effet de « subjectivité transcendantale », lié à un point originaire « qui définit le sens et la place de chaque élément personnel, spatial et temporel. » (2003 : 90). L'autorité de l'énonciateur humaniste

> se fonde sur la tentative de s'installer dans ce centre qui est aussi le centre du « Grand Autre », de l'autorité, de la tradition et de l'institution [...] La subjectivité transcendantale permet aux producteurs humanistes de présupposer un sens objectif partagé par tous, un consensus sur des normes et valeurs universelles et un ordre temporel qui lie les origines du temps à leur destin historique. (2003 : 90-91)

Cela va de pair avec une attitude générale :

> Les institutions académiques dont le but majeur est d'éviter des frictions personnelles et d'assurer leur propre reproduction pédagogique » sont en effet « enclines à adopter un univers discursif où chacun a ses rôles bien définis d'enseignant ou d'enseigné, où la formation d'un espace disciplinaire et d'une tradition d'œuvres canoniques assure la cohérence spatio-temporelle de l'institution. (2003 : 91)

L'articulation de la métascénographie des « humanistes » et de l'espace universitaire ne peut se faire que si elle « prend corps » dans des pratiques. Ce sont elles qui donnent corps aux idées, lesquelles légitiment en retour les pratiques qui les portent. J'évoquerai deux pistes parmi d'autres. La première concerne l'organisation de la recherche, qui dans l'université s'organisait autour de la rédaction de la thèse. Dans une université centralisée, à la gestion autoritaire, où le postulant passe de longues années à faire une monumentale Thèse d'État sous la direction d'un « patron » qui a des « poulains », la tradition, la transmission, la continuité sont indissolublement des réalités et des valeurs. La nature des disciplines joue aussi un rôle : la philologie, qui imprègne l'ensemble des départements des facultés de lettres, vient en quelque sorte donner corps à ces vertus de labeur patient, d'accumulation de savoir et de données à partir d'un Thésaurus de textes qui est déjà là, légué par le passé. Il n'est pas surprenant que les « prophètes » opposent au contraire au Thésaurus la construction de corpus, préfèrent la modélisation novatrice des sciences humaines à l'accumulation patiente, avec tout ce que cela entraîne en termes de contestation des relations hiérarchiques.

La métascénographie des « prophètes » se fonde ainsi sur une contestation de la tradition et de l'institution, appuyée sur le retentissement de leurs textes auprès d'un public extra-universitaire. Elle dévalorise la plénitude subjective, posée comme illusoire, ainsi que l'autorité de l'auteur, au profit d'un lecteur qui réécrirait le texte. Sur le plan spatial, dans leur métascénographie il n'y a pas de hiérarchie entre le « ici » de l'Occident et le « là » de l'ailleurs. Sur le plan temporel, à la continuité de la Tradition, de la destinée de la conscience les « prophètes » opposent les ruptures, les révolutions.

4. Conclusions

Le discours universitaire peut être considéré comme un « territoire » (Maingueneau 2004) particulièrement fécond. J'entends par « territoire » un phénomène perçu comme socialement important pour l'étude duquel se groupent des chercheurs de diverses disciplines ou de divers courants d'une discipline. L'intérêt d'un tel « territoire » est qu'à la différence d'autres qui portent aussi sur du discours, il est attaché à un lieu institutionnel, l'université, qui est à la fois relativement bien délimité et un nœud stratégique : on ne peut en effet ignorer que c'est dans son espace que s'élaborent et se gèrent aujourd'hui la majorité des textes qui relèvent de ce que j'appelle les « discours constituants ».

Ce « territoire » ne peut pas être appréhendé globalement et à travers une approche qui serait capable d'intégrer toutes ses dimensions. L'analyse du discours est néanmoins appelée à jouer un rôle privilégié dans son étude : parce qu'il s'agit de discours, bien sûr, mais aussi parce que sa vocation est de nouer fonctionnements textuels et institutionnels, et enfin parce qu'elle constitue elle-même un carrefour disciplinaire.

Repères bibliographiques

ANGERMÜLLER J. (2003), « Discours et champs intellectuels : L'antagonisme entre « humanistes » et « prophètes » et le discours des sciences humaines », in R. Amossy & D. Maingueneau (dir.), *L'Analyse du discours dans les études littéraires*, Toulouse, PUM, 85-94.

BOUTET J., B. GARDIN & M. LACOSTE (1995), « Discours en situation de travail », *Langages 117*, 12-31.

COSNIER J., M. GROSJEAN & M. LACOSTE (éd.) (1993), *Soins et Communications*, Lyon, PUL.

DARDY C., D. DUCARD & D. MAINGUENEAU (2002), *Un genre universitaire : le rapport de soutenance de thèse*, Lille, Presses du Septentrion.

HEGEL G. W. (1978), *Précis de l'encyclopédie des sciences philosophiques,* trad. fr. par J. Gibelin, 4e éd., Paris, Vrin.

MAINGUENEAU D. (1993), *Le contexte de l'œuvre littéraire*, Paris, Dunod.

—— (1999), « Analysing self-constituting discourses », *Discourse studies* 1 (2), 175-199.

—— (2003), « Quelles unités pour l'analyse du discours ? », *Romanistisches Jahrbuch* 53, 109-118.

—— (2004), « L'analyse du discours et ses frontières », *Marges linguistiques* 9, 64-75, http://www.marges-linguistiques.com & http://www.revue-texto.net

—— & F. COSSUTTA (1995), « l'Analyse des discours constituants », *Langages* 117, 112-125.

Qu'est-ce qu'un discours universitaire de recherche en lettres et langues ?

Sophie MOIRAND
Université Sorbonne nouvelle – Paris 3 (Cediscor-Syled)

RÉSUMÉ

    Cet article s'interroge sur les fonctions des discours produits à l'université au nom de la recherche à travers les formes qui semblent actualiser ce que pourrait être une visée scientifique de recherche. Mais les observables d'une démarche cognitive de recherche qui ont été recueillis dans des discours produits à l'intérieur d'une université et vers ses extérieurs conduisent à s'interroger sur les représentations que les auteurs semblent avoir de la recherche, et davantage encore sur ce que serait une écriture de recherche dans les domaines des lettres, des langues, des arts et des sociétés contemporaines. Ce qui n'est pas sans incidence sur le discours d'évaluation de la recherche, donc sur son évaluation.

MOTS-CLÉS
Discours • évaluation • explication • intelligibilité • recherche • script • visée scientifique.

ABSTRACT

    This article investigates the functions of discourses produced at the university in the name of research, in forms that appear to operate with what could be a scientific research aim. But what can be observed concerning a cognitive procedure for research, and what has been observed in discourses produced within the walls of a university and toward the outside lead us to ask questions about the representations certain authors of these discourses possess concerning research itself, and even more as concerns that which would be a writing of research in the areas of literature, languages, arts, and contemporary societies. This is not without effect on the discourse of evaluation of research, and thus upon its evaluation.

KEYWORDS
Discourse • evaluation • explication • intelligibility • research • script • scientific aims.

*   *

*

Principes et typologie des discours universitaires

1. Introduction

La question posée par le titre de cette contribution au colloque sur « Les discours universitaires » n'est pas une question rhétorique. C'est une question qu'il semble opportun de se poser à l'heure des évaluations en tout genre auxquelles sont soumis les enseignants-chercheurs qui travaillent à l'université. Cette question me permet de regrouper un certain nombre d'interrogations sur le fonctionnement de la recherche universitaire, auxquelles on voudrait répondre grâce à une analyse du discours, envisagée comme un moyen de comprendre le fonctionnement d'un domaine ou d'une institution, ici, à titre d'exemple, l'université Sorbonne nouvelle.

Dans cette université, il s'est agi pendant longtemps, et encore maintenant, de produire essentiellement des travaux en littérature et civilisation, dans des départements de littérature française ou littérature comparée, et de lettres et cultures étrangères (anglais, espagnol, allemand, italien, portugais, arabe, monde indien et iranien…). D'autres domaines sont cependant apparus, les sciences du langage, et au fil du temps, le cinéma et l'audiovisuel, les sciences de l'information et de la communication, la médiation culturelle, les études européennes… Mais, dans cette université de langues, lettres, arts et sociétés contemporaines, il n'y a pas de département d'histoire, ni d'économie, ni de sociologie, ni de psychologie, ni de philosophie, ni de sciences de l'éducation, ni d'anthropologie, ni d'ethnologie, etc., même si l'on trouve des traces de ces autres disciplines dans les discours qui circulent à l'intérieur de l'institution et vers ses extérieurs.

Le corpus exploratoire constitué ici visait à s'interroger, outre sur les genres discursifs tenus au nom de la recherche, sur les discours d'évaluation de la recherche, discours que nous sommes tous conduits à produire sur les travaux de nos collègues ou étudiants, français ou étrangers. Il s'est agi par conséquent de recueillir :

- des rapports, bilans et projets des équipes de recherche destinés aux autorités de tutelle et/ou de financement ;
- des discours « sur la recherche » dans les comptes-rendus des réunions des Conseils de l'université ;
- des discours tenus lors des événements de communication de la recherche (Assises de la recherche, Doctoriales, Journées « jeunes chercheurs », etc.) ;
- des rapports de thèse, des évaluations des experts extérieurs sur les rapports des équipes ou les réponses à des appels d'offre ;
- des rapports de lecture sur les manuscrits proposés pour publication aux éditions de l'université, etc.

Ce que l'on perçoit, intuitivement, dans ces discours circulant « au nom de la recherche »[1], c'est qu'il y a en creux des représentations non pas vraiment du métier de

---

[1] À titre anecdotique, et pour expliquer les questions que je me pose, grand a été mon étonnement lorsque, en tant que directeur des Presses Sorbonne Nouvelle de 2003 à 2008, j'exigeais des auteurs un index de notions spécialisées, de m'entendre répondre « Mais on n'a pas de notions ! » par certains de mes collègues littéraires ou civilisationnistes, et on a finalement renoncé à obtenir de certains auteurs ce que réclamaient les diffuseurs ainsi que les sites spécialisés internationaux : un résumé qui dise ce que l'ouvrage apporte de nouveau au domaine et des indications précises sur la méthode de recherche.

chercheur en littérature ou civilisation, mais plutôt des représentations d'une écriture de recherche, assez différentes de celles que l'on attend dans d'autres sciences humaines (psychologie, ethnologie, sociologie, par exemple), et assez peu conformes par ailleurs aux indicateurs d'évaluations utilisés par certaines institutions nord-européennes ou canadiennes ou même aux conseils et recommandations que l'on trouve dans des écrits de formation à la recherche. C'est pourquoi les différents genres rencontrés, et qui seront brièvement évoqués ici, m'ont paru de « bons candidats » à ces interrogations sur les représentations de la recherche, telles qu'elles semblent s'inscrire dans la matérialité verbale des discours rencontrés, et parce que ces représentations tendent à construire et à fixer des critères pas toujours conscients d'évaluation des travaux de recherche.

Je développerai l'état de mes réflexions en deux temps. Je rappellerai d'abord, brièvement, les résultats de travaux réalisés il y a quelques années sur des discours spécialisés, et en particulier sur l'inscription dans la matérialité verbale de ce qu'on peut appeler *la démarche cognitive* du chercheur, telle en tout cas que la définissent les sciences de l'empirie (économie, médecine, sciences de la terre, par exemple). Mais, parce que ces travaux m'ont conduite à réfléchir sur la visée de la science et des sciences, je rappellerai ensuite les apports de la philosophie des sciences et des travaux sur l'explication scientifique dans la mise au jour de caractéristiques de ces premiers corpus exploratoires de genres discursifs qui ont comme particularité d'être souvent du discours sur des discours (la critique littéraire, par exemple).

2. L'inscription discursive d'une démarche de recherche

Comme l'avait déjà montré Jean Dubois en 1972 dans le n° 14 de *Langue française* intitulé *Linguistique, formation des enseignants et enseignement supérieur*, un universitaire est « pris » dans des logiques contradictoires, parce que « Le discours scientifique trouve sa "pratique" dans ce qu'on appelle la "recherche", et le discours pédagogique la trouve dans ce qu'on appelle l'"enseignement" » ; et que « L'institution universitaire repose en France sur cette ambiguïté des deux discours, pédagogique et scientifique » (1972 : 11). En fait « les enseignants des universités tiennent presque uniquement des discours didactiques, ceux-ci étant les supports d'un savoir acquis et d'un savoir transmis [...]. Parmi ces discours didactiques, *les uns sont purement pédagogiques* [...]. *Les seconds sont la mise en forme didactique d'une pratique scientifique.* »

S'interroger sur les caractéristiques du discours universitaire de recherche, qui se tient principalement non pas dans les lieux d'enseignement de l'université, mais principalement dans des colloques et dans des revues scientifiques, c'est donc chercher à le distinguer des autres discours qu'un enseignant-chercheur est appelé à « tenir ».

2.1. Du praxéogramme de la démarche au script de l'exposition

Un universitaire est donc appelé à tenir des discours didactiques face à des étudiants ou des adultes en formation et des discours différents selon les niveaux et/ou les types d'études, des discours politiques vers les institutions qui financent ses travaux et qui les évaluent, des discours de diffusion (qu'on les nomme « vulgarisation » en français, *popularization* en anglais, *divulgación* en espagnol), discours qui prennent des formes particulières lors d'opérations de valorisation de la recherche ou des formations dans les médias ou les Salons, à l'occasion de Journées portes ouvertes, lors de tables rondes destinées à des non-spécialistes. Mais ceux-là n'ont pas forcément pour objectifs d'être publiés. Alors que ceux de la recherche doivent l'être, parce qu'une recherche qui n'est pas publiée n'existe pas.

C'est alors qu'on peut poser la question d'une écriture de recherche en sciences humaines, de l'objet de cette écriture et de ses enjeux, liés à l'identité des disciplines, comme le montrent le n° 58 de la revue *Communications* consacrée à « L'écriture des Sciences de l'homme », ainsi que d'autres travaux qui portent sur *L'écriture de l'histoire* (de Certeau) ou sur *Le discours anthropologique* (Adam, Borel, Calame, Kilani). Ils nous apprennent, entre autres, l'histoire des luttes que se sont livrées les sciences, les lettres et, par exemple, la sociologie lorsqu'elle était en quête de légitimité. On comprend pourquoi, depuis Durkheim, les sociologues se sont méfiés des « effets » de style, c'est-à-dire du style « facile, lisible », des « métaphores incontrôlées », « des effets pervers des mots ordinaires » (Bourdieu 1987). D'où cette importance donnée aux notions spécialisées et à une dimension cognitive qui relève d'une logique de la connaissance, qu'il s'agit de ne pas sacrifier à une logique de la communication, dans les discours de construction de la recherche, les discours dits « sources » ou « premiers » en sciences humaines et sociales.

C'est pourquoi les travaux que j'ai conduits dans les domaines des sciences économiques, des sciences médicales et sociales et des recherches en didactique des langues tentaient de mettre en relation les traces formelles (linguistiques, discursives, iconiques, prosodiques (le niveau micro du texte) à la construction globale du *genre* (niveau macro) autour de trois fils directeurs qui permettaient de différencier « à gros traits » ce qui semblait relever d'une démarche de recherche et ce qui semblait relever d'un discours didactique ou d'un discours de vulgarisation :

- un **fil fonctionnel** : un discours de recherche vise à produire des connaissances nouvelles pour le domaine, non pas à faire progresser les connaissances ou les savoir faire des destinataires (ce qui reste l'objectif d'un discours didactique ou d'un discours de formation) ;
- un **fil situationnel** : un discours de recherche s'adresse à ses pairs, des spécialistes du domaine, ce qui pose une égalité (au moins « théorique ») des places interactionnelles, à la différence d'un discours didactique ou d'un discours de diffusion, qui suppose que celui qui le tient possède un savoir supérieur (ou supposé supérieur) à celui des destinataires ;
- un **fil formel** : on fait en effet l'hypothèse qu'un discours de recherche porte des traces formelles repérables des différentes étapes de la démarche cognitive du chercheur, et qu'une analyse linguistique du discours a justement pour objet de décrire ces observables.

Cela conduit à distinguer deux schèmes d'organisation de la pratique du chercheur :

- le praxéogramme de l'activité de recherche, qui met en jeu des activités qui ne sont pas seulement verbales (par exemple, dans la phase de recueil des données, il peut s'agir pour un archéologue de ramasser des bouts de poterie à la petite cuillère en plein soleil, ou pour un anthropologue de vider le contenu des poubelles d'un

immeuble ou des sacs des participants à un colloque, et de classer ensuite les objets par catégorie) ;
- le script de l'exposition scientifique, le temps de l'écriture, où on quitte le terrain (les ethnologues comme les linguistes de terrain écrivent leurs articles dans leur bureau, lorsqu'ils reviennent du terrain) ; il s'agit alors de faire le récit de ses recherches, du recueil des données à leur traitement et aux résultats obtenus, en discutant à chaque étape, de la fiabilité et de la validité des catégories descriptives ou conceptuelles que l'on met en œuvre. Ainsi *raconter, discuter, calculer, évaluer* sont par exemple des verbes qui rendent compte d'une activité de recherche.

Mais les consignes données aux jeunes chercheurs oscillent, semble-t-il, entre « praxéogramme » et « script » et s'arrêtent donc au niveau global du genre. Dans la revue *Sciences humaines*, un schéma en quatre étapes (avec des retours en arrière) est proposé dans un article intitulé « Comment faire une recherche ? » (en sciences humaines) :

> Les quatre étapes de la démarche
> Définir un objet et poser une question
> Problématique et hypothèses
> L'observation et ses techniques
> Traitement et interprétation des données
>
> (*Sciences Humaines*, n° 11, 1991, p. 27)

Si le schéma convient à certaines sciences humaines et sociales, trouver une hypothèse paraît souvent artificiel en lettres et langues, et hors recherches expérimentales, c'est un objet de recherche que l'on tente d'étudier, faute d'avoir une visée qui tente de répondre à une hypothèse, ou bien ce sont des interrogations que l'on se pose, sans qu'on ait forcément « les réponses anticipées à une question » (ce que semble constituer, depuis Bachelard, une véritable hypothèse).

Boch, Grossman et Rinck (2007), après avoir rappelé le plan de texte de *l'American National Stanford Institute*, censé donner un script normé des articles scientifiques,

> Introduction
> Material and Methods
> Results and Discussion,

signalent que leur étude, effectuée sur un grand nombre d'articles scientifiques de linguistique française, « montre que, dans le champ français en tout cas, les linguistes s'accordent beaucoup de liberté avec ces plans de texte »… Que diraient-ils des articles de littérature ou de civilisation !

L'étude de certains écrits, faisant référence à des travaux qui reposent sur l'observation et/ou l'expérimentation, permet cependant de dégager à chacune des étapes du script de l'exposition des formes (verbes et nominalisations, modalités et appréciations, au niveau « micro » ; configurations descriptives ou explicatives, au niveau « méso » de la séquence, visée pragmatique de connaissance, au niveau du genre), formes qui peuvent aider à retrouver, à défaut d'un script ou d'un plan standardisé, des traces d'une démarche cognitive de recherche dans des articles ou des domaines ou des cultures scientifiques moins « conformistes ». J'en donnerai ici quelques exemples.

Principes et typologie des discours universitaires

2.2. Du script aux marques qui l'actualisent

En comparant différents genres discursifs produits dans le domaine de la médecine, on avait pu mettre au jour (Moirand 1990) ce qui semble caractériser une exposition de recherche effectuée par des universitaires-chercheurs dans une revue de rhumatologie (*Étude des facteurs de surmortalité à distance des fractures du col du fémur après 60 ans*), soit[2] :

- la présence d'un sous-titre qui décrit le souci statistique de l'observation scientifique :

    À propos de *131 cas* avec *un recul moyen* de 13 mois

- une prise en charge énonciative de ce qui est dit (présence du *nous*, et de verbes ou de nominalisations qui décrivent l'activité des chercheurs, ou qui intègre la méthodologie de l'observation dans un récit au passé — aspect achevé) :

    nous avons voulu *vérifier* ces faits... et *discuter* leur origine... nous avons pu *confirmer*... nous avons l'habitude... de *rechercher*, au moins *par l'interrogatoire*, et *l'examen clinique... les causes* les plus classiques... Nous avons *récapitulé*... Nous n'avons pas *sélectionné*...

- un énoncé des hypothèses, émises à partir de la connaissance des travaux antérieurs,

    la lecture de la littérature *montre que... il ressort par contre* de certains travaux...
    il semblerait donc qu'il n'existe plus de relation directe de cause à effet

    ou émises à partir des résultats d'une observation intermédiaire,
    d'autre part, on sait que... De ce fait, on pourrait se demander si...
    ne serait pas liée *aussi*... retrouvée *dans la moitié de* nos observations...

- une évaluation des données et des résultats en conclusion

    le faible nombre de cas d'ostéopathies malignes *ne nous permet pas de* tirer de conclusions définitives... *il faut reconnaître toutefois* que *l'on ne peut pas exclure*...

Ces traces sémantico-formelles de l'activité du chercheur, qui décrit ses données et sa méthode, évalue les unes et les autres, discute ses résultats, formule des hypothèses, on les retrouve dans d'autres genres discursifs, par exemple dans des recensions bibliographiques dont la fonction est d'évaluer les articles des revues scientifiques (désormais souvent en ligne) :

    Jusqu'à présent, les essais de désensibilisation... laissaient une impression *peu convaincante*
    Deux travaux récents... semblent ouvrir quelques perspectives
    Le mécanisme de ce genre de désensibilisation *est discuté*.
    Une nouvelle voie est peut-être ouverte.

---

[2] Dans les exemples, c'est nous qui soulignons en italiques.

Principes et typologie des discours universitaires

> Dans le domaine pratique, l'obligation d'administrer des doses énormes *pose des problèmes de coût* prohibitif.
> Il n'est même pas sûr que…

On les retrouve également dans d'autres disciplines ou d'autres domaines scientifiques, comme par exemple ici dans un résumé de thèse qui relate un travail de recherche en didactique sur l'enseignement du vocabulaire au Canada, et qui suit le script d'une recherche expérimentale (justification et hypothèses, récit du protocole expérimental, tentative d'explication, conclusion) :

> L'apprentissage du vocabulaire en contexte *a été peu étudié*…
> Il *nous* a donc semblé d'un grand intérêt de *consacrer une recherche* à ce type d'apprentissage… *Notre but* était de *vérifier dans quelles conditions* l'apprentissage lexical et la rétention sont favorisés : *est-ce* en contexte vidéo avec focalisation sur les indices extralinguistiques, *ou* en contexte audio avec focalisation sur les indices linguistiques ? *Nous avons formé* quatre groupes… Les sujets des groupes expérimentaux *ont subi un pré-test…Nous avons comparé… nous avons constaté…*
> *Nous avons essayé d'expliquer les résultats* à l'aide d'une version adaptée de la typologie d'indices contextuels de Sternberg (1987)

En revanche, l'observation de séminaires de formation à la recherche, enregistrés et analysés par des étudiants dans différentes disciplines enseignées à la Sorbonne nouvelle, mettait au jour un certain nombre de différences dans les scripts comme dans les formes locales, différences qui semblaient tenir à des représentations différentes de l'activité de recherche en lettres et langues, comme dans cet extrait d'un séminaire de sémiotique littéraire, (domaine où l'on voit mal se développer une recherche expérimentale…) — voir Moirand (2003), en ligne :

> Ce sont des remarques que Butor faisait comme ça en passant / qui n'ont jamais été beaucoup relevées depuis vingt ans / d'ailleurs qu'on n'a jamais beaucoup suivies / dont on n'a jamais tiré beaucoup de programmes de recherche/ et qui restent / qui de nouveau / je crois / prennent / une espèce d'actualité à partir de ce qui s'est fait ces dernières années / en matière de narratologie / justement / et de sémiotique.
> Comme quoi *il faut revenir de temps en temps aux anciens textes* / Hein ? / car c'est déjà un texte ancien.
> Alors / vous voyez / *ce qui manque à ce texte* / c'est peut-être *une mise en ordre des problèmes* / *Le problème d'inventaire* des des de c'qu'il appelle les indices de spatialité évocatoire / c'est une chose / le problème de comment s'est vu / du comment s'est mis en scène / donc les problèmes de // j'sais pas comment appeler ça / de / de / d'optique / appelons ça des problèmes d'optique / il n'emploie pas le mot hein ?

Ce que l'on peut en revanche remarquer, ce sont les formes de conseils donnés « en creux » dans ce premier cours de l'année, qui visent à suggérer ce que l'on peut faire : *on n'a jamais tiré beaucoup de programmes de recherche, il faut revenir de temps en temps aux textes anciens, ce qui manque à ce texte, une mise en ordre,* etc., et qui caractérisent justement un discours de formation à la recherche.

Principes et typologie des discours universitaires

Ce repérage des traces d'une démarche cognitive de recherche ou de formation à la recherche n'invalide pas les approches sociologiques des communautés scientifiques, qui privilégient l'étude des luttes entre chercheurs reconnus et prétendants, ou les approches d'ordre rhétorico-pragmatique, plus récentes, qui tendent à définir *l'ethos* du chercheur, censé non seulement faire progresser la science, mais aussi acquérir une reconnaissance, s'imposer dans son domaine, voire se faire connaître d'un public plus large que celui des pairs... Mais il s'inscrit dans une analyse du discours qui vise un autre objectif : mieux percevoir les différences entre discours de recherche, discours de formation à la recherche, discours didactique, discours de vulgarisation, et, plus récemment, mettre au jour les formes caractérisantes d'un discours « politique » de la recherche ainsi que les différentes représentations de la recherche qui semblent se dégager des corpus observés dans une université de lettres, langues, arts et sociétés contemporaines. Cela conduit à « repenser » la notion de *visée scientifique*, afin de repérer sa présence ou son absence ou les différentes représentations qu'elle prend dans les corpus exploratoires recueillis.

3. Repérer la visée scientifique des discours universitaires

Il semblerait que le discours scientifique actuel soit une construction récente, dans certains domaines en tout cas. Au 19e siècle, le discours scientifique des sciences de la nature, par exemple, a dû se constituer en opposition à une attitude qui visait à « contempler les objets du monde » et à en décrire la beauté au détriment de « la connaissance » (on parlait de la poésie d'un coquillage ou d'une plante...). Car les représentations que l'on a des objectifs de la science ont des conséquences sur les travaux de recherche, comme sur la façon dont on les expose, et par suite sur les critères dont on use pour les évaluer. Un détour par la philosophie des sciences permet de mieux penser la notion de « visée scientifique ».

3.1. De la visée scientifique à l'intelligibilité du social

G.-G. Granger rappelle dans *La science et les sciences* (1995 : 45-52) que s'il existe *des* méthodes scientifiques, il n'existe qu'un seul type de visée scientifique, dont il trace les principaux traits. On en reprendra deux.

La science vise des objets en vue de *décrire* et d'*expliquer* et non directement d'*agir* ; ce qui veut dire que « le premier résultat visé est la satisfaction de comprendre », qu'il ne faut pas confondre connaissance scientifique et savoir technique et que *la description* ne suffit pas en science, puisque *comprendre* présuppose *expliquer*. Mais qu'est-ce alors qu'une explication scientifique en sciences de l'homme et de la société ?

Granger montre (1995 : 86-87) que l'histoire, par exemple, vise des faits concrets qu'il lui faut décrire ; et si ces descriptions peuvent servir dans d'autres domaines scientifiques, la connaissance en histoire ne peut, elle, se contenter de décrire : elle est toujours assortie d'*explications*, qui reposent sur l'insertion des faits dans des systèmes conceptuels. Donc, il n'existe pas de sciences sans concepts pour « expliquer » et pas de discours scientifique sans « discours explicatif ». L'hypothèse, faite par Berthelot (1990) et reprise par Granger (1995 : 87-92), c'est que les faits humains, ceux qu'on étudie en sciences de l'homme et de la société, font appel à du vécu, ce qui leur confère une complexité particulière, qu'on ne peut expliquer par la seule relation « causale », considéré comme prototypique de la connaissance des faits scientifiques. C'est pourquoi Granger souscrit à la proposition de Berthelot de distinguer plusieurs *schèmes d'intelligibilité* du social, et de considérer que la connaissance des faits humains résulterait de la conjonction de plusieurs de ces schèmes (schème causal, schème fonctionnel, schème structural, schème herméneutique, schème actanciel, schème dialectique, par exemple).

Mais la visée scientifique se doit également d'avoir un souci constant de critères de validation, parce qu'» un savoir n'est scientifique que s'il est assorti d'indications sur la manière dont il a été obtenu » (d'où l'importance du *récit de la méthode* dans le discours de recherche), et d'indications suffisantes « pour que puissent en être reproduites les conditions » (Granger 1995 : 47). C'est pourquoi il importe de distinguer ce que les épistémologues anglo-saxons appellent « contexte de découverte » et « contexte de justification », ou pour emprunter l'expression de l'un d'entre eux, rapportée par Granger, « les techniques qui permettent d'aller pêcher les hypothèses scientifiques » sont à distinguer « des recettes de cuisine grâce auxquelles on les sert à table » (1995 : 51).

Le discours scientifique de recherche a donc pour visée d'expliquer, de justifier, d'interpréter, en réglant cette interprétation sur une théorie explicite, c'est-à-dire un ensemble de concepts et de modèles articulés entre eux. Par conséquent, « l'observation des faits humains, collectifs et individuels, suppose l'abandon de notions immédiatement reconnues et exprimées dans les langues naturelles » (*ibidem*), d'où l'importance des concepts et notions spécialisés qu'on a évoqués plus haut.

Après ce petit tour chez les épistémologues de la science, c'est un autre regard que l'on porte sur les discours tenus au nom de la recherche dans l'université actuelle en lettres et langues ; on ne peut que développer une distance critique face à certains discours institutionnels qui voudraient transformer en action ou en pseudo-action ce qui devrait être visée de connaissance... Cela nous ramène aux logiques contradictoires dans lesquelles sont pris les universitaires actuels (entre formation à la recherche et formation à la professionnalisation), et cela explique sans doute les représentations différentes qui s'affrontent à propos de la visée des travaux de recherche et surtout de leur évaluation. Mais cela implique également que toute évaluation de la recherche devrait être précédée d'une réflexion sur la visée scientifique des travaux soumis à évaluation à l'intérieur d'une même discipline, ce qui remet en cause des indicateurs qui seraient identiques pour toutes les disciplines, alors que les formes mêmes des discours de recherche s'avèrent différentes, en raison des différences de méthodes. Muni de ces quelques réflexions, brièvement évoquées ici, on peut retourne étudier les corpus recueillis, et on livrera ci-après quelques-unes de ces premières observations.

3.2. Des discours de recherche aux discours d'évaluation de la recherche

Entre les discours d'exposition de la recherche et les discours d'évaluation de la recherche, il y a un discours intermédiaire sur lequel porte l'évaluation[3]. Les experts n'ayant généralement pas le temps de retourner aux textes sources signalés dans les rapports, c'est en fait le discours des rapports des équipes qu'ils évaluent, non pas le discours scientifique des articles et des publications. On est donc conduit à s'interroger sur l'écriture des rapports autant que sur celles des travaux eux-mêmes.

3.2.1. Les bilans et projets des équipes

Dans les dossiers pré-formatés du ministère que l'on trouve sur l'internet, il y a des consignes sur la façon d'organiser les données quantitatives (bilan financier, classement des publications par catégories), mais il n'y en a pas pour rédiger les bilans et les projets. Chaque équipe interprète donc à sa manière la notion de « rapport scientifique », d'autant que l'on ne dispose pas des indicateurs d'évaluation de cette partie « qualitative ».

Ainsi, une grande partie des équipes, lors du dernier « quadriennal » de la recherche, se contente d'énumérer les thèmes des colloques organisés par l'équipe, la liste des publications (ce qui est redondant par rapport à la partie quantitative) dans la partie « bilans », alors que dans la partie « projets », sont listés des thèmes de recherches, des projets de colloques et/ou publications. Ce qui frappe, c'est la fréquence de l'adjectif « important » qui intervient de manière récurrente dans ces bilans et projets (sans explication sur en quoi, pour qui et pourquoi c'est *important*) :

> L'interaction entre la littérature et les arts, voire les sciences, est devenu un axe de recherche important matérialisé par la création de la revue européenne X…
> Mettant résolument la question de la langue et de ses utilisations au centre des travaux, la dimension pluri et interdisciplinaire est fort importante
> Une place importante est réservée aux idéologies et représentations

On ne connaît pas en revanche ce que les chercheurs entendent par « idéologie » et « représentation », ni comment ils font pour repérer et travailler ces représentations, d'où la difficulté à obtenir des indications sur la méthode (voir note 1). Et si certaines équipes signalent l'inscription théorique ou méthodologique des travaux dans un courant, il s'agit simplement de le mentionner, sans dire réellement comment elles se situent par rapport aux autres courants :

---

[3] Tout enseignant chercheur est tenu de produire des discours scientifiques de recherche, mais aussi des rapports qui tiennent autant du discours politique de la recherche que d'un discours scientifique de recherche. Il est également évaluateur des travaux des autres (lecteur pour des revues scientifiques ou des éditeurs, « expert » de projets et de rapports pour des institutions de recherche ou d'évaluation françaises ou étrangères, sans compter les multiples mémoires, thèses et autres travaux de recherche). On ne doit pas exclure non plus les interactions entre chercheurs dans une équipe, qui font également partie de la construction des savoirs (Mondada 2005).

Principes et typologie des discours universitaires

Le Centre assure explicitement une perspective « d'histoire culturelle » de [Nom de Pays] contemporaine avec une dimension comparative européenne.
Les modernistes et contemporanéistes s'attachent à l'examen des textes modernes et contemporains dans le respect des conditions de production, formalisation, réception.

Un nombre plus restreint d'équipes tente d'expliquer plus précisément la visée scientifique des projets, autour de questions et d'interrogations, ce qui en lettres et langues paraît mieux convenir que la formulation d'hypothèses préconisée par les standards diffusés généralement. On trouve alors des tentatives projetées d'explication reliées à du *comment* et du *pourquoi* :

Pourquoi un écrivain choisit la brièveté ?
Quels sont les outils propres à l'écriture d'un récit bref ?
Le miracle est-il un récit formellement et structurellement marqué par un genre ?
Tout phénomène culturel doit s'inscrire dans une perspective qui mette en relief des imbrications et des effets : comment s'articulent, par exemple, les aspirations à la modernité et les pesanteurs culturelles, les ruptures et les continuités, les innovations et les traditions, les cultures de masses et la production des élites ?

Il reste que, pour les experts qui reçoivent ces rapports, une véritable évaluation devrait passer par la lecture des articles scientifiques correspondant à ces bilans, le discours des rapports de recherche étant trop allusif pour évaluer la qualité des recherches et leur apport au domaine. Or la méthode d'évaluation qui est de plus en plus proposée, voire imposée dans certaines disciplines, ce n'est pas de juger les articles mais de les juger en fonction des revues dans lesquelles ils ont été publiés.

Enfin, ce qui paraît remarquable dans les rapports de certaines équipes, c'est la présence de formes qui s'apparentent à du discours promotionnel, de caractérisations toujours positives au travers desquelles les équipes semblent s'auto-évaluer et se valoriser (les seuls points faibles signalés étant le manque de moyens, le manque de locaux, l'absence de secrétariat...), anticipant ainsi sur les conclusions qui devraient être celles... des évaluateurs :

L'équipe est donc active et relationnelle, très « visible » et productive
Le Centre X apparaît comme un pôle d'attraction régional, national et international
La liste des thèses et des HDR soutenues témoignent de la vigueur de l'EA [Y]
Tous les directeurs de recherche sont des participants actifs des Sociétés savantes […] et des revues qui les accompagnent
Le calendrier prévisionnel très riche en colloques a été largement respecté

On peut ainsi dresser une liste de ces formes d'autopromotion au travers lesquelles les équipes se présentent dans leur rapport :

l'équipe est active / productive / reconnue / visible
ses chercheurs sont / dynamiques / très motivés / actifs
ses champs de recherche sont / riches / très riches / attractifs

Principes et typologie des discours universitaires

ses collaborations sont fructueuses / solides / suivies /
la formation dispensé est rigoureuse, solide
l'équipe rayonne / constitue un pôle d'attraction / elle est de plus en plus sollicitée.

3.2.2. Travaux de littérature et civilisation (thèses, colloques, etc.)

Comme nombre de ces travaux (par exemple ceux soumis pour publication aux presses de l'université) ne comportent pas d'index de notions spécialisées[4], c'est par le repérage de formes témoignant d'une visée scientifique, au sens où on l'a définie plus haut, que l'on peut essayer de la dégager et de mettre au jour la méthode, rarement explicitée.

Ainsi la présence du verbe *s'interroger* renvoie parfois à un *comment* ou un *pourquoi* (séquences explicatives) et à des formes verbales ou nominales témoignant d'une activité de recherche (*examiner, étudier...*). Ces formes permettent de repérer les objets sur lesquels le chercheur travaille, voire les objectifs poursuivis (davantage opératoires en lettres et civilisations que « les hypothèses » des recherches expérimentales), par exemple :

- des faits : la circulation de biens culturels entre deux pays ;
- des représentations : l'image d'un pays dans un autre ;
- des objectifs : Comment lire les écrits sur l'art d'André Malraux ?

On peut donc entrevoir parfois les traces d'une méthode d'approche et l'articulation d'une visée à un appareil conceptuel, même si cela est moins apparent que dans les sciences humaines récentes qui ont dû construire leur légitimité à travers une écriture de recherche qui devait « montrer » sa scientificité :

> Ce volume s'interroge sur les différents modes d'interprétation — embrayage, distance, modes d'interprétation — entre les sujets humains et le monde des choses dans divers textes de littérature [X]
> Notre étude s'organise autour de deux axes principaux : celui du discours appelé à formuler une nouvelle connaissance de la nature et celui des représentations sur lesquelles le discours se fonde, et auxquelles il donne lieu
> Ce volume a l'ambition de revenir sur la notion de ressemblance, cruciale pour le réalisme, qu'il soit pictural ou littéraire

Ces repérages font prendre conscience que ces travaux de littérature ou de civilisation utilisent bien évidemment un appareil conceptuel, parfois emprunté à des champs connexes de sciences humaines. Mais il semblerait (je m'avance ici avec prudence) que la communauté des littéraires ou civilisationnistes n'ait pas *une exigence d'exposition* de même nature que d'autres sciences humaines. De ce fait, l'examen minutieux de

---

[4] Souvent, les mots-clés des 4ᵉ de couverture des thèses ne sont pas non plus spécialisés. Par exemple :
Mots-clés : théâtralité, Stendhal, Balzac, roman, genre
Mots-clés : théâtres du quotidien, théâtre politique, théâtre post-brechtien, crise du drame, dramaturgie des années 70

Principes et typologie des discours universitaires

thèses en lettres (littérature et civilisation) permet de dégager deux façons d'envisager la place faite à l'appareil théorique et méthodologique dans l'exposition :

- il y a un usage allusif, sorte d'usage-caution dans lequel on prend par exemple un concept souvent emprunté à une science humaine connexe sans le discuter et sans discuter sa migration (on en trouve ainsi en introduction, voire dans des notes de bas de page) :

  • Nous avons cependant choisi de ne pas nous en tenir à une définition rigide de l'intertextualité
  [mais on ne sait ni quel est cet usage « rigide », ni quel est l'usage choisi par le chercheur]
  • Ce qui est au centre de la réflexion de nos romanciers dans leur pratique du dialogue, ce sont bien en effet les mille et une stratégies interactionnelles qui permettent d'opérer le « changement de position », de l'emporter sur l'autre, de sauvegarder sa place, ou au moins de ne pas absolument perdre la face[3]
  3. Nous sommes donc au plus près de la réflexion qu'a menée Michel Pêcheux sur les « formations discursives » […] selon Michel Pëcheux […] [voir *l'Inquiétude du discours* […] cité par Dominique Maingueneau, *Les termes clés de l'analyse du discours.*
  [on voit ainsi s'amalgamer des conceptions du discours complètement opposées, et une certaine légèreté dans le renvoi à une citation de seconde main, prise dans un petit glossaire destiné aux étudiants de licence, sans même consulter les travaux cités]

- il y a un usage davantage conceptualisé dans lequel le concept est abordé (et discuté) avec son histoire, son usage, son adéquation au travail en cours, et on retrouve alors une argumentation d'ordre scientifique à son utilisation, comparable à l'exigence d'exposition qui semble requise dans les sciences de l'homme et de la société, cette exigence de *visée scientifique* à la fois descriptive et explicative, telle que la décrit Granger.

Ces deux représentations de l'exposition de la recherche semblent en effet cohabiter dans certaines disciplines qui relèvent des lettres, langues, arts et sociétés contemporaines. Cela explique sans doute pourquoi l'on ne trouve pas toujours d'index de notions spécialisées dans des thèses de doctorat ou des actes de colloques. Cela explique pourquoi on peut rencontrer de sérieuses distorsions dans les évaluations, par exemple dans les rapports de lecture, distorsions qui tiennent aux représentations différentes des évaluateurs de ce que doit être une exposition de recherche.

3.2.3. Les rapports de lecture d'écrits scientifiques (manuscrits, thèses)

Des analyses exploratoires semblent confirmer l'existence de deux représentations différentes de l'écriture de recherche, déjà repérées dans les rapports des équipes et dans les textes de recherche. Rares sont les remarques sur l'absence de notions ou plutôt l'absence de définition ou de discussion des notions de ce type :

Dans plusieurs textes, on remarque un manque de conceptualisation : des notions comme […] sont citées ou employées sans être définies

> Si l'architecture et la peinture sont convoquées à plusieurs reprises, aucun texte n'approfondit la question des dispositifs architecturaux ou visuels...
> Le lecteur innocent a parfois le sentiment de manquer de clés notionnelles

Mais ce qui se dégage de l'analyse, c'est surtout la capacité de l'évaluateur à donner ou non *les raisons* de ses évaluations, en particulier pour ce qui concerne les indicateurs de « qualité scientifique ». Pour un grand nombre d'évaluateurs, il semblerait que ce n'est pas nécessaire, comme si le seul fait d'être expert justifie les jugements que l'on porte, et qu'il est donc inutile de les « expliquer ». C'est ce qui ressort, semble-t-il, de la plupart des situations d'évaluation qu'on a pu observer, où l'on relève des termes appréciatifs vagues et souvent sans qu'aucune justification scientifique les accompagne :

> Travail de recherche solide, susceptible d'intéresser les spécialistes du domaine
> C'est là une excellente première partie, originale et cohérente
> L'ensemble des articles d'un haut niveau de réflexion semble s'adresser à des spécialistes des 17e et 18e siècles
> On regrette toutefois un trop grand souci de pédagogie de la part de l'auteur
> Il s'agit d'une brillante démonstration des apports et des pièges de l'image

4. Conclusion

Que conclure de ces analyses encore exploratoires des discours tenus au nom de la recherche et sur la recherche dans les universités ? Ma conclusion sera brève...

Il serait peut-être judicieux, avant d'évaluer, de s'interroger d'abord sur les différentes formes (au niveau « micro » et pas seulement au niveau « macro » des plans ou des scripts) d'exposition de la recherche auxquelles on s'attend dans chacune des disciplines représentées, d'étudier ensuite les interactions entre les différents discours et genres discursifs circulant « au nom de la recherche » ainsi que sur les discours transverses qui les traversent (voir, pour la méthode, Moirand 1988, 2007-2008), et qui tiennent à l'histoire des disciplines dans la société, la place qu'on leur donne à l'université, aux représentations que l'on a de la recherche et de son exposition. Si je ne suis pas sûre d'avoir répondu à la question posée par le titre, je voudrais cependant la reformuler à des fins de travaux ultérieurs : Qu'est-ce qu'une écriture de recherche ? Comment évaluer des travaux de recherche à travers leur exposition ? Quelles sont les normes qui se construisent à l'intérieur des disciplines quant aux formes standardisées des genres discursifs de la recherche, en particulier dans le domaine des lettres, langues, etc. ?

Repères bibliographiques

ADAM J.-M., M.-J. BOREL, G. CALAME & M. KILANI (1990), *Le discours anthropologique. Description, narration, savoir,* Paris, Klincksieck.
BERTHELOT J.-M. (1990), *L'intelligence du social,* Paris, Presses universitaires de France.
BOCH F., F. GROSSMAN & F. RINCK (2007), « Conformément à nos attentes... : les marqueurs de convergence/divergence dans l'article de linguistique », *Revue française de linguistique appliquée* XII, 109-122.
BOURDIEU P. (1987), *Choses dites*, Paris, Éditions de Minuit.
de CERTEAU M. (1975), *L'écriture de l'histoire*, Paris, Gallimard.
CHALMERS A. F. (1987, traduction), *Qu'est-ce que la science ?*, Paris, La découverte.
Communications n° 58 (1994), « L'écriture des sciences humaines », Paris, Seuil.
DUBOIS J. (1972), « Grammaire scientifique et grammaire pédagogique », *Langue française* 14, 10-31.
GRANGER G.-G. (1995), *La Science et les sciences,* Paris, Presses universitaires de France.
FLØTTUM K., T. DAHL & T. KINN (2006), *Academic Voices,* Amsterdam, Benjamins.
GARCIA NEGRONI M. M. (2008), « Subjectividad y discurso científico-académico. Acerca de algunas manifestaciones en el artículo de investigación en español », *Revista Signos*, 41-66, Universidad Católica de Valparaíso, et en ligne : www.scielo.cl/signos.htm
MAINGUENEAU D. (2002), « Analysis of an academic genre », *Discourse Studies* 4-3, 319-342.
MOIRAND S. (1988), *Une histoire de discours...,* Paris, Hachette.
—— (1990), « Régularités et variabilités des discours de la médecine », *The (E)specialist* 11-1, CEPRIL, São Paulo, Université PUC, 1-25.
—— (1994), « Décrire des discours de spécialité », *Lenguas para fines especificos* III, Université de Alcalá de Henares, 79-92.
—— (1995), « L'évaluation dans les discours scientifiques et professionnels », *Les Carnets du CEDISCOR* 3, Presses Sorbonne Nouvelle, 81-94.
—— (2003), « Quelles catégories descriptives pour la mise au jour des genres du discours ? », texte en ligne sur le site du GRIC : http://gric.univ-lyon2.fr/Equipe1/actes/journees_genre.htm
—— (2007, réimpression 2008), *Les discours de la presse quotidienne. Observer, analyser, comprendre*, Paris, PUF.
—— (2008), « Un modèle dialogique de l'explication », *L'Explication : enjeux cognitifs et communicationnels*, Louvain, Peeters, 77-88 (sous presse).
MONDADA L. (2005), *Chercheurs en interaction. Comment émergent les savoirs*, Lausanne, Presses polytechniques et universitaires romandes.
Revue de linguistique appliquée XII-2, 2007 : « Lexique et écrits scientifiques ».
Revue des Sciences sociales 36 (2006) : « Écrire les sciences sociales ».
Sciences Humaines n°11 (1991) : « Qu'est-ce que la science ? » Dossier.

Vices et vertus du discours universitaire : une perspective éthique

Marie-Anne Paveau
Université de Paris 13

RÉSUMÉ

Dans la perspective d'une philosophie du discours intégrant des interrogations cognitives et éthiques au questionnement discursif, cet article examine les dimensions éthiques du discours universitaire. À partir des notions de confiance épistémique, de déférence et de vertu intellectuelle, on propose un cadre théorique pour une éthique du discours. On montre ainsi, à partir d'exemples de textes théoriques tirés des sciences du langage, que les prédiscours induisant la vérité et la validité du discours universitaire sont concurrencés par des pratiques constituant une transgression de cette conformité éthique : la déformation des théories et la démémoire scientifique sont des phénomènes qui mettent en péril la confiance épistémique des récepteurs des théories scientifiques.

MOTS-CLÉS
Confiance épistémique • épistémologie des vertus • éthique • philosophie du discours • prédiscours.

ABSTRACT

From the perspective of a philosophy of discourse that integrates cognitive and ethical questions into its discursive questioning, this article examines the ethical dimension of university discourse. Beginning with notions of epistemic confidence, deference and intellectual virtue, we propose a theoretical framework for an ethics of discourse. We shall thus show, based on examples of theoretical texts drawn from the sciences of language, that pre-discourses tending toward truth and validity in university discourses are challenged by practices that constitute a transgression of this ethical conformity: the deformation of theories and the destruction of the memory of science are phenomena that endanger the epistemic confidence of those who receive scientific theories.

KEYWORDS
Epistemic confidence • epistemology of virtues • ethics • philosophy of discourse • pre-discourse.

* *
*

Principes et typologie des discours universitaires

1. Introduction

Cet article adopte la perspective d'une philosophie du discours, c'est-à-dire une approche philosophique, cognitive et pragmatique du discours : philosophique, car je propose d'adresser à la théorie des discours une question de philosophie morale (y a-t-il un « bon » et un « mauvais » discours ?) ; cognitive, car je prends en compte les prédiscours, c'est-à-dire les cadres de savoir, de croyance et de pratique internes et externes à l'esprit dans la perspective de la cognition sociale ; pragmatique, car je choisis de centrer l'observation sur les effets produits par les discours, en particulier les effets de croyance ou de non-croyance (de crédulité ou d'incrédulité).

Poser la question de l'éthique du discours universitaire (désormais DU), c'est interroger les impensés et les évidences, autrement dit les fondements idéologiques qui définissent et légitiment ce discours dont personne, sauf à des moments de « querelle » ou de « controverse » aiguë, ne songe à contester la véracité. Traduite abruptement, ma question est : est-ce que le DU dit toujours la vérité et qu'en est-il du mensonge et de l'imposture dans ce domaine ?

Je me propose de mettre cette question au travail dans le domaine des lettres et sciences humaines, en m'appuyant sur des exemples tirés du discours théorique des sciences du langage, convoqué à des fins d'enseignement et de recherche. Il appartient à la catégorie plus large du « DU », que je définis comme suit pour mon usage : un discours de transmission de connaissances au statut scientifique, tenu par un détenteur de savoirs au profit d'un demandeur de ces savoirs à des fins de formation, et impliquant de ce fait un rapport de dépendance épistémique.

Après avoir indiqué et exposé mes sources théoriques pour poser la question d'une éthique du discours, je présenterai deux exemples de ce que le point de vue moral pourrait appeler « mensonge universitaire » et je ferai une proposition théorique et méthodologique pour un traitement éthique du DU.

2. Sources théoriques pour une éthique du discours

Pour jeter les bases d'une éthique du discours, en traitant le cas précis du DU, je fais appel à deux approches philosophiques qui portent sur la gestion du savoir et de la croyance dans les échanges.

2.1. La confiance épistémique : croyance et déférence

Je m'appuie tout d'abord sur la notion de confiance épistémique, définissable de la manière suivante : quelqu'un nous dit quelque chose et nous le croyons, nous nous fions à lui quant au savoir qu'il nous délivre, nous lui accordons notre *confiance épistémique.* Cette notion est directement liée une autre, beaucoup travaillée actuellement en épistémologie sociale et en sémantique dans ses dimensions cognitives : la déférence, proposée à l'origine par H. Putnam en 1975 dans le fameux article « The meaning of meaning », où il mentionne la division du travail linguistique et expose sa conception collaborative du sens. La déférence est une manifestation de la division du travail cognitif, intégrant par exemple le fait d'accorder du crédit à une connaissance qui nous vient d'autrui, fournie par un témoin. Déférer à quelqu'un, c'est donc accorder sa confiance à ce qu'il dit, à différents degrés bien sûr. Il existe par conséquent un lien étroit entre déférence et témoignage.

La déférence entre également en relation conceptuelle avec d'autres notions comme celle de « charité interprétative » proposée par D. Davidson. Gl. Origgi, qui est une des personnes qui travaille actuellement sur ces questions en France, explique que « D. Davidson a invoqué un principe de charité interprétative selon lequel tout acte d'interprétation nécessiterait une attribution massive des croyances vraies à nos interlocuteur » (Origgi 2007 : 132). La déférence est donc une attitude « normale » et non réflexive de tout agent dans l'interaction, au sens où elle n'est pas forcément l'objet d'une prise de conscience et d'un métadiscours.

Cette conception de l'échange intersubjectif en terme de déférence possède une dimension pragmatique et n'est pas sans rappeler le principe de coopération défini par P. Grice, et en particulier la loi de sincérité qui en est une des quatre composantes. Mais la description pragmatique reste extérieure aux agents et à leurs états internes car elle ne prend pas en compte les cadres cognitifs et épistémiques, ni la question morale, se contentant de décrire les aspects techniques de l'interaction. Cette question pragmatique de la sincérité dans l'échange est reprise par D. Sperber dans la perspective cognitive :

> Pour produire les effets voulus, le communicateur doit faire accepter comme vrais à son auditeur des énoncés qui l'inciteront alors à adopter les attitudes ou les comportements désirés. Dans bien des cas, ce sont des messages vrais qui sont le mieux à même de provoquer les effets voulus. Mais dans d'autres cas, des messages faux sont plus efficaces. [...] Les humains, grâce à leurs compétences cognitives, et en particulier leur aptitude méta-représentationnelle à se représenter les états mentaux d'autrui, ont une capacité sans pareille de produire de façon créative des distorsions et des tromperies élaborées, et une capacité tout aussi unique de remettre en cause de manière irraisonnée l'honnêteté de leurs interlocuteurs. (Sperber 2007 : 109)

Sperber en conclut que le « communicateur » ne choisit pas forcément de délivrer des messages vrais ou faux, mais entre transmettre ou pas tel ou tel message selon les effets anticipés sur le destinataire. Il déploie ainsi une « stratégie de monstration honnête » (*honest display*) pour mettre en évidence sa cohérence aux yeux de l'interlocuteur, au moyen de phrases descriptives, d'outils argumentatifs, d'outils inférentiels, etc. C'est donc une version comportementale et pragmatique de l'honnêteté, auquel il manque encore la dimension éthique que lui donne l'épistémologie des vertus américaine.

2.2. L'épistémologie des vertus

Le courant de l'épistémologie des vertus se fonde sur l'idée d'un continuum entre vertu morale et vertu intellectuelle. La notion de vertu intellectuelle provient du philosophe américain E. Sosa (1991) et cette approche est par la suite développée par L. Zagzebvski (1996), à partir d'une relecture de la notion aristotélicienne de *phronesis* (vertu montrée en acte par l'orateur), et par d'autres comme R. Audi. L'idée centrale est que le « knower » est un agent de vertu intellectuelle, ce qui explique que l'épistémologie des vertus, comme les théories de la vertu qui l'alimentent, soit un courant dont l'objet de réflexion est la personne (*person-based theory*) et non les actes accomplis, comme la pragmatique de Grice par exemple (*act-based theory*). Zagzebvski explique ainsi l'identité qu'elle pose entre vertu morale et vertu intellectuelle, de manière à intégrer au traitement des concepts moraux la dimension normative de l'activité cognitive :

> Intellectual virtues are, in fact, forms of moral virtue. It follows that intellectual virtue is properly the object of study of moral philosophy. This claim is intended, not to reduce epistemic concepts to moral concepts in the way that has sometimes been attempted, but to extent the range of moral concepts to include the normative dimension of cognitive activity. [...] Intellectual virtues are forms of moral virtues. (Zagzebvski 1996 : XIV-XV)

Pour illustrer son propos, elle développe l'exemple de l'honnêteté :

> For example, honesty is on all accounts a moral virtue. It is a virtue that requires that one tells the truth. But it is not sufficient for honesty that a person tell whatever she happens to believe with the truth. An honest person is *careful* with the truth. She respects it and does her best to find it out, to preserve it, and to communicate it in a way that permits the hearer to believe the truth justifiably and with understanding. But this in turn requires that she have intellectual virtues that give her as high a degree of justification and understanding as possible. She must be attentive, take the trouble to be thorough and careful in weighing evidence, be intellectually and perceptually acute, especially in important matters, and so on, for all the intellectual virtues. The moral virtue of honesty, then, logically entails intellectual virtues.
>
> (Zagzebvski 1996 : 158-159 ; ital. de l'auteur)

Du coup une redéfinition de la notion même de savoir s'impose, et il se définit désormais comme chez Audi comme une croyance vraie (*true belief*) :

> Virtue ethics construes moral action as action from moral virtue and has implications for the entire realm of practical reason, including rational action as the most general case in the domain of behaviour. Virtue epistemology, in the form in which it is closest to virtue ethics, construes both justified belief and knowledge as belief from intellectual virtue - as true belief in the case of knowledge. The theory has implications for the entire realm of theoretical reason, including rational belief as the most general case in the domain of cognition. (Audi 2004 : 3)

J'admets donc, dans la perspective d'une éthique du discours qui est la mienne, que le DU, sous des formes qui resteront à définir, questionne les notions de confiance épistémique, de déférence et de charité interprétative. Il est également justiciable d'une analyse au prisme de l'épistémologie des vertus : s'il est le produit d'une activité épistémique à dimension morale, alors les savoirs qu'il délivre sont susceptibles d'une interrogation éthico-épistémique.

3. Doit-on croire ce que dit le discours universitaire ?

Autrement dit, plus simplement, le sujet du DU peut-il faire des erreurs ou même mentir sciemment ? Je pose cette question dans une perspective interactionnelle : le DU est envisagé ici dans sa réception et sa crédibilité, et non dans sa valeur intrinsèque (si tant est qu'elle puisse exister), puisque ce sont les notions de croyance, de confiance ou de crédulité qui m'intéressent.

3.1. Les prédiscours éthiques

L'idée que le DU puisse être mensonger ou non valide est un impensé, une question non posée, la nature même du DU, selon son apparente ontologie, étant d'échapper à la question éthique de la vérité et du mensonge. Les cadres prédiscursifs du DU, c'est-à-dire les prédiscours qui l'informent, tendent à donner des instructions de vérité et de validité à son récepteur.

Il y a, entre autres, deux grandes raisons à cela : tout d'abord la construction et/ou réception du sujet du DU (et scientifique en général d'ailleurs) comme détenteur d'un capital épistémique incontesté ; ensuite un certain nombre de règles du genre, qui se rapportent à ce qu'on peut appeler l'honnêteté discursive.

3.1.1. La détention du capital épistémique

L'expression est bien sûr une référence directe à P. Bourdieu, celui, sociologique, des *Héritiers* (1985, avec Passeron) mais également celui, plus linguistique, de *Ce que parler veut dire* (1982 puis 2001 pour *Langage et pouvoir symbolique*) et enfin celui, d'orientation épistémologique, de *Science de la science et réflexivité* (2001), qui nous renvoie à l'ensemble des travaux sur l'épistémologie des sciences, et ceux qui insistent tout particulièrement sur le rapport entre science et pouvoir ou science et idéologie. Détenir le capital épistémique, c'est se poser en sujet supposé savoir et se saisir du pouvoir du savoir qui se manifeste sous des formes implicites diverses (titres, positions, noms), ainsi que sous des formes langagières explicites, comme les assertions, des outils argumentatifs comme l'argument d'autorité, bref tout l'arsenal de moyens langagiers et discursifs de la prise de pouvoir discursive et interactionnelle. La détention du capital épistémique produit, sur le plan éthique, et de manière presque performative, des attitudes morales comme le respect envers le détenteur, des croyances dans les vertus morales-intellectuelles du même (véracité de ses dires, honnêteté de sa parole) et, sur le plan des échanges, des phénomènes de déférence épistémique.

3.1.2. La déférence épistémique et sémantique : une déontologie implicite

La déférence épistémique est soutenue par un corps de principes non écrits sur lequel repose cependant tout l'édifice du DU. Dans le contexte de la transmission du DU en effet, il existe des principes déontologiques implicites, qui circulent à l'état prédiscursif. J'en mentionne quelques-uns : citer ses sources, ne pas déformer les propos d'autrui, adopter le principe de « neutralité axiologique » (M. Weber), ou principe d'» objectivité », produire un savoir cumulatif qui implique ne pas se contenter de répéter des acquis déjà enregistrés mais de tenir compte des savoirs antérieurs, ne pas affirmer sans preuve, c'est-à-dire présenter un savoir comme le résultat d'un travail comprenant un certain coefficient de vérification (sous forme quantitative, qualitative, enquête ou réflexion, etc.).

Il existe en sciences humaines des exemples de dénonciation des transgressions de cette déontologie implicite. La position anti-chomskyenne, par exemple, souligne que seul un informateur chomskyen peut permettre la vérification des hypothèses chomskyennes, ce qui dénie à la théorie sa valeur universelle pourtant clairement proclamée. Les contestations de résultats quantitatifs liées à la notion de représentativité des échantillons abondent en sociologie par exemple, mais sont également présentes en linguistique : la description d'un échange oral ou d'un locuteur permet-elle de généraliser des traits langagiers ? C'est là le statut de la preuve scientifique qui est interrogé. Dernier exemple, peut-être le plus célèbre, les impostures intellectuelles de Sokal et Bricmont, qui reposent selon les auteurs sur des analogies artificielles et mal maîtrisées entre concepts de sciences exactes et humaines.

Mais il s'agit là de phénomènes marginaux par rapport à la déférence généralisée envers les discours scientifiques en sciences humaines et sociales. Celle-ci est installée à priori dans l'environnement cognitif propre au monde universitaire.

De plus, on peut dire que le DU est un cas de double déférence. Selon Origgi (2004), il existe en effet deux cas de déférence : le « cas standard de témoignage » où l'auditeur n'a pas accès aux données justifiant la croyance (les interprétations sémantiques), mais se contente de déférer au témoin en vertu de ces données et le « cas standard de l'expertise » qui est un cas de double déférence où l'auditeur a accès aux données justifiant les croyances (accès épistémique et sémantique). Le cas du DU et d'autres discours de transmission de connaissance entre dans le cas standard d'expert, puisque c'est la double déférence qui joue. Origgi prend l'exemple de l'élève à qui le maître apprend la notion de synecdoque :

> [...] si l'élève croit que la prose de Cicéron contient beaucoup de synecdoques parce que son maître le lui a dit, il ne défère pas seulement à l'accès épistémique privilégié de son maître aux textes de Cicéron, mais aussi à sa maîtrise du concept même de « synecdoque ». Ce cas de double déférence, à la fois épistémique et sémantique, qui constitue un phénomène très répandu dans la diffusion des croyances, mérite une analyse cognitive distincte : ces croyances sont des représentations qui sont acceptées sans être entièrement comprises. (Origgi 2004 : 183)

Les deux exemples suivants, tous deux tirés du corpus du discours théorique en sciences du langage, posent à mon sens la question éthique au DU. Il s'agit des deux phénomènes de la déformation des théories et de la démémoire discursive.

3.2. Le cas de la déformation des théories : Saussure et le Cours de linguistique générale

Mon choix s'est porté sur le texte linguistique sans doute le plus proposé aux étudiants, qui possède des particularités liées à son authenticité ; comme on le sait, le *Cours* n'a pas été écrit par Ferdinand de Saussure, mais récrit par ses élèves Ch. Bally et Alb. Sechehaye. Il existe de ce fait, fait rare dans la littérature linguistique et scientifique en général (mais fréquent en littérature par exemple), un discours moral sur le

Cours, qui a pour objets l'élaboration du texte par Bally et Sechehaye eux-mêmes, ainsi que les usages et interprétations structuralistes. Les recherches de S. Bouquet donnent un exemple de ce discours moral, comme en témoigne par exemple l'extrait suivant :

> Que Bally et Sechehaye aient réalisé une synthèse magistrale de la réflexion saussurienne, le succès remporté par leur ouvrage suffit à en convaincre. Celui-ci n'en offre pas moins un *reflet déformé* de la pensée qu'il *prétend* faire connaître, *trahissant*, à deux égards majeurs, les notes de cours et les manuscrits autographes de Saussure sur lesquels il s'appuie.
> [...] Ici, la *falsification* opérée par les rédacteurs, conséquence de la précédente, est plus profonde et plus *insidieuse*, car les textes originaux répondent à une tout autre cohérence [...].
> [...] En outre, la présentation faite par Bally et Sechehaye de concepts cardinaux de la linguistique saussurienne — comme la théorie de l'arbitraire ou la théorie de la valeur —, sujette à des *ambiguïtés*, voire à des *contresens*, participe à cette *homogénéisation* artificielle.
> (Bouquet 1997 : I-III ; je souligne)

La suite du texte mentionne explicitement des « malentendus » : « Dissiper tous ces malentendus et, ceci étant fait, donner à relire Saussure dans sa lettre originale n'est certainement pas sans conséquence aujourd'hui » (Bouquet 1997 : VII). Un peu plus loin se rencontre l'expression « l'accès à la lettre authentique », qui parachève la présentation de la pensée saussurienne sous l'angle de sa pureté originale. Le commentaire de Bouquet a donc recours au prédiscours de la vérité cachée, qui apparaît sous la métaphore du trésor :

> Cela n'empêche pas les textes originaux — écrits ou notes de cours — de contenir, sur ce plan, des trésors. Or ces trésors restent grandement à découvrir : ils n'ont jamais été regardés de ce point de vue au cours du siècle — non seulement parce que la pensée du linguiste genevois a été généralement appréhendée sous un jour matérialiste mais, de façon plus radicale, parce que la lettre subtile de sa métaphysique, grattée sous le palimpseste du *Cours de linguistique générale*, n'était pas aisément accessible. (Bouquet 1997 : 372)

Examinons maintenant ce que disent Bally et Sechehaye, et les catégories de discours qu'ils utilisent pour présenter leur travail :

> Nous nous sommes arrêtés à une solution plus hardie, mais aussi, croyons-nous, plus rationnelle : tenter une *reconstitution*, une *synthèse*, sur la base du troisième cours, en utilisant tous les matériaux dont nous disposions, y compris les notes personnelles de F. de Saussure. Il s'agissait donc d'une *recréation*, d'autant plus malaisée qu'elle devait être entièrement *objective* [...].
> De ce travail d'assimilation et de reconstitution est né le livre que nous présentons [...].
> (Bally, Sechehaye 1915 (Saussure-Mauro 1995 [1967]) : 9 ; je souligne)

Reconstitution, *synthèse*, *recréation* : autant de termes axiologiquement neutres voire valorisants, contrairement au lexique adopté par Bouquet, qui montrent bien à quel point la subjectivité éthique peut être partie prenante du discours scientifique dans ce type de configuration. Subjectives, les jugements suivants le sont aussi, qui présentent une critique de l'interprétation structuraliste du *Cours :*

> Quiconque s'essaye à une réflexion rigoureuse sur ce moment décisif de la genèse de la pensée linguistique qu'est le *Cours de linguistique générale* doit à notre sens se prémunir d'emblée contre les dangers de la « vulgate saussurienne ». Le réductionnisme méthodologique et pédagogique d'un très vaste courant de linguistique moderne — celui que nous nommons linguistique structurale — qui s'est autorisé des décennies durant de l'enseignement de Saussure, a souvent appauvri la richesse théorique du *CLG* en un catalogue de notions, de couples oppositifs abstraits de leur contexte, de la systématicité conceptuelle où ils se tenaient, sans toujours tenir compte du but fixé par Saussure à sa propre recherche linguistique. Force est de constater que la nomenclature, à la rigueur le réseau d'oppositions qui forment l'abc de l'initiation linguistique, est plus celui du structuralisme que de Saussure lui-même.
>
> (Chiss & Puech 1997 : 31)

Les jugements éthiques, portés par les termes *réductionnisme, s'est autorisé* ou *a appauvri*, ouvrent la question de la vérité scientifique au niveau du texte, que je considère comme une vertu tant morale qu'intellectuelle.

Voyons maintenant un exemple de problème éthique lié non plus au texte mais aux concepts linguistiques.

3.3. La démémoire scientifique : l'exemple de la mémoire discursive en analyse du discours

On sait que la vie d'une théorie scientifique est faite de modifications voire de déformations, et de transmissions non linéaire qui font parfois tomber certains concepts dans l'oubli. J'appelle démémoire scientifique une forme de démémoire discursive (notion que j'ai proposée d'après la « démémoire discursive » de R. Robin, voir Paveau 2006) qui concerne l'oubli des concepts scientifiques et/ou de leurs origines. Je propose un exemplaire spectaculaire de ce phénomène qui est l'oubli de l'inventeur de la notion de « mémoire discursive », proposée par Jean-Jacques Courtine dans sa thèse de 1981 sous une forme explicite : « Nous introduisons ainsi la notion de *mémoire discursive* dans la problématique de l'analyse du discours politique » (p. 52). La notion est, selon S. Moirand, reprise par Al. Lecomte en 1981 sous la forme de la « mémoire interdiscursive », elle-même retravaillée par Moirand à partir de 1999, qui y articule l'analyse du discours dite française et le bakhtinisme. J'y ai ajouté récemment une dimension cognitive en proposant la notion de « mémoire cognitivo-discursive ». On peut donc figurer l'archéologie de la mémoire discursive de la manière suivante :

- *Mémoire discursive 0 :*

  - Courtine J.-J., 1981, « Quelques problèmes théoriques et méthodologiques en analyse du discours. À propos du discours communiste adressé aux chrétiens », *Langages* 62, « Analyse du discours politique », Paris, Larousse, 9-128.

- *Mémoire interdiscursive 1 :*
  - Lecomte A. (1981) : « Comment Einstein raconte comment Newton expliquait la lumière... », *Revue européenne des sciences sociales et Cahiers Vilfredo Pareto*, XIX, 56, Genève, Droz, 69-93 (cité par Moirand).
- *Mémoire interdiscursive 2 :*
  - Moirand, S. 2003, « Les lieux d'inscription d'une mémoire interdiscursive », in J. Härmä (éd), *Le langage des médias : des discours éphémères ?*, Paris, L'Harmattan, 83-111.
  - Moirand S., 2004, « La circulation interdiscursive comme lieu de construction de domaines de mémoire par les médias », in J. M. Lopez Munoz et al. (dir), *Le discours rapporté dans tous ses états*, Paris, L'Harmattan, 373-385.
  - Moirand S., 2007, *Le discours de la presse quotidienne. Observer, analyser, comprendre*, Paris, PUF.
- *Mémoire cognitivo-discursive et démémoire discursive* :
  - Paveau (2006)

Dans la récriture de la tradition ou l'invention de la légende que constitue la dictionnarisation de l'analyse du discours, cette filiation disparaît complètement : l'article « mémoire discursive » du *Dictionnaire d'analyse du discours* de 2002 ne mentionne pas Courtine, mais successivement : Kleiber (1994), Cossutta (1989), Golopentja (1988) (*via* la notion d'histoire conversationnelle), Maingueneau (1984), Moirand (1999), Charaudeau (2000) (cette entrée n'existe pas dans les autres dictionnaires du même type).

Quelle explication donner ? Il y a, comme souvent, un phénomène d'homonymie, une autre tradition linguistique faisant usage de la notion de « mémoire discursive », proposée par Al. Berrendonner en 1983, dans un article sur les connecteurs et l'anaphore des *Cahiers de linguistique française*. Le sens est différent, l'épistémè également, l'approche étant textuelle, intégrant des données cognitives et psycholinguistiques pour présenter la mémoire comme paramètre de compréhension. C'est pourtant cette tradition qui se substitue à celle dans laquelle Courtine est historiquement et scientifiquement inscrit, et qui fait dire à J.-M. Adam en 2006 (dans un numéro de *Pratiques* sur le contexte) que la mémoire interdiscursive de Moirand provient de Berrendonner :

> Cette notion de mémoire discursive [de Berrendonner] a été reprise et développée par S. Moirand dans ses travaux sur la presse écrite. Son importante réflexion sur la *mémoire interdiscursive* et les *domaines de mémoire* (Moirand 1999) permet de dire que les propositions énoncées dans un énoncé antérieur — autre partie du texte ou autre texte — font partie de la mémoire discursive des sujets
>
> (Adam 2006 : 28).

Sur le plan scientifique, ce phénomène éthique de démémoire pose trois problèmes : une confusion des filiations, une évacuation de la notion de discours au profit de celle de texte, et l'idée d'une mémoire des sujets qui est incompatible avec l'analyse du discours « française », attachée au contraire à miner le sujet psychologique traditionnel.

Principes et typologie des discours universitaires

Il y a donc, dans le DU, des moments où la confiance épistémique est mise en défaut.

4. L'impossible science sans confiance épistémique

À la question que je posais en introduction, doit-on croire ce que dite le DU, la réponse est à la fois oui, car la confiance épistémique par déférence répond à des nécessités, et non, car la charité interprétative n'implique pas une crédulité acritique.

4.1. La confiance règne

La confiance épistémique est due à l'habitude et aux dispositions naturelles pour le philosophe Th. Reid qui s'interroge sur la valeur du témoignage. Elle est également selon certaines théories le résultat d'un calcul que nous faisons sur les croyances de notre témoin, comme l'explique Origgi : nous avons des raisons de croire un témoin qui dit p si nous avons des raisons de croire que ce témoin croit p (2004). La confiance s'explique aussi par des raisons socio-pragmatiques car le DU est fondé sur une communication inégale universellement acceptée et même justifiée et valorisée : par définition le demandeur du savoir a une position dominée par rapport au pourvoyeur et il y a une sorte d'attribution déontologique à celui qui est en position d'enseigner. L'étudiant ne fait pas en effet l'hypothèse que l'enseignant ment et que ses propos ne sont pas valides, de même que le récepteur d'une théorie scientifique à propos du théoricien ; dans les termes de la théorie de la déférence, le témoin a le caractère d'un expert, autrement dit, à l'université, un spécialiste.

La confiance a enfin des raisons cognitives qui « obligent » à la charité interprétative : il existe en effet une sorte d'obligation intercognitive, selon laquelle je ne peux que prendre en compte l'esprit de l'autre pour faire fonctionner le mien. C'est un des fondements de la cognition sociale reposant sur l'externalité de l'esprit (Paveau 2007).

4.2. Crédulon au pays de la vertu intellectuelle

Mais pour être confiants, nous ne sommes cependant pas tous des Crédulon (Engel 2007) :

> La dépendance épistémique de la parole d'autrui comporte des difficultés épistémologiques supplémentaires : le langage est trompeur, les possibilités de manipulation et de mensonge sont infinies. Dans quelles conditions sommes-nous justifiés à croire ce que nous disent les autres ? Comment éviter le risque de crédulité que tout acte de confiance dans nos interlocuteurs comporte ? (Origgi 2007 : 122)

La charité n'implique pas la crédulité et la crédulité n'est pas une obligation, dans la mesure où la déférence ne supprime pas la responsabilité. Intervient en effet la vertu intellectuelle comme outil critique, c'est-à-dire outil éthique dans la réception des discours et la gestion des croyances. Doit-on croire ce que dit le discours universitaire : tout dépend du degré de vertu intellectuelle qui lui est attribué dans la négociation cognitive avec l'ensemble de l'environnement impliqué, en l'occurrence ici l'environnement universitaire et le domaine de la transmission des savoirs : « [...] une compréhension inférentiellement riche des intentions des autres justifie une posture épistémologique "crédule" vis-à-vis de ce qu'on apprend d'autrui », explique Origgi (2007 : 127), qui montre ensuite comment la confiance épistémique surgit dans un environnement cognitif partagé :

> Cette posture de confiance peut nous disposer à croire, mais elle n'est pas suffisante à nous rendre crédules : nous élaborons avec notre interlocuteur un environnement cognitif partagé dont les retombées épistémiques relèvent de notre responsabilité. Pour être en situation de croire ce que nous dit autrui, il faut accepter la vulnérabilité que comporte tout engagement dans un échange verbal, mais il n'est pas nécessaire pour autant d'abdiquer notre autonomie cognitive. (Origgi 2007 : 134)

5. Conclusion

La crédibilité du DU repose non pas sur des qualités intrinsèques repérables à des marques internes, mais, dans une conception sociale de la science et de l'épistémologie, sur la négociation de la croyance entre déférence et crédulité dans un environnement cognitif partagé, et dans une perspective éthique. Il s'agit d'une pratique discursive qui relève de la vertu intellectuelle, celle-ci relevant pleinement et tout en même temps, de la morale.

Repères bibliographiques

AUDI R. (2004), « Intellectual Virtue and Epistemic Power », *in* J. Greco (ed.), *Ernest Sosa and his Critics*, Malden, Blackwell publishing, 3-16.
BOUQUET S. (1997), *Introduction à la lecture de Saussure*, Paris, Payot & Rivages.
CHISS J.-L. & C. PUECH (1997), *Fondations de la linguistique. Études d'histoire et d'épistémologie*, Louvain-la-Neuve, Duculot (2e éd.).
ENGEL P. (2007), *Va savoir ! De la connaissance en général*, Paris, Hermann.
ORIGGI G. (2004), « Croyance, déférence et témoignage », *in* E. Pacherie & J. Proust (dir.), *La philosophie cognitive*, Paris, Ophrys, 167-183.
—— (2007), « Le sens des autres. Ontogénèse de la confiance épistémique », *in* A. Bouvier & B. Conein (dir.), *L'épistémologie sociale. Une théorie sociale de la connaissance, Raisons pratiques* 17, Paris, EHESS, 121-138.
PAVEAU M.-A. (2006), *Les prédiscours. Sens, mémoire, cognition*, Paris, Presses Sorbonne nouvelle.
—— (2007), « Discours et cognition. Les prédiscours entre cadres internes et environnement extérieur », *Corela* (Cognition, Représentation, langage), n° spécial *Contextes, discours, cognitions*, codirigé avec G. Achard-Bayle, http://revue-corela.org

—— (à par. 2008), « Interdiscours et intertexte. Généalogie scientifique d'une paire de faux jumeaux », actes du colloque international, *Linguistique et littérature : Cluny, 40 ans après*, Besançon, PU de Franche-Comté.

—— & L. ROSIER (2005), « Éléments pour une histoire de l'analyse du discours. Théories en conflit et ciment phraséologique », communication au colloque *L'analyse du discours en France et en Allemagne*, Créteil, Céditec Paris 12, en ligne sur http://www.johannes-angermueller.de/francais/adfa.html

SAUSSURE F. de (1995 [1967/1916]), *Cours de linguistique générale*, éd. T. de Mauro, Paris, Payot & Rivages.

SOSA E. (1991), *Knowledge in Perspective: Selected Essays in Epistemology*, Cambridge / NY, Cambridge University Press.

SPERBER D. (2007), « Le témoignage et l'argumentation dans une perspective évolutionniste », in A. Bouvier & B. Conein (dir.), *L'épistémologie sociale. Une théorie sociale de la connaissance, Raisons pratiques* 17, Paris, EHESS, 105-120.

ZAGZEBSKI L. (1996), *Virtues of the Mind. An Inquiry into the Nature of Virtue and the Ethical Foundations of Knowledge*, Cambridge, Cambridge University Press.

B. FORMES ET TYPES

Divorcer de la discipline : vers une nouvelle configuration générique de l'article scientifique

Driss ABLALI
LASELDI
Université de Franche-Comté

RÉSUMÉ

Aborder le discours universitaire revient à le reconnaître d'entrée comme révélateur et génératif d'un savoir assimilable à n'importe quel texte. Notre travail propose de montrer à un niveau morpho-lexical comment la langue universitaire des articles de recherche, dans sept disciplines différentes, (linguistique, littérature, philosophie, sociologie, anthropologie, histoire et géographie), contraint le texte, et comment le texte, à travers le genre, impose une écriture unie qui transcende les frontières disciplinaires.

MOTS-CLÉS
Université • discipline • genre • article • écriture.

ABSTRACT

Approaching academic discourse means recognizing it as revealing and generative of knowledge comparable to any text. Our work intends to show at morpho-lexical level how the academic language of research papers in seven different disciplines (linguistics, literature, philosophy, sociology, anthropology, history and geography) constraints the text and how the text, through genre, imposes a unified writing which transcends disciplinary borders.

KEYWORDS
University • discipline • genre • article • writing.

*   *
*

Principes et typologie des discours universitaires

1. Introduction

Les corpus sont le terrain privilégié de l'observation des pratiques langagières. Mais leur collecte n'est pas le fruit du hasard. Pour que les résultats de l'analyse prennent sens, et puissent devenir éléments de réponse à une observation scientifique, il faut que les populations langagières représentées soient fondées sur des critères adéquats. On ne peut pas comparer des textes qui ne sont pas comparables. Dans le cas qui nous intéresse ici, l'article de recherche du discours universitaire, la « déformation », pour parler comme Biber, pourrait provenir de la collecte de textes dont le seul trait commun est leur appartenance au savoir universitaire. Or l'université est divisée en départements et facultés, et entre la pratiques langagières d'un historien et de celles d'un spécialiste de la biologie végétale, le recours aux « gros corpus » n'est pas indispensable pour remarquer que les deux recherches n'ont rien en commun sauf l'appellation « article de recherche ». Le corpus ne se laisse pas uniquement définir comme un ensemble données, il doit obéir à des conditions de représentativité. Un corpus d'articles de recherche qui met dans le « même sac » les sciences humaines et les sciences exactes pour explorer les rouages du discours universitaire ne permet guère de tirer des conclusions sur l'espace des normes de l'article de recherche, et risque fort de déboucher sur une image déformée de cette écriture. D'où l'importance de ne pas mélanger, au sein du même corpus, des genres universitaires provenant de sciences opposées. Seule donc une frontière nette entre les deux pratiques, sciences exactes et sciences humaines, est capable d'offrir une vision globale des normes d'étudier le genre de l'article de recherche de chaque domaine.

Ce travail explore, à travers la comparaison de sept disciplines parmi les plus représentatives des sciences humaines, *(linguistique, littérature, philosophie, sociologie, ethnologie, histoire et géographie)*, les indices de divergence et de convergence entre textes que permettent d'observer les méthodes exploratoires de données textuelles. Après quelques mots sur la question des genres pour situer épistémologiquement notre propos, on essaiera de décrire, dans la première partie de cette exploration, la caractérisation formelle du genre de l'article de recherche. Dans une perspective linguistique, marquée par les réflexions épistémologiques de la sémantique interprétative de Fr. Rastier sur les genres, et avec des outils lexicométriques, il s'agit de voir si le discours universitaire s'institue à travers des écarts, que ménagent et symbolisent le philosophe, le linguiste et l'historien, etc., ou bien aucun d'eux ne saurait s'abstraire de l'ensemble qui est les sciences humaines. Existe-t-il une identité morphosyntaxique du genre de l'article scientifique universitaire qui transcende l'hétérogénéité des disciplines ? Existe-t-il des catégories grammaticales et des signes de ponctuation qui caractérisent chaque domaine en sciences humaines, et qui définissent une posture discursive originale ? La deuxième partie sera consacrée au niveau lexical, avec comme pour objectif l'examen des constantes et des variations entre sept disciplines différentes au sein du même genre, afin d'identifier les éléments fondamentaux de l'écriture pour ce dernier. Notre propos ne vise pas tant à classer qu'à étudier, à partir de l'article de recherche, ce qui peut rapprocher diverses disciplines appartenant à la même configuration académique.

2. L'article de recherche comme genre

Qu'est-ce qu'un genre ? Question que l'on peut penser au mieux littéraire, au pire dénuée de sens pour les sciences du langage. Pourquoi ? D'abord parce que la question du genre a pendant longtemps fait l'objet des questions les plus commentées dans les théories littéraires ; ensuite, parce que dans l'histoire des idées linguistiques, les linguistes, jugeant la phrase comme palier infranchissable, se sont longtemps cantonnés à l'étude du phonème, du morphème et du syntagme, considéraient que la question de savoir ce qu'est un genre textuel revenait en fait à se demander ce qu'est la littérature. Mais cette situation n'est plus d'actualité. La linguistique ne peut ignorer plus longtemps la question des genres[1], et un déplacement de l'attention des exemples artificiels vers les textes attestés devient imminent.

Définir ce qu'est un genre n'est pas chose aisée. La question à laquelle nous voulons répondre ici est la suivante : que doit-on faire pour entrer dans la définition d'un genre universitaire, et comment peut-on justifier, sinon prouver, l'existence formelle de ce genre ? En d'autres termes, sur quels critères peut-on solidement fonder les catégories génériques, et à quel niveau de l'analyse se placent-elles ? Des différents aspects définitoires du genre, découle une démarche méthodologique particulière, qui devra prendre en compte le genre comme un donné, et tenter de le caractériser et de lui donner une unité qui ne soit plus liée à l'intuition, mais une identité proprement textuelle. Pour entrer dans l'objet de notre étude, nul ne peut contester la typologie intuitive qui classe l'article scientifique ou de recherche dans le discours universitaire écrit, à côté des autres genres comme la thèse, le manuel, ou le compte-rendu critique. Mais derrière l'intuition, il faudra trouver comment le niveau du discours scientifique institue des contraintes linguistiques sur le genre, qu'il institue également sur le texte. Puisque le genre représente un palier de normalisation linguistique permettant de relier les textes aux discours. Nous partirons, pour cela, d'une idée de Fr. Rastier, qui dit qu'« aucun texte n'est écrit seulement "dans une langue" : il est écrit dans un genre et au sein d'un discours, en tenant compte évidemment des contraintes d'une langue. » (2005 : 26). C'est la seule façon pour nous de confirmer ou d'infirmer l'intuition.

3. Corpus d'étude

Le corpus est constitué de 700 articles, extraits de 21 revues francophones de sciences humaines, publiés entre 1990 et 2007. Il comprend exclusivement des articles intégraux et non des extraits. Il se répartit sur sept discours scientifiques distincts dont la réunion est justifiée par une proximité académique : leur appartenance au domaine des sciences humaines. Ils partagent également le même espace éditorial : ce sont tous des articles de recherche publiés dans des revues universitaires, et vu la taille de ce corpus,

---

[1] S'ils demeurent encore minoritaires dans le champ des sciences du langage, les réflexions sur les genres commencent à imposer leurs forces dans différentes disciplines, comme la didactique, la sociolinguistique, la linguistique textuelle, l'analyse du discours, et surtout les linguistiques de corpus grâce à la réflexion de la sémantique interprétative de Fr. Rastier.

Principes et typologie des discours universitaires

on pense que l'on peut le considérer comme un « échantillon » de la population de l'écriture universitaire, et plus précisément de l'article scientifique en sciences humaines. Les textes du corpus comptent 5 656 084 occurrences et 117 154 formes graphiques, repartis sur sept sous-corpus de taille relativement homogène.

Le tableau ci-dessous regroupe dans la colonne de gauche le domaine du discours ; la colonne du milieu comprend les revues dont sont extraits les articles, et celle de droite l'étendue de chaque domaine en nombre d'occurrences :

Discours	Revues	Occurrences
Géographie	Cybergéo. *Les* Cahiers de géographie du Québec	714. 057
Sociologie	Criminologie. Sociologie et société. Recherches sociographiques. Enfances, familles, générations.	841. 499
Littérature	Revue interdisciplinaire sur les textes modernes. Études françaises. Études littéraires. Textes.	715. 178
Ethnologie	Anthropologie et société. Études inuit studies.	931. 034
Philosophie	Methodos. Philosophiques.	875. 804
Histoire	Revue d'histoire du 19ème siècle. Revue d'histoire de l'Amérique. Les Cahiers d'histoire.	847. 701
Linguistique	Cahiers de praxématique. Recherches linguistique de Vincennes. Cahiers de linguistique française. Revue québécoise de linguistique.	730. 811

Figure 1. Le corpus

Ce corpus a été traité et exploré avec le logiciel *Hyperbase*[2], désormais bien connu, dans sa version 6.5 qui permet le traitement des formes graphiques et des lemmes en parallèle. En effet, grâce à une lemmatisation effectuée au préalable par l'analyseur *Cordial*[3], nous pouvons traiter non seulement les mots, mais aussi les lemmes, les codes grammaticaux, ou encore les enchaînements syntaxiques.

En questionnant les modalités grammaticales, syntaxiques et lexicales du genre de l'article scientifique en sciences humaines, le but est d'identifier un régime singulier de ce genre pour montrer l'influence ou pas des disciplines sur les genres. Quelles en sont

---

[2] Des informations détaillées sur le logiciel Hyperbase sont disponibles à l'adresse suivante : www.unice.fr/bcl.
[3] Des informations sur ce lemmatiseur sont à consulter à l'adresse suivante : http://www.synapse-fr.com/Cordial_Analyseur/Presentation_Cordial_Analyseur.htm,

Principes et typologie des discours universitaires

les caractéristiques et sous quelles formes se manifestent-t-elles ? Est-ce que c'est la discipline qui institue ses contraintes, ou c'est l'appartenance à une configuration plus vaste qui est les sciences humaines ? C'est ce que nous proposons de voir d'abord au niveau morphologique avant d'explorer le niveau lexical.

4. La phrase scientifique en sciences humaines

L'analyse de la manière dont sont agencés les mots et les signes de ponctuation pour construire des phrases, des textes, des discours, ainsi que l'examen de la distribution des catégories grammaticales ou des temps verbaux, peuvent révéler certaines caractéristiques de l'écriture d'un genre ou du style d'un auteur.

Afin d'explorer les spécificités de chaque domaine de notre corpus, une première démarche consiste à comparer l'écart entre les sept domaines pour des variables, en se basant sur les moyennes des valeurs des sept discours constituant l'ensemble du corpus. Ici il s'agit de faire une exploration morphosyntaxique du corpus, indépendamment du contenu lexical, de contraster la structure formelle des textes, et de comparer, au niveau endogène, les sept corpus en sciences humaines. Nous commençons par la longueur de la phrase avant d'aborder le mot et la ponctuation.

La longueur moyenne de la phrase s'obtient en divisant le nombre d'occurrences du corpus par le nombre de ponctuations fortes. La division des 5 656 084 occurrences de notre corpus par les 353 343 signes de ponctuation forte[4] permet ainsi d'établir la longueur moyenne de la phrase du discours universitaire qui est de 16,00 mots par phrase.

Corpus	Nombre d'occurrences	Ponctuation forte	Longueur moyenne de la phrase
Littérature	715 178	44 782	15,97
Linguistique	730 811	45 000	16,24
Philosophie	875 804	55 082	*15,92*
Histoire	847 701	53 114	15,96
Sociologie	841 499	52 202	16,12
Ethnologie	931 034	57 542	16,18
Géographie	714 057	43 807	*16,30*

Figure 2. Structure de la phrase

L'étude de la longueur de la phrase[5] à l'intérieur d'une œuvre ou d'un corpus apporte des informations discriminantes. Nous constatons dans notre corpus que la phrase scientifique ne change pas énormément d'une discipline à l'autre, qu'il n'y a aucune tendance disciplinaire. La longueur de la phrase dépend, en réalité, surtout des

---

[4] Les signes de ponctuation forte retenus en lexicométrie sont: le point, le point d'exclamation, le point d'interrogation et les points de suspension,
[5] Ici on peut rappeler quelques moyennes tirées de différentes études en lexicométrie : Zola est 15. 82 mots par phrase, Hugo 15 mots, Chateaubriand 22. 23, Rousseau 27. 71. La phrase la plus longue est évidemment celle de Proust avec 30. 9 mots.

Principes et typologie des discours universitaires

discours et des genres. Ici, pour le rappeler, c'est le même genre qui est en question, mais dans des disciplines différentes. En d'autres termes, la discipline n'a pas d'influence considérable sur la longueur de la phrase, dès lors que le genre est le même. Toutefois, seule la longueur moyenne de la phrase ne suffit pas à caractériser les textes, ce qui nous a amené à prendre en compte aussi la moyenne de lettres par mot pour avoir une idée plus précise du rythme des différents textes. Cette moyenne peut être mesurée en comptant par exemple le nombre de phonèmes, de lettres ou de syllabes. Mais comme dans la plupart des travaux lexicométriques, nous nous appuierons sur le nombre de lettres par mot, comme l'illustre clairement le tableau suivant :

Corpus	Moyenne de lettres par mot.
Littérature	4,58
Linguistique	***4,89***
Philosophie	4,79
Histoire	4,89
Sociologie	4,92
Ethnologie	4,99
Géographie	5,03

Figure 3. Moyenne de lettres par mot

Lorsqu'on regarde les fréquences réelles, entre la plus basse fréquence de la littérature, 4,58, et la plus haute, 5,03, enregistrée par la géographie, l'écart est clairement réduit entre les sept disciplines. Malgré quelques changements, les moyennes mises au jour demeurent (fort heureusement) stabilisées, ce qui valide — ou du moins n'infirme pas — les axes d'organisation générique mis au jour par les résultats sur la phrase. Mais comme le genre n'est pas un objet syntaxique, ni morphologique, mais un lieu de contraintes, que la longueur des phrases ou la moyenne de lettres par mot ne suffisent pas à elles seules à caractériser, on se tourne aussi vers les marques de ponctuation.

Hyperbase nous permet de calculer, grâce aux sorties statistiques de cordial, la fréquence et la distribution des signes de ponctuation, que l'on peut regrouper dans deux régimes : la ponctuation forte : *le point, le point d'exclamation, le point d'interrogation et les points de suspension*, et la ponctuation faible : *la virgule, les deux points, les paires de parenthèses et le point-virgule*.

Il va de soi qu'une fréquence ou un pourcentage ne saurait devenir « caractéristique » que contrastée avec un autre, donc par référence à un texte ou à des corpus de la même étendue. C'est ce qu'on propose maintenant de faire en essayant de caractériser le genre de l'article par rapport à d'autres genres et types de discours, comme les *Essais*, le *discours juridique* et le *roman sérieux*[6]. Comme l'illustre le graphique suivant, qui rassemble les résultats obtenus à partir des sorties de l'analyseur Cordial, les différences notables observées entre les quatre corpus concernent les signes de ponctuation :

---

[6] C. Poudat dans sa thèse sur l'article de recherche en linguistique a procédé aussi de la sorte en arrivant aux mêmes conclusions que celles que l'on va lire en bas du graphique.

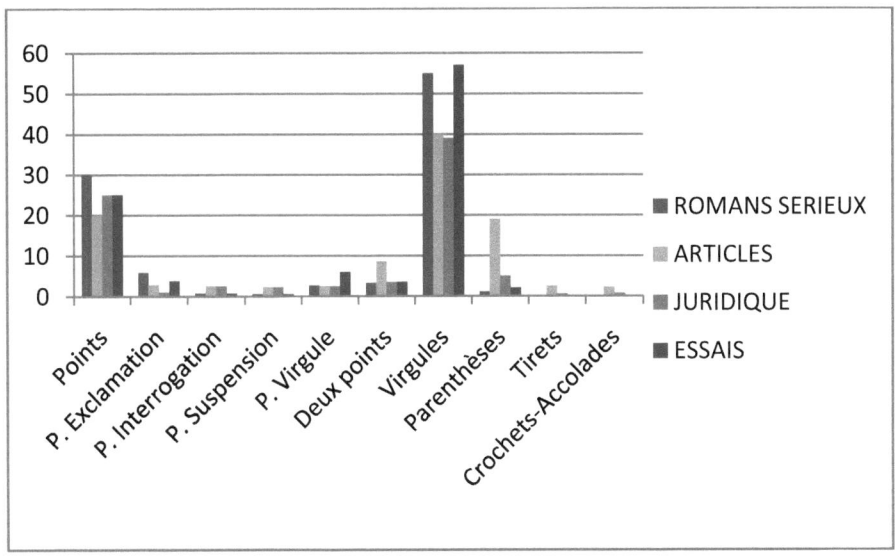

Figure 4. Répartition par genre en pourcentage des signes de ponctuation

Le tableau permet de faire la même observation que dans toutes les autres études du même caractère : les plus grands effectifs dans les quatre genres observés se trouvent du côté des points et des virgules, les signes les plus discriminants pour l'article sont en effet ceux des parenthèses qui enregistrent presque la même fréquence que les points. On remarquera également la représentation significative des deux points, pour introduire diverses catégories de segments, comme la citation, la définition ou l'énumération. La structure argumentative et démonstrative de l'article scientifique, dont la thèse constitue le parangon, en explique également la haute fréquence. Cette constatation n'a rien d'étonnant, le chercheur garde bien un penchant inavoué pour l'argumentation, la démonstration et les règles d'une rhétorique académiquement normalisée.

On constate également la fréquence élevée, moins visibles sur le graphique, des tirets, crochets et accolades, indices de la présence d'un métalangage et de marques de formalisation. Cette économie de pensée est un principe épistémologique résultant de processus cognitifs aussi importants que l'objectivation et la rationalisation. Et comme le dit J.-M. Berthelot (2003 : 28) « la science réduit les dimensions du réel, résumé les expériences, épure son vocabulaire ». Au sein de l'article il y a donc des homogénéités qui résistent à la diversité disciplinaire, et qui émergent dès qu'on les contraste avec d'autres discours comme éléments caractérisant du discours scientifique en sciences humaines, et que l'on va explorer ci-après au niveau lexical.

5. Exploration lexicale

Comme pour le niveau morphologique, on va voir maintenant s'il existe un lexique commun aux différents domaines ou si chaque discipline impose ses spécificités lexicales sans être marquée par son appartenance aux sciences humaines. En d'autres

Principes et typologie des discours universitaires

termes, est-ce que derrière la spécificité terminologique de chaque domaine, il existe un noyau dur au niveau lexical, une sorte de lexique technique, qui maintient un équilibre global en présence de déséquilibres partiels générés par les spécialités disciplinaires ? Nous avons cherché les items lexicaux spécifiques de ce discours avec le recours au logiciel *Hyperbase* qui, de façon très précise, permet d'analyser les spécificités des différents textes.

L'analyse des spécificités est une démarche classique, que le logiciel accomplit en s'appuyant sur *Frantext*, et plus précisément sur le corpus du XXe siècle ; elle permet, au niveau exogène, de mettre en relief les spécificités lexicales de notre corpus. La liste ci-dessous donne à voir pour chaque item répertorié, de gauche à droite, l'écart, mesurant la spécificité, le nombre d'occurrences dans le corpus de référence, et sous la rubrique « texte », le nombre d'occurrences dans le corpus faisant l'objet de notre recherche. Il est aisé de constater dans cette liste hiérarchique la présence de mots caractérisant[7] le discours scientifique en tête de liste :

Écart Corpus Texte Mot	Écart Corpus Texte Mot
626. 30 40921 50558)	173. 00 1371 2455 recherche
585. 39 96 2034 processus	172. 72 187 859 dimension
579. 24 40245 46765 (	167. 45 185 829 catégories
450. 12 120 1754 canada	165. 08 517 1397 construction
356. 72 513 2920 analyse	162. 96 303 1043 interprétation
347. 26 142 1478 activités	161. 11 2281 3041 discours
328. 82 69 972 sociologie	160. 99 2326 3072 rapport
296. 44 121 1166 sartre	159. 39 274 969 définition
276. 11 660 2594 social	158. 01 100 571 utilisation
262. 60 469 2071 relation	157. 17 1049 1945 permet
261. 08 248 1484 structure	155. 28 108 584 analyses
257. 04 339 1716 pratiques	154. 14 777 1626 niveau
237. 33 389 1705 sociales	154. 02 119 609 contraintes
237. 11 166 1100 sociaux	152. 25 399 1129 production
222. 33 866 2430 sociale	151. 48 308 981 poincaré
203. 18 73 622 facteurs	150. 17 206 789 information
201. 09 138 852 représentation	149. 10 810 1612 fonction
200. 38 538 1715 théorie	148. 98 813 1614 cadre
187. 87 528 1597 notamment	148. 14 179 724 économiques
186. 63 535 1598 données	146. 74 224 806 philosophique
184. 30 979 2173 culture	146. 24 115 569 médicaments
183. 93 323745 83832 des	142. 96 474 1165 textes
182. 05 108 682 caractéristique	142. 64 131 594 mathématique
181. 00 646 1714 développement	141. 75 140 611 international
180. 45 256 1054 sociétés	141. 07 550 1245 population
178. 91 433 1374 identité	140. 70 1279768 241744 de

---

[7] Pour éviter certaines ambiguïtés nous nous basons dans cette analyse sur la forme graphique et non sur le lemme.

Écart Corpus Texte Mot	Écart Corpus Texte Mot
178. 73 432 1371 sciences	140. 52 1306 1978 système
177. 87 505 1481 université	138. 88 4038 3694 selon
177. 43 1227 2367 texte	138. 54 2273 2656 espace
175. 47 390 1277 économique	131. 71 153 596 constituent
173. 00 1371 2455 recherche	131. 26 459 1057 individus
175. 47 390 1277 économique	131. 21 770 1394 notion

Figure 5. Vocabulaire spécifique positif du corpus

Les mots qui se trouvent en tête de liste n'étonnent pas. Nous sommes en présence des éléments de la recherche, auxquels la plume du chercheur est sensible. Chaque discipline a son histoire, ses notions, ses concepts, ses principes, ses publications, ses cursus, ses modalités pédagogiques, etc. À ses frontières, chaque discipline rencontre ses voisines, et de telles rencontres peuvent naître des métissages linguistiques autour de la formulation des problématiques qui appellent plus d'un regard disciplinaire. La résolution de la plupart des problèmes complexes (de l'être, de la langue, de l'espace, de l'histoire, de la société, des textes et des peuples) mobilise une sorte de métalangage commun, avec pour objectif, délibéré ou non, de *mettre en scène* le savoir, d'ordonner ses manifestations. Dans ce lexique qui circule de discipline en discipline, nous trouvons d'un côté les mots qui structurent le travail, l'analyse et la recherche scientifiques, avec des items comme *processus, analyse, activité, structure, pratiques, théorie, développement, sciences, université, recherche* etc., et de l'autre les termes désignant l'objet du travail scientifique comme *sociologie, social, société, texte, économique,* discours, etc. On note aussi la présence d'un fond métalinguistique commun à travers l'usage partagé de termes comme *donnée, méthode, cadre, résultat, étude, question*. Les intersections obtenues confirment la plus grande proximité des sept disciplines qui partagent un nombre sensiblement plus important de formes. Car malgré le fait que ces disciplines pensent des phénomènes complexes avec des outils différents, nous sommes en présence d'un paradigme lexical qui s'impose non sans flottements sémantiques, comme c'est le cas pour *processus*, l'item le plus spécifique du discours scientifique de notre corpus. Sa distribution dans les sept disciplines montre clairement que sa textualité est sémantiquement marquée par la discipline à laquelle il appartient :

Littérature

Il ne s'agit aucunement ici du thème délicat à traiter de l'écriture du **PROCESSUS** analytique lui-même vu à travers l'analyste,
Ce dernier n'est pas la simple composante langagière du **PROCESSUS** d'autofiction.
Il ne s'agit aucunement ici du thème délicat à traiter de l'écriture du **PROCESSUS** analytique lui-même
un acte qui compenserait partiellement une défaillance des **PROCESSUS** de symbolisation
C'est la combinaison de tous ces aspects qui déclenche le **PROCESSUS** de dénouement

Principes et typologie des discours universitaires

Linguistique

Les pronoms personnels font parfois l'objet d'un **PROCESSUS** de lexicalisation
La langue dont les **PROCESSUS** d'évolution structurale n'échappent pas tout à
il existe des **PROCESSUS** comparables à ceux trouvés dans les langues
Il apparaît en effet que ce **PROCESSUS** est souvent associé aux phénomènes linguistiques touchés par la thématisation
Le **PROCESSUS** de grammaticalisation ne concerne donc que les éléments qui sont possibles avec le verbe plein

Philosophie

Or ces **PROCESSUS** dialectiques ne sont pas des opérations.
Il s'agit donc de déterminer deux **PROCESSUS**, celui par lequel la pensée se réfléchit et celui par lequel la pensée détache son temps propre.
le développement collectif de l'esprit humain comme un **PROCESSUS** déterminé
La structuration spatiale des données qui fait partie de notre **PROCESSUS** de pensée
De sorte que la Nature comme **PROCESSUS** annule aussi bien la distinction homme-nature,

Histoire

Cet article examine le **PROCESSUS** de construction identitaire au Madawaska au XXe siècle
Dans le **PROCESSUS** de séparation, l'Église est passée du statut de victime à celui d'acteur.
Décrypter un **PROCESSUS** de fabrique de l'histoire dans l'expérience conflictuelle de la mise en mots,
On assiste alors à un **PROCESSUS** d'enfouissement, de refoulement dans la mémoire de périodes douloureuses
Le **PROCESSUS** de laïcisation de l'enseignement qui s'amorce dans les années quatre-vingt du XIXe siècle

Sociologie

Un moyen que nous avons trouvé utile a été d'étudier le **PROCESSUS** par lequel les individus forment un couple En observant les **PROCESSUS** de genèse sociale du goût dans le contexte des années 1970
Ce **PROCESSUS** de revalorisation du soi collectif a atténué les effets du processus d'amplification
Ces **PROCESSUS** peuvent avoir nui aux immigrants tout autant qu'à la société d'accueil.
Comme beaucoup de ces expériences ont permis de réunir des données précises sur les **PROCESSUS** familiaux

Ethnologie

Les Pieds-Noirs du Montana furent exclus de ce **PROCESSUS** en raison de la difficulté politique que présentait l'envoi d'objets hors du pays.

Principes et typologie des discours universitaires

La situation sur le terrain s'avère plus compliquée, car les deux **PROCESSUS** de rétention sont attestés

Chez les Basques, la race et la religion étaient alors absolument prioritaires dans le **PROCESSUS** de décolonisation.

La notion de territoire circulatoire, sans évacuer les questions d'appropriation ni d'espace symbolique, évoque des rythmes sociaux, des **PROCESSUS** identitaires

La vendetta se présente comme un **PROCESSUS** juridique de droit non institutionnalisé

Géographie

En ce qui concerne la sécheresse, son caractère saisonnier marque la deuxième phase du **PROCESSUS**

la complexité du **PROCESSUS** d'urbanisation est prise en compte par l'intermédiaire de trois questions simples

Le **PROCESSUS** des éruptions magmatiques ordinaires est aujourd'hui assez bien compris.

Le tout conduisant irrémédiablement à la mise en place d'un **PROCESSUS** de désertification

les vents forts (= 9 ms) pouvant déclencher des **PROCESSUS** d'érosion

Figure 6. Exemple de la distribution du vocable PROCESSUS dans les sept disciplines

Ce vocabulaire spécifique positif confirme, au niveau de la ponctuation, une chose déjà observée ci-dessus : le rôle des signes comme les parenthèses qui permettent de caractériser ce genre d'écriture. On peut aussi constater que cette liste ne contient pas de verbe, ni même d'adjectif ou d'adverbe. Il n'y a aucune articulation du discours : la phrase semble constituée de substantifs juxtaposés. Il s'agit ici évidemment d'un effet de genre textuel, reflété par la grande présence d'un discours intellectuel qui cherche l'évaluation, l'analyse et le raisonnement, faisant appel au substantif. Cet intérêt prononcé pour le substantif n'est pas fortuit, il détermine le recours aux candidats concepts des différents domaines du corpus, comme il renvoie aux méthodologies scientifiques à l'œuvre. On peut aussi noter que, comme l'auteur n'est pas supposé se mettre en valeur de manière explicite, les adjectifs et les adverbes qui renforcent et valorisent la première personne sont moins présents dans la phrase scientifique.

Contrairement au dernier tableau, celui d'en bas nous livre les spécificités négatives, c'est-à-dire les mots statistiquement sous-employés dans le corpus. Ici, nous pouvons constater encore le même effet du genre avec un déficit important de pronoms personnels, bien plus représentés dans le corpus de référence que dans notre corpus. L'écriture scientifique emploie davantage de pronoms personnels *nous* et *on* au détriment de la première personne comme *je, me, moi* et *mon*. Le chercheur en effet n'écrit pas en tant que sujet de la vie quotidienne, mais en tant que figure appartenant à un domaine d'activité. On note aussi la même chose concernant les auxiliaires à la première personne du singulier, *ai, suis, nous*, référant à la personne privilégiée par l'auteur pour actualiser son discours et développer ses hypothèses de recherche.

Notons au passage aussi le déficit des différents signes du dialogue ainsi que du point, reflétant une autre caractéristique de ce discours : une phrase longue et énumérative. Le déficit du point est compensé par l'excédent de la virgule, ce qui permet

Principes et typologie des discours universitaires

également de confirmer la longueur de la phrase scientifique observée précédemment. Ce discours est en effet caractérisé par des phrases énumératives qui procèdent par accumulation, donnant au discours un caractère parfois répétitif, à cause du peu de variété syntaxique et de l'itération des mêmes structures.

Quant à l'énumération, elle est liée aux objets étudiés, aux exemples cités ainsi qu'aux ouvrages mentionnés. Cette énumération développe une stratégie textuelle qui assure une gestion scientifique pour la lisibilité et pour l'aspect démonstratif de l'article. Elle correspond à des normes de nature prescriptive, qui régulent les pratiques d'écriture de l'article.

Écart Corpus Texte Mot	Écart Corpus Texte Mot
-226. 94 396110 7169 je	-88. 70 72487 2107 dit
-178. 98 576485 35782 il	-86. 93 205106 15894 n'
-159. 10 171164 1652 vous	-82. 97 55831 1196 ma
-140. 55 157060 3171 j'	-74. 19 51679 1558 rien
-139. 96 141768 2010 me	-72. 94 62241 2622 là
-132. 04 235834 11634 elle	-71. 82 431159 45949 que
-127. 43 148707 4270 était	-71. 78 41150 842 suis
-122. 28 124605 2877 avait	-70. 63 51596 1836 quand
-116. 64 89602 704 tu	-67. 54 115651 8691 sa
-115. 12 305816 21951 pas	-56. 10 35823 1458 jamais
-113. 62 147626 6044 lui	-65. 02 103601 7661 si
-113. 27 92788 1311 m'	-62. 50 143578 12492 son
-108. 69 267396 19002 ne	-62. 08 157506 14175 mais
-106. 68 92692 2010 ai	-61. 29 30000 614 yeux
-106. 35 300597 23078 qu'	-61. 18 31842 775 mes
-102. 92 82020 1519 moi	-60. 22 446799 50650 un
-100. 29 79885 1607 mon	-58. 28 97700 7760 bien
-99. 09 1652388 194888.	-58. 06 36888 1425 puis
-89. 65 136791 8170 tout	-57. 14 90585 7086 ses
-88. 95 58150 883 ça	-56. 38 202774 20479 se

Figure 7. Vocabulaire spécifique négatif du corpus

6. Conclusion

Le parcours que présente cet article ne prétend pas à l'objectivation : aucun des corpus utilisés ne peut prétendre représenter son discours d'appartenance. Il s'agit d'un travail exploratoire, dont l'ambition est d'ouvrir un espace de confrontations sur la question de la typologie dans le domaine de la description linguistique des corpus. Les résultats obtenus nous permettent de voir le bien fondé des variables morphosyntaxiques dans la définition contrastive d'un profil-type de l'article scientifique, qui sont à même de donner une représentation objective des genres en fonction des discours dans lesquels le texte prend place.

L'objectif n'était pas non plus de dresser un parangon du genre de l'article de recherche. Car malgré cette exploration, nous ne sommes pas encore en mesure d'esquisser une véritable *structure* du genre. Elle n'avait pas non plus la prétention de traiter de tous les aspects sous lesquels on pourrait définir ce genre. Mais elle aura montré que l'insertion d'un genre dans un discours donné n'est pas sans influence sur les aspects morphosyntaxique et lexical du texte. L'article universitaire ne se définit pas par la discipline, sa morphologie brise les clôtures disciplinaires en instituant des stratégies didactiques et heuristiques fidèles à l'éventail des sciences humaines.

C'est donc sur une typologie des discours que se fondera une typologie des genres, à travers laquelle nous pourrons regrouper et typer les textes.

Repères bibliographiques

ABLALI D. (2007), « Écrire en critique : exploration morpho-syntaxique sur corpus », *in* Fr. Rastier & M. Ballabriga (dir.), *Corpus en Lettres et Sciences sociales : des documents numériques à l'interprétation*, Toulouse, Presses Universitaires de Toulouse Le Mirail, 207-214.

—— (2006), « Contribution de la lexicométrie à l'approche sémantique des corpus. La forme « texte dans un corpus des études littéraires », http://web.univ-ubs.fr/corpus/jlc4/acteJLC2005_6_ablali.pdfLORIENT

BERTHELOT J.-M. (2003), *Figures du texte scientifique*, Paris, P.U.F.

BIBER D. (1993), "Using register-diversified corpora for general language studies", *Computational Linguistics* 19 (2), 243-258.

BRONCKART J.-P. (2008), « Genre de textes, types de discours, et « degrés » de langue », *Texto ! [En ligne], Dialogues et débats* XIII/1, mis à jour le 19/06/2008,
http://www.revue-texto.net/index.php?id=86.

LOISEAU S, C. POUDAT & D. ABLALI (2006), « Exploration contrastive de trois corpus de sciences humaines », *Journées internationales d'analyse statistique des données textuelles* (JADT 2006), Besançon, Les cahiers de la MSH Ledoux, 631-642.

POUDAT C. (2006), *Étude contrastive de l'article scientifique de revue linguistique dans une perspective d'analyse des genres*, Thèse de Doctorat présentée et soutenue le 20 juin 2006, Université d'Orléans.

RASTIER Fr. (2001), *Arts et sciences du texte,* Paris, P.U.F.

—— (2005), « Enjeux épistémologiques de la linguistique de corpus », *in* G. Williams (éd.), *La Linguistique de corpus*, Rennes, Presses Universitaires de Rennes, 31-46.

Le nouveau discours universitaire :
textes de présentation, marketing et recrutement
Vers un discours d'entreprise

Hanne Leth ANDERSEN
Université d'Aarhus

RÉSUMÉ

Les universités et les universitaires produisent des (hyper)textes de plus en plus élaborés sur leur stratégie scientifique, internationale, pédagogique etc. de même que sur leur service auprès des étudiants qui semble évoluer en permanence. Tout ceci en vue d'une concurrence nationale et internationale où il s'agit de créer une image, un branding dans le but d'attirer non seulement les meilleurs étudiants, enseignants et chercheurs mais aussi des investissements. Cet article analyse quelques nouveaux textes focalisant sur le rôle des étudiants pour finir par comparer ces nouvelles tendances avec l'idée de l'université et de l'entreprise.

MOTS-CLÉS
Discours • communication externe • qualité • rôles des étudiants • compétences.

ABSTRACT

Universities produce more and more elaborated (hyper) texts about their scientific, international, and pedagogical strategies, and their service to students seems to develop permanently. This allows the universities to participate in national and international competition, and to develop an image and international branding with the specific goal to attract not only the best students, teachers and researchers, but also investments. This article analyses new texts that focus on the students' role in comparing the new tendencies to the idea of universities and that of firms respectively.

KEYWORDS
Discourse • communication outside the university • quality • the roles of students • abilities.

*   *
 *

Principes et typologie des discours universitaires

1. Introduction

Les changements culturels, stratégiques et financiers sont nombreux dans les universités ces années-ci. Les nouveaux médias virtuels et la possibilité d'avoir accès à un public réellement international joue un rôle important et provoque des changements importants dans la communication externe des universités. En même temps, la concurrence entre les universités, les évaluations, le benchmarking, poussent les universités à se mettre en valeur, à se présenter de nouvelles manières, dans des médias nouveaux et dans un discours qui ressemble à celui des entreprises. La compétition ne concerne pas seulement les meilleurs résultats scientifiques, mais aussi leur présentation et mise en pratique dans la société, et elle concerne à un haut degré les étudiants : il s'agit d'en attirer le plus grand nombre possible et d'en avoir les meilleurs.

Les universités produisent ainsi de plus en plus de textes de présentation : leur communication externe n'est plus essentiellement descriptif ou informatif, mais contient des éléments fortement auto-valorisants. Ainsi évoluent de nouveaux genres universitaires qui s'approchent plus au marketing qu'au discours traditionnel des universités qui se voulait avant tout neutre et de préférence critique. Ces nouvelles publications paraissent sur du papier brillant, et les textes virtuels de présentation sont accompagnés de photos d'étudiants heureux et selon une ligne de design développée par les mêmes bureaux de marketing qu'utilisent les entreprises.

Le but de cet article est d'analyser les stratégies discursives et rhétoriques que les universités mettent en œuvre, notamment pour ce qui concerne la politique pédagogique exposée sur les sites web. Il est intéressant d'essayer de déterminer, à partir des présentations de différentes universités, quel est le rôle des étudiants installé par ce discours universitaire. Nous allons constater qu'il s'agit souvent de présenter des pédagogies qui se veulent modernes, égalitaires et « activantes », mais dont certaines peuvent participer à créer une attitude de plus en plus scolaire chez les étudiants. Quel est en effet le rôle des jeunes désirant une formation universitaire : parle-t-on d'étudiants, d'élèves, de clients ou de partenaires ? La métaphorique n'est pas innocente dans ce domaine. Il s'avère que les idéaux des discours pédagogiques universitaires ne sont pas loin de ceux des anciennes universités de Paris, de Bologne et de Cambridge, mais que la réalité que l'on perçoit n'est pas toujours celle intentionnée. Cette contradiction est intéressante et révèle un problème fondamental des universités de plus en plus commercialisés. La conception de l'enseignement des universitaires peut être loin de la conception présentée dans les discours institutionnalisés, dans ce qui devient de plus en plus une question de *policy* : on peut ainsi effectivement penser qu'il y a une discrépance entre discours et réalité.

L'analyse que je propose se veut qualitative et comparative, étant donné que je vais utiliser des discours sur le rôle des étudiants de sites universitaires exemplaires de différents pays, notamment les États Unis, la Belgique, le Danemark et la France.

2. Le discours de qualité et La pédagogie universitaire

2.1. Les nouveaux communicants et le discours sur la qualité

Avec l'établissement de stratégies, de politiques et de réformes dits de « qualité », il s'installe un discours professionnel pédagogique souvent introduit et assuré dans les universités par des centres de pédagogie universitaire, de compétences académiques ou des bureaux de qualité qu'on pourrait nommer dans l'ensemble « centres d'appui à l'enseignement ». C'est un discours que l'on retrouve dans les organisations à niveau national et international qui ont pour but de promouvoir l'assurance de la qualité dans le système de l'éducation dans le monde entier, telles que *ENQA (European Association for Quality Assurance in Higher Education)* et des bureaux à niveau national tels que la *Quality Assurance Agency* for Higher Education (*QAA*) au Royaume-Uni.

L'assurance qualité peut être définie comme un standard pour satisfaire les demandes des clients. Il s'agit donc déjà là d'un système emprunté au monde des entreprises commerciales. L'assurance qualité documente comment une entreprise pourra satisfaire aux demandes d'un client d'une manière systématique. Il s'agit d'une activité permanente pour garantir que si une activité ne respecte pas le niveau préalablement établi ou les normes communes, une action corrective est mise en œuvre. Ainsi les activités de l'assurance qualité sont exécutées pour aider à maintenir le niveau attendu d'efficacité et de qualité[1].

Dans le domaine de l'enseignement universitaire, les effets de l'introduction de l'assurance qualité sont évidents au niveau de la présentation, des visions et des politiques. Si les enseignants n'ont pas eu une tradition pour communiquer leurs approches didactiques ou leurs idéaux et valeurs pédagogiques, ceci est au contraire le but et l'idéal des centres d'appui à l'enseignement, pour le bien des étudiants, pour la qualité des études. Le travail de qualité, de perfectionnement de l'enseignement, consiste justement dans le développement d'approches communes et explicites à l'enseignement et donc également en sa mise en discours. Le résultat est une métacommunication sur les moyens et les méthodes (écriture académique, genres académiques, compétences) de même que sur le rôle des étudiants. Le discours que l'on retrouve dans la communication externe, par exemple dans les sites web, est assuré par les centres et c'est donc quelquefois un idéal qui est présenté plutôt que la réalité des enseignants, des chercheurs et des étudiants.

Ainsi, les centres d'appui livrent le nouveau discours institutionnel aux administrateurs, au personnel attaché au marketing et du personnel attaché à l'assurance qualité. En effet, « qualité » est devenu un des mots les plus utilisés dans le discours universitaire, à la fois dans la communication externe et interne. C'est un peu risqué puisqu'on ne sait pas très bien comment définir ce concept, vide de sens, signalant qu'il s'agit de quelque chose de positif ou d'exceptionnel, mais qui dans le contexte de l'assurance qualité marque plutôt qu'un produit répond à l'objectif prédéfini.

---

[1] « Ensemble des activités préétablies et systématiques mises en œuvre dans le cadre du système qualité, et démontrées en tant que besoin, pour donner la confiance appropriée en ce qu'une entité satisfera aux exigences pour la qualité » (ISO 8402).

Principes et typologie des discours universitaires

Le mot « qualité » est de plus en plus attaché à la formation et à l'enseignement, très en vogue dans l'assurance qualité ces années-ci, alors que dans les années 1990, c'était plutôt dans les domaines techniques que l'on l'utilisait[2].

Une recherche dans le corpus danois *KorpusDK*[3], montre le contexte le plus fréquent de « qualité » est justement celui des « études » (uddannelse).

mere overordnet problem	Kvaliteten	af uddannelserne på landets
det ikke skal gå ud over	kvaliteten	af uddannelserne, men her
samtidig er der kontrol med	kvaliteten	i uddannelserne, siger Anne
presset dem for bedre	kvalitet	i uddannelserne. Vi har kort
på institutionerne med	kvaliteten	af uddannelserne. Formanden
uddannelser, sikre bedre	kvalitet	i uddannelserne. Der er stillet
penge på at forbedre	kvaliteten	i uddannelserne. Synspunktet
grundlag nemlig at	kvaliteten	og uddannelserne i det hele
netop kan sikre fokus på	kvaliteten	af uddannelserne og udviklingen

Tableau 1. Emploi du mot « qualité » (kvalitet), *KorpusDK*

C'est aussi ce que montre une recherche simple sur le contexte le plus fréquent à droite de « qualité » : il s'agit d'études, du système de l'éducation, de l'enseignement (de même que la qualité du nettoyage et le service). La qualité peut être liée à l'efficacité, elle peut être de très haut niveau (Korpus DK).

Le contexte à gauche montre également bien les tendances du discours concernant le domaine qui nous intéresse ici. Il s'agit de formations, d'enseignement, et d'évolution, et bien que « la haute qualité » soit fréquente, il peut aussi être question d'instabilité. Autre tendance, la qualité peut être mentionnée avec la quantité et l'efficacité, et quand elle ne concerne pas les formations ou l'enseignement, elle s'applique à l'art et au sport (Korpus DK).

Nous pouvons constater qu'à la fois les systèmes d'assurance qualité, les centres d'appui à l'enseignement et la vision de l'éducation dans la langue de tous les jours, focalise sur la qualité de l'enseignement universitaire et autre. La qualité de l'enseignement universitaire de nos jours est un sujet qui semble concerner tout le monde.

2.2. Un discours universitaire à de nouveaux destinataires

Le besoin des universités de produire des textes de présentation en brochures et sur le web peut être expliqué par la globalisation du monde de l'éducation : les étudiants er les chercheurs ont aujourd'hui un choix réel quand il s'agit de sélectionner le lieu et l'institution qui puisse satisfaire à leurs besoins de formation, leurs conditions de vie et de travail, leur vie sociale. Ainsi peut-on constater que les universités sur leur site web

---

[2] Avec la norme ISO par exemple.
[3] *KorpusDK* est une collection de textes électroniques de différentes sources, en tout 56 mio de mots. Les textes sont choisis avec une variation de types de textes et d'auteurs (informants) qui permet de donner une image de la langue danoise moderne telle qu'elle est utilisée par les Danois : les textes datent de l'époque des années 1990 et 2000 et sont munis d'informations concernant le texte et l'auteur/la source.

Principes et typologie des discours universitaires

présentent tous les côtés de la vie étudiante : l'organisation de l'université, les études spécifiques, les programmes, la vie sociale, la recherche etc. Les informations sont généralement présentées d'une manière positive et attirante, et destinées à des groupes externes hétérogènes. Dans l'exemple [1][4] sont adressés enseignants, étudiants, chercheurs, de même que toute personne s'intéressant simplement à l'Université :

[1]   Welcome to the Université Libre de Bruxelles
Whether you are a teacher, a student, a scientist or simply interested, you will find here a mine of information about the University, studies, syllabuses, campus life, academic research, educational, and much more
(Université Libre de Bruxelles, http://www.ulb.ac.be/homepage_uk.html)

Il est important dans ces textes de montrer l'abondance (ex. 1 : *a mine of information/une mine d'information*) et le niveau qui est le plus souvent mondial (ex. 2 : *qualité mondiale*) :

[2]   Qualité mondiale
Université Nice Sophia Antipolis : Passerelle vers le savoir et l'innovation
Avec, en cette rentrée 2004/2005, plus de 17% d'étudiants étrangers, l'Université de Nice Sophia Antipolis est l'une des toutes premières pour l'ouverture internationale en même temps que l'une des plus grosses Universités pluridisciplinaires de France
Elle a l'expérience, le savoir faire et la capacité qui vous permettront, pour un semestre ou beaucoup plus, d'acquérir une compétence de grande qualité, des diplômes d'excellente réputation, dans un cadre agréable et un environnement stimulant
Se former à l'Université de Nice Sophia Antipolis est un choix intelligent
(Université Nice Sophia Antipolis, Power Point joint au site web, 2005)

Dans cet exemple, on peut également noter un nombre important d'adjectifs positifs et qui soulignent la qualité : « compétence de *grande qualité* », « des diplômes d'*excellente* réputation », « dans un cadre *agréable* et un environnement *stimulant* ».

Mais il s'agit aussi de souligner la taille et la quantité : la grande taille de l'université, le nombre de diplômes offerts, ainsi que dans l'exemple [3] :

[3]   Over 200 diplomas
At the Cutting Edge of Scientific Research
On the World Map in Innovation
A strong interconnection between scientific/technological research and the industrial marketplace
A Powerful International Commitment
A fast-growing Economic and Territorial Foothold
(Université Nice Sophia Antipolis, Power Point joint au site web, 2005)

---

[4]   Les exemples sont choisis comme des représentants de tendances générales que l'on peut retrouver sur la plupart des sites web des universités de nos jours ; bien que les sites des universités de par le monde soient bien différents, il ne s'agit pas de sites particulièrement frappants ou spéciaux.

Principes et typologie des discours universitaires

De plus, comme le montre l'exemple [3], les raisons de choisir l'université en question qui sont évoqués sont des présentés sous forme de superlatifs, de significations liés à la force et à l'évolution : « strong », « powerful », « fast-growing », et avec les concepts en vogue dans le domaine de l'éducation et de l'entreprise : « innovation ». Il semble bien clair que les nouveaux étudiants — et leurs parents — sont clients dans le sens où ils peuvent choisir entre des produits de marque dont la qualité est soulignée par des expressions fortes et positives.

3. Étudiants : Clients ou partenaires

On entend souvent dire qu'avec la massification ou la démocratisation des universités le rôle des étudiants semble changer d'un rôle indépendant, autonome et actif, vers un rôle qui est plus celui d'élèves que d'étudiants. Avec la massification, les universités proposent des méthodes d'enseignement qui valorisent moins l'indépendance des étudiants et qui assurent le succès à l'examen du plus grand nombre d'étudiants possible. Or, si l'on analyse les sites des universités, ce n'est pas le rôle d'élève plus au moins passif qui est mis en avant, mais tout au contraire, surtout souligné pour les *business schools*, le rôle de partenaire responsable et actif :

> [4] Som studerende er man nødt til at yde en aktiv og deltagende indsats for at lære nyt og udvikle sig — på CBS betragter vi studerende som ressourcefulde og ansvarlige partnere i det fælles projekt at skabe og af verdens bedste læringsmiljøer
> *Trad.* En tant qu'étudiant on doit fournir un effort afin d'apprendre et évoluer — à CBS nous considérons les étudiants comme des partenaires responsables pleins de ressources, dans le projet commun qui consiste de créer un des meilleurs milieux d'apprentissage du monde
> (CBS, Copenhagen Business School, www.cbs.dk)

Notons en même temps dans cet exemple un trait typique relevé dans 2. 2 : l'emploi du superlatif : « un des meilleurs milieux d'apprentissage du monde ».

Les objectifs des universités sont souvent exprimés comme justement la « qualité », et comme l'engagement des étudiants comme partenaires dans l'expérience de l'apprentissage, ainsi que c'est le cas dans l'exemple (5) :

> [5] "to enhance the quality, quantity and diversity of Student Learning within a discipline, to involve students as partners in their learning experience"
> (Manchester University, http://www.campus.manchester.ac.uk/tlao/studentsaspartners/)

Pour cette université, l'engagement des étudiants comme partenaires est une politique et une partie importante du bureau de pédagogie et d'évaluation (centre d'appui à l'enseignement) : Les étudiants apprennent ici à s'entre-aider concernant les problèmes de transition, pour devenir « autonomes dans leur apprentissage » et pour être justement, encore une fois, « actifs » et « engagés » :

> [6] 'Students as Partners' (SaP)
> 'Students as Partners' (SaP) is a prominent part of Learning Development within the Teaching, Learning and Assessment Office

Principes et typologie des discours universitaires

> Involving students as partners in helping others in the transition into higher education
> Developing and supporting the independent learner
> Engaging students in curriculum feedback and development
> Recognising and rewarding student activity and involvement
>
> (Manchester University, http://www.campus.manchester.ac.uk/tlao/studentsaspartners/)

En dehors de la répétition des valeurs de l'activité et de l'engagement, qui semblent avoir besoin de centres pour être développées, le concept d'autonomie dans l'apprentissage est clairement un concept pédagogique qui apparait dans les sites sans être nécessairement retrouvable dans le discours actuel des enseignants et chercheurs présents dans les programmes proposés des mêmes universités[5].

On peut constater que le discours du partenariat se retrouve également dans la communication interne des universités, ainsi que dans l'exemple suivant où il ne s'agit pas seulement de participer à l'enseignement et à être actifs par rapport aux études, mais de prendre part à l'évolution de l'institution :

> [7] Le discours institutionel (interne)
> Det er centralt for Handelshøjskolen, at de studerende inddrages som aktive partnere i institutionens udvikling
> *Trad.* Il est central pour l'École des Hautes Études Commerciales que les étudiants soient engagés comme des partenaires actifs dans l'évolution de l'institution
>
> (Communication interne, Aarhus Business School, Aarhus University)

Bien que la taille de l'université, le nombre des programmes proposés et le nombre d'étudiants soient souvent soulignés comme des qualités, les universités ne souhaitent pas se présenter comme des lieux de formation des masses. Au contraire, les universités souhaitent développer des milieux qui favorisent l'individu, son talent et son activité dans les programmes :

> [8] CBS ønsker et læringsmiljø, der fokuserer på læring og individuel talentudvikling frem for undervisning og masseuddannelse
> *Trad.* La CBS souhaite un milieu d'apprentissage qui focalise sur l'apprentissage et le développement du talent individuel plutôt que enseignement et formation en masse
> De studerende inddrages aktivt i læringsprocessen, og vi udvikler nye projekt- og problemorienterede undervisningsmetoder
> *Trad.* Les étudiants sont engagés de manière active dans le processus d'apprentissage ; nous développons de nouvelles méthodes basées sur les projets et les problèmes
>
> (CBS: The learning university, www.cbs.dk)

---

[5] Ceci est une supposition. Il serait intéressant d'analyser des cours et de faire des interviews qualitatifs avec des enseignants d'une ou de plusieurs des universités présentant leur philosophie d'apprentissage comme autonome, actif et indépendant, afin de savoir si la présentation représente une vision commune et partagée et si cette vision est appliquée. Ceci n'est cependant pas le but de l'article.

Principes et typologie des discours universitaires

Si l'on considère les implications plus concrètes du « partenariat », on peut essayer de comparer avec l'évolution générale de l'enseignement dans les universités ces années-ci, en tout cas en Europe. On peut imaginer que le partenariat comme principe d'organisation implique plus de collaboration, la notion relevant notamment du domaine de l'entreprise. Les formes d'enseignement d'un tel principe d'organisation impliquerait, comme dans les entreprises, davantage de feedback informel que d'examens formels, des projets en groupe et sans doute une grande disponibilité des enseignants, entre autres pour une supervision efficace, avec focus sur l'évolution personnelle, la possibilité de participer à des publications communes avec les professeurs, de même que des études souples et modulaires (cf. Ferris 2002). Or, un autre rôle qui a été suggéré pour les étudiants modernes des universités est celui de « clients » (McCullough & Gremler 1999, Sirvanci 1996, Stafford 1994). Si l'on essaye de comparer les rôles de clients dans un marché libre, avec les étudiants à l'université (cf. tableau 2), on peut constater que l'université n'est pas encore tout à fait dans une situation de marché libre quand il s'agit des études et des diplômes. Même si on peut dire que les étudiants qui payent ou qui en tout cas assurent les finances (les budgets) des universités, les étudiants ont besoin d'instructions des professeurs, de feedback, et leur succès aux examens est sans garantie, même si les universités peuvent être appelées à les y pousser[6]. Dans le tableau 3 sont indiqués quelques facteurs qui pourraient indiquer que l'étudiant est en train de devenir client. Le fait que les étudiants évaluent l'enseignement n'est pas nécessairement un phénomène « client », mais risque de l'être si les évaluations portent sur la qualité de l'enseignant plutôt que de l'enseignement ou même sur la participation active des étudiants, et si les conséquences ne concernent pas l'enseignement mais l'enseignant.

Clients au marché libre	Étudiants à l'université
Le client décide	Instructions des professeurs
Le client est roi	Besoin de feedback Mais : évaluations
Garantie possible	Pas de garantie Mais : plaintes
Droit d'achat selon finances	Admission et programme
Besoins à remplir	Besoins après buts académiques Mais : marketing, mise en valeur du « milieu étudiant »

Tableau 2. Clients ou étudiants

Si l'on compare les métaphores relevés jusqu'ici de l'université moderne telle qu'elle se présente sur le web, avec la métaphorique des universités classiques précédentes, il s'avère que les différences ne sont pas éclatantes. L'université médiévale (Paris, Oxford) présente une métaphorique d'art manuel (métiers) et un modèle d'apprentissage artisanal : l'étudiant est d'abord « garçon » (*puer*), ensuite « maître apprenti » (*bachelor*), ce qui lui permet de mener des études indépendantes avec les

---

[6] Dans les universités au Danemark, les subventions de l'État sont données en fonction du nombre d'étudiants qui réussissent et qui obtiennent le diplôme de fin d'études en temps normé.

Principes et typologie des discours universitaires

professeurs. Selon le modèle de l'Université Humboldt, la recherche et l'enseignement sont intégrés et les étudiants sont des partenaires actifs. Le discours du partenariat et de l'activité des étudiants est très développé dans les sites et dans les centres d'appui à l'enseignement.

4. Activité et engagement : les étudiants modernes ?

Un des témoignages les plus évidents de la valorisation et de l'explicitation de l'activité étudiante est livré par les centres d'études et de compétences qui sont fréquents notamment dans les universités anglophones (surtout américaines), mais qui sont également répandus en Europe. L'activité étudiante et l'engagement dans l'enseignement et dans les activités d'apprentissage semble être devenus des notions importantes à mentionner dans les politiques des universités avec la massification des universités qui a pu mener au phénomène contraire : la passivité des étudiants clients ou élèves. Avec le besoin d'activer les étudiants sont nés des centres d'études et de compétences qui travaillent pour trouver des méthodes d'enseignement qui développent et valorisent l'activité, l'engagement, la collaboration, le dialogue et d'autres valeurs intrinsèques de l'université classique, comme par exemple la pensée critique ou les opérations intellectuelles.

Il s'agit de souvent d'expliciter des compétences qui sont développées normalement au cours d'études universitaires, mais qui peut-être se perdent avec la massification. Les centres d'études et les centres de pédagogie universitaire ont donc une tâche bien clairement définie qui consiste à rendre conscients les enseignants et les étudiants de ces compétences. C'est exactement ce qui est exprimé par une publication sur l'enseignement universitaire « de qualité » du Ministère de la recherche au Danemark :

[9] « Compétences explicites »
Vejledere og undervisere skal blive bedre til at hjælpe den studerende med at sætte ord på de kompetencer, den studerende opbygger i løbet af uddannelsen, og til at relatere kompetencerne til arbejdsmarkedet og dermed fremtidige jobmuligheder...
Trad. Les enseignants doivent mieux savoir aider l'étudiant à verbaliser les compétences qu'il construit au cours de ses études, et à lier les compétences au marché du travail et ainsi aux possibilités de travail...
(Ministère de la recherche, Danemark : *Enseignement de qualité, mars 2006*)

Les exemples suivants illustrent les occupations des universités pour arriver à développer les différentes compétences. Voici dans l'exemple [10] trois domaines présentés pour mettre en valeur l'engagement des étudiants : l'apprentissage actif, l'apprentissage coopératif et la pensée critique :

[10] ENHANCING STUDENT INVOLVEMENT
♦ ACTIVE LEARNING
♦ COOPERATIVE LEARNING
♦ CRITICAL THINKING

(University of Kentucky, www.uky.edu)

Principes et typologie des discours universitaires

Ensuite sont exposés les traits caractéristiques de l'apprentissage active : les étudiants ne doivent pas seulement écouter, mais être engagés dans des activités et apprendre en agissant ; il s'agir de développer les compétences des étudiants plutôt que de leur transmettre des informations, de les engager dans des activités intellectuelles d'analyse, de synthèse et d'évaluation (les niveaux les plus avancés des différentes taxonomies cognitives), et finalement, les étudiants doivent être portés à des types de métareflexion sur leurs propres attitudes et valeurs :

[11]   Characteristics of active learning
students are involved in more than listening;
students are engaged in activities (e.g., reading, discussing, writing);
less emphasis is placed on transmitting information and more on developing students' skills;
students are involved in higher-order thinking (analysis, synthesis, evaluation);
students apply content and learn by doing; and
emphasis is placed on students' exploration of their own attitudes and values.
University of Kentucky, http://www.uky.edu/UGS/tlc/topic/teaching3.html

On voit aussi dans les sites des centres d'études et de compétence que des méthodes didactiques sont mis à la disposition des enseignants pour activer et engager les étudiants ainsi que dans [12] où des exemples concrets et assez simples d'exercices à utiliser sont présentés aux enseignants. Les exercices sont de type à utiliser dans l'enseignement à différents niveaux, mais pas spécialement développés pour un enseignement de très haut niveau ou fondé sur la recherche :

[12]   Exercises to Foster Student Involvement
- 1 Minute Papers
- Think-Pair-Share
- Learning Dyad
- Dialectical Notebooks
- Jigsaw
- Questioning
- Modeling Thinking
- Paired Metacognition

ACTIVE STUDENT INVOLVEMENT
- Small group discussions
- Case studies
- Role playing or skills practice
- Simulations or structured exercises
- In-class writing
- Cooperative learning
- Debates
- Drama
- Peer teaching
- Peer editing

(University of Delaware: *Center for Teaching Effectivenes,*
http://cte.udel.edu/TAbook/active.html)

Le rôle des étudiants dans les universités modernes, avec ou sans massification, semble être un rôle qui implique une certaine passivité et que les nombreux différents types de centres d'appui à l'enseignement essayent de tourner en activité, par des types d'enseignement et des services proposés aux étudiants. Ceci peut faire penser que les étudiants modernes ne se présentent pas nécessairement dans l'image des sites et des présentations de universités, mais on ne peut cependant pas conclure que les efforts des universités ne vont pas dans le sens des idéaux présentés.

5. Conclusions

Après avoir analysé des discours universitaires différents, les présentations des sites web focalisant sur le rôle des étudiants, et les présentations des centres d'études, de compétences et de pédagogie universitaire, nous pouvons constater que les discours de présentation des sites, comme d'autres communications externes et internes, sont nourris d'idéaux sur l'enseignement universitaire qui appartiennent plus à l'université classique. Or, il semble aussi la réalité soit souvent plus proche de l'entreprise, avec des étudiants clients, ou de l'école, avec des étudiants élèves.

Il faut se demander s'il s'agit de discours opposés et interdépendantes, quand on compare la vision de l'université comme une entreprise avec la vision académique classique de l'université : est-ce que les étudiants sont des clients au marché mondial de diplômes ainsi que le suggèrent les présentations assez fortement auto-valorisantes des universités ? Les étudiants peuvent quelquefois avoir ce rôle, selon l'emploi réel d'évaluations, selon les possibilités réelles de porter plainte sans trop de risque, et en fonction aussi du besoin concret qu'ont les universités de produire des candidats et des diplômes, selon les systèmes financiers de chaque pays. En même temps, les valeurs académiques (activité, responsabilité, pensée critique et réflexion analytique) sont promues par les universités par le nombre croissant de différents types de centres d'appui à l'enseignement. Il semble clair que la compétition internationale entre les universités risque, en tout cas pour les universités qui n'arrivent pas à attirer les étudiants les plus forts, de mener à une certaine clientélisation des étudiants, et que la clientélisation avec la massification crée un besoin de clarification des valeurs académiques et la manière dont on les développe à l'intérieur des programmes.

Repères bibliographiques

ARMSTRONG M. J. (2003), « Students as Clients: A Professional Service Model for Business Education », *Academy of Mangement Learning and Education* 2/4, 371- 374.
ASKHAVE I. & A. E. NIELSEN (2004), *Webmediated genres: a challenge to traditional genre theory*, Århus, Center for Virksomhedskommunikation.
CHENEY G., J. MCMILLAN & R. ADAMSCHWARZMANN (1997), « Should We Buy the "Student-As-Consumer" Metaphor? »,
http://mtprof.msun.edu/Fall1997/Cheney.html

EIST I. & P LARSEN. (2002), *Webstedet: om analyse af hjemmesider*, Århus, Systime.

FERRIS W. P. (2002), « Students as Junior Partners, Professors as Senior Partners, the B-School as the Firm: A New Model for Collegiate Business Education », *Academy of Mangement Learning and Education* 1/2, 185-193.

FRANDSEN F., W. JOHANSEN & A. E. NIELSEN (2002), *International markedskommunikation i en postmoderne verden*, Århus, Academica.

KATZMAYR M. & M PUTZ. (2006), *Quellenproblematik im Internet: Identität, Aktualität und inhaltliche Qualität von Webressourcen*, http://eprints.rclis.org/archive/00007046/

MINISTÈRE DE LA RECHERCHE AU DANEMARK (2006), *Kvalitet i undervisningen*.

MCMILLAN J. & G. CHENEY (1996). « The student as consumer, the implications and limitations of a metaphor », *Communication Eduction* 43, 1-15.

NIELSEN A. E. (2002), *Rhetorical features of the company website*, Århus, CFI, Center for Internetforskning, Institut for Informations- og medievidenskab.

ROULET E., L. FILLIETTAZ, A. GROBET & M. BURGER (2001), *Un modèle et un instrument d'analyse de l'organisation du discours*, Bern, Peter Lang.

SIRVANCI M. (1996), « Are students the true customers of higher education? », *Quality Progress* 29 (10), 99-103.

STAFFORD T. F. (1994), "Consumption values and the choice of marketing electives: Treating students like customers.", *Journal of Marketing Education* 16 (Summer), 26-33.

Le descriptif des cours de méthodologie, un discours métaréflexif ?

Georgeta C‍ISLARU
Université Paris 3
Syled-Cediscor
Chantal C‍LAUDEL
Université Paris 8
Syled-Cediscor (Paris 3)

RESUMÉ

Ce travail interroge les spécificités discursives et culturelles des descriptifs des cours de méthodologie de la recherche issus d'universités françaises et étrangères. Dans le cadre d'une approche discursive et textométrique, ces descriptifs sont étudiés en tant que segments d'un continuum de discours universitaires susceptibles de rendre compte des représentations du cadre universitaire, des stéréotypes liés à l'activité de recherche et des fondements culturels et idéologiques qui les sous-tendent.

MOTS-CLÉS

Discours universitaire • métaréflexivité • stéréotypage • énonciation • codes culturels.

ABSTRACT

This work asks questions about the discursive and cultural specificities of the courses in the methodology of research offered by French and foreign universities. In the framework of a discursive and textometric approach, these descriptions are studied as segments of a continuum of university discourse capable of accounting for representations of the university framework, stereotypes linked to the activity of research, and the cultural and ideological foundations that underlie them.

KEYWORDS

University discourse • meta-reflexivity • stereotyping • enunciation • cultural codes.

*   *
*

Principes et typologie des discours universitaires

1. Introduction

Tout d'abord, il convient de situer notre objet, les descriptifs des cours de méthodologie de la recherche. Ces discours ont un ancrage socio-temporel spécifique : ils ont été introduits dans l'université française suite à la réforme L. M. D. (licence, master, doctorat), en première ou deuxième année de master, afin d'accompagner la formation à la recherche. Dans les universités étrangères, les cours de méthodologie de la recherche sont présents dans les formations depuis plusieurs années, notamment pour ce qui est du Canada, de la Belgique ou de la Suisse.

Ces descriptifs s'insèrent dans des discours « dominants » concernant les missions de l'université en termes de formation et de recherche, d'accompagnement des étudiants dans leurs parcours, etc. Reste à identifier le type de discours dont relèvent ces textes : s'agit-il d'un discours pédagogique, compte tenu du fait qu'on a affaire à des descriptifs de cours ? S'agit-il de discours universitaires, étant donné leur ancrage institutionnel ? S'agit-il de discours académique au sens plus large du terme ?

La question qui se pose est de déterminer la place de ces discours dans le paysage universitaire — plus précisément, d'en identifier le segment dans le continuum du discours universitaire — en tant qu'écrits fixant le cadre et les règles d'accession à une éventuelle carrière universitaire. Pour ce faire, nous examinerons un corpus contrastif, ce qui nous permettra de rendre compte de l'inscription culturelle — ou, plutôt, idéologique — du registre discursif étudié et, en extrapolant, des discours universitaires en général.

2. Le discours universitaire : spécificités formelles et contextuelles

2.1. Implications sociologiques : la posture du chercheur

Les sociologues ont commencé à s'intéresser à l'université et à la science en tant qu'objets d'analyse depuis les années 1960 : d'abord, en s'interrogeant sur la place de la science (Ziman 1968), ensuite en s'intéressant à l'homme (Bourdieu 1984) et à son discours, qui se confond avec le discours de la science (Gilbert & Mulkay 1984, Bourdieu 2001). Dans ce contexte, il est question de connaissance, de rapports de pouvoir dans le monde académique, de style de vie, ainsi que de représentation subjective dans les discours scientifiques.

Ces travaux montrent, d'une part, que le monde académique / universitaire / scientifique est un monde à part entière, avec ses « droits d'entrée », ses contraintes et ses spécificités ; d'autre part, que les discours qui y sont produits laissent transparaître un souci d'objectivité[1] qui se manifeste dans l'effacement des traces de subjectivité et qui est maintenu même lorsque des occurrences de *je* apparaissent.

---

[1] À la quête d'objectivité dont se prévaut le monde de la recherche, Bourdieu répond cependant qu'il « n'y a pas d'objet qui n'engage un point de vue, s'agirait-il de l'objet produit dans l'intention d'abolir le point de vue, c'est-à-dire la partialité, de dépasser la perspective partielle qui est associée à une position dans l'espace étudié » (1984 : 17).

Dans les articles scientifiques, notent Gilbert & Mulkay (1984 : 39 et *sq.*), l'intervention humaine dans la science est absente, le chercheur ne se manifestant que comme force capable de produire des expériences et obligée à formuler les conclusions qui en ressortent. Le chercheur apparaît comme passif, et cette qualité est l'une de celles qu'on attache aux caractéristiques du monde académique / universitaire / scientifique où la vérité se raconte d'elle-même.

Le principe de l'effacement du sujet est le produit d'une évolution historique. Licoppe (1996 : 53-54) signale par exemple la prééminence des récits à la première personne dans les comptes rendus académiques datant du XVIIe siècle. Ces écrits s'appuient sur la structure « X fit (quelques opérations dans le laboratoire) et X vit quelque chose », X étant souvent représenté par *je*, éventuellement par *nous*, et seulement exceptionnellement par *on*. Ce pronom *on* finit par disparaître des écrits à la fin du XVIIe siècle, marquant ainsi le passage d'une énonciation qui « s'opère sur un mode collectif et récuse l'appropriation individuelle » (1996 : 67) — contrainte par une Académie aspirant à produire des connaissances sous l'égide d'une autorité collective — à l'autorisation de publications « sous forme nominative » (1996 : 85).

De nos jours, l'effacement du sujet est volontaire et conscient car, comme le montrent Gilbert & Mulkay (1984 : 50), la vie académique est prise en compte en dehors des textes scientifiques, et son rôle (tels les liens humains établis au sein d'un laboratoire) dans les résultats de la recherche est reconnu par les chercheurs. L'effacement du sujet s'explique, selon Goetz, par un souci de pérennisation de la souveraineté du discours :

> En fait, il s'agit de parvenir à une souveraineté du discours lui-même, du discours en tant que tel. C'est pourquoi l'impersonnalité est de mise — ce qui confère d'ailleurs au discours universitaire sa qualité essentielle qui est d'être reposant. Les signes qui individualisent la parole se doivent d'être discrets, détachés, et humoristiques (un brin). (Goetz 2000 : 4)

Parmi les caractéristiques du discours universitaire, on mentionne donc son caractère impersonnel, écrit et non spontané, ininterrompu et historique, en ce qu'il constitue la communauté même, dialogique (Goetz), rituel et quasi-sacré (Bourdieu 1984 : 103, Poty 2000).

> Au sein de ce cérémonial — figurant le contexte scientifique ou plus largement le champ du savoir reconnu — l'allocutaire et le locuteur écoutent et parlent non pas un même langage mais le produit d'un logos — entendez une matrice — chargé de distribuer les éléments constitutifs et significatifs de la parole, au regard d'un ordre graduel de référence.
> La spécificité du discours universitaire réside donc davantage dans sa forme que dans son objet. (Poty 2000 : 2-3)

De nombreuses études linguistiques et discursives abordent une série des aspects signalés par la sociologie et la philosophie des sciences, en faisant notamment des observations sur la structuration des discours universitaires.

Principes et typologie des discours universitaires

2.2. Analyses de discours académiques : quelles problématiques, quels objets ?

Comme le note Shaw (2007 : 4), les travaux linguistico-discursifs menés sur les discours universitaires portent essentiellement sur les discours écrits : articles de recherche (Hyland 2005, Poudat 2006, Fløttum *et alii.* 2006, 2007, etc.), mémoires de maîtrise, DEA (Reuter 1998), rapports de soutenance (Dardy, Ducard, Maingueneau 2002), etc. Les discours oraux ne sont pas pour autant complètement négligés, comme en témoigne l'étude d'Ali Bouacha (1984) qui aborde sous l'angle de l'analyse du discours le cours universitaire dans trois disciplines (informatique, linguistique et biologie). Dans le cadre de notre recherche, qui porte sur des écrits constituant un préambule au discours oral du cours, c'est plutôt aux études sur l'écrit que l'on va se référer.

Dans leur ouvrage de 2006, Fløttum *et alii.* analysent près de 450 articles de recherche issus de trois disciplines : économie, linguistique, médecine, en trois langues : anglais, français, norvégien[2], l'objectif poursuivi étant de dégager des divergences et des similitudes selon le mode de représentation des différents acteurs (auteurs-scripteurs, lecteurs, chercheurs, etc.). Cette étude montre que les contraintes disciplinaires ou discursives peuvent se manifester à des niveaux différents, et met en relief des variations selon la nature des catégories observées : l'approche du métatexte et des références bibliographiques témoigne de différences entre disciplines, tandis que l'analyse des pronoms et de la négation signalent des variations entre les langues.

Poudat (2006) se propose quant à elle de mettre au jour le « profil morphosyntaxique » du genre « article scientifique » ; elle conclut à une intériorisation du format par les auteurs, ceux-ci ne s'éloignant que très peu des patrons ayant cours dans la communauté scientifique concernée. Le sujet-scripteur semble ainsi entièrement « subordonné » aux contraintes de son objet, ce qui ne fait que renforcer la tendance à l'objectivité dans les textes scientifiques :

> La séparation conventionnelle entre sujet et objet impose aux textes scientifiques une mimésis de l'objectivité, d'où par exemple les stratégies d'effacement ou d'euphémisation de l'énonciateur […] (Rastier 2005)

Retraçant dans les grandes lignes l'histoire du discours scientifique, Fløttum *et alii* précisent :

> […] les écrits scientifiques sont censés représenter une forme de présentation avant tout objective. Dans une certaine mesure, on peut dire que l'expérience scientifique ne représentait pas seulement une méthode mais aussi une forme de présentation idéale, où l'expérience devait se raconter elle-même sans aucune intervention de l'auteur. (2007 : 96)

Une telle démarche trouverait ses origines « dans le schéma IMRD (acronyme anglais pour *Introduction, Method/Materials, Result, Discussion*) » que l'on doit à la psychologie expérimentale des années 1920. De nos jours ce sont essentiellement les

---

[2] Il s'agit du projet *KIAP : Kulturell Identitet i Akademisk Prosa* (Identité culturelle dans le discours scientifique : nationale vs disciplinaire).

sciences naturelles qui recourent à cette approche dans laquelle l'auteur-scripteur n'est normalement présent que « dans certaines parties déterminées de l'article, à savoir dans *la discussion* et dans une certaine mesure dans *l'introduction* » (2007 : 97).

Cependant, Fløttum *et alii* (2007 : 100) notent une augmentation de l'emploi de *je* dans les écrits scientifiques en français, ce qui va dans le sens du constat dressé par Gjesdal (2003) concernant la forte augmentation de l'emploi de *je* et la stabilité de l'utilisation de *on* dans les articles scientifiques diffusés entre 1978 et 2000. L'examen des pronoms permet en outre de dégager un emploi différencié selon la discipline concernée : « les linguistes sont les plus explicites et les médecins les moins explicites ; les économistes se situent entre ces deux extrêmes » (Fløttum *et al.* 2007 : 101). Ceci met en relief une gradation dans l'écart à la norme au regard des attentes du genre.

Bien que l'objectivité et la neutralité demeurent l'apanage du discours scientifique, le déplacement de la tendance semble donc avéré. Fløttum *et alii* voient dans l'expression de la subjectivité un moyen « de promouvoir sa propre recherche, et même, dans certains cas, aux dépens de la recherche d'autres chercheurs » (2007 : 97). Est-ce à dire que les chercheurs en sciences humaines sont soumis à une compétition plus rude que ceux de sciences exactes, ceux-là usant plus largement de formes de subjectivité dans leurs écrits que ceux-ci ? Delépine articule le tour personnel donné par le chercheur à ses écrits à la nature de la relation qui l'unit à son objet. Rendant compte de la première thèse soutenue sur les Kerguelen en 1932[3], l'auteur précise que bien que la démarche soit inhabituelle, le scripteur use de la première personne. Ce phénomène est interprété comme permettant de révéler « le lien personnel qui semble [...] se former entre le scientifique et l'objet si singulier de son étude que sont les Kerguelen » (2006 : 151). Et de poursuivre :

> On dit et on répète que le discours scientifique est impersonnel, et nie l'individualité : nous croyons avoir montré que cela dépend en grande partie de l'objet d'étude, et que nombreux sont les scientifiques qui ne peuvent s'empêcher de faire passer dans leurs textes un peu de la profonde émotion éprouvée au milieu d'une nature exceptionnelle, et encore peu soumise à la fréquentations des hommes. (2006 : 151)

Que les discours de sciences humaines comportent des traces de subjectivité plus nombreuses que ceux provenant des sciences exactes n'a donc rien de surprenant.

Mais quelle que soit la nature des disciplines et des travaux engagés, l'objectif poursuivi est de mettre au jour les configurations discursives privilégiées par le milieu scientifique. En ce sens, c'est le format typique de ces discours — ou encore, sa matrice — qui est au cœur des recherches. Et pour cause :

> La liberté des éléments sémantiques est [...] limitée, non seulement par les contraintes *contextuelles*, mais aussi par les conventions qui lient tel ou tel énoncé à telle ou telle *situation* typique qui déclenche globalement, presque automatiquement, l'énoncé correspondant. (Fonagy 1982 : 4)

Selon Fonagy (1982 : 12-14), qu'ils soient écrits en français ou en anglais, les articles scientifiques possèdent « une charpente » commune et permanente qui se mani-

---

[3] Par un géologue : Edgar Aubert de La Rüe.

Principes et typologie des discours universitaires

feste par des clichés de langage annonçant les différentes étapes de l'exposition de la recherche.

On constate ainsi que même la partie la plus créative des discours universitaires est marquée par la stéréotypie, par des formats linguistico-discursifs qui, n'en doutons pas, sont des signes particuliers des spécificités du système.

3. Analyses

3.1. Présentation du corpus et de la méthode

Le corpus, recueilli sur Internet, est constitué de 40 descriptifs de cours de méthodologie dont 20 textes issus d'universités et d'écoles françaises et 20 textes issus d'universités étrangères. Mais, si un équilibre entre les universités franciliennes et les universités de province a pu être atteint, la plupart des descriptifs étrangers émanent des universités canadiennes, belges et suisses. On notera cependant qu'il s'agit de pays francophones. On ne pourra donc pas imputer les différences relevées lors de l'analyse aux contraintes linguistiques et à l'utilisation du français en tant que langue seconde.

L'ensemble des descriptifs, d'un volume allant de 1/3 de page à 3 pages, comprend au moins deux parties : une sorte d'introduction qui précise les objectifs/attentes du cours, et une partie exposant le déroulement du travail et les différentes étapes de la formation. Dans la partie introductive, visant à présenter l'institution, les descriptifs véhiculent une certaine image de l'université, de son fonctionnement, des normes en vigueur. Dans la partie plus spécifiquement centrée sur le cours, ils informent concrètement sur les moyens offerts pour atteindre cette norme et sur les attentes quant aux performances des étudiants. La façon de rendre compte des acteurs, des démarches pédagogiques, des objectifs poursuivis, etc. témoigne de cette double orientation, l'une tournée vers l'extérieur, l'autre vers l'intérieur.

Pour étudier ce corpus, nous avons opté pour une approche discursive s'inspirant des travaux antérieurs sur les discours universitaires (cf. Moirand 1988, par exemple) et pour une analyse textométrique (en utilisant le logiciel Lexico 3[4]) qui nous a permis d'avoir une représentation statistique de certains usages discursifs. Nous nous sommes principalement centrées sur une analyse énonciative, en étudiant les marques de la personne (*je/tu, nous/vous, il/s, on*), les modalités — et plus particulièrement les modalités déontiques —, la nomination des acteurs de la formation (enseignant et étudiants), l'utilisation des temps verbaux et la désignation des objectifs et des attentes du cours. Cependant, nous avons fait le choix de ne pas regrouper les résultats de l'analyse par catégorie de formes analysées, mais de croiser les données au niveau interprétatif et d'offrir ainsi à la fois une vue d'ensemble et une analyse contrastée des descriptifs des cours de méthodologie de la recherche français et étrangers.

Les deux grands plans qui ressortent de l'analyse concernent les représentations du cadre universitaire (à travers la mise en place de l'identité du champ, des attentes, des exigences) et la mise en scène des acteurs de la formation à la recherche. Corollairement, se sont des représentations de l'activité même de recherche que nous avons recueillies.

---

[4] Développé par A. Salem et S. Fleury (Syled, université Paris 3).

3.2. Représentations du cadre universitaire et/ou disciplinaire

À l'instar des autres types d'écrits universitaires, le cadre est régulièrement fixé dès la première phrase des descriptifs : *ce cours de méthodologie vise à*... Ainsi établi, le cadre est renforcé par la stéréotypie due à la fréquence de certains lexèmes et syntagmes : sans aucune surprise, *la recherche, le cours, la méthodologie, les données*, mais aussi *le travail, le mémoire* et *les méthodes* dans le corpus français, *les sciences, les méthodes (qualitatives)* et *la rédaction* dans le corpus étranger, occupent une place de choix, comme on peut le voir dans le tableau 1 :

Corpus français (3040 formes)	Corpus étranger (3770 formes)
Recherche - 150	Recherche - 219
Cours - 54	Cours - 91
M/méthodologie - 53	Sciences - 87
Paris - 47	Données - 78
Travail - 46	Méthodes - 77
Données - 37	M/méthodologie - 62
Mémoire - 33	Paris - 61
Méthodes - 32	Qualitatives - 59

Tableau 1. Extrait du dictionnaire de fréquences des deux corpus

Les descriptifs renvoient donc avant tout à un cadre clos, axé sur le cours et ses objectifs.

La consistance du cadre est assurée grâce à des structures attributives à valeur générale ou définitoire :

[1]   Un corpus **est *une collection de données*** langagières sélectionnées et organisées selon des critères linguistiques explicites (F)

Y contribue également la formulation des objectifs du cours :

[2]   Le cours de Méthodologie en sciences humaines a pour but *l'initiation des étudiants au travail intellectuel* (E)

Les modalités déontiques, qu'elles se rapportent aux étapes du cours (ex. [3]) ou aux qualités à intégrer par l'étudiant (ex. [4]), configurent une norme générale du domaine de recherche (ex. [5]) :

[3]   Les étudiants **devront produire** chacun une fiche de lecture de 5 pages environ

[4]   L'étudiant **doit être capable de produire** et de critiquer des recherches en sciences de gestion.

[5]   Un bon chercheur s'intéresse toujours aux questions de validité et de fiabilité et il **doit avoir** une idée précise sur le rôle de la théorie.

À ce niveau, on relève une série de différences marquantes entre le corpus français et le corpus étranger. Ainsi, le premier privilégie les modalités déontiques formulées au futur (*devra*), alors que le deuxième articule les modalités déontiques au présent (*doit être capable*), l'utilisation de l'impersonnel *il faut* et le mode Impératif :

[6]   Le travail demandé **devra *être remis*** à mon bureau. (F)
[7]   **Il faut** donc se concentrer sur l'essentiel. ***Documentez-vous*** d'abord […]. (E)

S'il faut parler d'une norme, on constate donc que celle-ci semble se limiter à fixer les objectifs à atteindre dans les universités étrangères, en laissant une plus grande liberté dans la marche à suivre. À l'inverse, l'université française attache une très grande importance à la norme qu'on pourrait qualifier de « procédurale » et qui définit d'emblée les moyens utilisés pour atteindre les objectifs fixés.

Les actions et activités visant à atteindre la norme universitaire sont généralement formulées au futur :

[8]   **Les étudiants seront** initiés à leur pratique par la réalisation d'une enquête de terrain pendant laquelle ils réalise**ront** […]

On peut se demander si l'utilisation du futur — tout à fait justifiée par le statut des descriptifs, qui sont non-finis, en tant que préalables au cours — ne signale pas ici un certain engagement à atteindre les objectifs du cours en suivant les étapes exposées dans le descriptif. Or, l'objectif du cours concerne en réalité les étudiants : ce sont eux qui sont censés « devenir capables de », acquérir des compétences qui feront d'eux des chercheurs. Dans cette optique, on semble proche d'un « contrat » passé entre enseignant et étudiants, dans lequel seraient fixés les objectifs à atteindre. À ce sujet, une étude plus approfondie des tiroirs verbaux peut être envisagée afin de vérifier si on a affaire ici à une « marketisation » du discours à l'université telle qu'elle a été décrite par Fairclough (1993). On peut notamment observer les proportions entre futur et modalités déontiques, Fairclough interprétant l'effacement des modalités déontiques explicites comme un indice de marketisation ; quantitativement, c'est dans le corpus français que les modalités déontiques sont davantage en retrait, avec 17 occurrences de *devoir* (toutes formes confondues), contre 31 occurrences de *devoir* et 11 occurrences de *falloir* dans le corpus étranger.

3.3. Les acteurs universitaires dans le cadre du cours de méthodologie

Les descriptifs des cours de méthodologie sont généralement rédigés par le ou les enseignants responsables de la formation et s'adressent à un public d'étudiants susceptibles de suivre le cours. Ces deux groupes d'acteurs sont-ils bien représentés dans les descriptifs ? Quels rapports établit-on entre eux ? En répondant à ces deux questions, nous pourrons rendre compte de la place qu'occupent les différents acteurs dans l'enseignement et la recherche (ou, plus globalement, dans le cadre universitaire).

Tout d'abord, au niveau énonciatif, les enseignants et les étudiants sont représentés par quelques occurrences de *nous* et plusieurs occurrences de *vous*, ce qui signale l'existence d'un « échange » entre les acteurs. Mais la valeur de cet échange n'est pas la même selon les corpus. Les 9 occurrences de *vous* relevées dans le corpus français servent à exposer les conditions, la démarche ou la nature de la tâche à réaliser (***Vous** disposez de 20 minutes*) ; dans le corpus étranger, les 19 occurrences de *vous* permettent l'introduction de conseils d'ordre méthodologique ou pratique (*étudiez toute documentation que **vous** pouvez obtenir facilement*). En français, l'étudiant est plongé au cœur même du travail universitaire, tandis que dans le corpus étranger, *vous* place l'étudiant à la frontière du travail : il n'y est pas encore tout à fait immergé ; on le guide, étape par étape.

Les manières de désigner ou le choix de ne pas désigner révèlent des représentations bien précises de la place qu'on accorde à telle ou telle catégorie d'acteurs. Notons d'emblée que les deux groupes d'acteurs ne sont pas représentés de manière équilibrée : si les étudiants apparaissent explicitement dans le corpus (38 occurrences d'*étudiant/s* dans le corpus français et 45 dans le corpus étranger), on mentionne très peu les enseignants (14 occ. d'*enseignant/s* dans le corpus français et 1 occ. de *professeur* dans le corpus étranger). La détermination de ces désignations est également un indice des représentations du monde universitaire. Ainsi, dans les premières lignes des descriptifs, *étudiant* est introduit par un article défini (dans le corpus étranger) ou indéfini (dans le corpus français) singulier à valeur générique : est visée soit la catégorie de l'étudiant en général (ex. [9]) soit la classe entière des futurs étudiants (*ceux qui entrent à l'université*) et non un profil d'étudiant particulier :

[9] Aujourd'hui **l'étudiant** universitaire est de plus en plus confronté à poser des choix successifs au cours de sa formation. (E)
[10] **l'étudiant** recevra tout son enseignement sous la forme de discours (cours, syllabus, livres). (E)

Une telle stratégie discursive n'est pas anodine, s'agissant de cours qui s'adressent pour la plupart à des étudiants de Master. Cette démarche met en relief l'une des visées du descriptif en ligne qui est non seulement destiné à offrir un aperçu du contenu des cours aux étudiants intéressés et/ou susceptibles de s'y inscrire, mais aussi d'attirer des personnes extérieures à l'université et de leur présenter le cadre général de l'université. Le discours des résumés de cours s'apparente ainsi à un discours à visée promotionnelle, et le cours de méthodologie apparaît comme la médiation entre « chaque étudiant » potentiel (donc, somme toute, générique) et l'étudiant en tant qu'idéal-type à atteindre. Est-ce cette représentation du cours qui est à l'origine du placement de l'étudiant en position passive de récepteur (ex. [10]) ?

On constate que si l'enseignant n'est que très rarement désigné dans le corpus, pour des rôles précis, tel celui d'évaluateur ou de directeur (mais jamais de formateur !), il n'en est pas absent pour autant. La récurrence des tournures passives indique que l'enseignant est de fait effacé (28 cas d'effacement dans le corpus français, 30 dans le corpus étranger), sa position pouvant être facilement inférée en reconstituant le complément d'agent grâce à l'analyse sémantique des verbes et à leur contextualisation dans le cadre du cours :

[11] Une bibliographie **sera distribuée** au début de l'année (F)

Certains passifs peuvent donner lieu à plusieurs interprétations : dans l'exemple ci-dessous on est en droit de se demander si ce sont les étudiants ou bien les enseignants qui compareront :

[12] Leurs généralisations seront comparées ensuite avec des traitements du même phénomène élaborés dans des cadres théories mieux établis… (F)

Cette ambiguïté indique que la répartition des rôles est moins nette que l'on aurait pu l'imaginer. Mais plutôt que de considérer ce phénomène comme révélateur d'une mauvaise gestion du programme du cours, il nous semble qu'il s'agit là d'une démarche visant à suggérer le caractère conjoint des activités dans le cadre du cours, qui peuvent être envisagées en deux temps, ou à deux niveaux — les obligations de l'étudiant correspondant aux attentes/exigences de l'enseignant :

[13] Parmi les questions d'ordre rédactionnel, une attention particulière sera réservée à la capacité de synthèse, à la position du scripteur par rapport aux thèses qu'il convoque... (E)

L'effacement favorise par ailleurs le brouillage énonciatif et facilite la mise en scène d'un acteur en surplomb : le rôle de « chercheur » correspondant à l'objectif à atteindre :

[14] Dans les livres de méthode « traditionnels » l'analyse qualitative est négligée à part la discussion de quelques techniques (E)
[15] En analyse politique publique par exemple les documents sont « scannés à l'œil » pour des éléments intéressants (E)

Ce brouillage est amplifié par l'usage de *on*, pronom incolore qui constitue le point de rencontre entre acteurs spécifiques et acteur prototypique :

[16] Structuration habituelle de l'entretien
on prépare une liste de questions (souvent générales)
pour chaque question **on** prépare une liste de points importants à couvrir (E)
[17] Cela tient à la nature du domaine Lettres et Sciences Humaines (**on** s'appuie sur des objectifs plutôt que sur de véritables hypothèses) (F)

Sont ainsi mis en évidence les normes, les pratiques et les habitus du monde de la recherche auquel les étudiants seront préparés dans le cadre des cours de méthodologie de la recherche.

4. Conclusion

En conclusion, nous insisterons sur trois points :

- la prééminence de la forme ;
- les différences culturelles ;
- la métaréflexivité du corpus.

L'emploi et la fréquence des formes linguistiques sur lesquelles a porté notre analyse indiquent une proximité formelle forte entre les descriptifs des cours de méthodologie et les articles scientifiques. On est en présence d'une sorte d'homogénéité, de transversalité qui suggère un continuum de discours universitaires. La prééminence de la forme, le stéréotypage des normes, des objectifs et des étapes à suivre pour atteindre ces objectifs signalent un contexte empreint d'idéologie. La formation à la recherche est formatée : pour devenir chercheur, il faut passer par telles ou telles étapes, faire telles ou telles activités, dans tel et tel ordre ; ce formatage pourrait être dû en partie à la dimension « sacrée » — qui invite à croire et à suivre — du discours universitaire.

Au niveau contrastif, on a pu constater que la même langue peut être utilisée pour structurer des représentations et des cadres différents. Bien évidemment, le corpus que nous avons étudié ne permet pas de tirer des conclusions exhaustives à ce sujet. Néanmoins, les différences signalées entre le corpus français et le corpus étranger indiquent que le discours universitaire obéit à des contraintes autres que linguistiques.

Enfin, nous répondrons à la question posée dans le titre par l'affirmative : les descriptifs des cours de méthodologie constituent un discours métaréflexif dès lors i) qu'ils parlent de leur propre domaine ; ii) qu'ils font appel à des stéréotypes et à des lieux communs qu'ils utilisent pour fixer leur propre cadre. On empruntera à Mayaffre[5] (2002) la notion de corpus réflexif pour aborder la dimension interprétative de notre corpus. Si, contrairement à lui, nous restons réservées quant à la réelle autosuffisance d'un corpus dit réflexif, la notion de réflexivité semble bien rendre compte de l'inscription des descriptifs des cours de méthodologie dans le continuum du discours universitaire, dans la diversité de genres et de types qu'on peut y croiser. On approche ainsi une définition sociologique de la réflexivité, en tant qu'utilisation systématique des savoirs sur la société pour organiser et transformer cette dernière.

Repères bibliographiques

ALI BOUACHA M. (1984), *Le discours universitaire, La rhétorique et ses pouvoirs*, Berne, Peter Lang.
BOURDIEU P. (1984), *Homo academicus*, Paris, Minuit.
—— (1984), *Questions de sociologie,* Paris, Minuit.
—— (2001), *Science de la science et réflexivité*, Paris, Raisons d'agir.
DARDY C., D. DUCARD & D. MAINGUENEAU (2002), *Un genre universitaire : le rapport de soutenance de thèse*, Villeneuve d'Ascq, PU du Septentrion.
DELÉPINE G. (2006), « Le discours scientifique dans les relations de voyages aux îles australes », *in* S. Linon-Chipon & D. Vaj (éd.), *Relations savantes : voyages et discours scientifiques*, Paris, PSN, 143-152.
FAIRCLOUGH N. (1993), « Critical Discourse Analysis and the Marketization of Public Discourse: The Universities », *Discourse and Society* 4 (2), 133-168.
FLØTTUM K. (ed.) (2007), *Language and Discipline Perspectives on Academic Discourse,* Cambridge, Cambridge Scholars Publishing.
——, T. DAHL & T. KINN (2006), *Academic Voices, Across languages and disciplines,* Amsterdam, Philadelphia, John Benjamins.
——, K. JONASSON & C. NORÉN (2007), *ON pronom à facettes*, Bruxelles, De Boeck.
FONAGY I. (1982), *Situation et signification*, Amsterdam - Philadelphia, John Benjamins.
GILBERT G. N. & M. MULKAY (1984), *Opening Pandora'sBox, A Sociologial Analysis of Scientists' Discourse*, Cambridge, CUP.
GOETZ B. (2000), « D'un discours ininterrompu... », *Le Portique 6*, Le discours universitaire, http://leportique.revues.org/document445.html, consulté le 19 avril 2008.

---

[5] « Nous entendons par réflexivité du corpus le fait que ses constituants (articles de presse, discours politiques, pièces de théâtre ; de manière plus générale, sous-parties) renvoient les uns aux autres pour former un réseau sémantique performant dans un tout (le corpus) cohérent et auto-suffisant. » (Mayaffre 2002 : 35)

GJESDAL A.-M. (2003), *L'emploi du pronom "on" dans les articles de recherche. Une étude diachronique et qualitative*, Mémoire, Université de Bergen, Institut d'Études romanes.

HYLAND K. (2005), « Stance and engagement: a model of interaction in academic discourse », *Discourse Studies* 7, 173-192.

LICOPPE C. (1996), *La formation de la pratique scientifique, Le discours de l'expérience en France et en Angleterre (1630-1820)*, Paris, La Découverte.

MAYAFFRE D. (2002), « Les corpus réflexifs : entre architextualité et hypertextualité », *Corpus* 1, Corpus et recherches linguistiques - novembre 2002, http://corpus.revues.org/document11.html, consulté le 08 avril 2008

MOIRAND S. (1988), *Une histoire de discours...*, Paris, Hachette.

POTY M. (2000), « Et Dieu créa la fac ? Le sacré, le rituel et le temporel dans leurs rapports avec le discours universitaire », *Le Portique* 6, Le discours universitaire, http://leportique.revues.org/document446.html, consulté le 19 avril 2008.

POUDAT C. (2006), *Étude contrastive de l'article scientifique de revue linguistique dans une perspective d'analyse des genres*, thèse de doctorat en sciences du langage, Université d'Orléans.

REUTER Y. (1998), « De quelques obstacles à l'écriture de recherche », *Pratiques de l'écrit et modes d'accès au savoir dans l'enseignement supérieur*, Lidil 17, 11-23.

RASTIER Fr. (2005), « Pour une sémantique des textes théoriques », *Revue de sémantique et de pragmatique* 17, 151-180.

SHAW P. (2007), « Introductory remarks », *in* K. Fløttum (ed.), *Language and Discipline Perspectives on Academic Discourse,* Cambridge, Cambridge Scholars Publishing, 2-13.

ZIMAN J. (1968), *Public Knowledge: The Social Dimension of Science*, Cambridge, CUP.

The Academic Profession as Displayed in the University Lecture

Robert CONNOR
Louisiana State University

ABSTRACT

The discourse displayed in the university lecture reveals much about the academic profession because the speakers present themselves during a single lecture in variety of images including researcher, teacher, friend, etc. This study combines a content analysis of the 183 articles the Modern Language Association's Profession *and an analysis of a dozen academic lectures to identify the images of the academic profession most commonly referenced and how professors project these images in the classroom. The pronouns we, you, and I are keys to understanding the professors' views of their profession because these proforms often refer to abstract communities.*

KEYWORDS
Lecture • professors • profession • styles • pronouns.

RÉSUMÉ

Le discours manifesté lors de la conférence universitaire révèle beaucoup de la profession académique parce que les orateurs se présentent eux-mêmes pendant la même conférence sous une variété d'images incluant le chercheur, l'enseignant, l'ami, etc. Cette étude combine une analyse de contenu de 183 articles du Modern Language Association's Profession *et une analyse d'une douzaine de conférences académiques, pour identifier les images de la profession académique généralement affichées, et la manière dont les professeurs projettent ces images dans la classe. Les pronoms « nous », « vous » et « je » sont des clés pour la compréhension des représentations des professeurs relatives à leur profession parce que ces proformes font souvent allusion à des communautés abstraites.*

MOTS-CLÉS
Conférence • professeurs • profession • styles • pronoms.

*   *
*

1. Introduction

The academic profession needs to understand what it is as a social structure in order to know how its members interact in academic discourse. Examining the underlying images of the profession provides a picture of how professors' experiences fit together. Wenger (1998) uses the term *images* to describe the picture of the community in the mind of its members, and these images make individual actions meaningful through imagination. Imagination in this sense is not a fantasy world, but is the relation between the members and their image of the larger world. Images are the result of the creative process of "generating new relations through time and space that become constitutive of self" (Wenger 1998:148). In this way, stonemasons can view their work as chipping stone or can imagine their work as building cathedrals. Academics can view themselves similarly through narrow or broad perspectives. This study identifies the images of professors as revealed in 183 articles of ten issues of the Modern Language Association's (MLA's) annual *Profession* from 1997-2006. These images include the person's place in the community as well as the community's place in the individual's life. Afterwards, this study begins to explore how the images of the academic profession are projected by professors in their lectures.

2. Methodology

2.1. Framework of analysis

Krippendorff (2004) describes content analysis as a sixty-year-old technique that analyzes textual matter for manifest and latent content. Holsti (1969) lists three principal purposes for content analysis: manifest communication (determining what is said to whom), antecedents of communication (why something is said), and consequences of communication (the effects). My study is primarily concerned the manifest communication of who is speaking and the antecedents of communication (from what perspective or image they are speaking). Janis (1965) lists several classifications of content analysis and its application. My study fits into Janis' semantical content analysis section of his classification, specifically assertions analysis. Krippendorff (2004: 45) describes assertions analysis as providing "the frequency with which certain objects are characterized in a particular way, that is, roughly speaking, thematic analysis." In my study, the objects are aspects of the academic life of professors. The way the academic profession is characterized is divided into several categories, such as outlook and orientation, based on the literature.

Krippendorff (2004: 47) focuses his classification on "how authors *use* the content analytic techniques and on how researchers then justify the *inferences* they draw in their analyses." Two of his categories are applicable to my analysis: indices and institutional processes. Indices were coined in Peirce's (1932) semiotic work that classifies communication into indices, symbols, and icons. Indices indicate an underlying relationship between the signifier and the signified. In content analysis, indexing has been used to infer the source's awareness by the presence or absence of an indicator and to infer the importance of a topic by its frequency of occurrence (Krippendorff, 2004). My study follows the indexical category of reasoning by inferring the awareness and importance

Principes et typologie des discours universitaires

of six literature-based categories of the image of the academic profession. Krippendorff's (2004: 70) second category of institutional processes is also applicable because "institutional structures have their own powerful lives" and "knowing what a bank is enables the individuals in the context of a bank to interact with each other as certain categories of people...regardless of who they are as individuals and regardless of [location]." Institutional process analysis, in the largest sense of institution as a social structure, is applicable to academia as a social institution because academics operate under the constraints of the image of academia, what is expected and considered part of the community. My study categorizes the images of academia in which academics operate.

2.2. Analytic constructs

Krippendorff (2004: 36) states that "the purpose of analytical constructs is to ensure that texts are processed in reference to what is known about their use. If the essays focus on a topic extensively or intensively, then this topic is important to the text. If the essays portray the life of a professor a certain way, then this portrayal reflects the reality of the author. Inferences can be made of the personal images of professors by how they are portrayed in the texts. Content analysis is well suited to this study because it provides insight into the underlying messages (latent content) as well as the overt messages (manifest content) of the texts. The constructs under investigation include the outlook, goal orientation, relationships to professors, relationships to students, academic mission, and tasks. These constructs unite to form the image of the academic profession.

Outlook describes the scope of the article based on Clark's (1997) discussion of fracturing versus uniting influences. Fracturing influences lead to division within the profession and the academic community whether along institutional or disciplinary lines while uniting influences lead to common association. This aspect of outlook is termed local and global in this study. Local outlook describes an article that places the profession within the context of the individual person or the individual university. Global outlook describes an article that places the profession within the context of global themes or historical movements.

Goal orientation describes the orientation of the article in regards to the goal of the professor in the profession. This is based on Tierney and Rhoads's (1997) divestiture versus investiture model. A professional orientation (divestiture) views the professor as a tool in the furthering of the goals of the profession. The person is molded in the model of the profession. A personal orientation (investiture) views the profession as a tool in furthering the goals of the individual professor so that individuality is welcomed.

The relationship to other professors describes the relationship of the professor to other professors based on Tierney and Rhoads's (1997) collective versus singular scale. A cooperative relationship is one of mutual aid and understanding to fulfill common goals. A competitive relationship is one of fulfillment of the goals of individuals even if it involves the participation of several individuals.

The relationship to students describes the relationship of the professor to students in terms of equality. Servicing relationships describes the view of students as receivers of the knowledge of professors as the statements by the American Association of University Professors (1933) imply. Apprenticeship describes the introduction of the student into a community through mentoring and increasingly complex tasks as described by Axelrod (1973).

Academic mission describes the mission of the profession in regards to the larger society. This category emerges from the *Profession* articles themselves. The first subcategory of career growth mission views the profession as a vehicle for personal advancement. Next, knowledge advancement mission views the profession as a vehicle for the advancement of a field. Finally, social justice mission views the profession as a vehicle for the rights of a group. This subcategory of social justice emerged as a category in the analysis as articles sought to make justice in the larger society.

Task describes the articles' descriptions of the tasks of a professor. Teaching is the task of sharing knowledge with students. Research is the task of refining knowledge to advance the understanding of a subject. Two types of service emerged from the analysis: community advancement is the task of advancing the field, and institutional advancement is the task of advancing the university institution.

From these constructs, images of the professors in the academic profession are inferred. These images are prominently displayed in the lecture.

2.3. Data

MLA *Profession* has been written since 1977 to provide "a publication through which language and literature teachers can debate what are usually called 'professional matter'" (Brod & Neel 1977: iii). This annual collection of essays, in the front cover of each edition, describes itself as "a journal of opinion about and for the modern language profession" describing "current intellectual, curricular, and professional trends." This collection was chosen for my study because the MLA is such a large organization, and its membership refers often to the collection as a resource in their field. MLA distributes *Profession* to its members each year, so *Profession* is current. Editions of *Profession* often refer to previous editions, so the series could be thought of as a long conversation. This analysis examines ten issues of the MLA Profession from 1997 to 2006 containing 183 articles.

Each essay is included in the analysis so that the study uses the census method of sampling. Each issue has about 18 essays of 1800 to 5000 words, so this method of sampling resulted in 183 analyzed essays. The most current ten years of essays was chosen because this study is focused on the current images of professors. *Profession* includes some committee reports and editors' notes which are not included in this analysis.

3. Results

3.1. Outlook: the profession in relation to the surrounding communities

The outlook of the articles is predominantly global (136 to 47, 75%) with many articles situated in the historical and academic trends, such as Dasenbrock's (2004) "Toward a Common Market: Arenas of Cooperation in Literary Study." The historical trends examined include the place of the academic in society while examples of

Principes et typologie des discours universitaires

academic trends include discussion of how the profession of literary criticism is beset with a number of criticisms from certain philosophical perspectives. A few of the articles were local in nature focusing on the individual's journey or an individual university. An example of local orientation is the articles "From the Imperial to the Empirical: Teaching English in Hong Kong" by Eoyang (2000) and "Redefining Mission of the English Department at the University of Louisville: Two Years" by Journet (2004). These local articles examine issues within certain physical contexts or within individual lives. This dichotomy of local versus global is the explicit subject of the *Profession* 1998 article about adding local value "Recognizing Local Value: College Service and the Problem of Portability" by M. Selmon.

The value of the university in the local community does not seem to be as highly valued as contributions to the realm of ideas. Academics' contributions to their immediate surroundings are of secondary importance. In fact, though institutional affiliations are listed for the authors, few of the articles specify how the article was shaped or changed by local circumstance.

A few trends that were discussed in the articles are working to counteract this global outlook. One of the trends appreciating local value is service learning, discussed in Grobman's (2005) "Is There a Place for Service Learning in Literary Studies" and Hanstedt's (2003) "Service and the Life of the Small-School Academic.» However, most other articles point to the denigration of service in the professorial evaluation criteria of research, teaching and service. Later in this analysis, the task-based results describe service as not being directed toward the local community but toward the academic community. An outlook that is global would naturally value advancement in the intellectual communities since these communities are global by definition.

3.2. Goal orientation: the profession in relation to the fulfillment of personal and professional desires

The goal of the professor and profession is very much professionally oriented with the person's goals and desires considered secondary to what the profession requires, but a small number of articles do treat the profession as a function of personal fulfillment. 37 personal are fulfillment articles, and 146 are professionally-oriented articles, roughly 20% and 80 % respectively. In other words, the profession imposes its values on the individuals rather than the individuals seeking to fulfill their desires through the framework of the profession. The individuals do not feel agency to affect change on the profession. They are not able to change the community to which they are part instead they seek to fit themselves into the community's standards. Whitted's (2001) "Why I Teach in an Independent School" is an example of a member fulfilling their personal goals within the community while Broughton and Conlogue's (2001) "What Search Committees Want" is an example of an orientation of changing the individual to fit the mold of the profession. These articles present starkly contrasting views of the profession as a tool toward personal fulfillment versus the person as fulfillment of the profession's needs. For instance, Hellenbrand (2002:80) writes an example of professional orientation where the individuals are asked to change to fit the communities mold, "Before I discuss what it means to work in and chair an English department in a University of Excellence, I need to clarify what dedicated to excellence means." Here, the profession has set the standard of excellence, and the author is describing how it is to be a cog in this system.

3.3. Relationship with peers: Images of the professors in relation to each other

Other academics are predominantly seen as competitors though the number of cooperative articles is not that low (110 to 73, 60% to 40%). The field of academics is broadly seen in the *Profession* articles as a competitive endeavor with colleagues constantly trying to obtain each other's position. This competition seems to be intense especially during the beginning period of the profession and for less experienced professors; however, more experienced professors do not diminish their competitive instincts. For example, articles written by chairs speak of constant bickering for privileges. The competitive drive that is evident among the graduate student and non-tenure-track jobs does not diminish with the passage of time. Rather this competition could be considered a part of the community and even a value of the community rather than an exceptional part of the community for new initiates. Moore's (1999) "Timing a First Entry onto the Academic Job Market: Guidelines for Graduate Students Soon to Complete the PhD" is an example of how the competitiveness starts early and fiercely while McKay and Foster's (2001) "A Collective Experience: Academics Working and Learning Together" is more idealistic and inspires members to the value of cooperation. Moore describes a depressing process in which those applying for jobs have little chance of success, and the search will likely extend for several seasons of searching with the hope of one job offer.

The origin of the competitiveness is difficult to determine, but the data show a cycle as the profession continues this competitiveness. Those of higher rank are more likely to publish, and rank is of such importance that it listed among the few descriptors under the name. So, the profession starts with a competitive entry and continues with a competitive tenure process. The benefits of succeeding in this competition are not only rank and continuing status in the community but also the chance to have a larger voice in the community. This process ensures that the most competitive advance to a higher rank and control the rise of future community members. If competition is not inherent in the members, competition evolves because the least competitive are excluded from the highest ranks. Relating this finding to goal orientation, those members who work within the existing framework are most competitive and likely to be rewarded by their predecessors who had already advanced by the same method.

3.4. Relationship to students: Images of the professors toward students

Students are seen predominantly as clients who are serviced with very few articles (22 articles, 13%) seeing students as contributors to the field. Articles are often denigrating to students. Students are even used for comedic effect such as Gilbert's (1997) description of a student who misunderstood his professor's "fin de siècle" to be "Fantasy éclair." The tone of the article indicates that the blames lies squarely on the students shoulders rather than the professor's communication. Ostriker (1997) viewed her way of teaching as following the tradition of teaching "as my professors instructed me." Lindenberger (1997: 4-5) states that:

> Nearly all my instructors discouraged any questioning of the procedure their students were expected to practice. Except for required courses in bibliography and history of literary theory, every course was centered on a particular period within a single national literature. My instructors generally confined themselves to their own scholarly worlds.

Friedman (1998: 163) provides affirmation of the servicing relationship while longing for previous apprenticeship experiences, "Today neither of these teachers would be tolerated, not alone by students but by typical university administrators, perhaps even by colleagues. They would all be wrong. The classes each taught drew no throngs of satisfied customers."

So few of the academic community members view their students as contributors or junior peers that perhaps students should be not be regarded as such. The findings on local outlook works against students as peers since students are in some ways the prototypical local product. Unless they are certain to become publishing members of the community, students do not add value from a global outlook. This local value of students is especially true of undergraduate students who may have only a passing interest in the academic community of the professor.

3.5. Academic mission: Images of the purpose of academia

The advancement of knowledge is seen to be the mission of the profession (120 articles, 65%) while a few articles regarded career growth as the purpose of the profession (52 articles, 27%). A small number of articles described social justice as important for the profession (11 articles, 8%). The community's goal is to advance the community's understanding of the content area which is reflected in the predominance of knowledge advancement. Kristeva's (2006) "Thinking in Dark Times" is an example of the author viewing the goal of the profession as the preservation of itself. Essentially equating "thinking" with the academic profession, this paper outlines the threats and future of the profession. This insular outcome might be expected because communities often form for one purpose and spend most of their efforts on a different mission. In fact, given that the goal of this journal is community discussion, having so many articles that focus on the research of the community is highly exceptional. MLA almost has an obsession with the community remaining committed to the ideal of the subject.

Close to a quarter of the articles deal with the profession in a career-oriented manner such as Fritz and Sherman's (2001) "The Academic Job Crisis and the Small-Schools Movement." This type of focus would seem to be the norm for such an academic community journal since it most closely aligns with the journal's stated goals of discussing the profession of modern language. The scarcity of career-oriented articles is consistent with the focus of the community on a global outlook where the personal submits to the profession. A trend with a global outlook is the few social justice articles. Social justice articles are found every few years such as Stanton's (2005) "On Linguistic Human Rights and the United States 'Foreign' Language Crisis."

3.6. Tasks: Images of the work of academia

Finally, examining the tasks in which the articles depict professors engaging, research was the task most cited in the profession (107 times). The next most depicted activity was the two service-oriented categories of community advancement (49 times) and institutional advancement (11 times). Finally teaching was mentioned a few times (35 times). So the tasks that are being performed in the profession and on which the articles are giving advice have mostly to do with the research aspect of the profession such as Pinsky's (1997) "The Saving Vulgarity of Poetry" or Delany's (2000) "The University in Pieces: Bill Readings and the Fate of the Humanities.» Together the tasks of community advancement and institutional advancement exceed the task of teaching. So service on committees or working in the community is of secondary importance to research but above teaching. Examples of service-oriented articles include community advancement Pratt's (2003) "Building a New Public Idea about Language" and Geertz's (2003) "A Strange Romance: Anthropology and Literature" while institutional advancement is prominent in Culler's (2003) "Imagining the Coherence of the English Major" and Botshon and Senier's (2000) "The 'How-To' and its Hazards in a Moment of Institutional Change." Some articles explicitly contradict this by speaking of service as the forgotten part of the profession. Teaching is occasionally mentioned such as Arens's (2002) "Teaching and the MLA International Bibliography" and Guillory's (2002) "The Very Idea of Pedagogy."

Research and community advancement are two globally-oriented tasks, and they are the most common tasks cited. Teaching and improving the institution are locally-oriented tasks. So the analysis of tasks supports the overall analysis of the global outlook of the profession.

4. Examining the Academic Lecture

4.1. Synthesis of the image

Examining each of the characteristics together yields an integrated view of the image of the academic profession. The profession is very much concerned with the realm of ideas rather than the immediate surroundings. Individual members are expected to conform to existing norms rather than incorporate new members in their diversity. The university is a competitive environment where competition is fiercely instilled in the beginning and where only the most competitive can advance. Students are not regarded as members of this community but as clients who are serviced by them. This community seeks to advance its subject matter primarily, its member's occupation secondly, and the justice of surrounding communities finally. The task of the community revolves primarily around research in the realm of ideas, advancement of the community of ideas, teaching to the students, and finally advancing the host institution.

4.2. Projection of the image

Examining a dozen monologic lectures to large audiences in U.S. American universities, the projection of these images is clearly noted, especially in the referents of the pronouns *I*, *we*, and *you*. This sample from a chemistry lecture is an example of how the images of the profession are interlaced with the content in the academic lecture:

> Acids are an important class of compounds, and **we**^{1} classify acids in several ways…Experimentally what that means is this. When **you** dissolve a strong acid in water, **you** get a strong electrolyte solution one that conducts electricity very strongly. There are weak acids, which when **you** dissolve in water produces an electrolyte solution which conducts electricity only very weakly. So the term strong and weak that **we**^{2} use really has to do with the strength of the electrolyte solution.

These pronouns refer to distinct aspects of the profession. *We*^{1} refers to a community in the dialogue of colleagues while the *you*'s refer to a community in the action of experimenting and *we*^{2} refers to a community in the act of teaching. The images found in my results are the referents of these pronouns in the lecture so that pronouns link the academic profession to the academic discourse.

5. Conclusion

This analysis of *Profession* identified several dominant characteristics of professors in academic discourse. The community speaks of itself as a global, professional, and competitive environment that emphasizes research and views its students as recipients of services. During the lecture, these characteristics are often referenced. Personal pronouns reveal that the profession is an active participant in the university lecture. Through pronouns, the professors define and situate the discourse, the participants, and their subject matter. Further work is needed to determine the dynamics of pronouns and their academic community referents in the university lecture.

References

AXELROD J. (1973), *The University Teacher as Artist*, San Francisco, Joseey-Bass Publishers.
AMERICAN ASSOCIATION OF UNIVERSITY PROFESSORS (1933), *American Association of University Professors: Report of the Committee on College and University Teaching*, Washington, DC, AAUP, 1933.
ARENS K. (2002), "Teaching and the MLA Bibliography," *Profession,* 158-163.
BOTSHON L. & S. SENIER (2000), "The 'How-to' and Its Hazards in a Moment of Institutional Change," *Profession*, 164-172.
BROD R. & J. NEEL (1977), "From the Editors," *Profession*, iii-iv.

BROUGHTON W. & W CONLOGUE. (2001), "What Search Committees Want," *Profession*, 39-51.
CLARK B. (1997), "Ties of Association.", in P. Altbach & M. Finkelstein (ed.), *The Academic Profession: the Professoriate in Crisis*, New York, Garland Publishing, 95-116.
CULLER J. (2003), "Imagining the Coherence of the English Major," *Profession*, 85-93.
DASENBROCK R. (2004), "Toward a Common Market: Arenas of Cooperation in Literary Study," *Profession*, 63-73.
DELANY S. (2000), "The University in Pieces: Bill Reading and the Fate of the Humanities," *Profession*, 89-96.
EOYANG E. (2000), "From the Imperial to the Empirical: Teaching English in Hong Kong," *Profession*, 201-214.
FRIEDMAN B. (1998), "Night Thoughts on Retiring Early; or, Reflections on How the Tail Wags the Dog," *Profession*, 161-171.
FRITZ H. & D. SHERMAN (2001), "The Academic Job Crisis and the Small-Schools Movement," *Profession*, 58-70.
GEERTZ C. (2003). "A Strange Romance: Anthropology and Literature," *Profession*, 28-36.
GILBERT S. (1997), "Which Way to the Millenium?" *Profession*, 8-12.
GROBMAN L. (2005), "Is There a Place for Service Learning in Literary Studies," *Profession*, 129-140.
GUILLORY J. (2002), "The Very Idea of Pedagogy," *Profession*, 164-177.
HANSTEDT P. (2003), "Service and the Life of a Small-School Academic," *Profession*, 76-84.
HELLENBRAND H. (2002), "Account, Accounting, and Accountability," *Profession*, 80-85.
HOLSTI O. (1969), *Content Analysis for the Social Sciences and Humanities*, Reading, MA, Addison-Wesley.
JANIS I. (1965), "The problem of validating content analysis," in H. Lasswell & N. Leites (ed.), *Language of politics: Studies in quantitative semantics*, Reading, MA, Addison-Wesley, 153-169.
JOURNET D. (2004), "Redefining the Mission of the English Department at the University of Louisville: Two Years," *Profession*, 130-136.
KRIPPENDORF K. (2004), *Content Analysis: An introduction to its methodology*, Thousand Oaks, CA, Sage.
KRISTEVA J. (2006), "Thinking in Dark Times," *Profession*, 13-21.
LINDENBERGER H. (1997), "Breaking Boundaries, Making Connections," *Profession*, 4-10.
MCKAY N. & F. FOSTER (2001), "A Collective Experience" Academics Working and Learning Together," *Profession*, 16-23.
MOORE D. (1999), "Timing a First Entry onto the Academic Job Market: Guidelines for Graduate Students Soon to Complete the PhD," *Profession*, 240-247.
OSTRIKER A. (1997), "Back to the Garden: Literature and Tradition. 'Now and Then'," *Profession*, 24-30.
PEIRCE C. (1932), *Collected Papers of C. S. Peirce*, Cambridge, MA, Harvard University Press.
PINSKY R. (1997), "The Saving Vulgarity of Poetry," *Profession*, 31-34.

PRATT M. L. (2003), "Building a New Public Idea about Language," *Profession,* 110-119.
SELMON M. (1998),"Recognizing Local Value: College Service and the Problem of Portability," *Profession,* 143-150.
STANTON D. (2005), "On Linguistic Human Rights and the United States 'Foreign Language' Crisis," *Profession,* 7-9.
TIERNEY, W. & R. RHOADS (1997), "Conceptualizing Faculty Socialization," in P. Altbach & M. Finkelstein (ed.), *The Academic Profession: the Professoriate in Crisis,* New York, Garland Publishing, 117-128.
WENGER E. (1998), *Communities of Practice: Learning, Meaning and Identity,* Cambridge, University of Cambridge Press.
WHITTED B. (2001), "Why I Teach in an Independent School," *Profession,* 71-77.

La segmentation en unités minimales est-elle propre au genre ?
Quatre discours académiques à la loupe

Anne DISTER
Université catholique de Louvain

RÉSUMÉ

En dépit de leur rôle crucial dans la segmentation des discours, il n'existe pas de consensus dans la littérature sur ce que sont les unités minimales du discours (MDU) et sur la manière de les identifier. Pour notre part, nous définissons les MDU par deux types de critères linguistiques qui relèvent de la syntaxe et de la prosodie. Dans cet article, nous détaillons nos critères de segmentation syntaxique et prosodique, et montrons comment ces deux niveaux coïncident ou non. Cette double segmentation nous permet de dégager trois types d'unités minimales du discours. Notre hypothèse est que les genres discursifs se distinguent selon le type de MDU mobilisé par les locuteurs. Nous avons voulu vérifier cette hypothèse sur un type particulier de discours universitaires, les discours prononcés lors de la rentrée académique.

MOTS-CLÉS
Unité minimale du discours • segmentation prosodique • segmentation syntaxique.

ABSTRACT

In spite of its crucial role in discourse segmentation, there is no consensus in the literature on what a minimal discourse unit (MDU) is and how it should be identified. As far as we are concerned, we define MDU by two types of linguistics criterion which are relevant to syntax and prosody. In this paper, we relate in detail our syntactic and prosodic segmentation criterion and demonstrate how these two levels coincide or not. This double segmentation allows us to draw three types of minimal units of speech. Our hypothesis is that discursive genders can be distinguished by the type of MDU used by speakers. We wanted to confirm this hypothesis on a particular type of academic speech, orations made at the beginning of the academic year.

KEYWORDS
Minimal discourse unit • prosodic segmentation • syntactic segmentation.

*   *

*

Principes et typologie des discours universitaires

1. Introduction

En analyse du discours, il est généralement admis que le discours est hiérarchiquement structuré (Grosz et Sidner 1986, Mann & Thompson 1988, Polanyi 1988, Roulet *et al.* 2001) : un fragment de discours est composé d'un ensemble de segments plus petits reliés les uns aux autres de manière cohérente. Par contre, ce qui diffère d'un modèle à l'autre, c'est la manière dont on définit ces segments constitutifs. Nous considérons qu'une unité minimale du discours est « the smallest interactionally relevant complete linguistic unit, in a given context, that is constructed with syntactic and prosodic resources within its semantic, pragmatic, activity-type specific, and sequential [...] context ». (Selting 2000 : 477)

L'objectif de notre travail[1] est de segmenter les énoncés en unités minimales du discours (dorénavant MDU pour *discourse minimal unit*) sur base de critères fiables et reproductibles afin d'étudier leur contribution dans la structuration des discours. Pour ce faire, seuls des critères linguistiques objectivables ont été retenus : ils concernent d'une part la syntaxe et d'autre part la prosodie (Degand & Simon 2005, Degand *et al.* 2007).

Dans un travail dans lequel nous analysons trois types de discours différents (Degand *et al.* soumis), nous avons pu constater que les liens entre syntaxe et prosodie varient d'un discours à l'autre. Néanmoins, il est parfois difficile d'attribuer les différences relevées à des « genres » particuliers plutôt qu'à une variation inter-locuteurs.

Afin de valider ou d'infirmer l'hypothèse d'une différence qui relèverait du « genre », nous proposons d'analyser si, à l'intérieur d'un même type de textes, les MDU possèdent des propriétés similaires.

Parmi les nombreux discours tenus dans le cadre de l'institution universitaire, nous avons choisi de nous pencher sur des discours prononcés lors de l'évènement que constitue une rentrée académique[2]. Ces discours présentent, a priori, de fortes caractéristiques convergentes. C'est le cas en ce qui concerne le mode de production. En effet, chaque texte a préalablement été écrit pour être lu (*written to be spoken*). De plus, les contextes sociaux et référentiels sont également les mêmes : ces discours sont non seulement tenus dans l'enceinte de l'université, lors d'une cérémonie très formelle, mais tous portent également sur l'université. La cérémonie a aussi la particularité de se dérouler devant un public de pairs et devant les représentants politiques.

Ainsi, on a avec nos données non seulement une convergence dans les conditions de production et d'énonciation, mais également dans le thème traité, convergence que nous n'aurions sans doute pas en choisissant des discours tenus lors de séances de remise de doctorats honoris causa ou avec des conférences ou des cours. Dans le premier cas, si le contexte est également très formel, les thèmes traités peuvent être différents ; dans le cadre des conférences, les modes de production peuvent varier puisque les locuteurs ont un degré de liberté plus ou moins grand par rapport à leur texte écrit (qui peut parfois ne pas exister), tandis que lors d'une rentrée académique, les orateurs suivent leur texte à la lettre[3]. En choisissant les discours de la rentrée académique, nous limitons donc le

---

[1] Cette recherche a bénéficié du soutien financier du contrat de recherche FRFC n° 2.4523.07.
[2] Il s'agit des quatre discours prononcés lors de la rentrée académique 2006 de l'UCL
[3] Nous pouvons l'affirmer avec certitude dans la mesure où les orateurs nous ont fait parvenir leur texte écrit.

nombre de facteurs qui auraient généré de la variation et rendu nos résultats plus difficilement interprétables.

Si nous posons l'hypothèse que le genre discursif se marque au travers de la segmentation en unités minimales du discours, les quatre textes devraient présenter de fortes similitudes en ce qui concerne les stratégies de segmentation, différentes néanmoins des trois genres déjà étudiés par ailleurs. Si cette hypothèse ne se vérifie pas, une autre explication pourrait se trouver dans la variation individuelle liée aux locuteurs dont les profils, en termes de « professionnels du genre », sont différents. En effet, lors de la rentrée académique, prennent la parole le recteur de l'Université, le président du conseil d'administration, le président du personnel scientifique et le président de l'assemblée générale des étudiants.

Nous allons dans un premier temps décrire nos choix d'annotation syntaxique et prosodique, avant de passer à l'analyse des données proprement dite.

2. L'annotation syntaxique

Pour l'annotation syntaxique de nos données, nous nous inscrivons dans le cadre d'une grammaire de dépendance développée depuis les années 1970 par le groupe aixois de recherche en syntaxe (GARS) autour de Claire Blanche-Benveniste (Blanche-Benveniste et al. 1990). Il s'agit pour nous de segmenter le flux oral en séquences plus petites, que nous appelons *unités de rection* (UR). Celles-ci sont ensuite elles-mêmes segmentées en séquences fonctionnelles, selon un découpage décrit dans Bilger et Campione (2002). Les critères de découpage que nous avons développés sont reproductibles, et doivent pouvoir s'appliquer à n'importe quel énoncé de français parlé.

La segmentation syntaxique que nous effectuons est largement détaillée dans Dister et al. (2008a et 2008b). Elle se fait de manière totalement manuelle. Nous présentons ici brièvement le découpage en unités de rection, qui seul intervient dans notre définition de l'unité minimale du discours[4].

Selon leur composition interne, nous dégageons cinq types d'unités de rection[5] : les unités de rection complètes (urc), les unités de rection inachevées (uri), les unités de rection elliptiques (ure), les unités de rection averbales (ura) et les unités de rection « plus » (urc+).

Les unités de rection sont de taille très variable : cela peut aller d'un seul mot (le cas des impératifs par exemple) à plusieurs dizaines de mots. La longueur ne détermine pas l'appartenance d'une UR à l'un ou l'autre type.

---

[4] Le découpage en séquences, ou encore le codage du dispositif de la rection ou des listes, n'intervient pas dans la définition de nos unités minimales de discours. Nous renvoyons le lecteur aux références citées pour plus de détails sur ces niveaux d'analyse.
[5] Le code qui suit chaque séquence citée correspond au code du texte tel qu'il est encodé dans notre base de données. Sauf mention explicite, tous les exemples que nous citons proviennent tous du corpus aca, analysé dans cet article.

Principes et typologie des discours universitaires

2.1. Les unités de rection complètes (urc)

Une unité de rection complète est une unité qui apparait comme achevée, syntaxiquement et sémantiquement : les compléments obligatoires sont présents, les séquences entamées sont complètes, etc.

> ces premiers pas sont prometteurs (acaCB2r)
> c'est parce qu'[6]il leur est difficile de valoriser leur expérience scientifique en dehors du monde académique que de nombreux chercheurs voient leur motivation initiale se dissiper (acaDL1r)

2.2. Les unités de rection inachevées (uri)

Une unité de rection est inachevée soit parce qu'une des places obligatoires de la valence n'est pas instanciée, soit parce que l'un des syntagmes de l'UR (qu'il soit obligatoire ou non) est inachevé.

Dans le cas des données ici analysées, aucune unité de rection n'est inachevée. Cela s'explique aisément par le type particulier de discours concerné. Comme nous l'avons dit, les locuteurs lisent un texte, qu'ils ont sans doute maintes fois répété. Ainsi, si les disfluences ne sont pas absentes de ces discours (on a des cas de répétitions de mots grammaticaux, des achoppements dans la linéarité de l'énoncé, etc.), elles sont en tout cas nettement moins fréquentes que dans l'oral spontané, et aucun énoncé n'apparait comme inachevé (ni dans les portions de textes que nous avons analysées pour ce travail, ni d'ailleurs dans l'ensemble des quatre discours).

2.3. Les unités de rection elliptiques (ure)

Une unité de rection elliptique est une unité de rection dans laquelle l'un des éléments est omis, sans pour autant faire de cette UR une unité inachevée.

Les URE recouvrent deux grands cas de figure : le sujet est omis ; un parallélisme de construction fait qu'un (ou plusieurs) élément(s) n'est (ne sont) pas repris dans l'URE, comme c'est le cas dans les deux exemples ci-dessous. Dans le premier cas, le sujet de *annoncent, ces premiers pas*, n'est pas repris après la coordination ; dans le deuxième exemple, la proposition *que si le doctorat est mieux valorisé* se rattache à deux verbes recteurs, *deviendront* et *portera ses fruits*. Nous considérons que l'unité de rection construite autour de *deviendront* est elliptique.

> ces premiers pas sont prometteurs et annoncent d'autres initiatives tant en matière d'enseignement que de recherche (acaCB2r)
> nous ne deviendrons une société de la connaissance le financement annoncé de la recherche ne portera ses fruits que si le doctorat est mieux valorisé (acaDL1r)

---

[6] Les « propositions subordonnées » sont intégrées dans les UR lorsqu'elles dépendent d'un verbe recteur. Elles ne constituent pas, dans ce cas, des UR autonomes mais bien des séquences régies ou associées (cf. ci-dessous), selon les cas. Les complétives dépendent d'un verbe recteur. Elles sont des compléments dans la rection d'un verbe, même si elles contiennent elles-mêmes un verbe qui peut régir des compléments. De la même manière, à ce niveau d'analyse, on n'entre pas dans la composition interne des relatives. Celles-ci sont intégrées aux UR donc elles dépendent.

2.4. Les unités de rection averbales (ura)

À la différence d'une *urc*, le noyau d'une *ura* n'est pas un verbe conjugué mais un nom, un pronom, un adjectif, un adverbe, un verbe à l'infinitif ou encore une interjection.

mesdames |[7] messieurs | nous ne sommes pas au Liban (acaVJ1r) → ura | ura | urc
[...] nos liens avec l'Université sont à la fois forts et fragiles forts | forts parce que nous sommes passionnés par notre travail (acaDL1r) → urc+ | ura

2.5. Les unités de rections complètes « plus » (urc+)

Une unité de rection complète « plus » est une unité de rection complète qui contient des éléments qui ne sont pas dans la rection du verbe mais qui sont associés à celle-ci. C'est typiquement le cas des adverbes de phrases, qui sont associés à toute une séquence et ne sont pas sous la dépendance unique du verbe recteur. C'est aussi le cas des marqueurs du discours, des éléments disloqués ou encore de certaines subordonnées.

Cette catégorie est créée principalement pour des raisons pratiques, afin de ne pas scinder trop fréquemment les unités de la tire rection. Les urc+ correspondent à ce que l'on peut appeler une séquence maximale. Dans les deux exemples suivants, nous soulignons l'élément associé.

la plupart d'entre nous y a **d'ailleurs** déjà effectué un séjour de recherche (acaDL1r)
si la formation exigeante de nos étudiants est évidemment notre première raison d'être nous contribuons bien plus largement au développement de toute la société (acaVJ1r)

3. L'annotation prosodique

L'annotation prosodique se fait de manière semi-automatisée grâce au logiciel ProsoProm (Avanzi *et al.* 2007) qui permet de détecter les syllabes proéminentes, et de découper les énoncés en unités intonatives majeures (UIM).

Toute syllabe proéminente en position finale de mot lexical (plein) est potentiellement une frontière d'UIM si elle répond aux contraintes suivantes :

- elle est allongée (1,5 fois plus longue) ;
- elle est suivie par une pause (100ms) ;
- l'on a un des 3 contours majeurs suivants : *level* : contour plat ; *rising* : contour montant (continuatif) ; *falling* : contour descendant (conclusif).

Certaines syllabes proéminentes finales ne répondent pas à ces deux contraintes mais nous les considérons néanmoins comme des frontières d'UIM :

---

[7] Le symbole de la barre verticale (|) indique la frontière entre deux UR.

Principes et typologie des discours universitaires

- un contour « rising » particulièrement haut (entre 5 et 10 DT plus haut que les syllabes environnantes), même s'il n'est pas suivi d'une pause ;
- un allongement très marqué de la syllabe finale (plus de 2,5 fois plus longue que les syllabes environnantes), même sans pause subséquente.

4. Correspondance entre unité syntaxique et unité prosodique

Lorsque les deux annotations syntaxique et prosodique sont effectuées, nous les mettons en parallèle afin de les confronter. Nous avons ainsi pu dégager trois types d'unités minimales du discours, qui se distinguent du point de vue de leur structuration interne et mettent en jeu des stratégies différentes de la part des locuteurs :

1) *MDU canoniques*[8] : à une unité de rection correspond une unité intonative majeure ;
2) *MDU condensées* : plusieurs unités de rection sont regroupées dans une seule unité intonative majeure ;
3) *MDU splittées* : une unité de rection est répartie sur plusieurs unités intonatives majeures distinctes.

Voici quelques exemples de chacun de ces types d'unités minimales du discours rencontrés dans le corpus :

MDU canoniques : 1 UR = 1 UIM

je m'explique (acaDD1r)
mesdames (acaDL1r)
messieurs (acaDL1r)
chers collègues (acaDL1r)
chers étudiants (acaDL1r)
mais pour autant que nous pouvons en juger elle a encore du mal à se traduire dans les faits (acaDD1r)
   mais nos liens avec l'université sont aussi fragiles (acaDL1r)

MDU condensées : n UR = 1 UIM

j'approuve | et | j'apporte mon total soutien à la prise de position claire et ferme prise par notre recteur (acaVJ1r)
mesdames | messieurs | nous ne sommes pas au Liban (acaVJ1r)

MDU splittées : 1 UR = n UIM

tout professeur est supposé | être également un chercheur (acaDL1r)
mais ici comme là-bas l'université n'est pas une colline inspirée | détachée du monde (acaVJ1r)

---

[8] Nous n'entendons pas par *canoniques* le fait que ce type soit le plus représenté dans les textes, ou qu'il représente une norme, mais qu'il s'agit du cas « non marqué ».

5. Les unités minimales du discours dans les discours académiques

Nous avons choisi d'analyser 300 secondes de quatre discours académiques, prononcés lors de la même rentrée académique. La répartition en nombre de mots, nombre d'UR, nombre de mots par UR, nombre d'UIM, nombre de mots par UIM et durée moyenne des UIM est la suivante :

	nombre de mots	nombre d'UR	nombre de mots par UR	nombre d'UIM	nombre de mots par UIM	durée moyenne d'une UIM (en sec.)
acaCB1s	845	29	29,4	123	6,87	2,44
acaVJ1r	922	42	21,7	139	6,63	2,16
acaDL1r	837	44	19,8	166	5,04	1,81
acaDD1r	925	37	25,4	120	7,71	2,5
moyenne	882	38	24	137	6,56	2,19

Tableau 1.

On le voit, les unités syntaxiques sont nettement moins nombreuses que les unités intonatives majeures. Aucun des textes n'échappe à cette règle, et les tests montrent qu'il y a une relation assez sûre dans la répartition des données de ces quatre textes. Pour le dire autrement, ils présentent de fortes caractéristiques convergentes du point de vue des paramètres relevés dans ce tableau.

Les unités de rection sont dans ces données particulièrement longues, et le nombre moyen de mots graphiques[9] par UR est donc très élevé. Ceci s'explique par le fait que le genre est celui du *written to be spoken*. Le locuteur est en fait un lecteur, qui oralise un texte écrit (même si ce texte est conçu pour être lu) et le discours est planifié comme l'est un texte écrit.

De ce point de vue-là, nos données sont à rapprocher de celles du journal parlé à la radio, où le nombre moyen de mots par unité de rection est de 17, alors qu'il est seulement de 11 dans des interviews et que ce chiffre tombe à 7 dans la conversation spontanée. Par contre, en ce qui concerne la durée des UIM, les discours académiques sont à rapprocher de l'interview radiophonique puisqu'ils obtiennent une moyenne équivalente à celle-ci, comme le montre le tableau ci-dessous :

	Radio News	Interview	Conversation
nombre de mots par UR	16. 75	11. 07	6. 82
durée moyenne d'une UIM (en sec.)	3. 23	2. 17	1. 56

Tableau 2.

---

[9] Un mot graphique est une suite de lettres séparée par un séparateur (blanc, apostrophe, trait d'union).

Principes et typologie des discours universitaires

On voit donc déjà à ce stade de l'analyse que les discours académiques présentent entre eux de fortes convergences, et des différences notables avec les trois autres genres analysés[10].

Lorsque nous confrontons les segmentations prosodique et syntaxique, afin de dégager les unités minimales du discours, nous obtenons les résultats suivants :

	canoniques	splittées	condensées
acaCB1s	20,69 %	79,31 %	0 %
acaVJ1r	9,52 %	78,57 %	11,90 %
acaDL1r	18,18 %	77,27 %	4,55 %
acaDD1r	29,73 %	70,27 %	0 %
moyenne	19,53 %	76,36 %	4,11 %

Tableau 3.

De manière assez frappante, la répartition des différents types de MDU converge dans les quatre textes. En effet, en moyenne, un peu plus de trois quart des unités minimales du discours sont des unités splittées, c'est-à-dire qu'une unité de rection se répartit sur plusieurs unités intonatives majeures. Cela est vrai pour les quatre textes pris en considération, acaDD1r affichant néanmoins un score légèrement inférieur.

Viennent ensuite les MDU canoniques, dans lesquelles on a une correspondance entre unité de syntaxe et unité prosodique. Ces cas concernent une MDU sur cinq dans le corpus. Les cas de MDU condensées sont quant à eux très rares, puisqu'en moyenne, on n'en a que 4 % dans les données, deux textes n'en attestant aucune.

Cette répartition décroissante des MDU, de la splittée à la condensée, se retrouve dans trois des quatre textes. Seul acaVJ1r déroge à cette tendance, les condensées étant plus fréquentes que les canoniques. Les cas rencontrés sont les passages dans lesquels le locuteur s'adresse directement au public, lors d'apostrophes. Dans l'exemple ci-dessous, les deux unités de rection averbales et l'unité de rection complète sont regroupées dans une seule unité intonative :

mesdames | messieurs | l'Université est au service de la société qui l'entoure

Notons que ce type d'apostrophe n'implique pas nécessairement un tel regroupement prosodique des unités de rection averbales. En effet, celles-ci peuvent correspondre chacune à une unité intonatives majeure autonome et constituer des MDU canoniques, comme c'est le cas à six reprises dans le discours de acaDL1r :

mesdames | messieurs | chers collègues | chers étudiants
mesdames | messieurs

On ne peut donc pas dire que nos choix de codage, qui créent une unité de rection averbale autour de chaque nom plutôt que de regrouper tous les noms co-occurrents, vont à l'encontre d'une tendance générale qui serait corroborée par la prosodie, et que

---

[10] Ces fortes convergences à l'intérieur des quatre discours académiques sont confirmées lorsque l'on analyse la longueur moyenne des séquences ou encore le nombre de séquences par unité de rection. Ces paramètres séparent également significativement le genre « discours académique » des trois autres genres.

ce choix de codage a pour conséquence de créer artificiellement des MDU condensées. Les réalisations différentes de regroupement que l'on trouve dans les deux textes montrent qu'il s'agit bien d'options, de stratégies différentes choisies par les locuteurs.

6. Comparaison des MDU selon le genre discursif

En ce qui concerne l'hypothèse liée au genre, comparons les résultats obtenus pour les discours académiques avec ceux de trois autres types de discours étudiés du point de vue de la structuration des unités minimales du discours est :

	canoniques	splittées	condensées
journal radio	33,33 %	39,21 %	27,45 %
interview	35,29 %	39,21 %	23,52 %
conversation spontanée	35,29 %	5,88 %	47,05 %
moyenne	34,06 %	28,10 %	32,68 %

Tableau 4.

On le voit, la répartition des trois types de MDU est très différente de celle que l'on trouve dans les discours de la rentrée académique. Les trois genres divergent par ailleurs entre eux, notamment par une mobilisation différentes des MDU splittées et condensées. Les deux genres les plus formels (le journal et l'interview radiophoniques), ont recours aux MDU splittées, qui se produisent très peu dans la conversation spontanée. Dans celle-ci, c'est presque une MDU sur deux qui est condensée, cette stratégie étant la moins fréquente dans les deux autres genres.

Enfin, on notera que les trois genres ne se différencient pas par la proportion de MDU canoniques, qui représentent approximativement un tiers des cas du corpus.

7. La stratégie des MDU splittées

On l'a vu, la stratégie la plus souvent mise en œuvre dans les discours académiques est celle qui consiste à répartir une unité de dépendance syntaxique sur plusieurs unités intonatives majeures. Cette structuration des unités minimales du discours concerne trois cas sur quatre dans nos données.

Il nous semble que trois raisons principales peuvent expliquer ce type de MDU.

La première est en lien avec la gestion de l'information : une UR est segmentée parce qu'elle contient plus d'une idée. Dans l'exemple suivant, le locuteur préfère délivrer son message en trois unités intonatives séparées, qui correspondent à trois unités d'information :

> au-delà du savoir et du savoir-faire / nous attachons beaucoup d'importance au savoir être / et aux qualités humaines qu'il suppose (acaCB1r)

Certaines segmentations tiennent au besoin de mise en évidence, d'emphase, comme c'est le cas du groupe sujet de l'unité de rection suivante, détaché dans une unité intonative majeure :

nous étudiants / avons pourtant le sentiment que tout n'est pas perdu (acaDD1r)

Enfin, les MDU splittées s'expliquent également par les disfluences et les achoppements dans la planification des énoncés, où le piétinement sur l'axe syntagmatique se marque par une frontière d'UIM. Si l'on ne rencontre pas dans les discours académiques des MDU qui seraient splittées pour cette raison[11], celles-ci ne sont pourtant pas absentes des genres formels, comme le montre cet exemple repris dans une interview :

je ne pense pas corriger autour de moi les / les prononciations réputées vicieuses de / de ceux qui m'entourent [interview]

Évidemment, si les raisons que l'on vient d'évoquer permettent d'expliquer les stratégies de regroupement entre unité syntaxique et unité prosodique, la forte proportion de MDU splittées tient aussi au type de discours particulier que sont les discours académiques. Ces textes appartiennent au genre de l'écrit oralisé, et les caractéristiques syntaxiques sont celle de l'écrit : des unités de rection particulièrement longues, qui se prêtent donc bien à un découpage en plusieurs unités intonatives majeures.

8. Conclusions

Les quatre discours de la rentrée académique que nous avons analysés présentent, des points de vue syntaxique et prosodique, des caractéristiques convergentes qui nous permettent de les regrouper et de les identifier comme un genre discursif, distinct des autres genres analysés que sont le journal, l'interview radiophonique et la conversation spontanée. L'analyse des unités minimales du discours permet elle aussi de distinguer ces quatre genres, puisque ceux-ci mobilisent préférentiellement des unités dont la structuration interne n'est pas la même. Les discours académiques sont à cet égard très particuliers, puisque trois quarts des MDU appartiennent à la catégorie des splittées, c'est-à-dire qu'une unité de dépendance syntaxique se répartit sur plusieurs unités intonatives majeures. L'une des raisons en est le type particulier de mode de production de ces textes : préalablement écrits pour être lus, ils ont de fortes caractéristiques de l'écrit, et les unités de la syntaxe sont particulièrement longues. Notre étude mériterait donc d'être complétée par d'autres données, qui relèveraient du même mode de production, tels que les discours politiques, les conférences, etc.

---

[11] Parce que le discours est très préparé et que les rares cas d'achoppement ne donnent pas lieu à une fin d'UIM.

Repères bibliographiques

BILGER M. & E. CAMPIONE (2002), « Propositions pour un étiquetage en "séquences fonctionnelles" », *Recherches sur le français parlé 17*, Université de Provence, 117-136.

BLANCHE-BENVENISTE Cl., M. BILGER, Chr. ROUGET & K. van den EYNDE (1990), *Le français parlé : études grammaticales*, Paris, Éditions du CNRS.

DEGAND L. & A. C. SIMON (2005), « Minimal Discourse Units: Can we define them, and why should we? », *in* M. Aurnague, M. Bras, A. Le Draoulec & L. Vieu (ed.), *Proceedings of SEM-05. Connectors, discourse framing and discourse structure: from corpus-based and experimental analyses to discourse theories*, Biarritz, 14-15 november 2005, 65-74.

DEGAND L., A. DISTER & A. C. SIMON (2007), « Segmenting spoken discourse: How prosody and syntax work hand in hand when defining minimal discourse units in spoken French », communication présentée lors du colloque Ipra (International Pragmatics Association) 2007, Göteborg, juillet 2007.

—— (soumis), « Minimal discourse units in spoken French: Method and application », *Discours Journal*.

DISTER A. (2008), *Guide de codage syntaxique du projet MDU*.

——, L. DEGAND & A. C. SIMON (2008), « Approches syntaxiques en français parlé : vers la structuration en unités minimales du discours », *Actes du 27ᵉ colloque international sur le lexique et la grammaire comparés*, L'Aquilà, septembre 2008.

GROSZ B. J. & C. L. SIDNER (1986), « Attention, intentions, and the structure of discourse », *Computational Linguistics* 12, 175-204

MANN W. C. & S. A. THOMPSON (1988), « Rhetorical structure theory: Toward a functional theory of text organization », *Text* 8, 243-281.

POLANYI L. (1988), « A formal model of the structure of discourse », *Journal of Pragmatics* 12, 601-638.

ROULET E., L. FILLIETTAZ & A. GROBET (2001), *Un modèle et un instrument d'analyse de l'organisation du discours*, Bern, Peter Lang.

SELTING M. (2000), « The construction of units in conversational talk », *Language in Society* 29, 477-517.

Qu'est-ce que l'édition d'un discours universitaire scientifique aujourd'hui ? Étude de critères et de méthodes

Sylvie FERRANDO
Paris IV-Sorbonne, CRAL

RÉSUMÉ

Comment définir l'édition du discours universitaire scientifique d'aujourd'hui ? Peut-on dire que l'édition scientifique relève de l'institutionnalisation du discours universitaire ? Quels sont les critères de scientificité d'un discours universitaire 'scientifique' ? Ces critères sont-ils seulement d'ordre linguistique ou relèvent-ils de la méthodologie propre à chacune des spécialités, de critères épistémologiques ou d'enjeux socio-économiques ? Plusieurs arguments permettent de proposer des réponses à ces questions, dont le nœud réside sans doute ici davantage dans l'adjectif 'scientifique' que dans le terme 'édition'. Pour cerner la problématique par ses extrêmes, j'étudierai deux types de discours, emblématiques de discours universitaires adressés à des publics différents. J'étudierai ensuite les arguments en faveur de l'approche universitaire institutionnelle de l'édition scientifique, avant d'indiquer les limites de cette approche, et les questions laissées en suspens.

MOTS-CLÉS
Discours universitaire • scientificité • édition • texte d'information • épistémologie.

ABSTRACT

How to describe to-day publication of scientific university discourses? Is it possible to say that scientific publications are linked to university discourses institutionalization? What are the scientific criteria of scientific university discourses? Are these criteria only linguistic or do they refer to the methodology of each specific field, to epistemological criteria or to socio-economic stakes? Some arguments answer these questions, the issue of which probably lies more in the adjective "scientific" than in the word "publication". To delimit the problem, I shall study two types of discourses, representing two university discourses aimed at two different publics. Then I shall study the arguments in consideration of the institutionalization of scientific university discourses, before underlining the limits of this approach and the questions yet to be solved.

KEYWORDS
University discourses • scientific character • publications • information texts • epistemology.

Principes et typologie des discours universitaires

* *
*

1. Qu'est-ce qu'un discours universitaire ?

Si l'on peut s'accorder sur le fait qu'un discours universitaire est le produit d'un individu issu de l'université et sorti diplômé au plus haut niveau, en revanche, ce discours n'est pas nécessairement tenu dans les murs de l'université ni diffusé par le canal des institutions universitaires. Il est donc bien le fait d'un émetteur universitaire, le locuteur, celui qui tient le discours, mais ce discours, à savoir le message, est adapté à son canal d'émission et à son récepteur.

1.1. Étude comparée de deux discours universitaires

La première approche destinée à circonscrire la nature du discours universitaire me semble pouvoir être menée par le biais d'une étude comparée de discours. Ceci afin de répondre à la question suivante : y a-t-il plusieurs types de discours universitaires, en fonction du récepteur — pour utiliser un terme issu du schéma de la communication de Jakobson —, récepteur qui serait, d'une part, le « public académique » (enseignants, chercheurs, étudiants), d'autre part, le « grand public » ? On pourrait dissocier cette dernière catégorie, relativement vague, en grand public cultivé et grand public tout court, bien que l'allongement des études en France et dans les pays développés réunisse sans doute maintenant davantage les deux catégories. Je vais donc étudier deux types de discours universitaires, issu de deux spécialités différentes, la psychiatrie et la philosophie, l'un réservé à un étroit public de spécialistes, les chercheurs en psychiatrie, l'autre adressé à la fois au public académique et au grand public cultivé intéressé par l'art. Il s'agit, pour le premier texte, d'un article intitulé « Traitement cognitif du contenu verbal halluciné », tiré de la revue *L'évolution psychiatrique*, et co-écrit par trois psychiatres, chercheurs ou professeur agrégé, et pour le second texte, des conférences que John Dewey donna à Harvard en 1931, donc dans la dernière partie de sa vie, et qui sont regroupées dans un ouvrage sous le titre « Art as Experience » (« L'Art en tant qu'expérience »).

On remarque d'emblée que le premier texte est constitué, de façon classique pour un article de recherche, d'un résumé ou abstract, livrant tour à tour le cadre théorique, les hypothèses de travail, les expériences testant les hypothèses et le résultat obtenu. L'article est décomposé en une introduction retraçant l'historique du problème traité et l'inscription de l'hypothèse dans ce cadre, justifiant la pertinence de l'expérience mise en place. Cette introduction est suivie d'une description précise de la méthodologie employée (sujets participant à l'étude, paradigme expérimental, c'est-à-dire liste de mots utilisés, et déroulement de l'expérience). Enfin, les résultats font l'objet d'une analyse précise, avec des paramètres tels que le nombre d'erreurs, la vitesse de reconnaissance des mots, suivie d'une discussion, et d'une conclusion, prudente, qui donne la direction vers laquelle la recherche s'oriente et les limites de la fiabilité de l'expérience. En dix pages, il est ainsi expliqué pourquoi et comment le contenu verbal des hallucinations auditives, qui est le même chez les patients d'un épisode psychotique à l'autre, demeure présent à un niveau infra-clinique durant les périodes de rémission totale des hallucinations et serait réactivé rapidement lors d'événements stressants pour le sujet, introduisant l'hypothèse de l'existence d'un lexique spécifique aux mots hallucinés.

De son côté, le livre regroupant les conférences de John Dewey, récemment traduit en français, est constitué de 14 chapitres ayant trait à la création artistique et à sa réception esthétique[1]. Il s'agit d'essais thématiques sur différents aspects de l'art. Sans qu'à aucun moment le terme 'pragmatisme' soit mentionné, c'est pourtant bien dans une telle optique que s'inscrit la philosophie de Dewey, qui considère que l'art n'est pas relégué dans un monde à part, autotélique, sans intérêt ni fin autre que lui-même, mais qu'il est partie prenante de notre vie et de notre expérience, que ce soit en tant qu'artiste ou en tant que penseur (*i.e.* chercheur, lecteur/spectateur/ auditeur expert). L'artiste prolonge l'expérience humaine courante en la transformant, en lui donnant une matérialité propre aux moyens de son art. La différence entre la production du penseur et celle de l'artiste consisterait en une différence de tempo et d'accentuation et non en une différence de genre. Toutefois, si la différence entre le sujet (le soi) et l'objet est marquée chez le penseur, elle ne l'est pas toujours autant chez l'artiste.

D'un point de vue microtextuel, si l'on se penche sur les caractéristiques linguistiques des deux discours, on remarque des différences. Si l'on en croit les recherches sur la lisibilité linguistique menées par A. Conquet (1977), Fr. Richaudeau (1978), G. Henry (1975) ou G. Gougenheim (1964), qui se sont inspirés des méthodes de chercheurs américains et les ont appliquées au français dans des textes journalistiques, administratifs et pédagogiques, trois points sont fondamentaux pour la lisibilité d'un texte :

- la longueur des phrases ;
- la longueur des mots, témoin de la richesse du vocabulaire ;
- la charge affective des mots et des phrases.

Sans faire un relevé exhaustif ou chiffré de ces trois variables dans chacun des textes considérés, on remarque d'emblée que, si la longueur des phrases varie davantage dans l'article — phrases simples ou courtes dans les descriptifs du déroulement de l'expérience, phrases complexes ou plus longues dans les explications ou argumentations-, le lexique employé par l'article de recherche est bien plus spécialisé que celui employé par Dewey. On relève les termes de *schizophrénie*, d'*hallucinations auditives*, d'*hallucinations acoustico-verbales*, de *spécifications de formes*, etc. La terminologie, plus précise que le lexique du français courant, permet d'éviter autant qu'il est possible

---

[1] J. Dewey (1859-1952) fut l'un des intellectuels les plus célèbres de son temps. Il publia des livres de psychologie, d'éthique, d'éducation, de logique, de religion, de politique, de philosophie et d'art. Il écrivit dans des journaux universitaires et dans des journaux d'opinion : et il donnait des conférences devant tous les types de public. Il fit partie de nombreuses associations politiques et d'éducation, et il y eut peu de problèmes publics sur lesquels il ne s'exprima pas. Dewey s'adressait à une génération d'universitaires, de journalistes, de juristes, de politiciens désireux de trouver des solutions scientifiques aux problèmes sociaux, alors que, par exemple, la philosophie de son contemporain William James était une philosophie pour des mystiques et des génies —des gens qui croyaient en la télépathie mentale, ou en l'immortalité, ou en Dieu.
Sur la vie et les idées philosophiques de Dewey, et plus généralement celles des philosophes américains du XXe siècle fondateurs du pragmatisme, on pourra consulter le très intéressant livre de L. Menand (2001).

Principes et typologie des discours universitaires

les ambiguïtés de la langue. Ce n'est pas nécessairement ce que recherche Dewey, qui, dans son texte, fait appel aux réseaux associatifs des textes poétiques, et dont le pouvoir d'évocation des mots choisis, plus polysémiques, est plus grand. Reviennent souvent dans le discours les mots *désir, émotion, expérience, idée, perception, forme...* Lorsque Dewey introduit un terme spécialisé, comme *sophisme psychologique* (2005 : 155), il l'explique. Enfin, en ce qui concerne le troisième paramètre, à savoir la charge affective des mots et des phrases, on ne relève aucune marque d'affectif dans l'article (qu'il s'agisse d'indicateurs de discours direct, de marques de dialogue-exclamation-interrogation, de marques d'adresse comme le prénom ou les pronoms *tu* et *vous*), et on en remarque bien peu dans le texte de Dewey, si ce n'est un engagement énonciatif marqué par les pronoms *je* et *nous*, et de nombreuses formes impersonnelles (le pronom *on*, l'expression *il est possible*, etc.), garantes de l'universalité du discours. Sans doute peut-on parler ici de 'semi-vulgarisation', au sens de discours adressé à un public académique, mais non nécessairement expert, le lieu du discours, l'université Harvard, influençant la réception de ce discours.

1.2. Le secteur de l'édition de livres

Une autre façon d'approcher la nature du discours universitaire, par l'autre bout de la chaîne de création de ce discours, à savoir sa réception, consiste en l'étude du secteur de l'édition de livres, qui est l'un des canaux de diffusion des discours universitaires les plus fréquentés. L'une des questions à laquelle je voudrais apporter des éléments de réponse est la suivante : en diffusion du discours universitaire par le livre, qu'est-ce qui fonde l'adjectif 'scientifique' dans le titre de ma communication ? ou encore, pour poser la question de façon plus paradoxale : dans quelle mesure l'édition scientifique peut-elle être littéraire ?

Pour tenter de répondre à cette question, j'ai fait une brève étude du classement des nouveaux livres de la semaine d'un des numéros de la revue *Livres-hebdo*, la revue des professionnels du livre en France, classement établi à partir de la base de données Électre. Ce classement est donné par ordre alphabétique d'auteur ou de titre, au sein de catégories qui sont celles de la classification Dewey, un peu adaptées depuis leur création. Parmi ces catégories figurent des ouvrages que l'on appelle couramment « scientifiques » *vs* des ouvrages que l'on appelle couramment de « littérature générale », de « littérature de jeunesse », des ouvrages « pratiques » ou des « dictionnaires et encyclopédies ». Je vais vous donner quelques exemples tirés du N° 704, daté du 5 octobre 2007, en relevant des discours émanant d'universitaires, et en indiquant la mention du public auquel l'ouvrage est destiné.

Rubriques	Auteurs	Titres	Éditeurs	Destinataires
Philosophie (100)	Alain Badiou	*Le concept de modèle*	Fayard	« public motivé »
Langage, linguistique (410)	Catherine Paulin, dir.	La Fonction expressive, tome 1	Presses universitaires de Besançon	« professionnels »

Principes et typologie des discours universitaires

Rubriques	Auteurs	Titres	Éditeurs	Destinataires
	Nathalie Garric et Frédéric Callas	*Introduction à la pragmatique*	Hachette supérieur	« étudiants de 1er et 2e cycles »
Mathématiques (510)	Ross Sheldon M., traduit de l'américain par Christian Hofer et Frédéric Dorsaz	*Initiation aux probabilités*	Presses polytechniques et universitaires romandes	« pour 1er et 2e cycles »
Médecine (610)	Michel Soulé, Dominique Blin	*L'allaitement maternel : une dynamique à bien comprendre*	Erès	« public de professionnels et de spécialistes »
Arts (Généralités) (700)	Jean-Claude Ameisen et al.	*Quand l'art rencontre la science*	Éditions La Martinière	« tout public »
	Jean-Paul Demoule	*Naissance de la figure : les premières représentations de l'homme du paléolithique à l'âge du bronze*	Hazan	« tout public »
Littérature (800)	Michael O'Dwyer, dir.	*Julien Green, diariste et essayiste*	Peter Lang	« public motivé, niveau universitaire »
	Marie-Eve Théranty	*La littérature au quotidien*	Éditions du Seuil, collection « Poétique »	« public motivé »
Littérature de jeunesse • Documentaires (805) • Éveil (803) • Fiction (804)				

Principes et typologie des discours universitaires

Rubriques	Auteurs	Titres	Éditeurs	Destinataires
Romans • Romans et nouvelles étrangers (850) • Romans et nouvelles français (843) • Romans fantastiques et de science-fiction (848) • Romans policiers et d'espionnage (849)				

Tableau 1. Extrait du classement des nouveaux livres de la semaine du numéro 704 (5 octobre 2007) de la revue *Livres-hebdo*

On peut remarquer que le très prolifique secteur Littérature de jeunesse, qui n'existe pas sous ce nom dans la classification, est divisé en trois rubriques : Documentaires (805), Éveil (803), Fiction (804) ; et que le non moins prolifique secteur des Romans, inclus dans mais dissocié de la rubrique Littérature (800), est divisé en quatre rubriques : Romans et nouvelles étrangers (850), Romans et nouvelles français (843), Romans fantastiques et de science-fiction (848), Romans policiers et d'espionnage (849).

On pourrait allonger la liste en citant des ouvrages de la rubrique Physique (530), Politique internationale (327), Religion comparée (200) ou Sciences de la terre (550), dans lesquels on trouve de nombreux exemples de discours universitaires.

Cette énumération pour dire qu'en matière de diffusion et de distribution les ouvrages issus de discours universitaires sont très distinctement classés par domaines disciplinaires, et que les ouvrages de littérature, s'ils sont des ouvrages scientifiques (ils mériteraient alors la dénomination de « science de la littérature »), sont bien distincts du secteur Romans (que l'on appelle couramment littérature). La littérature de jeunesse, elle, ne présente pas cette distinction entre fiction et discours métafictionnel.

Autre voie d'accès permettant peut-être de cerner ce que serait l'édition dite « scientifique » : confronter la production des éditeurs du secteur privé, qui ne publient pas que des discours universitaires, dont la diffusion est souvent la plus large possible, et la production des éditeurs universitaires, dont le service éditorial est constitué d'universitaires qui publient des ouvrages à destination d'un public d'enseignants, de chercheurs et d'étudiants (les Presses universitaires de France (PUF) sont l'une des seules maisons de production universitaire, à ma connaissance, à avoir un financement privé). Chez les éditeurs du secteur privé français, rares sont les recouvrements entre éditeurs scientifiques (au sens étroit des sciences dures ou expérimentales) et éditeurs de littérature (au sens de romans). Il y en a pourtant : O. Jacob publie des romans d'auteurs scientifiques, directeurs de laboratoire (D. Elbaz, *Le vase de Pépi*, 2007), appliquant ainsi une politique d'auteurs, qui dépasse les genres ; de même, les Éditions du

Pommier publient des ouvrages scientifiques didactiques narratifs (J.-G. Ganascia, *Gédéon ou les aventures extravagantes d'un expérimentateur en chambre*, 2002).

Enfin, pour alimenter le débat sans toutefois vouloir en faire un objet de polémique, il est remarquable de voir que le seul prix Nobel qui ne soit ni mentionné ni commenté sur le site du CNRS est le prix Nobel de littérature — alors que même le Nobel de la paix a eu une mention cette année dans la mesure où les chercheurs du GIEC, Groupe d'experts intergouvernemental sur l'évolution du climat, ont participé aux travaux d'Al Gore. Ainsi, paradoxalement, écrire de la littérature, ce n'est pas de la recherche, ce n'est pas de la science, c'est de la littérature, c'est de l'art. Et écrire sur la littérature, généralement des essais, ne mérite sans doute pas un prix Nobel. Pourtant, on peut remarquer que la chaire de Littérature française moderne et contemporaine détenue par Antoine Compagnon au Collège de France porte une sous-mention « histoire, critique, théorie » (à défaut d'une chaire de « Science de la littérature »).

Certaines de ces considérations semblent peut-être un peu provocatrices, mais j'en viens à la troisième partie de mon argumentation qui va éclairer d'un jour nouveau les faits un peu épars présentés précédemment.

1.3. Les discours universitaires scientifiques : une question de méthodologie ?

On est contraint, me semble-t-il, de stipuler qu'il y a des critères de méthodologie sous-jacents, qui font que l'adjectif 'scientifique' puisse être accolé aux disciplines comme la philosophie ou la littérature, dont les spécialistes produisent des discours qualifiés de 'scientifiques'. Que signifie, par exemple, le fait qu'un philosophe ou qu'un chercheur en littérature relève de la discipline « sciences humaines et sociales » du Centre national de recherche scientifique (CNRS) français ? Sa méthodologie est-elle 'scientifique', alors que cette méthodologie est bien souvent celle de la dissertation ? Autres sciences humaines et sociales, l'histoire, la linguistique, la psychologie, l'ethnologie ou la sociologie ont des méthodes d'exploration plus codifiées, me semble-t-il, par des protocoles, qu'il s'agisse de l'ethnologie ou de la sociologie de terrain, de la psychologie expérimentale ou différentielle, de la linguistique de corpus ou computationnelle. En outre, l'émergence de revues interdisciplinaires rend les frontières entre les différentes disciplines appartenant aux « sciences humaines et sociales » un peu plus floues[2]. Par exemple, qu'est-ce que le « terrain », pour les spécialités qui s'en réclament ? Le terrain (d'enquête, d'analyse) diffère selon les spécialités. Pour les sociologues de l'urbanisme ou des banlieues, il s'agit des infrastructures urbaines et/ou de leurs populations, pour les sociologues du travail, ce sont les travailleurs et les conditions de leurs travail, pour les sociologues de l'art, le terrain est constitué soit par les artistes eux-mêmes soit par leurs productions (création ou patrimoine), pour les sociologues des médias ce sont les techniques et les acteurs de l'information et de la communication, etc.

---

[2] C'est le cas de la sémiotique, par exemple, science hybride introduite par Peirce, et qui se trouve au carrefour de la linguistique, de l'anthropologie, de la littérature et de la philosophie, voire de l'esthétique.

Enfin, pour éclairer le terme 'scientifique', on peut considérer ce qu'en dit É. Benveniste dans le tome 2 des *Problèmes de linguistique générale*. Le chapitre XVII, intitulé « Genèse du terme "scientifique" », part de l'idée qu'une science s'implante dans l'histoire grâce à la constitution d'une terminologie propre : termes limités à une spécialité, qui ont un intérêt de nomenclature, mais aussi termes qui s'attachent à un concept neuf désigné à partir d'une notion théorique (*transformisme*, *information*...) ou qui, dérivés d'une notion antérieure, y ajoutent une détermination nouvelle. C'est, semble-t-il, le cas de l'adjectif *scientifique*, dérivé de *science*. Toutefois, dit Benveniste, ce rapport de dérivation formelle n'est ni clair ni usuel, car c'est l'adjectif **scientique* qui aurait dû être formé. *Scientifique* est le seul cas d'adjectif relationnel dérivé en -*fique* sur base de substantif abstrait, les autres adjectifs en -*fique* (*calorifique*, *frigorifique*, *soporifique*) ayant une fonction factitive très prononcée (« qui produit la chaleur, le froid, le sommeil »). Sur ce modèle, *scientifique* devrait signifier : « qui fait la science » et non « qui concerne la science ». Cela s'explique par le fait que *scientifique* n'a pas été formé en français, mais est issu du latin *scientificus*, qui apparaît au VIe siècle chez Boèce à côté de l'adjectif *scientalis*. *Scientificus* et *scientalis* ont été forgés pour traduire le terme aristotélicien *epistemonikos* (« qui produit le savoir »), le premier dans la plénitude du sens étymologique, le second avec l'acception « propre à la science ». Toutefois, seul *scientificus* s'est généralisé et étendu. On pourrait dire ainsi, classiquement, que ce qui fonde une discipline ce sont les termes de spécialité qui la décrivent. Mais on a pu voir, avec l'analyse comparée de l'article de revue spécialisée et des conférences de Dewey menée en début d'article, que le discours disciplinaire s'adapte aussi en fonction de son récepteur.

2. Portée et limites d'une approche universitaire institutionnelle de l'édition scientifique

Trois points peuvent être abordés : l'édition papier et l'édition numérique, les langues utilisées, et les signatures d'auteur(s).

2.1. *Édition papier* vs *édition électronique*

C'est l'une des thématiques les plus actuelles, et elle est en pleine évolution. L'édition en ligne tend à doublonner, voire à remplacer l'édition papier, plus coûteuse et peu écologique. Le passage du papier au numérique est sans doute aujourd'hui plus important pour les revues que pour les ouvrages, en raison des conditions de lecture sur écran des textes courts, conditions plus confortables et plus efficaces que pour les longs discours. On peut mentionner par exemple l'ouverture récente du site web du CLEO (Centre pour l'édition électronique ouverte), nouvelle Unité mixte de service (UMS) chargée de l'édition numérique de revues scientifiques du domaine des sciences humaines et sociales. On peut citer également les nombreuses revues en ligne de bon niveau intellectuel, qui font appel à des universitaires pour la rédaction de leurs articles. C'est le cas, dans le domaine des sciences humaines, de la revue électronique *Sens public*, qui publie des articles en français, en anglais et en italien, et qui édite des livres papier en partenariat avec les Éditons Parangon, diffusées par la Sodis-Gallimard. C'est le cas aussi de la revue *Cassandre* et de son site horschamp[3], le site arts-société...

Un article récent (novembre 2007) du rédacteur en chef de la revue *Esprit*, M.-O. Padis, fait le point à propos du choix entre diffusion numérique ou papier des revues :

> Les revues scientifiques et techniques, qui touchent un public ciblé et captif, ou les revues subventionnées au titre de la recherche publique peuvent trouver dans la libre disposition en ligne [sur www.revues.org] une solution cohérente avec leur vocation. D'autres revues, au profil académique, peuvent choisir de se fédérer dans un site commun afin de vendre leurs articles à l'unité, comme c'est le cas avec le portail Cairn, qui regroupe plus de cent vingt revues (www.cairn.info). Les revues indépendantes et généralistes doivent pour leur part inventer une manière de soutenir leur autonomie [...]
>
> (2007 : 218)

M.-O. Padis cite quatre initiatives récentes allant dans le sens du numérique : celle de la revue *La Vie des idées*, qui renonce au format papier au profit d'un site (www.laviedesidees. fr), la création récente du site *Nonfiction* (www.nonfiction.fr), l'initiative des éditions Amsterdam, qui misent sur le double support, papier et numérique, en lançant en kiosque *La revue internationale des livres et des idées*, et un site (http://revuedeslivres.net), enfin le site *Telos* (www.telos-eu.com), qui adopte une stratégie de complémentarité avec les médias classiques en plaçant ses articles, publiés d'abord en ligne dans différents journaux européens.

2.2. Langues utilisées dans les discours universitaires

On observe des différences selon les disciplines : l'anglais, langue véhiculaire, est utilisée de façon privilégiée dans les sciences dures et expérimentales, alors que le français est mieux toléré ou défendu chez les « littéraires », issus des humanités (linguistes de la tradition grammairienne et philologique, philosophes, historiens, théoriciens de la littérature). Depuis 2004, l'anglais s'impose comme *lingua franca* dans les relations internationales, mais certaines communautés résistent à cet envahissement. Récemment, en 2007, une enquête de l'INED et du ministère de la Culture sur l'usage des langues dans la recherche publique a été commanditée et vise, entre autres objectifs, à situer la place actuelle du français, de l'anglais et des autres langues étrangères dans les différentes disciplines, selon les types de rencontres et les types de publications. À l'heure de l'européanisation, et même de la mondialisation des échanges scientifiques, quels sont les objectifs et les contraintes qui poussent aujourd'hui les chercheurs à choisir une langue de travail ? On peut imaginer qu'il y a des contraintes politiques ou idéologiques, d'une part, et des contraintes pragmatiques, d'autre part.

---

[3] http://www.sens-public.org, http://www.horschamp.org.

2.3. Les signatures d'auteurs de discours universitaires

Là encore les usages (signatures uniques vs signatures multiples des articles de recherche) varient selon les spécialités. Tout naturellement, les sciences dures, exactes ou du vivant, qui mènent des projets par équipes, signent leurs articles à plusieurs — parfois près d'une dizaine de personnes sont concernées, avec une attention particulière accordée à la notion de premier auteur —, alors que les sciences humaines et sociales, et plus encore la philosophie et les études littéraires, ont une tradition de signature unique, de nom, d'auteur, ce qui les conduit à publier davantage de livres dits « de création » (qui se distinguent des ouvrages encyclopédiques ou pédagogiques, par exemple)[4].

Je parle indifféremment de signature ou d'auteur : B. Fraenkel, qui a fait en 2005 une analyse diachronique comparée des définitions du nom d'agent *auteur* à partir d'un corpus représentatif de dictionnaires français, depuis celui d'Estienne en 1539, a dégagé les traits sémantiques et scénographiques de la notion : ces traits permettent d'inscrire l'auteur à la fois dans une conception métaphysique aristotélicienne (c'est-à-dire le créateur d'une production), dans une triade Dieu, Prince-législateur, écrivain, et enfin dans un schéma actanciel où il apparaît comme garant du bien ou du mal. Si une telle définition est toujours valable, me semble-t-il, pour les auteurs de fictions, d'essais littéraires ou de sciences humaines et d'articles de dictionnaires ou d'encyclopédies, elle convient mal aux signatures multiples des articles scientifiques, dans lequel les responsabilités d'auteur (de travail, d'écriture) sont beaucoup moins bien établies.

Il est également intéressant de constater que dans la revue mensuelle *La Recherche*, qui est une revue scientifique de vulgarisation de bon niveau (*i.e.* semi-vulgarisation, surtout pour les sciences exactes et du vivant), les articles les plus spécialisés (ceux du

---

[4] Selon l'ouvrage de la sociologue M. Vessillier-Ressi (1982), il existe une distinction, relativement ancienne, entre un auteur « fournisseur », qui répond à une demande, et un auteur « chercheur » qui crée, expérimente, sans se soucier *a priori* du marché (seul ce dernier domaine ressortirait de la création). Aujourd'hui, le fournisseur devient presque de règle, même en littérature, où seuls de rares auteurs ont été autre chose que des « conformistes à gages », terme péjoratif s'il en est. Dans le cas de l'auteur fournisseur, l'auteur ou un groupe d'auteurs nouveaux créent et entrent en relation avec une fraction du public, avertie et sensibilisée. En effet, l'éditeur refuse souvent au départ la création libre et personnelle (les premières œuvres de Gide, Proust, Gracq, Mauriac, Rimbaud ont été publiées à compte d'auteur), puis récupère l'auteur par la suite, lorsqu'il est un peu plus connu.

Grossièrement, on est ainsi amené à distinguer, en France, deux sortes de circuit de diffusion : le circuit lettré et le circuit populaire.

Le circuit lettré est très étroit (le plus souvent, le tirage est à moins de 3000 exemplaires et la diffusion dans 2000 à 5000 points de vente).

Le circuit populaire s'est beaucoup élargi. Il s'agit généralement d'un public relativement passif, qui consomme une littérature « octroyée ». La diffusion a lieu dans 28 000 points de vente, auxquels s'ajoutent la vente directe, c'est-à-dire la vente par courtage et la vente par correspondance (VPC). On parle de *best sellers* lorsque les ventes s'élèvent à plus de 100 000 exemplaires.

Un danger essentiel, selon l'auteur, auquel je souscris, consiste en une accentuation de la coupure entre les deux circuits. Un autre danger consisterait à réunir ces deux circuits, vraisemblablement au détriment de la production « de création », alors banalisée. Les auteurs ne se voudraient alors plus hommes ou femmes de lettres, mais « tout terrain », « tout secteur », « multimédia ».

dossier, par exemple) sont signés de plusieurs sources : chercheurs (de un à trois), enseignants-chercheurs (de un à trois) et journalistes scientifiques (qui signent seuls), sans que la lecture du texte permette toujours de deviner de quel type de signature il s'agit[5].

3. Questions laissées en suspens et perspectives

En France, la propriété intellectuelle telle qu'elle est énoncée dans le *Code de la propriété intellectuelle* de 1992 est remise en cause par la numérisation globale, en cours ou annoncée, des écrits, sur le modèle de celle des œuvres musicales. C'est en particulier le droit des auteurs qui est quelque peu malmené dans ces nouveaux modes de diffusion dont le contrôle, qu'il soit institutionnel ou éditorial, est difficile, voire impossible. Du coup, la rémunération des auteurs d'ouvrages ou la citation des auteurs d'articles de revues est parfois problématique. En outre, et pour conclure sur une note positive et dynamique, les blogs et les sites personnels que tiennent certains universitaires relèvent sans doute sur le plan juridique d'une publication à compte d'auteur, avec en surplus la diffusion spectaculaire que permet Internet. Dans le contexte international qui est le nôtre, je pense que l'on s'achemine vers une plus grande liberté dans la production des discours universitaires, et que le canal du numérique permet — à tort ou à raison, avec certes des effets pernicieux- une certaine désinstitutionnalisation des discours universitaires.

Repères bibliographiques

AIT BENTALEB L., E. STIP & M. BEAUREGARD (2003), « Traitement cognitif du contenu verbal halluciné : tâche de décision lexicale », *L'Évolution psychiatrique - Varia* (cahiers de psychologie clinique et de psychopathologie générale fondés en 1925) 68/3, juillet-septembre 2003, Elsevier.
BENVENISTE E. (1974), *Problèmes de linguistique générale*, Paris, Gallimard, « Tel », tome 2.
Code de la Propriété intellectuelle annoté, Celog, Legalis.net (Livre I (droits d'auteur), Livre II (droits voisins du droit d'auteur), Livre III (dispositions générales), Livre IV (marques de fabrique, de commerce ou de service)) : http://www.celog.fr/cpi/
CONQUET A. (1977), *Comment écrire pour être lu — et compris*, 3e éd., Paris, Le Centurion/Sciences humaines.
DEWEY J. (2005), *L'Art comme expérience*, Tours - Pau, Ed. Farrago/Université de Pau.

---

[5] Cette recherche a été menée sur l'ensemble des numéros de *La Recherche*, depuis la nouvelle formule inaugurée par le N°326 de décembre 1999 (dossier : *Le cerveau d'Einstein*). Dans le numéro de juin 2008, figure pour la première fois la chronique d'un philosophe, D. Lecourt, venant se joindre à celles, excellentes, qui sont tenues et rédigées par les spécialistes d'autres sciences (biologie, psychologie-psychiatrie, démographie, etc.).

FRAENKEL B. (2005), Le terme *auteur* en français : analyse lexicographique d'un terme fossile, *Mots. Les langages du politique*, Proximité, article mis en ligne le 31 janvier 2008.
GAUTIER P.-Y. (2004), *Propriété littéraire et artistique*, 5e édition refondue (1re éd. 1991), Paris, P.U.F.
GOUGENHEIM G. (1964), *L'élaboration du français fondamental*, Paris, Didier.
HENRY G. (1975), *Comment mesurer la lisibilité*, Paris, Fernand Nathan, Éditions Labor.
JAKOBSON R. (1963), *Essais de linguistique générale*, Paris, Les Éditions de Minuit.
Livres-hebdo (revue hebdomadaire professionnelle éditée par la S. A. Électre) 704, 5 octobre 2007.
MENAND L. (2001), *The Metaphysical Club: A Story of Ideas in America*, New York, Farrar, Straus, Giroux.
PADIS M.-O. (2007), « Poursuivre une entreprise d'"intelligence collective" », *Esprit* 11, novembre 2007, 218-226.
La Recherche (revue mensuelle éditée par la Société d'Éditions Scientifiques, filiale de La Financière Tallandier) 411, septembre 2007.
RICHAUDEAU F. (1978), « Le texte le plus efficace que je connaisse », *Communication et langages* 37, 6-26.
VESSILIER-RESSI M. (1982), *Le Métier d'auteur*, Paris, Dunod-Interférences.

The Popular in the Academy: a Bridge too far?

Zekiye Tüge Topcu GÜLŞEN
Istanbul Bilgi University, Turkey

ABSTRACT
This paper aims to provide a different perspective of students' learning and academics' teaching practices in the academy and build a bridge between the academy and the popular. The intention is to discuss if the popular culture products could be recommended as teaching and learning tools to promote a more productive education especially in the first year of the university, where students strive to adapt a new discourse and learning culture so that their culture shock could be overcome more smoothly.

KEYWORDS
Learning • higher education • academic culture • popular culture.

RÉSUMÉ
Cet article vise à fournir une perspective différente de l'apprentissage des étudiants et des pratiques d'enseignement universitaire, et à construire un pont entre l'université et le milieu populaire. L'intention est de savoir si les produits de culture populaire peuvent être recommandés comme instruments d'enseignement et d'apprentissage pour promouvoir une éducation plus productive, surtout lors de la première année d'université, où les étudiants s'efforcent d'adapter un nouveau discours et une culture d'apprentissage pour que leur choc culturel puisse être surmonté plus facilement.

MOTS-CLÉS
Apprentissage • enseignement supérieur • culture académique • culture populaire.

*   *
*

1. Introduction

As a member of the academic community involved in both teaching and learning, it is not possible to deny the fact that the gap between the students and academics is widening, which results in failure in both teaching and learning and internalizing the academic knowledge. This study derived from the core question "Why can a great amount of students not learn and internalize academic knowledge?" and attempted to seek an answer to it. This question led to the research question whether academy could help students access to academic knowledge through the means of popular culture that have shaped their perceptions and meaning-making of the world surrounding them since they became conscious individuals, which could in the end at least make the gap between the university students and academics narrower than it is now.

2. Learning and Teaching

Learning is not linear in its nature. The milestones of the educational research are set in Bloom's influential work *Taxonomy of Educational Objectives* by the defined interacting domains of learning: cognitive (knowing, thinking, getting, evaluating and synthesizing information), *psychomotor* (physical and perceptual activities and skills) and *affective* (feelings, preferences, values). Learning involves not only gaining information but also internalizing it so that the learner could be able to retrieve the information when it is needed, which requires more than just memorizing. And *teaching* at the same time is beyond transmitting information from teachers to learners but in fact implementing a systematic programming that could build bricks of information in learners' minds step by step and help them gain *knowledge* that they have processed, internalized and possessed themselves.

In higher education students are treated like 'expert' learners who can automatically grasp the concepts regardless of their previous experiences as learners. In fact, the job of academics in higher education is even more complicated. Different from young learners, older students get more skeptical, and they "are not nearly as open-minded when it comes to dedicating precious time and effort to learning new information" (Erlauer 2003: 55). That is, the pragmatics of knowledge is central to adults' learning. It is possible to say that students often fail to understand the academic content when what they learn is not or rather not related to lived experience. The previous experience could be an advantage if the learner is open to communication with the other learners, the teachers and the text. If the text[1] alienates the learner since it does not match with their past experience of learning because of its discourse and unfamiliar and abstract content, the learner not only fails to internalize the text but also rejects the new texts that are in similar in the future learning settings.

---

[1] Here what is meant by "text" is that it is the manifestation of language that emerges in a social domain in each mode of communication, in written, oral, or visual modes. Thus, by the term text, it is not only the written texts on paper or screen, but it involves speech, pictures, graphs, diagrams, etc.

The traditional way of academic pedagogy based on reading the core texts and attending didactic lectures are not really what education specialists appreciate today in higher education because teaching in the university also requires a systematic way to implement to assure learning as much as one can. However, studies (Trigwell & Prosser 1996, Kember 2001) show that in higher education, teaching seems to be ignored as a profession. It is quite common that the academics' intention to stand in their students' shoes is limited to 'their' learning experiences which could be very much different from that of their students. What needs to be considered by the academic institutions is that, as Rowland (2000) suggests, "the development of university teaching should be guided by specialist educationalists who theorize, conduct research and produce 'findings' about teaching and learning that can be 'applied' by the non-educationalist academics in their discipline" (p. 3) So, the improvement of teaching the academic knowledge lies in the cooperation between the educationalists and the academics of different subject matters, and academics can at the same time become education practitioners but not necessarily educationalists.

3. Popular Culture and Pedagogy

The analysis of education as a cultural practice could start with an overview of educational capital and cultural capital. Bourdieu in *Distinction* demonstrates that there is a "very close relationship linking cultural practices (or the corresponding opinions) to educational capital (measured by qualifications) and, secondarily, to social origin (measured by father's occupation)" (p. 13). The curricula in education somehow assure the educational capital, but the social origin could not be diminished as a factor that defines people's cultural capital. Moreover, the social origin and cultural capital at the same time define the academic capital. Specifically, the cultural practices, the educational capital and the social origin have an interrelated relationship which brings the issue that the dominant class defines the amount and the quality of education that the lower classes have.

From an ideological aspect, for some academics, who see literacy as a social practice embedded within particular social relationships and practices that are shaped by certain ideologies derived from power relations, the issue is initially a language problem, which certainly brings a new term to the educational and media studies: the multiplicity of litera*cies*. Students who enter university pass through "a process of socialization into a new cultural system" (Ballard 1984: 43) that may also be called as "inventing the university" in Bartholomae's terms, which includes exploring a new language. Some studies (See Bartholomae 1985, Taylor *et al.* 1988) reveal that students in higher education have serious problems in suiting their language experiences to the language of academic setting, or to the new culture. Students try to investigate the requirements, meanings and values of academic culture, which is like decoding a new language. The cultural and ideological side of the issue needs to be taken as equally important since the learners who manage to enter university do not possess the same cultural capital which could certainly affect their perceptions of the academic knowledge determined by the academics' 'high' cultural and educational capital.

Popular culture has always been in the centre of the social, cultural, economic and educational debates. Williams, views culture as "the creation and use of symbols which distinguish 'a particular way of life, whether of a people, a period or a group, or humanity in general'." (in Baldwin *et al.* 1999: 4) Apart from Williams, according to Hall language as a "representational system" is the medium by which "we 'make sense' of things, in which meaning is produced and exchanged." (1997: 1) Thus, understanding culture very much depends on understanding the significance of *meaning*. Hall in his influential article "Encoding/Decoding" emphasizes that "the degrees of "understanding" and "misunderstanding" in the communicative exchange - depend on the degrees of symmetry/asymmetry (relations of equivalence) established between the positions of "personifications", encoder-producer and decoder-receiver" (Hall 2001: 125) Thus, cultural codes transmitted through visual signs do not transmit fixed meanings intended by the encoder-producer to the audience (decoder-receiver); rather they are attributed to different meanings depending on individual perceptions. As Fiske puts it, "popular readers enter the represented world of the text at will and bring back from it the meanings and pleasures that they choose" (1996: 133). So, based on the theory of *intertextuality* that suggests that "not only is the text is polysemic itself, but its multitude of intertextual relations increases its polysemic potential" (Fiske 2001: 219), a text, which is a unit that involves thought, meaning and communication, promotes various discourses transmitting different values and meanings among different power groups. This means that the process of consumption is the process of making meaning at the same time; thus, the audience rather than being passive consumers of popular culture products attribute individual meanings to them and customize them making them their own products.

The literature on popular culture pedagogy takes popular culture as way to shape a curriculum that empowers students from different social classes and attain democracy in the implementation (See Morrell 2002, Dolby 2003, McCarthy, Giardina *et al.* 2003). This perception could also be transformed into an understanding of popular culture in academic teaching that could enable students' access to the 'high' knowledge in the mode that their cognitive development and prior learning experiences are shaped through.

The new society based its productivity on information flow and accumulation of knowledge. Contrary to this demanding world, the common complaint that is academically discussed or in everyday discussions verbalized among the academics is how 'ignorant' and 'unmotivated' learners are in the university. According to them, the new generation is 'different' because they cannot really get what is given as they are expected to. The young generation is very much engaged with the technological means of communication and used to reaching and processing information through the active use of multi-media. What is critical here is that rather than simply criticizing them, the education practitioners need to create an awareness of this fact and use this 'negative' quality for the sake of their educational development. The most crucial problem here is that those students' attention span appears to be shorter than the previous generation and they cannot put up with the tasks or follow the information flow on paper because of the fact that they are used to motion, colors, sound, etc. Thus, when they are asked to retrieve the information they have previously been introduced during exams or discussions in the academic environment, they are likely to fail because of the mismatch between the mode and their cognitive learning skills. The young generation surrounded with the products of popular culture make meanings differently and this certainly affects their academic learning.

Principes et typologie des discours universitaires

This is the generation that learns about history through movies, mythology through cartoons or series, politics through popular discussion programs on TV and gets all kinds of information and consumes it so fast that they cannot even realize that they have obtained those pieces of information and academics rarely see the reality of their students' profile as learners together with their past learning experiences. This paper is a proposal to consider learners' prior learning experiences surrounded and shaped by the products of popular culture that can be a starting point and source for alternative academic course and material design that could enable learners to digest academic knowledge through the modes that they are already using.

4. The Study

4.1. Background

This study is held in Istanbul Bilgi University, an "English-medium" university. In this study, considering the fact that when students' possible language barriers could be an important variable, the courses held in English are not taken into consideration to evaluate their understanding of the academic knowledge. The course IR 112 - Culture and Politics in Modern Turkey was selected as a source of data for this study is that the instructor of the course uses episodes from a famous documentary *Demirkırat*, which was produced by the producers of the popular TV news programme *32. Gün*, to present and revise the subject matter. The intention of this paper is to seek an answer to the question if the means of popular culture products could contribute to students' learning of academic knowledge in higher education. [2]

4.2. The Method

In this study two different research methods, which are thought to be completing and supporting each other, are used: questionnaires and interviews with the students who have taken this course.

The questionnaires: All questionnaires were confidential and did not include any demographic details such as age, department, sex, etc. The language of the question-

---

[2] At this point the usual question that emerges is whether we could accept such a documentary as a popular culture product or not. The answer to this question lies in the nature of the TV programme *32. Gün*. A great number of people were waiting for that programme every week, and the next day almost everyone in schools or workplaces was discussing the previous night's programme. In this way, the programme got popularized among the programmes with the content of political and social issues, which had been generally regarded as being 'boring' previously by masses. This is why, the course IR 112 — Culture and Politics in Modern Turkey sets an example for this study with its use of the documentary produced by the *32. Gün* team. *Demirkırat* focuses on the history of the Republic of Turkey between 1942 and 1963. The students of today are dominantly the ones who were born in the late 80's, so the content of the documentary is still 'history' for them whereas it is 'memories' for most of the academics teaching these students. This documentary in this study will be treated as the popular culture product in the visual mode used as a visual aid to present and/or utilize the course content.

naire is Turkish. It consists of two main parts. The first part is designed to check students' learning styles. The literature on learning styles demonstrates that there are three main learning styles, which are visual, aural and kinesthetic, but considering both the specific aim and limits of this study only two are included in the questionnaire; visual and aural. The second part aimed at collecting data related to students' perceptions of the implementation of the course so that the comparison with their learning styles and their preferences of the course could be made. Both parts are designed on a scale from 0 to 4 but with different descriptors; in the first part the scale is from 0 (never) to 4 (always) whereas in the second part it is from 0 (totally disagree) to 4 (totally agree).

53 students responded to the questionnaire. 4 of the questionnaires filled were incomplete, so they are excluded from the data to avoid contamination.

The interviews: As in the questionnaires, all interviews were confidential. The interviewees are also among the ones who filled in the questionnaires. 17 students from different social and cultural background regardless of age, sex participated in the interviews of approximately 5-6 minutes. They were asked 6 standard questions in the same fashion; however, in some interviews with the intention of leading the students to provide accurate and valid data and clarifying some vague points that students make, some additional lead-in questions were directed and recorded.

5. Results

5.1. The Questionnaires

The results from the questionnaires will be evaluated in two different areas. Firstly, the results concerning students' learning styles will be evaluated, and then their perceptions of the course will be analyzed.

As the learning styles literature suggests, there are no cases that individuals have one single learning style, learners have all different styles but at different levels. That is, they have dominant learning styles.[3] The data evaluated showed that 68.82% of students are dominantly visual, 60.05% is aural and 64.43% is visual and aural. These results illustrate that the students participated in the questionnaire are highly visual and aural learners; that is, the learners' tendency to learn the information presented not only in the educational institution but elsewhere is through watching and hearing. This could explain why they usually find it quite uninteresting to learn only through reading and listening to the lectures in the academic environment, which is due to the lack of reinforcement for learning.

The second part of the questionnaire was designed to outline students' perception of the course. Each item, statement, is evaluated separately.[4] The intention here is to see the percentage of students on the positive, negative and neutral side. Thus, the scale is reduced from 5 choices to 3. The options "Strongly agree" and "agree" are counted as one area as positive, "strongly disagree" and "disagree" as another area as negative, and

---

[3] For further information see for example Gardner (2006), Flanagan & Harrison (2005), Erlauer (2003), Armstrong (2000), Davis & Anderson (1999), Gardner (1993).

[4] To see the items in detail, see the Appendix.

finally the "don't know" area as the neutral area. Considering the limits of this paper, only items with significant results will be covered.

The results of Item 22 illustrate that more than half of the students were attracted by the fact that the design of the course would enable them to use alternative ways of learning the subject matter other than the traditional didactic lectures. 18. 36% of students who marked "don't know" are also considerable. Their indecisive attitude could be because the use of documentaries could not be specifically prioritized for them but they did not reject this factor either.

The results obtained from Item 23 are one of the significant ones in this study. The general conception that the majority of students today are not really interested in academic knowledge and they are not aware of their individual intellectual responsibilities as university students is falsified with these figures due to the fact that 89. 79% of the students, which is a very high rate, agreed that they preferred the course because of its content. It can be concluded that they want to learn the subject matter but they need different options of teaching and learning tools in the visual and aural mode that their perceptions have already been shaped by through their exposure to popular culture.

Item 24 displays a strong consistency with the first part of the questionnaire where the results have shown that the majority of students are visual and aural learners. Here the figures show that almost all students believe that the documentaries have contributed to their learning the subject matter. It is also evident that students are conscious about their learning styles even if they may not name it as "visual" and/or "aural", they are ware of the fact that they learn better when they see and hear.

In relation to the previous item in the questionnaire in Item 25, it is quite predictable that students find the instructor's explanations satisfying enough since they are aurally inclined, too. However, the percentage in the "don't know" area needs to be considered because it is much higher than the "strongly disagree/disagree" group. The significance of 32,65% of students who cannot really decide on the effectiveness of lectures could be because there is the word "only" in the statement. Their responses to the previous item could have naturally led them to think that the instructor's explanations could not be evaluated in isolation from the visual aids, namely the documentaries, which is quite reasonable.

The generation today has left the script culture far back, and the results of Item 26 demonstrate this fact. A great deal of students thinks that they initially remember the documentaries when they need to retrieve information. The information gained through seeing and/or hearing becomes more permanent than the one in the written form.

In Item 27, even a higher percentage of students believe that they initially remember the instructor's words. The impact of the lectures can never be denied with a group of students who have quite high rates in visual and aural learning style as demonstrated above. Similar to the previous item, there is a considerable amount of students in the "don't know" area, and this is because the role of documentaries cannot be evaluated in isolation from the role of the instructor. Thus, the visual aids and the instructor are two important elements of the course supporting each other.

The coexistence displayed in Item 26 and 27 does not continue with the written documents that students were to read as predicted. According to the students, reading does not allow them to store the information in the long run. They feel the need to materialize the information because they perceive the ideas or facts on paper abstract and they find it difficult to access to although the subject matter is explained during lectures.

Maybe this is why the majority of students interviewed tended to ignore or were ignorant of the reading packet left by the instructor in the photocopy centre. This also shows that the academic discourse seems to be quite challenging even in their mother tongue.[5] The students find it not easy to access to "academic discourse", and they mostly feel excluded from it. Thus, the communication flow between texts and students is disrupted, and students cannot always get into the academic messages correctly.

Finally, Item 30 in a great consistency with the previous item demonstrates the dominance of the visual culture among students in the academic environment. They are almost in a consensus that they learn better through seeing and listening rather than reading.

Consequently, the results of the questionnaires show that didactic lectures with loads of reading materials assigned before and after the lectures do not ensure the learning of students in the academic environment. One of the most important reasons for this is that their perceptions of the environment have already been shaped by the modes of popular culture. Moreover, their learning experience that goes on out of the institution in a different direction from the one in the university creates confusion for them and often blocks their learning of the subject matter. Thus, students in university, especially the freshmen, need a smooth transition from their 'real' life surrounded by 'their' culture to the academic culture shaped by the academics' beliefs and values.

5.2. The Interviews

The interviews revealed a significant result of the students' intention to choose the course or their perception of the course being a popular one among the freshmen. 9 out of 17 students stated that their first reason to favour this course is the content of the course; that is, they believe that they are not instructed about the political and historical events happened after the 1930's during their mainstream education until university and they feel that they are ignorant of the facts surrounding their social and cultural identities, and the content of the course seemed satisfying enough for them to learn about the Republic's history which is excluded in their education.

The question asked to check their perception of visual aids, the documentaries, as a visual teaching and learning tool showed a fundamental result. 15 out of 17 students interviewed maintained that visual aids in the in presenting the subject matter had contributed to their learning. 2 out of 17 students did not state that they affected their performance negatively though. A global look onto the interview scripts demonstrates

---

[5] At this point, what here is meant by "discourse" needs to be clarified. The term does not really refer to the structural variations in the language in the academic texts. Written, oral, or visual, in each mode of communication, language emerges as texts based in a social domain. According to Kress (1989), "institutions and groupings have specific meanings and values which are articulated in language in **systematic ways**", and he states that "discourses are systematically-organised sets of statements which give expressions to the meanings and values of an institution" (6-7). That is, discourses have such an important power that they "define, describe and delimit what it is possible to say and not possible to say (and by extension- what it is possible to do or not to do) with respect to the area of concern of that institution, whether marginally or centrally" (ibid: 7). In this context, the term 'discourse' leads us to "regard language use as a form of social practice, rather than a purely individual activity or a reflex of situational variables" (Fairclough 1993: 63).

that the comments revolve around the following points ranked from the most frequent one to the least frequent one; they make it easier to grasp and remember (7 comments), they enable students to watch them later on for revision purposes (3 comments), they make the lessons enjoyable (2 comments), they affect them emotionally (2 comments), they make the subject matter seem more real (2 comments), they add objectivity to the subject matter (1 comment). The comments revolve around the fact that they could grasp the information easily and that the information gained through visual mode enable them to remember more information for a longer time.

The questions "Has the documentaries you watched during the course helped you retrieve the information you needed to answer the questions in the exams?" and "Do you remember anything related to the subject matter presented in the course?" are designed to provide us data that could show us how much permanent was the information gained through the visual aids. 14 out of 17 students stated that the visual aids helped them remember the information they needed to answer the questions in the exams. It is also worthy to point out that the majority of the information that they remember was the one that certainly affected them emotionally because they could have an opportunity to see the real scenes of the executions or coups. The students whose age range between 18 and approximately 25 in a way witness the history of the Republic instead of reading the 'story' of their country, and this certainly left traces on them.

The last questions of the interview "Do you remember these pieces of information from the instructor's presentations, the documentaries shown or the texts to read and study?" and "Can you put these in the order of importance concerning your way of learning?" provided crucial data that could help us see an overall picture of students' perceptions of the course together with their view of the instructor and the implementation of the subject matter as it was aimed at. The data show that students find the instructor's presenting the subject matter effective most; 7 out of 17 students stated during the interviews that the instructor's style and the ability to teach the subject matter contributed to their learning in the first place. 2 out of 17 students maintain that the instructor and the visual aids were equally effective in their learning the subject matter, and they pointed out that the visual aids supported the instructor's lectures so well that they could grasp the content better. Actually, students displayed a positive attitude towards the instructor and the documentaries as visual aids. Interestingly, when they came to mention the written texts, 5 out of 17 students ignored the fact that the course instructor had left a booklet of reading texts and did not even mention it. 4 out of 17 students, mentioned and ranked the written texts, but actually what they meant by written texts was the lecture notes that they were taking while the instructor was presenting the subject matter. The dominant visual and aural learning tendency manifests itself in the students' inclination to relate the subject matter not only to the visual aids but also to the instructor's voice, gestures, body language. Also, it cannot be denied that students' learning in the affective domain played an important part too. As Russell (2004) also states, the studies of affective domain in learning and teaching mostly cover the period before higher education. However, this is not the case in real life. The course that provided the data for this study also shows that students' positive thoughts about the course content, the instructor and the presence of visual aids played a significant role in their learning and also remembering the subject matter for a long period of time.

Principes et typologie des discours universitaires

6. Conclusion

> Nearly every subject has a shadow, or imitation. It would, I suppose, be quite possible to teach a deaf and dumb child to play the piano. When it played a wrong note, it would see the frown of its teacher, and try again. But it would obviously have no idea of what it was doing, or why anyone should devote hours to such an extraordinary exercise. It would have learnt an imitation of music. And it would have learnt to fear the piano exactly as most students fear what is supposed to be mathematics.
> What is true of music is also true of other subjects. One can learn imitation history - kings and dates, but not the slightest idea of the motives behind it all; imitation literature - stacks of notes of Shakespeare's phrases, and a complete destruction of the power to enjoy Shakespeare...
> (W. W. Sawyer, cited in Ramsden 1992: 38)

Throughout this study, there has been no other passage that could explain the academic environment and the issues arising from the educational practices so clearly and precisely than the one above. The academics and the educationalists that I shared this passage with were all in an agreement with it in agony. That was the case: *imitation* academic education.

From an ideological perspective, the academy for the majority of students appears to be a passage controlled by powerful gatekeepers who define the rules and the conditions of the journey that students try accomplish in order to gain academic competence. To the extent that the power groups allow students from different social origins and cultural background is the academic knowledge accessible. In other words, some are doomed to learn the *imitation academy*. This is also learning and teaching issue. The competitive business world requires the employers to become active learners who can take charge of their own learning and development. This brings the need to conceptualize the process of learning something more than just memorizing the transmitted knowledge but rather a process with a build-on nature that could enable learners to gain a conceptual change. Teaching in the academy, in relation to this view of learning, should take a form which is beyond transmitting academic knowledge to students. Students, as Kember (2001) describes, with mostly "didactic/reproductive" beliefs tend to expect academics to fill their memories with the necessary academic knowledge and academics that often tend to ignore teaching as a profession and teach what they learnt in the way they learn take on the role as a source of knowledge. In fact, students are expected to act for their own learning and make meaning out of what they are presented and academics need to conceptualize their roles as education practitioners working in collaboration with educationalists. However, this is not as easy as it seems to be. Even if both parties strive to achieve this, there remains a conflict. This is partly because universities are mainly seen as the places of the production of knowledge and isolated from the social order. However, education requires socially organized knowledge. That is, the world surrounding students out of the walls of the university is quite different from the one inside. The cultural tools that students make use of while making meaning out of their environment and their out-of-school practices are not seen as part of the education. This creates a gap between students' real lives and academic lives and results in an *imitation* education. At this point popular culture can be a terrain where education can take a new meaning and gain a progressive nature both for students and academics.

It is the age of technology that makes not only the flow of information but also cultural products fast. Young people starting from their early childhood are surrounded with the cultural products that reach them easily via mass media and are consumed and reproduced in different ways. The world of the academy is quite different from this. However, it is not that easy for young people to wear their 'academic' masks and enter university and leave their identities there again to go back to their real lives. Thus, popular culture can be a way to reach students' understanding of the world and relate it to their academic studies but not an end itself. That is, as an alternative to the academic texts in the written mode, the products of popular culture could be used as teaching tools for academics who want their students to internalize academic knowledge.

The fact that students in higher education today usually find it quite uninteresting to learn only through reading and listening to the lectures in the academic environment and that they mostly find the materials in the academic environment inaccessible which results in the lack of reinforcement for learning are because they are not presented with the information through the modes that they are used to in 'real' life. So, the reality that students even sometimes refuse to learn in the way that the academics urge them to is not always because the task is beyond their capacity as claimed, but it is because they are not given a chance to try it in the way that they could access to. The students who are dominantly visual and aural learners were attracted by the fact that the design of the course and the extraordinary implementation would give them the opportunity to use alternative ways of learning the subject matter other than the traditional didactic lectures with loads of reading materials assigned before and after the lectures. Contrary to the general belief that the young generation is not really interested in learning the subject matter, the results of this study also show that they want to *learn* the subject matter but they need different options of teaching and learning tools in the visual and aural mode that their perceptions have already been shaped by their exposure to popular culture. Through perceiving the information in visual and aural modes the information in a way becomes a materialized, solid object, and they could remember it more. In this way they find the academic knowledge more easily accessible free of language constraints. Consequently, the results of the study could be interpreted as students in higher education expect their lecturers to be education practitioners with effective teaching skills that should also cover their openness to alternative modes of teaching that could open their channels of learning. Thus, students in university, especially the freshmen, need a smooth transition from their 'real' life surrounded by 'their' culture to the academic culture shaped by the academics' beliefs and values.

There are certain limitations and drawbacks in this study. Initially, this study is not a comparative one that could enable the researcher to evaluate what specific differences could alternative teaching tools in the academy make compared to the one(s) using conventional didactic lectures because the same course is not delivered by another academic in a different way. If it were, it would be valuable to investigate how popular culture products make the difference while learning the same subject matter. Additionally, because there are no follow-up courses on the related subject, it not possible to evaluate whether learning cold take place in a build-on nature. Also, this study is not enough to evaluate the degree/level of students' understanding the subject matter. That is, because it was not possible to access to the assessment data of the course, students' performance and their perceptions of the course could not be compared to obtain a reliable result that could show the researcher whether there is a correlation between students' success rates and their acceptance of the alternative teaching tools. These drawbacks certainly bring the motivation for further academic research in the future, which will contribute to the literature of higher education study.

To conclude, education has taken a new form in the information age and students are quite different learners with different expectations as the professional world also requires them to possess different skills. The gap between the ivory towers of the academy and the real life is widening. The study conducted shows that didactic lectures with loads of reading materials assigned before and after the lectures do not ensure the learning of students in the academic environment. One of the most important reasons for this is that their perceptions of the environment have already been shaped by the modes of popular culture. Moreover, their learning experience that goes on out of the institution in a different direction from the one in the university creates confusion for them and often blocks their learning of the subject matter. Thus, this study simply offers a negotiation between the academy and the popular. It is not to say that the products of popular culture are to be part of the academic knowledge or replace it. It is to offer that products of popular culture could help academics reach the minds of the young people. It is to suggest that for example, rather than *banning* the movies produced based on the literary works, students could be encouraged to read the texts and watch the movies and be critical and analytical about both texts. It is time for the academics to take their time to think about where students come from with which skills and how they could be reached rather than isolating them from the 'real' academy. Somehow, there is an urgent need to get rid of the *imitation* academy, and it is time to think about alternative ways for this.

References

ARMSTRONG T. (2000), *Multiple Intelligences in the Classroom* [e-book]. http://site.ebrary.com/lib/bilgi/Doc?id=10044795

BALLARD B. (1984), "Improving Student Writing: An Integrated Approach to Cultural Adjustment", in R. Williams, J. Swales & J. Kirkman (ed.) *Common Ground: Shared Interests in ESP and Communication, ELT Documents 117*, Oxford, Pergamon Press Ltd. & The British Council.

BARTHOLOMAE D. (1985), "Inventing the University", in M. Rose (ed.), *When a Writer Can't Write*, New York, The Guilford Press.

BOURDIEU P. (1986), *Distinction: A Social Critique of the Judgement of Taste*, Cambridge, Harvard University Press.

DAVIS H. & M. ANDERSON (1999), "Individual Differences and Development: One Dimension or Two?" in Anderson (ed.), *The Development of Intelligence*, London, Psychology Press.

DOLBY N. (2003), "Popular Culture and Democratic Practice", *Harvard Educational Review* 73/3, 258.

ERLAUER L. (2003), *The Brain-Compatible Classroom: Using What We Know About Learning to Improve Teaching [e-book].* http://site.ebrary.com/lib/bilgi/Doc?id=10044780
FAIRCLOUGH N. (1993), *Discourse and Social Change*, Cambridge, Polity Press.
FISKE J. (1996), *Understanding Popular Culture,* London, Routledge.
—— (2001), "Intertextuality", in C. L. Harrington & D. D. Bielby (ed.), *Popular Culture: Production and Consumption,* London, Blackwell Publishers.
FLANAGAN D. P. & P. L. HARRISON (ed.) (2005), *Contemporary Intellectual Assessment: Theories, Tests, and Issues*, New York, Guilford Press.
GARDNER H. (1993), *Frames of the Mind: the Theory of Multiple Intelligences*, New York, BasicBooks.
—— (2006), *Multiple Intelligences: New Horizons,* New York, BasicBooks.
HALL S. (2001), "Encoding/Decoding", in C. L. Harrington & D. D. Bielby (ed.), *Popular Culture: Production and Consumption*, London, Blackwell Publishers.
KEMBER D. (2001), "Beliefs about Knowledge and the Process of Teaching and Learning as a Factor in Adjusting to Study in Higher Education", *Studies in Higher Education*, 26/2.
KRESS G. (1989), *Linguistic Processes in Sociocultural Practice*, Oxford, Oxford University Press.
MCCARTHY C., M. D. GIARDINA, S. J. HAREWOOD & J. PARK (2003), "Contesting Culture: Identity and Curriculum Dilemmas in the Age of Globalization, Postcolonialism, and Multiplicity", *Harvard Educational Review* 73/3.
MORRELL E. (2002), "Toward a Critical Pedagogy of Popular Culture: Literacy Development among Urban Youth", *Journal of Adolescent & Adult Literacy* 46/1.
RAMSDEN P. (1992), *Learning to Teach in Higher Education*, London, Routledge.
ROWLAND S. (2000), *The Enquiring University Teacher*, London, Open University Press.
RUSSELL M. (2004), "The Importance of the Affective Domain in Further Education Classroom Culture", *Research in Post-Compulsory Education,* 9/2.
TAYLOR G. *et al.* (ed.) (1988), *Literacy by Degrees.* Milton Keynes: SHRE & Open University Press.
TRIGWELL K. & M. PROSSER (1996), "Changing Approaches to Teaching: A Relational Perspective", *Studies in Higher Education* 21/3, 275.

Principes et typologie des discours universitaires

Appendix

Item 21- I have chosen this course because the language of instruction is Turkish.			
	Strongly Agree/Agree	Strongly Disagree/Disagree	Don't know
Number of responses	25	22	2
Percentage	51.02%	44.89%	4.08%

Item 22 - I have chosen this course because I knew that the instruction would be supported with documentaries.			
	Strongly Agree/Agree	Strongly Disagree/Disagree	Don't know
Number of responses	27	13	9
Percentage	55.10%	26.53%	18.36%

Item 23 - I have chosen this course because of its content.			
	Strongly Agree/Agree	Strongly Disagree/Disagree	Don't know
Number of responses	44	4	1
Percentage	89.79%	8.16%	2.04%

Item 24 - The documentaries enable me to understand the subject matter better.			
	Strongly Agree/Agree	Strongly Disagree/Disagree	Don't know
Number of responses	45	2	2
Percentage	91.83%	4.08%	4.08%

Item 25 - To understand the subject matter, only the instructor's explanations are enough.			
	Strongly Agree/Agree	Strongly Disagree/Disagree	Don't know
Number of responses	26	7	16
Percentage	53.06%	14.28%	32.65%

Item 26 - When I have to remember a piece of information presented, I initially remember the documentaries.			
	Strongly Agree/Agree	Strongly Disagree/Disagree	Don't know
Number of responses	30	5	14
Percentage	61.22%	10.2%	28.57%

Principes et typologie des discours universitaires

Item 27 - When I have to remember a piece of information presented, I initially remember the instructor's words.			
	Strongly Agree/Agree	Strongly Disagree/Disagree	Don't know
Number of responses	33	3	13
Percentage	67.34%	6.12%	26.53%
Item 28 - When I have to remember a piece of information presented, I initially remember the written documents we have read.			
	Strongly Agree/Agree	Strongly Disagree/Disagree	Don't know
Number of responses	9	33	7
Percentage	18.36%	67.34%	14.28%
Item 29 - The subject matter becomes more accessible with updated (current) examples.			
	Strongly Agree/Agree	Strongly Disagree/Disagree	Don't know
Number of responses	49	0	0
Percentage	100%	0	0
Item 30 - The visual aids (documentaries) help us learn the subject matter more easily.			
	Strongly Agree/Agree	Strongly Disagree/Disagree	Don't know
Number of responses	46	1	2
Percentage	93.87%	2.04%	4.08%

Rhétorique des incipit dans les articles scientifiques en sciences humaines et sociales

Thierry HERMAN
Université de Neuchâtel

RÉSUMÉ

L'article scientifique est un genre universitaire qui n'est pas sans enjeu de conviction. L'incipit en particulier doit d'une part s'inscrire dans un savoir préexistant, présenter son objet, qui est apte à transformer ce savoir, et susciter la confiance du lecteur, que ce soit par les connaissances mobilisées ou par la manière de les présenter. Cet article, une étude de 40 incipits d'articles scientifiques en sciences humaines et sociales, vise à faire un inventaire des stratégies employées dans ce lieu crucial de prise de contact.

MOTS-CLÉS
Incipit • rhétorique • ethos scientifique • stratégies • article scientifique.

ABSTRACT

Scientific publications aren't a genre without any convincing goals. The first sentences or incipit are in the center of such a rhetorical point of view. The incipit has to take a place within a preexisting knowledge, afford its purpose and gain the reader's confidence, either with scientific premises or by the way to deliver them. This publication studies forty incipit of human sciences papers. Its purpose is to outline an inventory of strategies used in this crucial meeting point's location.

KEYWORDS
Incipit • rhetoric • scientific ethics • strategies • scientific article.

*　　*

*

Principes et typologie des discours universitaires

1. Introduction

Débuter un article scientifique n'implique pas de créer un monde. La première phrase d'un article souvent confidentiel dans un périodique en sciences humaines souvent non moins confidentiel n'est pas aussi déterminante *a priori* que celle, revue à l'infini, qui doit débuter le livre qu'imagine Grand dans *La Peste* d'Alb. Camus. Cela ne signifie pas qu'un article peu lu dans une revue peu connue n'a aucun enjeu et implique une forme d'insouciance. L'enjeu de cette contribution est de transposer une problématique largement explorée dans le cadre de la fiction — l'incipit — dans celui de l'article scientifique. Trois questions en série se sont posées au départ de notre réflexion qui postule que l'incipit est un lieu crucial dans lequel on tente de se faire une place propre dans un flux de discours savants :

1) Comment s'intercale-t-on dans le continuum du savoir ?
2) Prendre la parole dans ce continuum suppose de montrer au minimum qu'on est capable de le faire et pose donc la question de l'image que l'on donne de soi (ethos rhétorique)
3) Comment donc persuader le lecteur que l'on a la compétence d'écrire[1] ?

On peut dire d'emblée que débuter un article scientifique se dédouane de plusieurs caractéristiques majeures de l'incipit romanesque : la création d'une fiction crédible ; l'accroche du lecteur qui n'est en général pas tenu à la lecture par des impératifs professionnels ; l'originalité du ton, du style, du lexique qui va hisser les couleurs pour les pages qui suivent. Le genre — une notion chère à l'analyse des discours — libère l'incipit de l'article scientifique de nombreuses contraintes qui, dans d'autres genres, peuvent conduire à la phobie de la page blanche ou au ressassement perpétuel de la première phrase.

Quelles stratégies observe-t-on dans les incipit si les attentes sont moins importantes qu'ailleurs ? Le but de cette communication est de proposer une réflexion sur ce thème inspirée d'un corpus de 40 incipits d'articles[2]. Ce corpus est entièrement dépendant du hasard. Il n'a fait l'objet d'aucune sélection et constitue donc un assemblage des 40 premiers incipits d'articles scientifiques en sciences humaines et sociales — un échantillon trop restreint pour livrer des résultats représentatifs mais suffisamment fourni pour dégager quelques traits significatifs[3].

---

[1] Précisons d'emblée que mon propos se cantonnera à l'incipit textuel — un autre travail complémentaire serait à faire sur le péritexte de l'article scientifique, sur l'abstract, le plan etc. S. Moirand a suggéré lors du colloque que les nouvelles modalités de circulation de l'article scientifique (revues électroniques par exemple) nécessiteraient d'élargir la réflexion aux aspects transactionnels de l'article scientifique.

[2] Contrairement à d'autres communications présentées ici, notre réflexion veut ouvrir des pistes de réflexion plutôt que présenter des résultats d'une recherche aboutie qui aurait été faite avec une équipe de recherche. Il s'agit de présenter quelques éléments d'analyse représentatifs sur un corpus relativement modeste. Cette réflexion a été lancée par une charge de cours que j'ai obtenue à l'Université de Neuchâtel « Argumenter, écrire et convaincre », destinée à acculturer les étudiants à l'écriture académique.

[3] Faute de place, nous ne reproduirons pas ici les quarante incipits signalés. Nous insérerons dans le texte les exemples les plus représentatifs. Le corpus entier peut être consulté sur mon

Mes travaux visent à revivifier la rhétorique par l'analyse des discours et la linguistique textuelle. Je m'appuierai donc logiquement sur la fonction rhétorique de l'exorde : « il s'agit d'étudier là les modalités de la prise de parole, de l'adresse, ainsi que les moyens employés pour susciter l'intérêt » (Gollut & Zufferey 2000 : 12). Mais l'étude de l'incipit affirment ces auteurs, ne se cantonne pas à ce rapprochement avec la rhétorique. Au-delà ou à côté de la prise de parole scellant un rapport de place avec le lecteur, se marque aussi un marquage métatextuel du début de texte en tant que début : « marquage du cadre, topoï d'ouverture, signaux d'initialité, ou encore livraison d'indices codifiants ou programmatiques du texte à venir » (ibid). Enfin, l'incipit est un instant de rupture ou de transition entre deux univers (hors texte et dans le texte). Une dimension qui est évidemment cruciale lorsque les codes des univers ne sont pas les mêmes comme c'est le cas dans toute œuvre de fiction. Nous privilégierons ici les deux premières approches. On retrouve d'ailleurs cette problématique dans les quatre + une fonctions que Del Lungo attribue à l'incipit qu'il articule autour des deux pôles majeurs que sont *la légitimation de la prise de parole* et *l'entrée dans la fiction* (2003 : 154) :

Fonctions constantes	
Commencer le texte Justifier la prise de parole, se confronter à l'arbitraire initial, situer l'œuvre dans une mémoire intertextuelle	Fonction codifiante
Présenter le sujet du texte en établissant avec l'ensemble du récit soit une relation directe, soit une relation métaphorique, soit une relation de non-pertinence	Fonction thématique
Fonctions variables	
Mettre en scène la fiction Révéler / Dissimuler Raréfaction ou saturation informative Informer sur le texte, sur le sujet du texte, sur le référent, sur l'univers fictionnel	Fonction informative
Mettre en marche l'action Incipit in medias res /entrée progressive Action immédiate / Retardée	Fonction dramatique

Tableau 1.

À côté de ces fonctions objectives, A. Del Lungo donne une place centrale à une fonction plus subjective qui est la fonction séductrice.

La fonction dramatique est évidemment absente des articles scientifiques en sciences humaines et sociales. La fonction informative et la fonction thématique nous semblent relativement proches l'une de l'autre, au point que les deux peuvent se confondre. Dans un premier temps, Del Lungo ne parlait que de la fonction informative (1993).

---

site Internet : http://www.thierryherman.ch sous la rubrique Recherches. Notons que la question de la délimitation de l'incipit a été laissée de côté : nous avons pris des unités de sens plus ou moins autonomes.

Principes et typologie des discours universitaires

Nous nous attacherons, en nous appuyant sur le corpus constitué, à examiner l'usage de chaque fonction dans le genre des articles scientifiques en sciences humaines et sociales.

2. La fonction codifiante ou la stratégie du diapason

On connaît l'idée attachée à l'école de Palo Alto, selon laquelle communiquer est entrer dans l'orchestre (Winkin 1981). Cela fait d'une certaine manière écho au dialogisme bakhtinien, où à l'hétérogénéité constitutive du langage. L'incipit d'un article scientifique comporte assez clairement un jeu identificatoire permettant de situer le texte dans une mémoire intertextuelle, selon les mots de Del Lungo. Plus, oserions-nous avancer, que pour l'œuvre de fiction, dans la mesure où l'écriture scientifique, écriture de citations par essence, n'a pas l'ambition romanesque de proposer, dans le cadre malgré tout des limites de genre, une fiction originale, un monde nouveau ou un style individualisé.

Plusieurs travaux sur les introductions de thèses ou de textes académiques ont mis en évidence une même structure. Ainsi Bhatia estime que le but communicationnel d'une introduction est de proposer un lien entre ce qui a été fait avant dans le champ pertinent de la recherche et la présente étude qui va être présentée (1993 : 82). Et Bunton de souligner l'importance de faire un état de la recherche pertinent pour l'étude, l'un des critères de jugement d'une thèse étant d'évaluer ce qu'elle apporte de plus au champ de recherche (2002 : 58).

Mais l'analyse pionnière des débuts de textes académiques est due à J. Swales (1981), lequel a analysé 48 introductions dans des sciences dures ou humaines. Il a identifié une séquence d'étapes prototypique du genre ; cette séquence, modifiée après quelques publications, est toujours employée depuis dans des nombreux manuels d'écriture universitaire, sous le nom de CARS, « creating a research space ». Rappelons le modèle (Swales & Feak 2004 : 244) :

1er Mouvement : Établir un territoire dans la recherche

a. En montrant que l'aire générale de recherche est importante, centrale, intéressante, problématique ou pertinente d'une certaine manière (optionnel)
b. En introduisant et en passant en revue des éléments des recherches précédentes dans la même aire (obligatoire)

2e mouvement : Établir une niche

a. En indiquant un trou dans la recherche précédente ou en étendant la recherche précédente d'une certaine manière (obligatoire)

3e mouvement : Occuper la niche

a. En soulignant les buts et en affirmant la nature de la présente recherche (obligatoire)
b. En dressant une liste des questions de recherche ou des hypothèses (probable dans certains champs de recherche, rare ailleurs)
c. En annonçant les principaux résultats (probable dans certains champs de recherche, rare ailleurs)

d. En indiquant la valeur de la présente recherche (probable dans certains champs de recherche, rare ailleurs)
e. En indiquant la structure de la recherche (probable dans certains champs de recherche, rare ailleurs)

Ce modèle général semble bien s'appliquer dans le corpus que nous avons constitué. Cependant, en nous arrêtant au seul incipit, il est rare de pouvoir constater sur un espace aussi restreint l'ensemble du modèle être représenté. Un des exemples qui se rapproche le plus est sans doute le suivant :

[1] La notion de représentation sociale (symbolisée désormais par le sigle RS) se retrouve aujourd'hui dans toutes les sciences humaines, y compris en linguistique. Il s'en suit une multiplication inévitable des définitions et des objets épistémologiques. Le terme de représentation est ainsi devenu fortement polysémique. La linguistique est concernée par cette évolution, en particulier à travers les notions de « discours » et d'» interaction verbale ». Nous nous proposons dans cet article de rappeler ou de montrer comment la linguistique peut contribuer de manière originale à mieux comprendre la nature et le rôle des RS.
(B. Py (2004), « Pour une approche linguistique des représentations sociales », *Langages*154, 6-19)

La première phrase fait la synthèse d'un état des connaissances, la deuxième phrase met en évidence un problème (plutôt qu'un trou dans la recherche d'ailleurs), la troisième puis la quatrième relèvent l'intérêt du problème pour la discipline et la cinquième met en scène la nature et les buts de l'article. Cette dernière étape échappe, à cause de la dimension du corpus que nous nous sommes donnés, à la plupart des exemples. La deuxième étape est pareillement rare dans ce corpus.

On trouve en revanche dans de nombreux incipits sur les 40 choisis, la mention d'un savoir antérieur. Ce savoir peut se décliner selon deux formes. La première serait de nature historiographique ou métatextuelle — assez proche du modèle de Swales —, la seconde serait plus directement liée à l'état des connaissances où le scripteur joue de son autorité pour donner lui-même l'état du savoir.

On trouve ainsi fréquemment dans le corpus des syntagmes comme « littérature scientifique », « lieu commun pour les universitaires », « discours savant », « historiographie », ou des références à des « textes », des « publications », des « sources dictionnairiques ». Ces approches font référence, de manière relativement lointaine et peu explicite, à une littérature scientifique médiane ou moyenne que l'auteur veut faire passer comme statistiquement représentative. La démarche inductive qui est à l'œuvre ici n'est pas sans risques liés à la généralisation. Il reste que la nécessité de faire progresser la science rend impossible la mise en doute de toutes les prémisses de l'argumentation. Et l'impératif communicationnel exige que l'accord se fasse entre l'auteur d'un article scientifique et son lecteur — d'où cette référence à une doxa scientifique préexistante, peu remise en question, fondée sur l'idée qu'elle peut être, à relativement peu de frais, partagée. Un de nos incipits parle explicitement d'une coutume. Ce qui est intéressant, c'est que soit cette coutume peut être validée ou précisément remise en question. On trouve l'exemple d'une validation dans ce cas de revendication d'une paternité avec des approches, ici théoriques, antérieures :

[2] Le présent papier renvoie à une problématique en termes de croissance endogène mais située à un niveau méso-économique (réf.), avec un fort ancrage théorique dans des travaux d'économie territoriale et d'économie industrielle.
(A. Ferguène & H. Trimeche (2005), « Potentiel scientifique, externalités territoriales et développement des biotechnologies : analyse à partir du cas de Rhône-Alpes », *Géographie, Économie, Société* 7/4, 405-426)

Mais il y a singulièrement plus d'exemples qui mettent en évidence un *contrepied* par rapport à la littérature existante. Le but est d'invalider la généralisation sur lequel un consensus pouvait se faire jusqu'à ce moment. On remarquera à cet égard l'importance de deux sèmes récurrents : celui de la temporalité et celui du figement. Du côté de la temporalité, trois incipits sur 40 mentionnent l'adverbe « longtemps », ce qui peut préparer au changement que compte proposer « maintenant » l'étude, tandis que trois autres exemples parlent de l'état présent des connaissances pour signaler un changement futur. D'autres incipits donnent une histoire d'une idée ou d'un concept : donnons trois exemples « depuis quelques années », « pendant ces cinquante dernières années ou presque », « depuis les années 1970 ». On observe aussi une série d'allusions vagues à un mouvement de pensée et, rarement en incipit, des références plus précises comme : « Depuis Lewis Morgan, une discours spécifique s'est construit progressivement ». Cette temporalité peut aller jusqu'au figement, qui consiste à parler, par exemple de conception « classique » voire de « loi ». Figement des connaissances que l'article se propose évidemment de défiger. Avant de parler de loi ou de coutume, le figement se lit dans un processus sclérosant dont peut témoigner l'adverbe « souvent » présent dans plusieurs exemples.

La seconde référence à un savoir existant passe moins directement par l'entremise de travaux cités. Lorsque l'on renvoie à une conception dite « classique », on suppose son fondement sur une littérature scientifique. Mais dans bien des cas, l'assertion simple suffit à poser les premières pierres de la connaissance indispensable pour la suite de l'article. Ainsi en est-il de l'exemple [3] qui se contente d'asserter un état pour sans doute discuter ensuite le problème créé par cet état :

[3] Le problème de la connaissance est qu'il s'agit d'une attitude factive.
(Chr. Alsaleh (2006), « Quand est-il valide de dire "je sais" ? », *Revue de métaphysique et de morale* 2006/3, 375-384)

Dans le même ordre d'idée, la certitude tranquille de l'assertion qui ouvre un de nos exemples (« La proximité, en journalisme, est érigée en loi ») n'appelle pas, dans la stratégie du scripteur, à une remise en cause. À la simple assertion on peut ajouter une forme de surassertion plus catégorique. Par exemple, la formule catégorique « il n'est plus possible ». L'exemple [4], montre de manière intéressante un savoir présenté comme coutumier, avant de donner une contrepartie nettement plus tranchante avec une reformulation : « cette image, ou plutôt cette caricature » :

[4] On a coutume de se représenter Heidegger comme le penseur qui a cherché dans la poésie un refuge pour y développer un mode de pensée non métaphysique et qui s'est éloigné de ce dialogue avec les sciences qui a été, depuis les débuts de la philosophie moderne, la tâche à laquelle les plus grands philosophes se sont constamment voués. Mais cette image, ou plutôt cette caricature, demande à être fortement corrigée, surtout en ce qui concerne le « pre-

mier » Heidegger, pour lequel la philosophie se définissait elle-même encore comme une science tout à fait particulière, celle de l'être.
(Fr. Dastur (2006), « Le concept de science chez Heidegger avant le "tournant" des années trente », *Noesis* 9, « Heidegger et les sciences », mis en ligne le 10 juillet 2007)

Ailleurs, un même renforcement de point de vue (« partout attestée ») appuie la prétention de vérité de l'affirmation. De manière corollaire, on voit poindre dans deux exemples la présence explicite de la modalité épistémique. Une modalité intéressante car a priori pas nécessaire : à partir du moment où un savoir est posé par une assertion, il est redondant d'exhiber le fait que c'est un savoir. Sa présence permet en fait de construire en creux l'image donnée du lectorat. Celui-ci est présenté comme censé savoir. Une rhétorique déstabilisante si le savoir qu'on vous prête en tant que lecteur est indu :

[5]   L'herméneutique de Gadamer, comme chacun sait, cherche à interroger des expériences de vérité, celles inhérentes à l'art, aux sciences de l'esprit et au langage, qui échappent au contrôle de la méthode scientifique moderne. Or, pour la modernité issue de Descartes, le primat de la méthode est inséparable du primat de la conscience de soi qui est le fondement ferme et inébranlable conférant l'absolue certitude sur laquelle peut s'édifier le savoir.
(G. Deniau (2005), « La question du "sujet" dans l'herméneutique gadamérienne. », *Methodos* 5, « La subjectivité »)

Ce savoir posé comme apparemment partagé met bien en lumière le but de l'introduction des articles scientifiques qui serait de taper un diapason permettant au scripteur et à son lectorat de trouver la bonne longueur d'onde.

3. La fonction informative ou la mise en place de l'ethos

L'une des fonctions de l'incipit dans l'écriture académique est, selon le modèle de Swales, d'établir une niche. Il ne s'agit pas seulement de dire un savoir antérieur, mais de proposer son propre savoir. Selon Bunton (2002), qui a repris et prolongé le modèle de Swales, la délimitation d'une niche se signale fréquemment par l'existence d'un problème relevé, dont l'étude permettra une résolution. On trouve même cette étape dans 31 des 45 introductions de thèse qu'il a examinées. Cela entraîne la mise en évidence d'une rupture ou d'une opposition, dans le passage du cadrage générique hétéro-centré au cadrage spécifique auto-centré dont parle V. de Nuchèze : «Apparaissent ici bien sûr les connecteurs logico-argumentatifs, dont les plus nombreux sont des oppositifs : *il n'empêche que, or, mais, pourtant*, etc. » (1998 : 28).

En est-il de même pour les incipits ? Oui et curieusement, alors même que l'on se trouve dans les toutes premières lignes d'un article, de nombreux incipits marquent immédiatement l'opposition. Cette opposition est signalée de deux manières : soit explicitement par des connecteurs comme *pourtant, or, mais*, soit par divers signaux montrant que l'on doit s'attendre à une opposition. D'une certaine manière, on opère là une fusion entre la fonction informative et une partie de la fonction codifiante. En effet, il y a, après le connecteur oppositif, présentation de la thèse ou de thème qui sera soutenue pendant l'article — fonction informative — ce qui, du coup, justifie la prise de parole — fonction codifiante. Or, cette justification n'est pas sans effet sur l'image que l'on donne de soi. Autrement dit, l'ethos en matière rhétorique. Avant donc d'examiner les incipits, nous mettrons en évidence la question de l'ethos ou de l'image de soi dans le discours.

Nous ne présenterons pas ici l'historique de la question de l'ethos en rhétorique et son analyse possible par la linguistique textuelle[4].

La première idée défendue dans ma thèse est qu'il faut distinguer deux ethos : un ethos qui concerne l'être empirique, avec son statut et son rôle, l'ethos que l'on convoque simplement par son nom et sa fonction en tête d'article. Et un ethos du communiquant, les images que l'on donne non en tant qu'individu mais en tant que gestionnaire de son discours. La seconde idée défendue est qu'il y a plusieurs mises en scène de l'ethos. Si on parle rarement de soi dans plusieurs genres, dont fait partie l'article scientifique, il n'en demeure pas moins que l'image que l'on va donner du lecteur, du sujet ou de la communauté scientifique va pouvoir révéler, en creux, l'image que l'on donne de soi.

Le genre de l'article scientifique appelle peu l'ethos de l'être empirique[5] et privilégie un ethos objectivisé. C'est du moins le principe que Prelli rappelle par ailleurs dans son étude « l'ethos scientifique n'est pas donné, il est construit rhétoriquement » (1989 : 49).

La question de l'ethos scientifique a mobilisé quelques sociologues. Prelli, citant R. Merton, met en parallèle l'ethos du scientifique avec le respect de certaines normes morales, intellectuelles ou sociales : le désintéressement, l'universalité, le partage dans la communauté scientifique, le scepticisme organisé. Merton y ajoute par la suite l'originalité et l'humilité. Normes qui sont contestées d'ailleurs par d'autres travaux. Prelli propose de sortir de l'impasse en considérant normes et contre-normes comme des lieux communs en rhétorique, des topoï, plutôt que des lois ou des règles. Mais de l'ethos, on le voit, on passe vite vers l'éthique : le désintéressement, le partage représentent des attitudes à adopter dans la communauté scientifique et sont moins des preuves techniques au sens d'Aristote, liées au discours.

Indépendamment de cette question normative ou rhétorique, l'ethos scientifique doit se créer dès l'incipit d'un texte et renforcer autant que possible la crédibilité du scripteur. Hormis le nom de l'auteur, sa fonction et l'institution dont il provient qui sont des indicateurs possibles d'ethos de l'être empirique, hormis le titre qui contribue, en fonction par exemple de sa technicité, à déterminer un ethos du communiquant, l'incipit doit provoquer la confiance de lecteur. Parmi les caractéristiques qui fondent l'ethos scientifique, selon Merton, nous retiendrons ici l'originalité, l'humilité, le scepticisme et l'organisation qui sont des éléments linguistiquement démontrables ou dicibles. Mais on peut y ajouter l'assurance qui fonde une impression de compétence.

Scepticisme et originalité : Un premier signe d'inscription de l'ethos est bien décrit par V. de Nuchèze (1998), qui étudie plusieurs types de polyphonie présente dans de nombreux textes scientifiques. À la suite d'une phase de réfutation, qui peut être plus ou moins irénique ou agonale — de Nuchèze distingue une polyphonie conflictuelle, concessive et démarcative —, le scripteur propose son point de vue. Dans d'autres cas,

---

[4] Herman (2005) formule une méthodologie d'analyse des différents types d'ethos et de leurs manifestations. Nous résumerons ici les idées défendues à ce propos.
[5] Notons que le péritexte joue ici un rôle non négligeable.

il confirme une polyphonie antérieure. Mais, que ce soit sous la forme de l'opposition ou de la confirmation, il y a forcément une mise en évidence d'un caractère nouveau, inédit, lequel rejaillit positivement sur l'image du scripteur. Avec un double effet : celui de donner l'impression d'avoir d'une part maîtrisé l'état de la question et celui d'avoir pu pousser plus loin la réflexion en mettant en doute — dans le cas qui nous paraît majoritaire — le fiabilité des connaissances précédentes. L'incipit [6] fait entendre une opposition latente :

> [6] L'idée selon laquelle l'essor de la musique enregistrée (sur disque, à la radio ou sur les bandes originales de film) était synonyme de déclin pour la musique jouée en public (dans les salles de concert, dans les music-halls, ou dans les salons privés) a longtemps été un lieu commun pour les universitaires. Pendant ces cinquante dernières années ou presque, le secteur de la musique live du Royaume-Uni, par exemple, a été décrit comme un secteur en déclin.
> (S. Frith (2007), « La musique live, ça compte… », *Réseaux* 25/141-142, 181-201)

Au « longtemps » ou au « pendant ces cinquante dernières années », on est pratiquement certain de voir opposer un « aujourd'hui » ou un « maintenant » qui sera concomitant avec l'article. La présence même de l'idée de « lieu commun », par sa connotation péjorative, laisse entendre que l'article va montrer que l'idée qui révélait jusqu'ici dans la majorité sinon toutes les publications sera battue en brèche. Plus clair encore, les conditionnels ou la modalité du doute « sembler, paraître » nous préparent à une opposition classique avec l'être. Le genre même de l'article, les routines d'ouverture typiques font peser un doute sur le savoir préexistant auquel on opposera un nouveau savoir. Huit incipits sur trente contiennent les connecteurs *cependant* ou *pourtant*. On trouve ici, et dès les toutes premières lignes d'un article, l'idée de révision d'un savoir antérieur. D'autres cas insistent plutôt sur une continuité, un développement du savoir. Il y a, par la force des choses, en ce cas, moins de scepticisme, mais aussi, du coup, moins d'originalité. À cause du topos de modestie ou d'humilité, il devient plus difficile de faire comprendre que l'on propose du neuf sans passer par une opposition à une coutume, un savoir préexistant. L'une des ressources utilisées est le questionnement. Pas moins de huit incipits mettent en exergue un questionnement qui contribue à forger un ethos de l'être questionnant, donne une motivation de la quête intellectuelle qui justifie l'article scientifique. Le questionnement, à partir du moment où, par défaut, sa réponse est censée être inconnue, entre donc bien dans la position sceptique et, surtout, suppose une réflexion inédite dans l'intertexte antérieur. Dans le même ordre d'idées, on soulignera l'étonnement, la surprise ou l'étrangeté marquée dans les incipits, à l'instar de l'exemple ci-dessous qui combine l'interrogation, l'oppositif et le marquage de l'étonnement :

> [7] « Je suis réellement monadologue » (réf.[6]). Avec ces mots Husserl s'adresse à Mahnke en 1917. Mots surprenants : comment peut se concilier la phénoménologie avec le rationalisme et la métaphysique leibniziens ? Et pourtant, aux

---

[6] La mention réf. indique que des références bibliographiques sont ici données par l'auteur — nous avons choisi de ne pas les reproduire.

yeux de Husserl la théorie des monades de Leibniz représente <une des plus grandes anticipations de l'histoire> (réf.).

(M. Vegrani (2004), « La lecture husserlienne de Leibniz et l'idée de "monadologie" », *Études philosophiques* 4, 535-552)

La perplexité ou l'étonnement ainsi communiqués fondent l'ethos du scientifique dont la saine curiosité est ainsi explicitement motivée.

Humilité : le topos de la modestie est une des valeurs cardinales de l'exorde rhétorique. On en retrouve très clairement des traces dans certains incipits. Mais le plus curieux est de voir une espèce de frontière ferme se dessiner entre le caractère affirmatif des savoirs convoqués et le caractère prudent de son propre travail scientifique. Lorsque le topos de l'humilité intervient, ce n'est jamais sur une base de doute sur les affirmations qui cadrent l'article d'entrée. Il n'y a jamais, dans ce corpus, une limitation à la portée de ce qui est dit. On aurait par exemple pu imaginer dans l'exemple [3] : « Le problème de la connaissance, **je crois**, est qu'il s'agit d'une attitude factive ». En revanche, l'humilité surgit lorsque l'on parle de son propre texte. Ce n'est d'ailleurs pas souvent que l'on retrouve cela dans les premières phrases. Il faut parfois prendre un long extrait pour avoir en fin de parcours quelque chose comme : « l'itinéraire épistémologique que nous nous proposons d'esquisser ici montre qu'il n'en est peut-être rien » : l'article se présente comme une *proposition*, peu élaborée (*esquissons*) et dont les résultats sont incertains (*peut-être*). L'idée que l'article scientifique n'est qu'une proposition semble un lieu relativement commun en sciences humaines et sociales. L'article scientifique est donc souvent une *tentative* de faire quelque chose plutôt qu'un résultat que l'on présente. À cet égard, on trouve dans le corpus « Je m'efforcerai de montrer » ou « nous voudrions dépasser » : une intention et pas forcément une réalisation donc.

Assurance : À l'opposé même de l'humilité dont on peut raisonnablement douter de la sincérité, la stratégie qui semble de loin la plus commune pour débuter un article scientifique est une forte affirmation. L'affirmation est pratiquement toujours une forme d'argument d'autorité. On profite du statut que confère l'écriture d'un article scientifique pour asséner un fait. La force de l'assertion permet d'asseoir tout de suite cet élan naturel d'autorité. L'exemple [8] double cette force naturelle de l'assertion d'une capacité de synthèse et de généralisation : un classement de formes est proposé et qualifié. En outre, la qualification proposée ne se situe pas dans la mémoire intertextuelle : l'auteur montre qu'il forge cette qualification à travers l'usage du métadiscours « que l'on pourrait dire » :

[8] Le discours savant sur la beauté humaine se présente aujourd'hui sous deux formes, l'une culturaliste et l'autre que l'on pourrait dire naturaliste. Mon propos dans cet article est, d'abord, de montrer que ces deux discours, chacun à sa manière, esquivent une question anthropologique fondamentale, celle que pose le lien entre désir et beauté ; ensuite et surtout, de faire quelques propositions concernant ce lien.

(Fr. Flahault (1995), « La beauté, la convoitise et la peau », *Communications* 60, 13-28)

L'exemple [3] par l'usage du défini présuppose de manière forte une unicité, alors qu'a priori, bien que nous ne soyons pas philosophe, nous ne pensons pas que la connaissance ne pose qu'un seul problème. L'assertion forte, avec le recours à la détermination de l'expression définie, permet de faire passer des opinions proches de la surassertion. Mais, plus clairement, l'enjeu de l'article est souvent cadré de manière à en faire ressortir *l'importance* : relevons l'idée de « choux gras », de « profondes évolutions de la société » la mention d'un « acmé » ou de « transformations majeures ». Il semble bon pour les scripteurs des articles scientifiques de montrer qu'ils ne se préoccupent pas de points mineurs. On peut relever d'ailleurs le caractère universalisant de certains énoncés : « toutes les sciences humaines », une multiplication attestée « partout, une « très riche historiographie ».

Organisation : l'exorde peut classiquement convoquer une partitio, à savoir l'exposé du plan. Il est rare qu'on trouve cela dès l'incipit comme l'exemple 8 ci-dessus, articulé par des marqueurs d'intégration linéaire : *d'abord, ensuite* et *surtout*. Il y a fort à parier que la partitio se situe plus loin dans la plupart des cas. Dans tous les cas néanmoins, organiser son propos est forcément un signe de maîtrise de celui-ci qui rejaillit sur l'ethos du scripteur.

4. La fonction séductrice

Pourquoi séduire ? La fonction séductrice de l'incipit n'est sans doute pas des moindres dans les récits de fiction, mais dans les articles scientifiques, cela ne semble pas être une préoccupation première. On pourrait même avancer l'hypothèse que cela décrédibiliserait l'auteur. Si on ne parle pas de séduction, on peut néanmoins parler d'intérêt. Et là, les articles scientifiques en sciences humaines et sociales ont précisément intérêt à montrer quelque chose de suffisamment intrigant intellectuellement pour retenir l'attention. Nous avons répertorié dans le cadre d'un cours donné à l'Université de Neuchâtel sur l'écriture académique (cf. note 2), huit stratégies possibles pour intriguer le lecteur sans pour autant forcément chercher à le séduire.

1. Citer (évtl. raconter une anecdote)
2. Prendre à contre-pied les attentes et les savoirs
3. Affirmer de manière soutenue
4. Mettre en scène une « dispute »
5. Poser une question, un problème
6. Intriguer par le style
7. Tenter une analogie
8. Affirmer l'intérêt de son propre texte

Cette liste, on le voit, reprend certains points déjà mentionnés. La première stratégie, *la citation*, permet de fixer un éventuel patronage, et joue un rôle de diversion. On s'attend à commencer le texte d'un auteur mais celui-ci débute, sans autre forme de procès, par un texte autre (ou par un récit anecdotique (trois exemples dont : « Lorsque le tsar Ivan IV le Terrible envoie le 6 septembre 1580 son émissaire Istoma Σevrigin à Rome pour demander au pape Grégoire XIII de servir de médiateur dans son conflit avec le roi de Pologne-Lituanie É. Bathory, il ne se doute pas que cette initiative inaugure une longue série de contacts entre son pays et l'Ordre des jésuites nouvellement créé par Ignace de Loyola »). L'absence même de cadrage attendu semble générer une forme de surprise intrigante. Le lecteur se voit ainsi bousculer et doit se demander quel est le lien entre le titre de l'article et cette citation ou cette anecdote. L'avantage de la citation est que tout en déroutant, on montre une mémoire intertextuelle, et donc un savoir qui donne un ethos favorable au scripteur.

Prendre à contre-pied les savoirs, *poser une question ou un problème* ou *affirmer de manière soutenue* sont des stratégies que l'on a déjà abordé — nous n'y reviendrons pas. On peut s'étonner toutefois d'incipits qui se contentent d'asserter, relativement platement, une thématique sans rien mettre en relief. Ainsi l'incipit [2] se lance *in medias res*. Comme si l'intérêt du lecteur était supposé acquis ou comme si l'ethos scientifique supposait une totale neutralité. Un seul incipit du corpus présente d'entrée un plan numéroté sans autre forme d'introduction. C'est comme s'il s'agissait de proclamer le texte scientifique comme arhétorique, comme s'il ne pouvait y avoir de processus de conviction en jeu, mais qu'il s'agit de simplement énoncer avec austérité les faits et les intentions.

Mettre en scène une dispute va un peu plus loin que la prise à contre-pied. Il s'agit de se mettre en position tierce par rapport à un débat qui ne trouve pas (encore) d'issue. L'exemple [1] met en scène une source de disputes possibles, à savoir la polysémie de la notion de représentation sociale. L'ethos du scripteur se voit coloré d'une position avantageuse de juge-arbitre. L'intérêt vient de la clarification voire de la résolution d'un conflit que l'article se propose de faire.

Intriguer par le style est nettement plus rare et demande des efforts de séduction stylistique qui n'ont rien d'obligatoire dans l'écriture scientifique. Sans forcément parler de grand style ou de style littéraire, l'effet énigmatique intentionnel que crée la première phrase de l'incipit 9, où la cataphore « redoutables ressources » n'est explicitée que dans l'énoncé suivant est une stratégie d'accroche très classique :

> [9] La langue française a de redoutables ressources. Ainsi, longtemps, le massacre du 8 mai 1945 et des semaines qui ont suivi ont-ils été qualifiés d' « événements du Constantinois ».
> (A. Ruscio (2007), « Les communistes et les massacres du Constantinois (mai-juin 1945), *Vingtième siècle* 94, 217-230).

L'analogie n'est en revanche jamais apparue dans notre corpus. On pourrait imaginer que dans des articles à forte vocation de vulgarisation, l'analogie soit un des moyens forts pour faire comprendre au lecteur ce qui est en jeu. Dans le cadre d'une revue spécialisée destinée à un public spécialisé, l'analogie peut être contre-productive. Dans le sens où une analogie n'est pas essence jamais une adéquation parfaite entre deux réalités.

Affirmer l'intérêt de son propre texte est un peu redondant par rapport à l'affirmation forte qui était une des stratégies proposées et commentées. Reste que lorsque l'on voit le mot « majeur » apparaître dans trois incipits, « profond » apparaître trois fois, l'adverbe « très » apparaître quatre fois et l'adverbe « souvent » quatre autres fois, on mesure le soulignement de l'importance donnée à l'étude que l'on va proposer.

5. En guise de conclusion

Notre conclusion ne pourra être que brève et provisoire. Cette étude se veut une première approche sur corpus d'une question qui a fait l'objet d'encore peu de travaux. Nous voyons une forme de rhétorique de l'incipit de l'article scientifique en sciences humaines et sociales, qui montre, dans la majeure partie des cas, qu'il y a un cadrage de l'article permettant de construire ou de valider l'ethos du scripteur et d'assurer le lecteur qu'il ne perd pas son temps. Mais cette rhétorique de l'incipit est encore bien floue et des analyses quantitatives et qualitatives plus sérieuses pourraient être menées. Le fait que plusieurs incipits ne semblent pas saisir l'enjeu de la prise de contact communicationnelle que représente tout incipit ni profiter de cet espace pour susciter un regard bienveillant du lecteur montre sans doute que la rhétorique de l'article scientifique n'est pas vraiment enseignée ou théorisée et que, dans ce domaine comme ailleurs[7], l'apprentissage sur le tas reste une règle.

Repères bibliographiques

ADAM J-M. (2005), *La linguistique textuelle*, Paris, Armand Colin.
BHATIA V. K. (1997), « Genre-mixing in Academic Introductions », *English for Specific Purposes* 16 (3), 181-195.
BRETON P. (2005), « La première phrase, médiateur communicationnel du texte médiatique ? », *in* M. Burger & G. Martel (éd.), *Argumentation et communication dans les médias*, Québec, Nota Bene, 111-129.
BUNTON D. (2002), « Generic moves in Ph. D. thesis Introductions », *in* J. Flowerdew (ed.), *Academic Discourse*, Longman, 57-75.
BURGER M. & E. ROULET (éd.) (2002), *Les modèles du discours au défi d'un « dialogue romanesque » : l'incipit du roman de R. Pinget « Le Libera »*, Nancy, Presses universitaires de Nancy.
DEL LUNGO A. (1993), « Pour une poétique de l'incipit », *Poétique* 94, 131-152.
—— (2003), *L'incipit romanesque*, Paris, Seuil.
DE NUCHÈZE V. (1998), « Approches pragmatico-énonciative du discours de recherche (à l'usage des apprenants-chercheurs) », *Lidil* 17, 25-42.
DUCHET C. (1980), « Idéologie de la mise en texte », *La Pensée* 215, 95-108.
GOLLUT J.-D & J. ZUFFEREY (2000), *Construire un monde*, Lausanne-Paris, Delachaux & Niestlé
HERMAN T. (2005a), « L'analyse de l'ethos oratoire », *in* Ph. Lane (éd.), *Des discours aux textes*, Presses universitaires de Rouen et du Havre, 157-182.
—— (2005b), *Le fil des discours : Analyse rhétorique et textuelle des discours de guerre du Général de Gaulle (1940-1945)*, thèse de l'Université de Lausanne
—— (à paraître), *L'analyse rhétorique des discours*, Berne, Peter Lang

---

[7] Le colloque dont est tirée cette contribution a pu montrer à plusieurs reprises l'absence d'une acculturation de l'étudiant à l'écriture et, plus largement, au discours universitaire.

MORHANGE J-L. (1995), « Incipit narratifs. L'entrée du lecteur dans l'univers de la fiction », *Poétique* 104, 387-410.

PRELLI L. (1997 [1989]), « The Rhetorical Construction of Scientific Ethos », *in* R. A. Harris (ed.), *Landmark Essays on Rhetoric of Science*, New Jersey, Erlbaum, 87-104.

REUTER Y. (2004), « Analyser les problèmes de l'écriture de recherche en formation », *Pratiques* 121/122, 9-27.

SWALES J. M. (1981), *Aspects of article introductions*, Birmingham, University of Aston.

—— & C. B. FEAK (2000), *English in Today's Reasearch World*, University of Michigan Press.

The University Discourse of Thesis-Writing and the Case of the Disappearing Discussion Chapter

Elaine HEWITT
University of Granada, Spain

ABSTRACT

This study was carried out within the realm of intercultural comparative analyses of university academic discourse. A hypothesis was formed that Spanish writers when writing doctoral theses would omit the discussion chapter. The tendency for Spanish doctoral students to omit discussion of their results in their doctoral theses was first noticed by the author, while supervising her own doctoral students' empirical Ph. D. theses in the field of English Studies. It was thought that this omission may indicate intercultural variation in the structural preferences of different writing cultures. This is because one section of the thesis, the Discussion chapter, was found to be among the most difficult for the author's Spanish students writing in English. The Discussion section was found to be neither the Results section nor the Conclusions. In fact it was entirely missed out.

An initial national exploratory study was carried out to confirm or disprove the hypothesis. The corpus was comprised of all the full-text theses in the field of English Studies contained in the Spanish national data base.

The results confirmed the hypothesis with students in Spanish universities. However, interestingly, a number of additional intervening variables were also found to be important. This possibly points to continuing future change in present theses-discourse in Spain, a country which is currently in the process of integrating itself into the European Higher Education Area (EHEA).

KEY WORDS
Advanced academic literacy • discussion chapter • thesis writing • intervening variables.

RÉSUMÉ

Cette étude a été réalisée dans le domaine des analyses comparatives interculturelles de discours universitaires. Une hypothèse a été formulée selon laquelle les auteurs espagnols, en écrivant des thèses de doctorat, omettraient le chapitre de Discussion. La tendance manifestée par les étudiants doctorants espagnols d'omettre la discussion de leurs résultats dans leur thèse doctorale a d'abord été remarquée par l'auteur, en supervisant les thèses doctorales empiriques de ses propres étudiants dans le domaine des études anglaises. On a pensé que cette omission pouvait relever d'une variation interculturelle et de préférences structurelles issues de différentes cultures d'écriture. C'est parce que cette section de la thèse, la Discussion, a la réputation d'être parmi les plus difficiles pour les étudiants espagnols écrivant en anglais. La section de Discussion a été considérée comme n'étant ni la section des Résultats, ni celle des Conclusions. En

Principes et typologie des discours universitaires

fait, elle a été entièrement supprimée. Une étude nationale initiale d'exploration a été réalisée pour confirmer ou réfuter l'hypothèse. Le corpus a été composé de toutes les thèses de textes entiers dans le domaine des études anglaises contenues dans la base de données nationale espagnole. Les résultats ont confirmé l'hypothèse avec les étudiants d'universités espagnoles. Pourtant, d'une façon intéressante, un certain nombre de variables supplémentaires intermédiaires importantes ont été aussi remarquées. Cela montre peut-être la continuité des changements futurs dans le discours de thèse actuel en Espagne, un pays qui est actuellement en train de s'intégrer dans le Domaine d'Enseignement supérieur européen (EHEA).

MOTS-CLÉS
Littératie académique • chapitre de discussion • écriture de thèse • variables intermédiaires.

*   *
*

1. Introduction

The work in this study was motivated by the observation of the present author while supervising her own doctoral students' empirical Ph. D. theses in the field of English Studies. She noticed that one section of the theses, the Discussion chapter, was found to be among the most difficult for the author's Spanish students writing in English. In this case, the Discussion section could not even be said to be an erroneous mixing of the Results section with the Conclusions, because in fact the Discussion section was consistently and altogether missed out. This may be a sign of intercultural reworking in the organizational choices in various writing traditions.

Within the area of postgraduate literacy development, the topic of Discussion sections of theses will be examined here. Dudley-Evans (1997) has recommended more research into the key genre of the thesis. He observed that little had been reported on how to write this genre, or how a thesis differs from a research article.

In 2004 Swales observed that: "…a reasonable working assumption would be that the doctoral thesis or dissertation is lightly or only obscurely influenced by different national traditions…" (Swales 2004: 130). Here Swales contrasts this 'light' influence with what he sees as the much heavier impact of a discipline's specific conventions and expectations. My observations seem to differ from this and point to theses quite heavily influenced by national tradition that is to say the Spanish custom of omitting discussion of the results within research studies.

The present author will first outline this very small amount of analyses found by others and then go on to describe her own original and empirical analysis of Ph. D. theses in order to be able to draw some conclusions about the observed phenomena in the field for Spain and Europe.

Principes et typologie des discours universitaires

2. Review of the Literature

The Genre type Approach is useful for reviewing previous literature related to the current area. It counts on up-to-date work on the rhetoric of the academic text as well as the linguistic examination of academic writing. Also useful is the research done into academic writing. We shall be reviewing both research and the genre approach in this section. There has, however, been very little research done into the structure of doctoral theses specifically (Dudley-Evans 1997).

Relevant academic-writing history includes the well-known "Moves" from the CARS model by John Swales (1990: 141) and his later adapted model (2004: 230 and 232). Swales' original model (1990) concerned article Introductions and can therefore be found reproduced and properly cited in Appendix 1 of this paper. A revised CARS model for Moves 1 and 2 was made by Swales (2004: 230) and this may be found cited in Appendix 2 of this paper.

The moves reported below and the work of Huckin (1987) show that Discussion section in articles is different in shape to the Introduction. Discussion sections travel within a cycle and from an 'inside-out' direction. They start with describing the results, next they situate them in the established literature and then they state their general importance. Nevertheless, we still do not know all of the details, for example the variation in the language used or the difference between academic disciplines.

Specifically for the Discussion section, Hopkins and Dudley-Evans (1988) suggested the following moves as characteristic:

Discussion section:

1. Background Information
2. Statement of results
3. (Un)expected result
4. Reference to previous research (comparison)
5. Explanation of Unsatisfactory Result
6. Exemplification
7. Deduction and Hypothesis (since modified to Claim 1 according to Dudley-Evans, 1997)
8. Reference to Previous Research (in support of a claim)
9. Recommendation
10. Justification

An adaptation of the above work on the moves suggested for the Discussion section has been made by Berkenkotter and Huckin (1995: 41). They argue that the moves can be ordered into a set of higher level units. These moves are basically similar to those for the introduction, but are in the opposite order, and are as follows:

Discussion section

Move 1 Occupying the Niche
Move 2 (Re)establishing the Field
Move 3 Establishing Additional Territory

This in effect goes back to Swales' (1981) very first original work where he originally suggested that there were four basic moves for article introductions:

Introduction section

Move 1: Establishing the Field
Move 2: Summarising Previous Research
Move 3 Preparing for Present Research (often by identifying a gap in previous research)
Move 4: Introducing Present Research

The work carried on subsequent to Swales reflects that it is more likely that discussions have a cyclical form, and both Peng (1987) and Hopkins and Dudley-Evans (1988) described systems containing ten or eleven moves. One of these moves was that of repeating background information when an author wanted to bolster their discussion section and the author does this by going over the principal points. Also at this stage the re-iteration of theoretical description may appear - again to support the author's argument. The reality of the cycles that were set out now appear to be well entrenched.

Additionally, the intricacy of the cycle will depend upon the extent to which the author's results are consistent with former research or with the expected results. Another, almost compulsory, move in the discussion section is what seems to be the outset position, the statement of results. This only seems to be superseded by a Move 1 (recapitulating main points). Some discussion sections have various parts, of which each begins with a Move 2 (statement of results). Also common, according to Huckin (1987: 12-13), are the discussion sections that begin with the strongest results then go on to describe weaker ones.

Move 3 according to Swales (1990) concerns the describing of an unexpected outcome, or if the outcome had been expected or not. This does not seem to be a very common move, however and this occurred in Peng's (1987) analysis in only four out of 52 cycles.

Move 4 in discussion sections concerns a reference to previous research and it is the most widespread move. This either provides a comparison with, or support for, the present research in hand. Move 5 concerns an explanation - especially when coming across surprising results or those that go against results already reported in the review of the literature section. Sometimes move 5 can come before move 3, or even in place of it.

According to Hopkins and Dudley-Evans (1988) Move 6 concerns the setting out of examples in order to buoy up the justification. Move 7 makes a statement about how far the given results can be generalized. Move 8 contains the traditional call for future research, which however, seems to be disappearing as it apparently provides pointers to researchers in competition with the author and an easy option for the former.

As additionally it is also the Conclusions section that provides the basis for a study of the tendency to omit the Discussion section we can not miss out following on from all that we have said so far. Bunton (2005) carried out research into the structure of the thesis Conclusions chapter. He encountered that the Conclusions chapter reaffirmed purpose, consolidated research space with a variety of moves and steps, proposed future research and dealt with practical relevance. He also found some Conclusions sections concentrated more on the field than on the thesis itself. These field-oriented Conclusions were inclined to take on a problem/solution type of text organization, or in one instance, an argument structure. He also uncovered alternatives in focus and structure of the Conclusions chapter between disciplines.

Swales (2004: 117) observed that: "Conclusions as opposed to Discussions, are typically an optional feature in RAs, but are expected in dissertations". I have noticed that it is the Discussions that are the optional feature in dissertations, missing out all the moves and thus the presentation of all their corresponding information. The lesser field orientated conclusion information was present but not the said concentration n the thesis itself.

On pages 107 to 108 of his (2004) volume, Swales comments on the relation of the results section to the discussion and that: "One particular problem is that having only a single chapter devoted to *results* produces an unwieldy and out-of-balance monster chapter in the middle of the text". In his Figure 4.3 (Swales, p. 108) it is posited that one alternative to the huge results section may be that of various results and various discussions sections.

Thompson (1999) and his study on the complex research article suggests three Results and Discussions sections:

*Has 3 Results and Discussions sections.
· Introduction (definitions, justifications, aims)
· Literature Review (sometimes included in the Introduction)
· (General Methods) (optional)
· IMRD
· IMRD
· IMRD
· Conclusions

Figure 1. Thompson (1999). Complex article compilation

Bunton's (1998) work, although mainly about the concluding section of Ph. D. theses, also puts forward three discussion sections. Therefore the discussion section seems to be gaining in importance in academia but at the same time not present in Ph. D. theses in certain countries.

*Has 3 Discussion chapters.
· Introduction
· (Literature Review)
· (Theoretical Framework)
· Method
· Topic: Analysis- Discussion
· Topic: Analysis- Discussion
· Topic: Analysis- Discussion
· Conclusions

Figure 2. Bunton's (1998: 114) Structure of Topic based dissertations (as adapted by Swales 2004: 109)

Agreeing with these findings we will now move onto the little research carried out to date and to what the discussion section does contain according to the aforementioned research in order to build on this work.

Although with research articles, not doctoral theses, Belanger (1982: 1) examined ten discussion sections from the area of neuroscience and he showed that the format of discussion sections was related to the research questions stated at the beginning of the said articles. Belanger encountered that a succession of areas developed the scope of the discussion started in each research question. Swales (1990: 172) is of the opinion that Belanger's finding is in any case not common, as a 'chunked' composite form of the Discussion seems to be a rare phenomenon". Shaw (2000) compares discussion sections in articles and research dissertations and found that in PhD theses this chapter-type used more explicit arguments.

Similarly, we should touch upon relevant observations about the results section. Thompson (1993) found that the Results sections in Biochemistry papers have a large amount of commentary. Swales (1990: 170) states that: "…there is from the discourse analyst's viewpoint, much variation in the extent to which Results sections simply describe results and the extent to which Discussion sections redescribe results". However, I would disagree with the notion of redescribing even using variation, as having always followed the APA Manual (2001) the correct one for my field of empirical research and one which states that in the Results section: "Discussion of the implications of the results is not appropriate here" (2004, p. 20). A results section presents and may describe the results but the Discussion does not redescribe them - it discusses them. According to the APA style manual only the results themselves should be presented in the results section with very little other text. Additionally, the discussion section as we have seen from the moves literature gives: useful comparison with previous research, highlights unexpected findings, explains the implications of them, describes how far the original findings can be generalised to other situations, advances the field in this way and shows the path to how the present research can lead onto future fruitful investigation.

Swales (1990: 175-176) also stated that: "The surprise is that, on preliminary evidence at least, the major differences do not lie so much in the Introductions and Discussions (where I believe most people would expect it) but rather in the Method and Results sections". Again, I would have to disagree because of the differences I found with the Discussion sections, in fact omissions of, with my Spanish doctoral students' theses subsequent to the thesis Results section. The Results section moved straight to the Conclusions section, thus missing out the valuable Discussion stage.

According to Pérez Llantada (2006) in her book review, of Swales (2004), the latter talks about the controversial topic of the role of English language as part of the globalisation of academic scenes. She comments that Swales has connected the rise of English language to researchers' efforts to publish and gain status in academia. However, she comments that Swales also believes in "glocalisation" (Swales, 2004, p. 11) which is the subject of localised idiosyncrasies. Although Swales was referring to the special usage of the English language, the present paper could argue that the omission of Discussion chapter is also a localised idiosyncrasy at the moment and may later change due to this said globalisation. Swales (2004: 110) concludes that: "…It thus appears that the doctoral dissertation (like many other academic genres) is in a state of considerable flux, and this will certainly continue, partly as a result of technological change."

Dudley-Evans (1997) advocates more investigation into thesis-writing because little has been written on how to teach this. Additionally, he states it would be useful to determine how a thesis differs from a research article. The first thing one would answer from experience is that obviously there is more data to report in a thesis than an article especially an empirical one and that in a thesis the single chapters sometimes titled Results *and* Discussion or Discussion *and* Conclusions could be, in fact, all separate chapters. Nevertheless, Starfield and Ravelli (2006) examined twenty theses in the field of humanities and social sciences and found that the great majority of them, eighteen, did not have a separate results and discussion section. However, this research was in Australia.

Myers (1990) is of the opinion that an analysis of moves may be helpful pedagogically but only pays attention to what is there in the text and may not take into account the need for the writer's rhetorical strategy. In the case of the doctoral student observed by the present author as supervisor this comment is very pertinent as not everything was there in the text as the students were jumping straight on to the Conclusions chapter.

However, because no one else seems to have talked about the Discussion chapter not existing in doctoral theses therefore, a preliminary examination by the current author of the practice of Spanish research writers was carried out as the ground-work even before the present article. This was done to see if there was any basis in her observation. The articles by 48 linguists of Spanish nationality in Luque (2006) were scrutinised and it was found that all of them - that is to say 100% - lacked a Discussion section and only ended with a Conclusions section. This confirmed the initial idea and so pointed to a possible intercultural deviation in different cultures' academic writing structures. This naturally leads us on to formulate the research question, this time about Ph. D theses. To that end, we will now go onto the original research which comprises the second half of this paper.

3. The Original Empirical Analysis

Research Question

The research question was if Spanish writers when writing doctoral theses omit the discussion chapter.

4. Method

A national exploratory study was carried out to confirm or disprove the hypothesis. This was done using the only Spanish national data base (Dialnet) containing full text theses and using the key words 'English Studies' ('Filología Inglesa'). This data-base belonging to the University of La Rioja was accessed on various occasions, the latest being on the 5th of January, 2009.

4.1. Corpus

The corpus was comprised of theses from the field of English Studies, the same field where the present author had first noticed omission of the Discussion chapter. These theses were contained in the said Spanish national data base, and in all totalled 27 in number. However, only 16 gave the full-text version of the theses necessary for the present analysis. The final analysis here therefore contained 16 theses. These were written in both Spanish and English and read in the field of English Studies in Spanish universities over the last 10 years.

4.2. Instruments

The methodology for this exploratory study entailed the drawing up and use of a scale or check-list of independent variables.

Variables Check-List

At first, only one dependent variable had been considered for the analysis - that is to say the omission or inclusion of the Discussion chapter. However, as the details of each thesis were scrutinized, it began to be obvious that there were quite a few intervening independent variables present. Thus, the check list was lengthened to include them. A full list is as follows:

> The following variables were included in the analysis:
> Number of theses *not* containing a Discussion chapter,
> Number of theses containing a Discussion chapter,
> Language: Written in English,
> Language: Written in Spanish,
> Supervisor: English nationality,
> Supervisor: Spanish nationality,
> Supervisor: German nationality,
> Joint Supervisors: Spanish nationality and Venezuelan nationality,
> Contact with English-Speaking Countries,
> Contact with English researchers,
> English Linguistics,
> English Literature,
> Total number of theses.

4.3. Statistical Analysis

Descriptive statistics were used for the analysis - namely frequency counts. For the variable of Contact with English-speaking countries or researchers, the data from this came from gleaning the acknowledgements section of the theses studied.

5. Results

After scrutinizing the sixteen full-text doctoral theses using the above mentioned check-list, the information obtained from them was ordered and put into the following two tables:

Omission of Discussion chapters and other findings for doctoral theses analysed in area of English Studies in Spain	
Variable	Frequency Count
Number of theses not containing a Discussion chapter	13
Number of theses containing a Discussion chapter	3
Doctoral student author of Spanish nationality	16
Language: Written in English	6
Language: Written in Spanish	10
Supervisor: English nationality	4
Supervisor: Spanish nationality	11
Supervisor: German nationality	2
Joint Spanish and Venezuelan Supervisors	1
Contact with English-speaking countries	6
Contact with English-speaking researchers	9
English Linguistics	10
English Literature	6
Total number of theses	16

Table 1. Omission of Discussion chapters and other findings for doctoral theses analysed in area of English Studies over the last 10 years from the Spanish national data base

As is logical and normal, taking into account that the country studied is Spain, in Table 1 above the most frequent pattern of doctoral thesis was that of being written in Spanish, by a Spanish doctoral student and supervised by someone of Spanish nationality.

The above Table 1 also shows that we can confirm the hypothesis formulated at the beginning of this work in that almost all the doctoral thesis studied here on Spain lacked a Discussion section - in fact 13 out of the 16 theses omitted it.

The reasons and speculations will later be debated in the discussion section of the present work, as first it is necessary to go on to make a thesis by thesis analysis of these points in order to conclude the findings above. This thesis by thesis analysis may be found below in Table 2.

Principes et typologie des discours universitaires

Findings analysed: Thesis by thesis																
Thesis Number:	1	2	3	4	5	6	7	8	9	10	11	12	13	14	15	16
No Discussion chapter		√		√	√	√		√	√	√	√	√	√	√	√	√
Contains Discussion	√		√				√									
Author Spanish	√	√	√	√	√	√	√	√	√	√	√	√	√	√	√	√
In English	√		√				√				√			√	√	√
In Spanish		√		√	√			√	√	√		√	√			
Supervisor Spanish		√			√	√		√	√	√		√	√	√	√	√
Supervisor English	√		√	√			√									
Supervisor: German									√			√				
Joint Spanish and Venezuelan Supervisors							√									
Contact with English Speaking Countries	√	√									√		√	√		√
Contact with other English Speaking Researchers	√		√	√			√				√	√	√	√		√
English Linguistics	√		√	√			√		√	√			√	√		√ √
English Literature		√			√	√		√				√		√		

Table 2. Findings analysed: Thesis by thesis

As is usual with research, in the analysis portrayed in Table 2 other interesting points come to light where the general pattern varies - or gives variables. In this case where the aforementioned 'general' pattern of the Spanish influence found in table 1 varies, important findings are revealed. We can see that this may be found in the patterns of variables relating to the supervisor's nationality, or the language the thesis is written in. The above Table 2 shows that there seems to be a correlation of frequencies between the *supervisors not* being from Spain and the presence of a Discussion chapter. If we look at the row marking the *existence of a discussion chapter* we may see that it corresponds to where the supervisor has a *non-Spanish* nationality of English or Venezuelan. Curiously enough, a supervisor of German nationality did not seem to correlate with the existence of a discussion chapter.

Moreover, the presence of a discussion chapter correlated in every case with a thesis from the field of linguistics, but never about literature.

If the thesis was written in the English language appears to correlate with stays and contact with the English speaking world. Nevertheless, these stays and contacts do not seem to be enough to also provide for the inclusion of a discussion chapter. Again we can point out the correlation with the latter factor and supervisors of non-Spanish nationality.

6. Discussion

The results above confirmed the hypothesis with students in Spanish universities in that the great majority of the doctoral thesis scrutinized in Spain lacked a Discussion section. In fact, thirteen out of the sixteen theses did not have one.

However, interestingly, a number of additional intervening variables were also found to be important. The thesis by thesis analysis disclosed that the correlation apparent between the supervisors not being from Spain and the existence of a discussion chapter is interesting and obviously due outside influences. Supervisors coming from outside of Spain logically do not seem to follow the Spanish tradition of ending with the Conclusions chapter after the results. Curiously enough, the supervisors of German nationality did not seem to correlate with the existence of a discussion chapter. This could be an interesting point to look into further and could merit the next step in the present research being an inquiry or replica of the present study but into a German data base.

The thesis being not being written in Spanish but in English seems to be related to stays in, and contact with, the English speaking world. Notwithstanding, this does not seem to exert enough influence to encompass the insertion of a discussion chapter, while a foreign supervisor does. It is probable that the writing of the thesis in the English language on the part of the student was here not a fertile influence for including a discussion chapter. However, knowledge of how to do research, write it up and probably years of reading research on the part of the supervisor who has not been influenced by Spanish tradition, is probably influential. Interestingly, the presence of a discussion chapter correlated in every case with a thesis from the field of linguistics, but never about literature. We may speculate that one of the reasons may be due to the tradition in the field of European and American style manuals and linguistics (for example, the aforementioned manual from the APA American Psychological Association, 2001, widely used in linguistics) include instructions for how to write discussion chapters, whereas this section is not traditional in style manuals used for the field of literature. For example, for literature *The MHRA Modern Humanities Research Association Style Guide* (2008) mentions mostly citation rules and simply refers to the parts of a work where the discussion chapter would be as in general: "text" but not the individual parts of a piece of work.

The findings here possibly point to continuing future change and integration of writing styles in present theses-discourse in Spain, a country which is currently in the process of integrating itself into the European Higher Education Area (EHEA). The contribution of this research to the question of the development of University discourses in the new international framework, is that of tracking the evolution of the possible proliferation and future regular appearance of the Discussion chapter in English Studies theses, as Spain becomes more and more integrated into the EHEA. As we have seen here an additional influence could be the university supervisors and can speculate on the migration of university supervisors throughout Europe and Spain, one of the aspects promoted buy the Bologna agreement. It is surmised that other fields in Spain such as Spanish Studies will be slower to do the same in their field-related theses and will keep to the traditional Spanish format of Results to Conclusions jump even within the EHEA convergence due obviously to the wealth of home-grown supervisors for the field of Spanish studies.

However, the analysis of these other fields will be the focus of a future study by the present author, and is not contemplated here. Further research will also include the compilation of a corpus of empirical Ph. D., theses written in a range of disciplines and countries. There is also a need for more full texts of theses to be available so as to be able to carry on the research started here. In our study, a total of 27 theses were found in the data base but not all could be used as only the Abstracts were present and not the full-text versions.

7. Conclusions

To conclude, first it was observed that much academic writing in native Spanish also misses out the Discussion section. Therefore, a follow-up systematic analysis was made of all the full text theses in a Spanish data-base. Like the theses here described, it seems to be customary to directly follow the Results section with a Conclusions section and there to finish the text. This could point to intercultural variation in the structural preferences of different writing cultures. It would be interesting to look into this area more, also into the changes Spain's integration into the European Higher Education Area may bring. Additionally, it could be useful to look into the same variables in thesis writing in languages other than Spanish and English. This would be to see if the Discussion section is also absent there and so to indicate the presence of a Discussion section when writing internationally, and also when writing empirically-based research.

References

APA. AMERICAN PSYCHOLOGICAL ASSOCIATION (2001), *Publication Manual of the American Psychological Association* (5th ed.), Washington, DC, Author.
BELANGER M. (1982), *A preliminary analysis of the structure of the discussion sections in ten neuroscience journals articles* (mimeo).
BERKENKOTTER C. & T. N. HUCKIN (1995), *Genre knowledge in disciplinary communication: cognition, culture, power,* Hillsdale, Lawrence Erlbaum.
BUNTON D. (1998), *Lingusitic and textual problems in Ph. D. and M. Phil theses: An analysis of genre moves and metatext*, unpublished Ph. D thesis, University of Hong Kong.
—— (2005), "The structure of Ph. D. conclusion chapters", *Journal of English for Academic Purposes* 4 (3), 207-224.
DUDLEY-EVANS T. (1997), "Eleven genre models for the teaching of academic writing to second language speakers: Advantages and disadvantages", in T. Miller (ed.), *Functional Approaches to Written Text,* Washington, US Information Services, 150-59.
HOPKINS A. & T. DUDLEY-EVANS (1988), "A genre-based investigation of the discussion sections in articles and dissertations", *English for Specific Purposes* 7, 113-22.

HUCKIN T. (1987), "Surprise value in scientific discourse", paper presented at *College Composition and Communication Conference*, Atlanta, GA. March.
LUQUE J. De Díos (ed.) (2006), *Actas del V Congreso Andaluz de Lingüística General. Tomo III. (Book of Proceedings of V Andalusian General Linguistics Conference)*, Granada, Granada Lingvistica.
MHRA. *Modern Humanities Research Association Style Guide* (2008), 2nd ed., London, Author, accessible for free download on: http://www.mhra.org.uk
MYERS G. (1990), *Writing Biology: Texts in the Social Construction of Scientific Knowledge,* Madison, Wisconsin, The University of Wisconsin Press.
PENG J. (1987), "Organisational features in chemical engineering research articles", *ELR Journal* 1, 79-116.
PÉREZ LLANTADA C. (2006), "Review of the book *Research Genres: Explorations and Applications*", *Iberica* 11, 139-151.
SHAW P. (2000), "Towards classifying arguments in research genres", in A. Trasborg (ed.), *Analysing Professional Genres,* Amsterdam, John Benjamins, 41-56.
STARFIELD S. & L. J. RAVELLI (2006), "The writing of this thesis was a process that I could not explore with the positivistic detachment of the classical sociologist: Self and structure in New Humanities research theses", *Journal of English for Academic Purposes* 5 (3), 222-243.
SWALES J. (1981), *Aspects of Article Introductions*, Aston Monographs No. 1, The University of Aston, Language Studies Unit.
—— (1990), *Genre Analysis,* Cambridge, Cambridge University Press (section 8.4 Theses and dissertations 187-188).
—— (2004), *Research Genres: Explorations and applications*, Cambridge, Cambridge University Press. (section Discussion and Conclusions 234-240.)
THOMPSON D. K. (1993), "Arguing for experimental 'facts' in science: a study of research article results sections in biochemistry", *Written Communication* 8, 106-128.
THOMPSON P. (1999), "Exploring the contexts of writing: Interviews with Ph. D. supervisors", in P. Thompson (ed.) *Issues in EAP writing research and instruction*, Reading, UK, CALS, 37-54.

Appendix

Move 1 Establishing a territory
Step 1 Claiming centrality
and/or
Step 2 Making topic generalisation(s)
Step 3 Reviewing items of previous research

/

Declining rhetorical effort

/

Move 2 Establishing a niche

Step 1A Counter-claiming
or
Step 1B Indicating a gap
or
Step 1C Question-raising
or
Step 1D Continuing a tradition

/

Weakening knowledge claims

/

Move 3 Occupying the niche
Step 1A Outlining purposes
or
Step 1B Announcing present research
Step 2 Announcing principal findings
Step 3 Indicating research article structure

/

Increasing Explicitness

Appendix 1. A CARS model for article introductions (Swales 1990: 141)

Move 1   Establishing a territory (citations required)
via
Topic generalisations of increasing specificity
Move 2   Establishing a niche (citations possible)
via
/
Possible
recycling
of increasingly
specific topics
/
Step 1 Indicating a gap
or
Step 1A Adding to what is known
Step 2 (optional) Presenting positive justification

Appendix 2: Swales' adapted model (2004) for article Introductions

Le discours des géographes en situation pédagogique, académique et médiatique

Nadine LUCAS
GREYC-CNRS
Université de Caen Basse-Normandie

RÉSUMÉ

L'universitaire géographe s'adresse à des publics très variés à l'écrit et à l'oral. Pour suivre les différences entre discours pédagogique, académique, d'expert ou médiatique, l'expression interpersonnelle est étudiée à travers les pronoms et la référence aux cartes. L'usage de ces embrayeurs est représentatif des formes du discours, explicatif, critique ou simplificateur. En situation d'enseignement et d'expertise, la convergence du discours prononcé, du repérage personnel et du discours cartographique domine. Le discours en situation académique exploite largement la divergence, la superposition décalée des modes d'expression. En situation médiatique, l'expression personnelle est appuyée, la carte a une fonction emblématique.

MOTS-CLÉS
Géographie • énonciation • énoncé • carte • auditoire.

ABSTRACT

The geographic university is addressed to varied groups of listeners or readers. In order to follow the differences between pedagogical, academic, expert or mediatic discourses, interpersonal expression is studied through pronouns and reference to maps. The usage of such indicators is representative of forms of discourse, explicative, critical, or simplifying. In a situation of teaching or expertise, the convergence of a discourse pronounced, personal awareness and cartographic discourse predominates. Discourse in an academic context exploits divergence or the overlay of different modes of expression. In a mediatic situation personal expression is supported, the map has an emblematic function.

KEYWORDS
Geography • enunciation • sentence • map • lecture hall.

*   *

*

Principes et typologie des discours universitaires

1. Introduction

Pour tenter de caractériser la diversité du discours universitaire, nous avons étudié un corpus d'écrits d'un petit groupe de géographes de l'Université de Caen et les avons suivis dans plusieurs situations de communication. Reprenant le schéma de la circulation des savoirs esquissé par Chevalier (1997), nous avons tenté de caractériser trois des « quatre pôles dans le champ ouvert des savoirs géographiques ». Ils correspondent à la situation d'enseignement, d'échange académique, d'expertise auprès d'instances régionales et d'interview à la radio, laissant de côté faute de place la vulgarisation à destination du grand public. Nous avons utilisé des ouvrages, articles et matériau pédagogique produits par le même groupe, ainsi que des enregistrements, diaporamas et supports de cours.

L'exposé met l'accent sur deux points, les procédés de référence interpersonnels selon la situation et l'auditoire, ainsi que les références à la carte. Le choix d'étudier les procédés de référence interpersonnels concernait a priori l'usage de moyens linguistiques bien répertoriés comme les pronoms personnels et la problématique de l'énonciation. Cependant, il est apparu que les références à la carte remplaçaient souvent la référence personnelle et que cet objet sémiotique ne pouvait pas être écarté pour rendre compte du discours des géographes. À travers les points étudiés, nous cherchons surtout à capter des relations, établies avec le public.

2. Discours, embrayeurs et bimodalité

2.1. *La référence personnelle*

Dans le discours des universitaires, surtout à l'écrit, les pronoms personnels de première et de seconde personne sont peu présents. Ces pronoms sont des marqueurs de relation, ils renvoient aux protagonistes de l'énonciation, selon Jakobson, au lien entre interlocuteurs à l'oral, ou entre auteur et lecteur à l'écrit. On les appelle embrayeurs de discours. La rareté des pronoms dans les articles académiques ne veut pas dire que la sphère de l'énonciation soit effacée, mais simplement que les moyens de tisser des liens entre protagonistes de l'énonciation sont plus élaborés qu'en situation de conversation ordinaire. Il est bien connu par exemple que des formes nominales (*les auteurs*) ou impersonnelles (*on*) ont par convention la même valeur que *nous* exclusif de la deuxième personne dans le premier cas et inclusif dans le second (Fløttum & Rastier 2002, Fløttum 2006).

Jakobson propose plusieurs types de relation, distinguées par des moyens linguistiques, entre les deux pôles de l'énonciation et de l'énoncé (1971). Parmi les embrayeurs, les mentions référant à l'article lui-même (ou à l'exposé) sont considérées comme médiatisées par l'énoncé. En effet, une mention comme *l'article présente* fait référence au message lui-même, mais renvoie à la situation d'échange. Elle est équivalente, du point de vue du sens, à *nous présentons dans cet article*. Nous avons donc cherché les mentions servant d'embrayeurs, c'est-à-dire des expressions qui doivent être interprétées pour prendre une valeur référentielle.

2.2. La démonstration

Les géographes que nous avons suivis étayent leur discours et leurs démonstrations à l'aide de cartes, ce qui est parfois appelé bimodalité texte et carte. Puisque nous incluons des formes orales à côté des formes écrites de matériau, la bimodalité désigne ici la co-existence d'un mode d'expression cartographique ou graphique (l'usage des cartes et des graphiques) et d'un mode d'expression verbal, au sens large, reliant discours écrit ou oral. Tous les géographes n'ont pas recours à la carte. Cependant, la carte est bien associée au discours géographique : « La carte, des représentations les plus anciennes jusqu'à nos jours, n'a cessé d'être le langage par excellence du géographe » (Pinchemel 1992 : 19).

> La carte et le langage cartographique sont considérés, en France, comme des marqueurs de la géographie universitaire, mais aussi des cours de géographie.
> (Baldner & Bigorre 2003 : 39)

La carte comme objet sémiotique

En géographie, la carte est suffisamment référencée pour être interprétable en dehors de son contexte immédiat, c'est une production qui circule et c'est aussi un objet de propriété intellectuelle. La carte assure plusieurs fonctions, elle est support de référence absolue, ce qui permet au lecteur de se repérer, par rapport à l'énoncé. La mention de source est la forme minimale de référence. Elle renvoie à une information délocutée, en dehors de la relation directe entre protagonistes de l'énonciation selon Jakobson (1960-1988).

Quand les cartes sont l'œuvre de l'auteur ou de ses collaborateurs, elles sont de plus signées individuellement — naguère en très petits caractères, tandis que l'usage actuel tend à estampiller visiblement les cartes par un logo. Dans la figure 1, on lit au bas de la carte : « Pascal Buléon Samuel Lefevre ». Outre la signature, la carte porte souvent aussi des références absolues à la date et au lieu d'émission (dans l'exemple 1 : 1999, UMR 6590 CNRS coopération scientifique franco-britannique Atlas Transmanche). Ces mentions servent comme embrayeurs, elles renvoient à la situation d'énonciation, au lien entre auteur et lecteur.

La carte, objet sémiologique, donne lieu à un chassé-croisé de références, qui sont éclairantes sur la complexité du discours. Pour les auteurs que nous suivons, la bimodalité fait partie des moyens de relation avec le public, consciemment projetés dans différents contextes. Ainsi, la convergence des modes d'expression est jugée nécessaire dans un but pédagogique, ou à fin de démonstration, tandis que le décalage, la divergence, sont jugées nécessaires à la subtilité du discours entre pairs.

Principes et typologie des discours universitaires

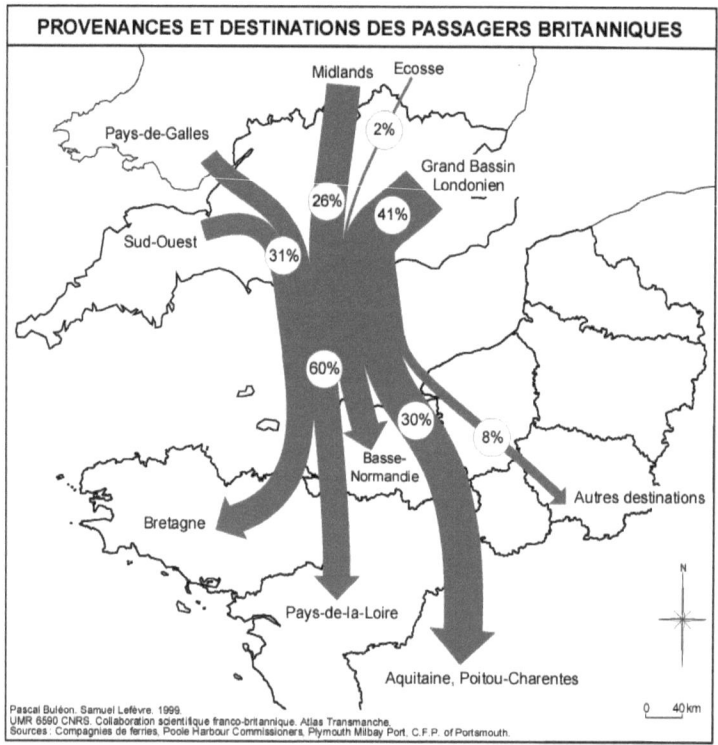

Figure 1. Une carte signée

3. Situations de communication

3.1. Enseignement

En situation d'enseignement scolaire, le discours évolue naturellement suivant le niveau de formation et la réflexion didactique sur la géographie est active (Fontanabona 2002, Thémines 2006). Nous avons étudié des manuels destinés au collège, des atlas en ligne et cours de niveau universitaire.

Dans les cours, dans les premières années de formation, les termes d'adresse à la deuxième personne sont peu fréquents, en revanche les pronoms indéfinis sont très usités : *On a représenté, On voit* où *on* englobe les protagonistes de l'énonciation. De manière assez caractéristique les expressions impersonnelles sont fréquentes dans l'interaction, notamment les questions destinées à réactiver le lien entre locuteur et auditoire *Ça va ?* de préférence à des formulations plus explicites comme *Dites-moi s'il y a des termes que vous ne comprenez pas.*

La convergence argumentative des modes d'expression, verbal et non-verbal, est une caractéristique de la situation pédagogique de base. Elle se manifeste de diverses manières.

Principes et typologie des discours universitaires

3.1.1. La convergence des modes et la redondance

Certains manuels et atlas en ligne exploitent la double formulation du message, exprimé parallèlement sous forme cartographique et sous forme verbale, avec une forte redondance. Le texte suivant reprend le même contenu que la carte de la Figure 1.

Exemple 1. Commentaire de carte

Pour beaucoup de ces Britanniques dont le but est la villégiature et le tourisme, les destinations se concentrent sur la moitié Ouest de la France : 60 % en 1996 sont allés en Basse-Normandie, Bretagne et Pays de la Loire, 30 % en Aquitaine et Poitou-Charentes. 8 % se sont rendus directement dans d'autres parties du territoire français. Cette destination peut être une première étape d'un voyage plus long sur le continent.

Cette structure des origines et destinations varie un peu dans ses proportions d'un port à l'autre, mais l'origine des arrivants britanniques n'est pas vraiment différente de Saint-Malo au Havre, en provenance de Poole et du Hampshire. Pour cette partie relativement centrale des lignes transmanche, près de la moitié des passagers (48 %) proviennent du South East et de l'East Anglia, près de 22 % du South West et du Pays de Galles, 28 % des Midlands et un petit, mais toujours présent, 1,5 % d'Écosse.

3.1.2. La convergence et la complémentarité

Dans les manuels pour les niveaux supérieurs, la complémentarité des modes d'expression cartographique et verbal/textuel est préférée, le contenu du cours étant exprimé sans redondance d'information. Le discours cartographique et le discours textuel remplissent chacun un rôle distinct. Il n'y a pas de reformulation du message véhiculé par les cartes, par exemple dans *Émergences caraïbes*. Le texte donne des informations historiques ou des pistes de réflexion pour mieux mettre en perspective les faits ou évolutions proposées par les cartes.

3.1.3. La reformulation et l'explicitation

La carte est commentée ou le discours est illustré en cours, dans un aller-retour constant. La redondance des modes d'expression est ainsi établie, plus tard dans le cursus la complémentarité des modes d'expression est davantage mise en avant et discutée.

L'interaction pédagogique est centrée sur la carte, qui est commentée, complétée par les élèves. Dans les exercices et dans le cours en ligne, l'impératif est un des embrayeurs les plus courants, avec l'interrogation directe. L'infinitif est cependant aussi utilisé comme adresse à l'interlocuteur.

Exemple 2. Libellé d'exercice cours en ligne

Quels points communs peut-on faire ressortir entre les pays qui bordent le Golfe du Mexique et la mer Caraïbe...
Définissez l'Espace Caribéen.
Tracer la limite Nord/Sud sur le fond de carte... Que remarquez-vous ?

Principes et typologie des discours universitaires

L'usage des majuscules est intéressant, car il s'écarte des règles ordinaires. Le signalement typographique des « entités géographiques » est récurrent, par exemple *l'Espace Caribéen*. Il s'agit d'une allégorie.

Dans les cours en présence, une progression est respectée : la carte est d'abord censée représenter fidèlement des phénomènes, ce n'est que plus tard qu'une démarche critique est adoptée.

Exemple 3. Commentaire de carte à l'oral

On voit ici
La carte montre… elle ne montre pas…
Qu'est-ce que dit cette carte ?
Que voit-on à cette échelle ?

Une part importante des connaissances de la discipline passe par la reconnaissance de figures sur les cartes, exprimée sous forme métaphorique réminiscente des formes géométriques de la représentation

Exemple 4. Commentaire de carte à l'oral

C'est la diagonale du vide,
On reconnaît le croissant fertile, qui n'est plus vraiment un croissant…

3.2. Argumentation académique

Dans l'argumentation savante, la bimodalité est largement utilisée, en complémentarité le plus souvent, mais aussi en divergence. Cela veut dire que texte et carte ne véhiculent pas nécessairement le même message, le lecteur devant adopter une attitude critique et se faire sa propre opinion.

3.2.1. La démonstration au premier degré

Le statut de la carte comme objet sémiotique complexe est illustré par des figures de style comme la personnification. *La carte montre* est une expression passée dans l'usage qui ne s'emploie cependant que pour les cartes de l'énonciateur (celles qu'il signe ou celles de ses proches collaborateurs). L'expression est complexe, car elle s'appuie sur un objet sémiotique faisant partie de l'énoncé, qui renvoie à la sphère de l'énonciation (*Je vous montre sur la carte*). De telles formules sont des embrayeurs de l'énonciation médiatisée par l'énoncé. Une formulation indéfinie impliquant le lecteur *On voit* ou *On observe* est une variante que l'on trouve en alternance des embrayeurs de l'énonciation médiatisée par l'énoncé.

Une carte qui est en dehors de la sphère de l'énonciation (une carte empruntée à un organisme officiel par exemple) est commentée par des formules délocutées référant au phénomène, par exemple *Le trafic est plus important*. Une carte à l'appui d'un argument ou d'une argumentation peut ainsi être caractérisée comme plus ou moins personnelle.

Des formules appartenant au métalangage épistémique sont également employées et introduisent une plus ou moins grande distance par rapport à la valeur de preuve de la carte, par exemple *Il apparaît à la lecture de la carte…*

Dans un article, deux cartes contradictoires sont produites pour souligner une incohérence de la politique européenne selon les auteurs.

Principes et typologie des discours universitaires

Exemple 5. Commentaire de cartes

La mise en regard de deux documents cartographiques montrant l'un les régions éligibles au programme INTERREG et l'autre ces mêmes régions et de vastes zones de coopérations transnationales permet de formuler plusieurs remarques et interrogations sur les dynamiques transfrontalières au sein de l'Union Européenne.

3.2.2. Second degré

La situation académique du discours entre pairs exploite le degré de convergence ou de divergence des modes d'expression graphique (cartographique) et verbal (scriptural ou oral).

On peut bien entendu évoquer une carte sans la produire. Ce procédé est plus courant qu'on ne pense. Ainsi, en géographie, il est fait allusion à nombre de cartes qui n'existent que dans la mémoire partagée, ou dans d'autres articles, en dehors de celui qui est sous les yeux du lecteur.

On peut également produire une carte sans en tirer d'interprétation, ou en réfutant l'interprétation la plus immédiate. Ces procédés ont pour objectif de solliciter l'esprit critique du lecteur, de lui laisser la charge de l'interprétation ultime.

Enfin, certains termes reviennent de façon récurrente pour souligner des jugements, mettre en valeur des arguments avec une certaine emphase, quoique l'expression ne soit pas personnelle à première vue : ces termes sont des noms : *espace, géographie, tableau*, ils sont historiquement connotés comme le relève Robic (2003). Ils se retrouvent chez presque tous les géographes qui manient par ailleurs les figures de style comme l'allégorie dans leurs articles.

Exemple 6. Texte commentant des cartes

La géographie du vote est alors très typée.

3.3. Convaincre des décideurs

Lorsque le géographe s'exprime en situation d'expertise, face à des décideurs des collectivités locales ou européennes, son souci est de convaincre. Dans les rapports, les pronoms personnels ponctuent l'argumentation. La deuxième personne, l'interlocuteur visé, est remplacée par la première personne ou par des noms (*les acteurs, les décideurs*). La première personne est utilisée dans un contexte d'exhortation.

Exemple 7. Exhortation

Nous pensons encore avec les frontières des États-nations, [...] mais nous sommes entrés dans un processus de mondialisation…

En cours de texte, l'entité géographique, une allégorie auquel le lecteur doit pouvoir s'identifier, se construit par petites touches successives, depuis la définition, en passant par l'exhortation, jusqu'à la personnification qui n'est pas soulignée ici par des majuscules, mais par des verbes impliquant une forme de volition.

Principes et typologie des discours universitaires

Exemple 8. Construction d'une entité géographique

L'espace Manche est en position stratégique centrale...
La Baltique a sa vision stratégique, les acteurs de l'espace Manche doivent élaborer la leur.
L'espace Manche accroîtrait à la fois son poids en Europe et dans le monde et diminuerait les nuisances auxquelles il est exposé.

Dans l'argumentation du géographe en situation d'expert, la bimodalité texte et carte est largement utilisée, toujours en convergence, le plus souvent en redondance pour les points jugés essentiels. Il n'y a jamais divergence entre le discours cartographique et le discours verbal.

Dans les présentations orales, les expressions phatiques sont fréquentes en début d'exposé. L'identité territoriale est soulignée (*notre région, comme vous le savez...*). Peu de cartes sont utilisées, elles ont souvent une fonction identitaire ou une fonction emblématique. La carte est montrée pour signaler le statut de l'expert, rappeler qu'il est géographe. Elle est bien sûr en relation avec le problème discuté, gardant son statut d'objet sémiotique intermédiaire.

Souvent aussi, dans notre étude, la carte est surprenante, elle sollicite l'interlocuteur. Une orientation inhabituelle ou un angle de vue original véhicule alors à la fois la teneur du message et informe sur le statut du locuteur, tout en établissant dans le meilleur des cas une connivence entre les co-énonciateurs.

3.4. Expliquer face aux médias

La relation entre géographie et presse fait l'objet de nombreuses réflexions (Poncet 2004). Lorsque le géographe s'exprime devant les médias, il a peu de temps. Les cartes sont très difficiles à utiliser dans ce contexte (Poncet, 2006). Comme dans le cas de l'expertise, le géographe s'efforce de tenir un discours pédagogique et s'appuie sur l'appartenance à un territoire, et sur des connaissances partagées.

Dans le cadre de notre enquête, nous avons relevé une interview radiophonique au lendemain des élections municipales de 2008, dans laquelle un géographe fait référence à une carte qu'il a en tête et que les auditeurs ont peut-être vue à la télévision ou dans la presse.

Exemple 9. Commentaire radiophonique France Bleu Basse Normandie 17 mars 2008

Donc, nous avons un tableau, si on s'imagine, si l'auditeur veut se représenter visuellement sa Basse-Normandie : un Calvados avec un bassin de Caen très large autour de Caen, fortement ancré à gauche, les autres villes, Lisieux, Bayeux, Falaise [...] à droite ; dans l'Orne, c'est villes contre rural, avec des villes Alençon, Flers [...] passées ou restées à gauche [...] ; et enfin, dans la Manche, le Nord et le reste : le Nord fortement ancré à gauche [...], et le reste à droite.

On y notera la référence nominale à l'allocutaire du discours *l'auditeur* et l'allusion à l'identité territoriale *sa Basse-Normandie*, mais aussi le terme de *tableau* qui trahit une identité de géographe plus que de politologue pour l'interviewé.

4. Conclusions

Le discours des géographes que nous avons suivis dans différentes situations est modulé suivant le public auquel ils s'adressent, à l'oral et à l'écrit. Du point de vue linguistique, les embrayeurs de discours les plus intéressants sont la large palette des pronoms, tandis que les plus spécifiques à la discipline sont les mentions de carte, présentes ou absentes.

L'usage des pronoms est loin des stéréotypes, en particulier les pronoms neutres ou indéfinis servent beaucoup en situation d'énonciation. L'adresse directe aux interlocuteurs s'observe dans l'enseignement et surtout dans l'activité de conseil et d'expertise face aux commanditaires.

L'interaction à travers les cartes s'observe dans l'enseignement et la discussion académique. Les figures de style signalent l'interaction entre protagonistes de l'énonciation, médiatisées par le message. Les métonymies figées, comme *la carte montre*, sont très courantes. Les métaphores propres à la discipline sont également apprises à travers la référence aux auteurs et aux cartes.

La prise en charge du discours s'appuie largement sur la bimodalité texte et carte et se décline : à un extrême, le discours didactique autoritaire ne laisse aucune place à l'esprit critique, à l'autre extrême, le discours savant laisse le lecteur choisir l'interprétation qui lui paraît la plus plausible.

Repères bibliographiques

BALDNER J-M. & F. BIGORRE (2003), « Les usages des ressources technologiques au collège — Un exemple : la carte et la toile en histoire-géographie », in J.-M. Baldner *et al.* (éd.), *Les manuels à l'heure des technologies Résultats de recherches en collège*, Paris, Institut national de la recherche pédagogique, 37-74.

CHEVALIER A. (1997). « Quatre pôles dans le champs de la géographie ? », *Cybergeo Épistémologie, Histoire, Didactique*, article 23, mis en ligne le 08 avril 1997, http://www.cybergeo.eu/index6498.html.

FLØTTUM K. (2006), « Polyphonic constructions as epistemic and evaluative qualifications in research articles », in G. Del Lungo & E. Tognini Bonelli (ed.), *Evaluation in academic discourse*, Benjamins, 323-337.

—— & Fr. RASTIER (éd.) (2002), *Academic discourse, multidisciplinary approaches*, Oslo, Novus forlag.

FONTANABONA J. (éd.) (2002), *Cartes et modèles graphiques. Analyses de pratiques en classe de géographie*, Paris, INRP.

JAKOBSON R. (1971), « Shifters, verbal categories and the Russian verb », *Selected writings II: Word and Language*, The Hague Paris, Mouton.

PINCHEMEL P. & G. (1992), *La face de la terre. Éléments de géographie*, Paris, Armand Colin.

Principes et typologie des discours universitaires

PONCET P. (2004), « La carte du Monde2 », *EspacesTemps.net*, Mensuelles, 03. 05. 2004, consulté le 26 juin 2007, http://espacestemps. net/document584.html.

PONCET P. (2006), « Ségolène et la carte magique », *EspacesTemps.net,* Mensuelles, 16. 11. 2006, http://espacestemps. net/document2107.html

ROBIC M-C. (2003), « Exemplarité du *Tableau de la géographie de la France* par Paul Vidal de la Blache », *in* J.-M. Berthelot (éd.), *Figures du texte scientifique*, Paris, PUF, 81-105.

THÉMINES J-F. (2006), « Connaissance géographique et pratiques cartographiques dans l'enseignement scolaire », *M@ppemonde* (2006-2) (82).

Corpus

BÉGOT M., P. BULÉON et P. ROTH (éd.) (2002), *Émergences Caraïbes : éléments de géographie politique,* Paris, AREC l'Harmattan.

BULÉON P. (2002a), *Quarante années d'évolution politique de l'Ouest de la France, 1960-2002*, Caen, Presses universitaires de Caen.

—— (2002b), « Villes portuaires transfrontalières : un nouveau modèle de villes-frontières ? Cherbourg, ville transmanche », *in* B. Reitel *et alii* (éd.), *Villes et Frontières*, Paris, Anthropos.

—— & M. BÉGOT (éd.). (2006), *La Caraïbe*. TDC. Montrouge, Scérén-CNDP.

—— & J. FOURQUET (2003), « Vote Front National 1986-2002, Géographies et interprétations successives : une équation politique », *Espaces, Populations, Sociétés* 2000/3, 453-467.

—— & M. GAIO (2003), « Des atlas électroniques pour comprendre les territoires », *Technologies internationales* (90), 41-45.

——, T. ROCHER & S. LEFEVRE (2000), « Attractivité du Tunnel en extension, mobilités de population accrues : émergence d'un nouveau contexte pour le Transmanche maritime ? », *Transport*.

—— & J.-L. SHURMER-SMITH (1998), « Les coutures de l'Europe sont aussi maritimes. Des régions frontalières aux régions transfrontalières ; les régions transfrontalières maritimes, des réalités mal reconnues », *Documents de la MRSH de Caen* 8, 39-48.

—— & J.-L. SHURMER-SMITH (éd.) (1997-2008), *Atlas Transmanche*, Caen, Université de Caen.

—— & J.-L. SHURMER-SMITH (éd.) (2008), *Espace Manche : un monde en Europe / Channel spaces: a world within Europe*, Caen, EMDI.

LOEW F. (1998), « Typologie du vieillissement démographique transmanche », *Documents de la MRSH de Caen* (8), 10-19.

LOEW-PELLEN F. (2002), « "Vieillir en bord de mer". Quand vieillissement de la population rime avec arrivées de populations âgées », *Hommes et Terres du Nord* 2002 (1), 30-35.

Compétences discursives et littératie conceptuelle

William Petty
Université Libre de Bruxelles

RÉSUMÉ

Les fonctions académiques de la langue sont d'abord définies comme outils d'analyse du discours étudiant, aptes à rendre compte de l'acquisition de la langue académique. L'hypothèse d'un rapport entre la réalisation discursive des fonctions académiques et la littératie académique des étudiants est ensuite élaborée sur la base d'une échelle cognitive commune. Fondée sur trois modèles cognitifs, une analyse de deux exemples de réalisation orale de la fonction académique de l'explication est proposée, ouvrant une fenêtre sur certains aspects de la littératie académique des locuteurs. Enfin, l'utilité d'un référentiel de compétences académiques prenant en considération les productions orales et mettant en rapport les compétences discursives académiques et la littératie académique des étudiants est discutée.

MOTS-CLÉS
Langue académique • évaluation • explication • apprenants • cognition.

ABSTRACT

Firstly, the academic functions of language (AFL) are defined as tools for the analysis of students' discourse, capable of improving assessment of the academic language. Secondly, the hypothesis of a link between discursive realisations of the AFL and students' academic literacy is elaborated on the basis of a cognitive scale common to both. An analysis of two oral samples of the 'explanation' AFL is proposed, based on three existing cognitive models, opening a window to certain aspects of the speakers' academic literacy. Finally, the need for oral academic language reference scales is discussed and conclusions are made about possible links between academic discursive competences and general academic literacy.

KEYWORDS
Academic language • evaluation • explication • learners • cognition.

* *
*

Principes et typologie des discours universitaires

1. Introduction

L'étude des compétences discursives et de la littératie académique des étudiants de niveau universitaire présente un intérêt pour le concepteur de référentiels de compétence adaptés à la langue scientifique et académique. Dans bien des cas, pédagogues et didacticiens gagneraient en effet à combiner l'évaluation de l'apprentissage des savoirs et savoir-faire relatifs à une discipline académique — le « contenu » — avec les savoirs et savoir-faire relatifs au code utilisé pour véhiculer ces compétences académiques — la « langue ». L'Enseignement d'une Matière Intégrée à une Langue Étrangère (EMILE) constitue un ensemble de pratiques et de contextes pédagogiques qui pourrait bénéficier d'un outil d'évaluation du discours scientifique et académique qui renseigne également sur l'adaptation de l'étudiant aux exigences de la pensée universitaire, en d'autres mots, sur la littératie académique de celui-ci. C'est en tout cas dans le cadre de l'EMILE que s'est manifesté le besoin de travailler à l'évaluation, via les différentes productions académiques, des compétences cognitives liées au contexte institutionnel dans lequel le discours s'inscrit, en partant du principe que les compétences discursives traduisent la littératie académique de l'étudiant.

Avant d'aller plus loin dans ce travail, je voudrais donner quelques informations sur ce cadre institutionnel. L'implémentation de l'EMILE à l'Université est un phénomène de plus en plus courant, qui découle de l'importance de plus en plus grande du multilinguisme dans nos sociétés dites globalisées. L'étudiant universitaire doit désormais maîtriser plus d'une langue s'il veut s'épanouir professionnellement. L'anglais s'est établi comme *lingua franca* dans ce nouveau contexte, et l'Université doit désormais s'ouvrir à cette langue. En Faculté des Sciences Appliquées (FSA) à l'ULB, le choix s'est porté sur une double approche de l'apprentissage linguistique. D'une part, une formation à l'anglais étalée sur les trois années de Bachelier. D'autre part, une immersion partielle en langue anglaise lors des deux années de Master, où certaines spécialisations proposent jusqu'à 40 pour cent de leurs cours en anglais. Lancé en 2007, le programme d'implémentation de l'EMILE vise, au terme de deux ans, une autonomisation des procédures. Ce dispositif pédagogique d'immersion contrôlée dans une langue étrangère combine l'immersion en soi à une assistance pédagogique et linguistique aux étudiants et aux professeurs. Dans le cadre de mon travail d'implémentation de l'EMILE en FSA, ma tâche consiste notamment à évaluer les progrès des étudiants en langue seconde et à mettre en place des systèmes d'évaluation capables de prendre en considération les aspects liés à l'acquisition de la langue académique à l'oral. Je m'intéresse donc à la compétence discursive des étudiants, qui se manifeste dans leurs discours académiques.

Les étapes de ce travail sont les suivantes. Je vois en premier lieu en quoi le Cadre Européen Commun de Référence pour les langues (CECR) n'est pas compétent pour rendre compte des productions des étudiants. Ensuite, je définis les fonctions académiques du langage comme outils d'analyse du discours étudiant, aptes à rendre compte de l'acquisition de la langue académique. L'hypothèse d'un rapport entre la réalisation discursive des fonctions académiques et la littératie académique des étudiants est ensuite élaborée sur la base d'une échelle cognitive commune. Fondée sur trois modèles cognitifs, une analyse de deux exemples de réalisation orale de la fonction académique de l'explication est proposée, ouvrant une fenêtre sur certains aspects de la littératie académique des locuteurs. Enfin, l'utilité d'un référentiel de compétences académiques prenant en considération les productions orales et mettant en rapport d'une part les compétences discursives académiques et d'autre part la littératie académique des étudiants est discutée.

2. Fonctions et compétences

Le Cadre Européen Commun de Référence pour les langues est devenu l'outil principal d'évaluation des productions langagières, mais il est d'utilisation difficile dans l'évaluation de l'acquisition de la langue académique ou scientifique. Il est d'ailleurs incompétent, de sa propre confession, pour l'analyse des fonctions nécessaires à réaliser des tâches proprement académiques : « les descripteurs doivent rester globaux [...] », dit-il, la liste détaillée des micro-fonctions, des formes grammaticales et de vocabulaire sont présentées dans des spécifications linguistiques pour chaque langue donnée. L'analyse des fonctions, des notions, de la grammaire et du vocabulaire nécessaires pour réaliser des tâches communicatives décrites dans les échelles peut faire partie d'un processus de développement de nouvelles batteries de spécifications linguistiques.

Le CECR ajoute que les « compétences générales comprises dans un tel module, par exemple la « Connaissance du monde » ou les « Capacités cognitives » peuvent faire l'objet d'un travail semblable.

2.1. Compétence discursive

La description des compétences discursives par le CECR pose des problèmes majeurs :

- Chacun des quatre points ou micro-compétences qui forment la « compétence discursive » fait appel à des phénomènes reliés à la grammaire (connecteurs pragmatiques de cause ou de conséquence), à la syntaxe (on mentionne des enchaînements dit « naturel »), à la sémantique, etc. La pragmatique et la rhétorique sont également convoquées (on parle du principe coopératif de Grice ou efficacité rhétorique). Enfin, on parle de style et de registre. Cette diversité complique l'évaluation de la capacité de l'étudiant à réaliser des opérations rationnelles ou logiques (étayer, argumenter, etc.)
- L'utilisation des quatre catégories proposées dans le CECR complique la tâche de découpage de la compétence discursive en unités minimales vraisemblables du point de vue cognitif
- L'imprécision sémantique des descripteurs mène à confusion. On parle en effet d'« idées », d'« expressions convenables », de « récits compliqués ».

Pour ces raisons, il apparaît que les échelles du CECR ne sont pas fonctionnelles et ne s'adaptent pas au discours universitaire, même si la compétence discursive académique se trouve partiellement définie par certains éléments de la compétence discursive décrite dans le CECR. En outre, il n'y a pas d'unités minimales de la compétence — de micro-compétences — qui puissent être définies isolément et servir de base à la formation de productions discursives plus complexes et à l'évaluation conjointe de celles-ci et de la littératie académique de l'étudiant.

2.2. Fonctions académique et cognition

Il faudra donc trouver d'autres moyens pour évaluer les compétences académiques de nos étudiants. Dalton-Puffer (2006) définit les fonctions académiques de la langue comme un cas particulier des fonctions communicatives de la langue telles qu'elles ont été décrites par Hymes (1972). Plusieurs listes de ces fonctions académiques existent, mais toutes réunissent des fonctions de type différent. C'est pourquoi Dalton-Puffer reprend la proposition de Kidd de distinguer entre micro-fonctions et macro-fonctions. Les micro-fonctions décrivent des tâches langagières qui se développent sur de courtes séquences, telles que « définir » ou « comparer ». Les macro-fonctions, d'autre part, décrivent des tâches langagières qui se déroulent sur de larges séquences et se prêtent à l'analyse rhétorique et à l'analyse grammaticale. Ce découpage du discours en fonctions permet de postuler l'existence, pour chaque fonction académique, l'attribution d'un corrélat cognitif *ad hoc*.

Depuis Vygotsky, de nombreux auteurs ont insisté sur les rapports entre langue académique et cognition. Cummins (1979) en particulier a introduit une différence essentielle entre BICS (Basic Interpersonal Skills) et CALP (Cognitive Academic Language Proficiency). Selon lui, les compétences nécessaires à la maîtrise de la langue académique se traduisent par la résolution de tâches plus exigeantes et plus décontextualisées, car cette langue est utilisée dans des contextes dans lesquels un ensemble de contraintes imposent leurs limites à l'interaction spontanée. La langue académique serait ainsi cognitivement plus exigeante et caractérisée par sa codification, son objectivité et son impersonnalité. D'autres schémas cognitifs aptes à rendre compte de productions en langue académique ont été comparés par Ian Bruce (2005). Il s'agit des *Gestalt structures* de Johnson et des relations interpropositionnelles de Crombie. Toutefois, à la différence des fonctions académiques du langage de Dalton-Puffer, ces taxonomies ne concernent que le niveau macro-propositionnel, soit celui de la structure rhétorique des textes.

Mon propos n'est pas de comparer les vertus relatives à chaque système langue-cognition, mais bien d'insister sur le besoin de critères qui permettent de penser la langue académique en termes cognitifs, donc universels ou à tout le moins libérée des déterminismes liés au contexte local de production. Cela est possible en fondant le système langue-cognition sur les fonctions académiques de la langue. Les systèmes de Johnson et de Crombie permettront d'introduire quelques perspectives nouvelles. Il est surtout important qu'un lien puisse être établi entre, d'une part, les compétences liées à la langue, et, d'autre part, les compétences plus générales souvent traduites dans la langue et qui relèvent des capacités de structuration et d'organisation mentale des étudiants — soit les compétences en littératie académique.

3. La littératie académique ou conceptuelle

Minoritaire dans la recherche en langue française, le concept de littératie s'est pourtant imposé comme un outil heuristique important. Il permet de dépasser le cadre des compétences communicatives et d'aborder certaines compétences d'ordre cognitif liées au fonctionnement académique de la langue. Comme le dit Rispail : « la littératie est une notion heuristique au carrefour de courants de recherche qui ont peu l'occasion de se rencontrer et de se parler »

D'abord définie comme « capacité à lire, à écrire, à orthographier, à écouter et à parler »[1], l'UNESCO la définit ensuite comme « la capacité à identifier, comprendre, interpréter, créer, communiquer, calculer et utiliser des matériaux imprimés et écrits associés à des contextes variés »[2]. L'UNESCO ne limite donc pas la littératie à la compétence écrire, mais l'étend à tout ce qui a rapport aux matériaux écrits. Or l'Université est précisément un lieu privilégié du rapport à l'écrit.

Voici une citation de Vollmer (2006) :

> L'acquisition de compétences en littératie conceptuelle et de compétences discursives pour une utilisation de la langue spécifique aux matières, c'est-à-dire, l'acquisition de nouvelles variétés d'utilisation d'une même langue, ne doit pas être considérée comme superflue, mais comme une forme préliminaire et fondamentale de plurilinguisme.

Dans cet extrait, Vollmer met en jeu le rapport entre compétences discursives et littératie dans le cadre d'une « langue spécifique aux matières », soit dans le cadre de l'apprentissage d'une langue professionnelle ou académique.

Une langue, ajoute-t-il, ne se résume pas à des compétences en communication, mais est aussi liée aux « processus de réflexion ». Elle est un outil de conceptualisation, de pensée, de création de réseaux. Elle soutient l'activité mentale et favorise la précision cognitive. Vollmer oppose les compétences générales à développer dans le cadre de l'apprentissage d'une langue des échanges quotidiens aux compétences liées aux exigences particulières d'une discipline universitaire — ou compétences académiques, comme l'avait fait Cumnins (1979) avant lui.

Vollmer poursuit toutefois sa définition :

> la littératie conceptuelle peut être définie comme la capacité à penser clairement à l'aide d'une langue, tandis que les compétences discursives concernent l'application des capacités linguistiques acquises pour communiquer clairement sur des sujets pertinents.

En d'autres termes,

> la langue est un instrument servant à la fois à conceptualiser le contenu et à s'exprimer en conséquence dans un style rationnel et 'académique'. L'intégration de ces deux concepts liés peut être appelée littératie académique.

Cette conception de la langue académique la situe dans un rapport direct avec la dimension cognitive de l'apprenant en même temps qu'avec les compétences plus générales par lesquelles « tout individu [est] capable [...] de participer intégralement à

---

[1] « the ability to read, write, spell, listen, and speak »
[2] « the ability to identify, understand, interpret, create, communicate, compute and use printed and written materials associated with varying contexts. »

la société qui l'entoure »[3]. Vollmer définit ensuite les fonctions du discours que les apprenants doivent manier pour mener à bien des tâches académiques :

- décrire / rapporter ;
- nommer / définir ;
- expliquer ;
- illustrer ;
- argumenter ;
- évaluer.

Selon ZydatiB, ces fonctions discursives reflètent les formes fondamentales de l'utilisation de la langue préscientifique ou scientifique. Ces fonctions discursives sont nécessaires à l'exercice de la pensée critique et aux tournures d'esprit susceptibles de contribuer au succès académique, soit à la littératie académique de l'étudiant.

La théorie du CALP — cf. supra — mobilise également des éléments non-verbaux à côté de productions proprement verbales dans l'apprentissage de la langue. Il s'agit des compétences relatives aux concepts suivants : *viewing* (percevoir les signaux ou l'information visuelle), *shaping* (utiliser les moyens d'expression visuelle), *watching* (percevoir les mouvements) et *moving* (utiliser le corps entier la personne entière). Dans le cadre des théories sur le CALP, le langage ne se limite pas aux compétences communicatives (*communication skills*) : il y a, ici aussi, un lien très clair entre le langage et les processus de pensée ainsi qu'entre la langue et la cognition au sens large.

Le concept de littératie académique permet de se référer à la fois aux processus de pensée nécessaires dans un cadre académique et aux autres aspects cognitifs impliqués dans l'apprentissage en milieu académique, tout en considérant les compétences discursives qui les manifestent. Dans le cadre de ce travail toutefois, je m'intéresse surtout à ce que les productions discursives relèvent du fonctionnement de la pensée des étudiants, et, pour des raisons de commodité, les compétences liées à l'exercice de la pensée dans un milieu académique définissent ici la littératie académique, et non la littératie conceptuelle.

Le lien entre discours et cognition a néanmoins pu être établi grâce à la réflexion de Vollmer. Le concept de littératie académique est un outil conceptuel capable de réfléchir le lien entre langage et pensée dans le cadre de la langue académique. Je verrai à présent en quoi il est observable en pratique, à travers l'analyse de deux explications produites.

4. L'explication

J'ai choisi d'analyser deux exemples d'une fonction académique du langage courante dans les productions d'étudiants, même à l'oral. Les exemples fournis *infra* sont des retranscriptions des réponses de deux étudiants en première année de Master en Ingénieur Chimie et Science des Matériaux à l'Université Libre de Bruxelles. La question qui leur a été posée est la suivante : « Basing yourself on this figure, explain the

---

[3] « Literacy involves a continuum of learning to enable an individual to achieve his or her goals, to develop his or her knowledge and potential, and to participate fully in the wider society. »

configuration of a NMR spectrometer. » Les étudiants devaient donc se baser sur une représentation visuelle du spectromètre pour en expliquer la configuration.

4.1. Exemples d'explication

Étudiant 1

This…this Then for the NMR spectrometer <ee> we take a sample <ee> and we put in <ee> this is the superconducting magnet with the <ee> magnetic field and a <ee> with a computer <ee> the computer send <ee> I don't remember it's ah oui its pulse programme and computer send a pulse and this pulse is modified with different programme and <ee> the sample give a response to this perturbation and this perturbation is after analyse with different <ee> filter or enfin by different machine or programme to modify the response of the samples to give a good representation of this sample and after it's convert in a programme with a programme to permit computer can read this <ee> this sample and give a plot and this plot we must analyze and change this Fourier transform.

Étudiant 2

So I think that here there is a sample and we apply a magnetic field to the sample and ee signal fourier transform is retarded and ee to interpret the signal we have to do some transformation with the computer decompose the signal in real part and imaginary part and take together and the compu and the computer can interpret I think.

4.2. Analyse

En tant que fonction académique du langage, l'explication a une structure complexe. En reprenant les termes de Kidd (1996) via Dalton-Puffer (2007), on parlerait de macrofonction. L'explication dépasse en effet le niveau de la phrase, elle est transphrastique et s'analyse selon une perspective surtout rhétorique. Elle implique une série d'énoncés articulés entre eux par des connecteurs (conjonctions de coordination et de subordination). Ces connecteurs expriment des relations spatiales et temporelles, mais aussi, dans un raisonnement, des liens logiques — des inférences, des hypothèses, etc. — et leur utilisation laisse entendre que le locuteur est capable de produire ces inférences, c'est-à-dire qu'il a l'intention de dire ce qu'il dit.

Dalton-Puffer précise que les fonctions académiques du langage sont susceptibles de fournir des informations sur la cognition des locuteurs. Pour suivre la piste cognitive ainsi indiquée, je me réfère également aux théories cognitives de Johnson et de Biber.

Mark Johnson (1987) a développé le concept d'*image-schéma*. L'*image-schéma* est un modèle mental qui propose une compréhension structurée d'expériences variées. Utilisé métaphoriquement, il permet de comprendre d'autres concepts. Selon Johnson, le squelette cognitif de l'explication peut être représenté par deux *images schéma* : *source-path-goal* et *link*. La structure cognitive *source-path-goal* définit une origine, un passage ou une trajectoire et une destination ou un but entre deux éléments A et B. Quant à la structure cognitive *link* elle établit simplement un lien entre A et B, mais ne fait pas d'A ni de B un point d'origine et n'offre aucune indication de moyen en rapport avec un objectif, comme c'est le cas pour *source-path-goal*.

Principes et typologie des discours universitaires

Crombie (1985) lie l'explication à trois types de corrélats cognitifs : le tempérocontigual (liés par une relation de contiguïté temporelle), l'associatif et le logico-déductif. Une bonne comparaison des taxonomies est proposée dans Ian Bruce (2005).

Je procède d'abord à une analyse générale avant de chercher à retrouver dans chaque explication le squelette cognitif qui lui correspond.

4.2.1. Étudiant 1

La structure de cet extrait est intéressante à plus d'un titre. D'une part, il y a un effet qu'on pourrait appeler une structure en « course relais » : l'objet d'une proposition a tendance à devenir sujet de la proposition suivante. En effet, dans au moins quatre cas, l'objet de la proposition devient sujet de la proposition suivante, qui lui est coordonnée et reliée par un 'and' :

> we take a **sample** and [...] the **sample** is euh magnetized
> computer send a **pulse** and this **pulse** is modified with different programme
> the sample give a response to this **perturbation** and this **perturbation** is after analyse
> the computer can give a **plot** and this **plot** we must analyze

Comme les autres, cet étudiant lie les énoncés de manière efficace. En dépit de nombreuses erreurs de syntaxes, de lexique et de grammaire, il parvient à expliquer la configuration du spectromètre et à se faire comprendre. Si on applique à la production de cet étudiant la théorie des *image-schéma* proposée par Johnson, on observe que la production de cette explication s'apparente plutôt à l'image *link*, proposées dans Ian Bruce pour les textes de nature explicative. En effet, les connecteurs semblent lier un élément à un autre selon une logique de série ou d'accumulation 1+1+1, sans référer à une superstructure et sans établir de hiérarchie dans l'explication. Il n'y a pas davantage de source ni d'objectif (*goal*) : l'explication semble se contenter d'énumérer les différentes phases du processus sans les relier à la fonction même ou à la finalité du processus.

D'après la taxonomie de Crombie, c'est le schéma *tempero-contigual* qui s'impose, soit une structure cognitive qui se centre sur la contiguïté temporelle des unités du discours : il y a d'abord un échantillon non-magnétisé, et ensuite un échantillon magnétisé ; d'abord une pulsation, ensuite une pulsation modifiée, etc.

4.2.2. Étudiant 2

Au contraire de l'étudiant 1, il n'y a pas de structure « en course relais ». La présence de séquences est observable, même si le nombre de séquences est moindre que dans la production de l'étudiant 1. Cependant, un autre élément retient l'attention, c'est l'expression, au sein de l'explication, d'une intention ou d'un objectif :

> to interpret the signal we have to do some transformation with the computer, decompose the signal in real part and imaginary part

En appliquant la théorie de l'image schéma, on observe ici que cette explication se réfère plutôt à l'*image-schéma source-path-goal*. En effet, l'explication fournie par cette étudiante indique clairement la présence d'un objectif et l'explication consiste à détailler les moyens destinés à atteindre cet objectif. Dans les mots de Crombie, cette

Principes et typologie des discours universitaires

explication est d'ordre logico-déductive, alors que nous avons vu que l'explication 1 était d'ordre tempéro-contiguale ou 'en course relais'.

4.2.3. Éléments communs aux deux explications

Je m'étais proposé d'évaluer la production des étudiants selon la double perspective des compétences discursives et de la littératie académique. J'avais précisé en outre que le lien entre le discours et la littératie académique serait d'ordre cognitif, comme je viens de le montrer dans l'analyse. La perspective proprement discursive vient d'être proposée, mais il reste à en tirer des conséquences sur le niveau de littératie académique des extraits proposées. Il est en effet possible de proposer un modèle de correspondance entre compétence discursive et littératie académique fondé sur ces extraits. La systématisation de ces rapports fera l'objet de travaux ultérieurs.

Pour mesurer le degré de littératie académique des étudiants, il faut, en accord avec Vollmer, combiner à l'évaluation de la production discursive les éléments cognitifs que j'ai identifiés dans les extraits. Il s'agirait donc de mesurer la complexité cognitive des explications en tant quelle révèle le degré d'intégration de l'étudiant au le contexte universitaire. Ainsi, l'explication sera-t-elle évaluée selon une perspective discursive, certes, mais aussi selon la capacité de l'étudiant à adapter son discours aux exigences cognitives requises par l'environnement universitaire. En effet, au moment de produire une explication, il est beaucoup plus exigeant, cognitivement parlant, de penser à l'objectif de l'explication que d'énumérer les différentes étapes d'un processus en perdant de vue sa visée globale. L'explication 2 est donc supérieure en termes de littératie à l'explication 1.

5. Conclusions

Au terme de ce travail, l'explicitation des rapports de la littératie académique et des compétences discursives sont loin d'avoir été épuisées, mais certains aspects des rapports entre les productions discursives des étudiants et la complexité cognitive qui caractérise leur littératie académique ont été éclaircis. Une approche cognitive des pratiques discursives académiques permet de mettre en évidence des éléments communs à travers les différentes langues et cultures académiques. Ce n'est qu'en adoptant une perspective cognitive que les productions des étudiants peuvent être appréhendées indépendamment des genres académiques, soumis aux particularités locales.

En accord avec Christiane Dalton-Puffer, je pense que l'explication est bien une unité fonctionnelle de la langue académique — une fonction académique de la langue — et j'ajoute que sa réalisation trahit la littératie académique de l'étudiant. Toutefois, alors que Dalton-Puffer définit l'explication comme explication d'un concept, je l'applique également aux processus, comme dans les exemples d'explications qui ont été montrés supra. Cette subdivision de la catégorie de l'explication s'ajoute aux sous-catégories établies par Johnson et Biber. Il est donc difficile de voir dans l'explication une unité cognitive de la langue académique, même si elle est bien une fonction académique du langage. L'existence de plusieurs types d'explications permet néanmoins d'établir une échelle de référence qui permet d'évaluer les productions discursives de nos étudiants à la lumière des compétences cognitives qu'elles trahissent — à la lumière

Principes et typologie des discours universitaires

de la littératie de chacun. Les premiers pas ont donc été franchis dans le sens d'un référentiel de compétence qui intègre les compétences discursives de l'étudiant et sa littératie académique via l'analyse des corrélats cognitifs observables dans le discours.

Repères bibliographiques

Academic literacy: A Statement of Competencies Expected of Students Entering California's Public Colleges and Universities (2002), Intersegmental Committee of the Academic Senates of the California Community Colleges, the California State University and the University of California, http://www.calstate.edu/AcadSen/Records/Reports/Academic_Literacy_Final.pdf, dernière consultation 2008-04-22

BARRÉ-DE MINIAZ C., C. BRISSAUD & M. RISPAIL (dir.) (2004), *La littéracie : Conceptions théoriques d'enseignement de la lecture-écriture*, Paris, L'Harmattan.

BLOOM, B. S., M. D. ENGLHART, E. J. FURST, W. H. HILL & D. R. KRATHWOHL (ed.) (1956), *Taxonomy of educational objectives, the classification of educational goals*, Handbook I: cognitive domain, New York, Longmans.

BRUCE I. (2005), « Syllabus design for general EAP writing courses: A cognitive approach », *Journal of English for Academic Purposes* 4, 239-256.

CROMBIE W. (1985), *Process and relation in discourse and language learning*, Oxford, Oxford University Press.

CUMMINS J. (1979), « Cognitive/academic language proficiency, linguistic interdependence, the optimum age question and some other matters », *Working Papers on Bilingualism* 19, 121-129.

DALTON-PUFFER Ch. (2007), *Discourse in Content and language Integrated Learning (CLIL) Classrooms*, Amsterdam, John Benjamins B. V.

DARDY C., D. DUCARD & D. MAINGUENEAU (2002), *Un genre universitaire : le rapport de soutenance de thèse*, Lille, Presses Universitaires du Septentrion.

HEMPEL C. G. & P. OPPENHEIM (1948), « Studies in the Logic of Explanation », *Philosophy of Science*.

JOHNSON M. (1987), *The body in the mind: The bodily basis of meaning, imagination, and reason*, Chicago, IL, University of Chicago Press.

KIDD R. (1996), « Teaching academic language functions at the secondary level », *Canadian Modern language review* 52, 285-307.

Littératie et société du savoir. Nouveaux résultats de l'enquête internationale sur les capacités de lecture et d'écriture des adultes (1997), OCDE, Paris, Développement des Ressources Humaines.

SCARCELLA R. (s.d.), « Academic English: a conceptual framework », *Linguistic Minority Research Institute*, http://www.lmri.ucsb.edu/publications/03_scarcella.pdf, consulté le 2008-05-29

VOLLMER H. J. (2006) « Langues d'enseignement des disciplines scolaires, étude préliminaire », *Division des politiques linguistiques*, Strasbourg, www.coe.int/lang/fe, (dernière consultation 2008-04-20)

WEGERIF R. (2006), « Literature review in thinking skills, technology and learning », *Futurelab* 2006, www.futurelab.org.uk/research/lit-reviews.htm, (accessed 2008-05-29)

WILSON V. (2000), *Can thinking skills be taught? A paper for discussion. Scottish Council for Research in Education*, Edinburgh. www.scre.ac.uk/scot-research/thinking, dernière consultation 2008-04-14

ZYDATIB, W. (2000), *Biligualer Unterricht in der Grundschule: Entwurf eines Spracherwerbskonzepts für zweisprachige Immersionsprogramme*, Ismaning, Hueber.

Uniformisation des critères de publication et émergence de « nouveaux » discours dans le domaine des sciences de la gestion

Jocelyne ROBERT
HEC
École de gestion de l'Université de Liège

RÉSUMÉ

À partir des changements que connaît le monde des sciences de la gestion, nous avons analysé l'uniformisation des critères de publication d'une part, le développement de « nouveaux » discours d'autre part. Ces éléments ne sont pas indépendants d'une situation globale de concurrence, de recherche d'excellence et de rentabilité. Ils contribuent à redéfinir les valeurs, les règles et les normes de fonctionnement du champ scientifique, les signes de reconnaissance, les positions des acteurs et leur mode de relations. Nous avons souhaité montrer les influences extérieures et les forces internes qui contribuent à expliquer cette situation.

MOTS-CLÉS
Discours • sciences de la gestion • méthodologie • certification • publication.

ABSTRACT

The management sciences are going through a lot of changes. Therefore, we analyse the standardization of criteria for publication and the development of new discourses. This evolution depends on characteristics of the context: competition, research of excellence, profitability. These changes generate new values, rules, norms and relations between actors in management sciences. We want to explain these changes.

KEYWORDS
Discourses • management sciences • methodology • certification • publication.

*   *
*

Principes et typologie des discours universitaires

1. Objectifs

Parmi l'ensemble des changements et des évolutions observé dans le domaine des sciences de la gestion, deux points retiendront plus particulièrement notre attention. Il s'agit, d'une part, de l'uniformisation des critères de publication et, d'autre part, de l'émergence et du développement de discours plutôt administratifs, au sens large, impliquant le monde académique. Ces deux éléments seraient susceptibles de concerner davantage les sciences de la gestion. Nous tenterons tout au long de cette présentation d'en expliquer les raisons.

Nous montrerons que les deux éléments retenus prennent tout leur sens dans un contexte plus global. Les écoles de gestion sont, au même titre que bien d'autres institutions, soumises aux exigences de qualité qu'attestent, à leur manière, les différentes procédures de certification et d'accréditation. Influencées par les pratiques anglo-saxonnes, relayées par les institutions européennes, les écoles de gestion se doivent d'apparaître dans les classements internationaux et tentent, chacune, d'y occuper une place privilégiée. On assiste dès lors à une réelle concurrence entre institutions assortie de regroupements afin de devenir plus grand et plus visible. La concurrence que se livrent les institutions se trouve également justifiée et renforcée par le contexte international de mobilité des étudiants et d'équivalence des masters d'une part, par la diminution des fonds publics disponibles d'autre part.

C'est par rapport à cette nécessité de reconnaissance, de certification, et de classement parmi les meilleurs que l'on doit situer l'uniformisation des critères de publication et l'émergence de nouveau discours. Cette émergence peut être associée aux réformes de programmes mises en place, en réponse au modèle d'harmonisation et d'équivalence des masters au niveau européen, elle peut aussi être associée aux rationalisations budgétaires et à l'implantation de systèmes de gestion intégrée devant favoriser une meilleure efficacité. Elle peut aussi être le résultat de la mise en place de différents conseils : conseils des études, de département. Elle peut être associée aux contenus de réunions pédagogiques diverses, liées notamment à l'évolution des exigences pédagogiques, à la mise en place de nouvelles technologies ou aux pratiques d'évaluation des enseignements.

L'environnement concurrentiel international et national, le contexte de marchandisation de l'enseignement supérieur et le positionnement privé/public imposent des normes de fonctionnement qui contribuent à la fois à l'uniformisation des pratiques et à l'émergence des discours administratifs. L'hypothèse que nous souhaitons développer tout au long de cette présentation est la suivante. L'importance des pratiques d'uniformisation des critères de publication d'une part, d'apparition ou d'augmentation de nouveaux discours d'autre part, sont susceptibles de toucher d'autant plus les écoles de gestion que celles-ci présentent dans leur histoire, leurs structures internes et leurs relations à l'environnement un certain nombre de caractéristiques contribuant à expliquer le développement de ces pratiques. Les écoles de gestion appelées management schools, business schools, etc. entretiennent un rapport au savoir spécifique où l'on retrouve science et pratique, présentent une identité plurielle où se mêlent sciences positives et sciences sociales, pouvoir « temporel » et pouvoir « intellectuel ». Les écoles de gestion créées relativement tard se posent régulièrement la question de leur renouvellement que ce soit sous l'incidence du management anglo-saxon ou de leurs relations à un environnement professionnel sectoriel, national et international en constante mutation. Ces écoles présentent des caractéristiques que l'on pourrait qualifier d'» idéal-typiques » favorables à l'émergence de pratiques d'uniformisation des publications d'une part, de pratiques de nouveaux discours d'autres part. Les pratiques d'uniformisation des publications mettent essentiellement en avant une démarche « positiviste » facilement évaluable de manière quantitative, permettant une comparaison et un classement des établissements. L'émergence des discours politico-administratifs permet quant à elle de répondre aux changements en cours. Elle accompagne la mise en place d'innovations et la mise en œuvre de pratiques d'évaluation. Elle permet de justifier la volonté d'autonomie et sa mise en place.

Nous montrerons, à partir des analyses de Bourdieu, notamment, comment les influences extérieures et les forces internes font du champ un lieu éminemment politique traversé de conflits et nous essayerons d'esquisser la frontière invisible qui traverse le champ avec le risque de le diviser.

La normalisation des critères de publication et l'émergence de nouveaux discours jouent dès lors un rôle essentiel. Elles contribuent à redéfinir les règles et les normes de fonctionnement du champ scientifique, les valeurs et les signes de reconnaissance, la signification et l'importance accordée au temps : court terme et long terme, le positionnement des acteurs et leur mode de relation. Elles sont susceptibles cependant d'instaurer des effets pervers d'uniformisation et d'absence de contenu scientifique, elles sont également susceptibles de générer des conflits destructeurs et des divisions inutiles Dévoreurs de temps, elles peuvent paradoxalement détourner les universitaires de leurs tâches principales que sont traditionnellement l'enseignement et la recherche.

Parler de normalisation des critères de publication, c'est évoquer les étapes indispensables de la recherche : état de la littérature, hypothèses, choix d'une méthode de recherche, résultats de la recherche, discussion de ces résultats. C'est aussi privilégier certaines méthodes de recherche, le plus souvent quantitatives, voire, à titre exploratoire, qualitative. C'est également prendre pour référence les critères de classement des revues internationales. Cette normalisation apparaît notamment au niveau de la réalisation des thèses de doctorat « transformées » parfois en articles « publiables » selon les normes harmonisées évoquées préalablement.

L'émergence de nouveaux types de discours est notamment liée à l'application de normes pédagogiques, au renouvellement des programmes, au souci d'autonomie des établissements, aux pratiques de recherche de financement, aux échanges internationaux, à la définition et aux procédures de respect des normes d'accréditation et à la mise en œuvre d'évaluations de l'institution dans le cadre d'audits internes et externes. Elle nécessite l'acquisition de nouvelles compétences et contribue à l'émergence de nouveaux savoirs. Elle participe à la division du champ et à la complexité des rapports entre les acteurs.

2. Le contexte

Afin d'analyser les pratiques d'uniformisation des critères de publication et celles d'émergence des nouveaux discours, dans les écoles de gestion, il est indispensable de situer les écoles de gestion dans leur contexte actuel de concurrence internationale et de marchandisation de l'enseignement supérieur et universitaire. Il importe également de mentionner les critères de classification et les classements comparatifs des écoles de gestion. Cette mise en contexte permet de comprendre les exigences de reconnaissance qualité auxquelles les écoles de gestion se doivent aujourd'hui de répondre. Ceci explique en partie la nécessité de cohérence entre les objectifs poursuivis et le mode de fonctionnement adopté par chaque institution. Afin de permettre les audits en vue de l'accréditation qualité et la comparaison des institutions, les écoles de gestion adoptent des critères de publication dominants dans le champ, contribuent à créer et sont amenées à gérer de nouveaux savoirs.

On ne peut pas analyser les transformations que connaissent les écoles de gestion sans évoquer la situation des entreprises qui sont le plus souvent à la base de la création de ces écoles ou qui y sont à tout le moins étroitement associées. L'ouvrage de Garel et Godelier reprend le point de vue d'acteurs privilégiés du champ, directeurs et professeurs d'écoles de gestion prestigieuses. Il nous servira de guide.

Les entreprises évoluent. Si, au départ, il n'était pas requis de mettre en place une formation spécifique à la gestion, le développement, au XIX° siècle, du « management scientifique » modifie cette situation. Les cours de droit et d'économie vont permettre d' « établir le système de normes auquel doivent être soumis les gestionnaires pour être légitimes », les cours « techniques » favoriseront l'apprentissage des fonctions de l'entreprise (Laufer 2004 : 132).

Dans la deuxième moitié du XX° siècle, l'accent sera davantage mis sur « la complexité et l'incertitude». À partir des années soixante, le modèle du management américain occupera une place croissante (Ibidem). On voit alors se développer la méthode des cas, le management par objectifs, le marketing, le management systémique, le contrôle de gestion. Jusqu'en 1970, et parfois même jusqu'à ce jour, le management « quasi-positiviste » reste pourtant dominant.

Aujourd'hui, on assiste à de nombreux changements dans la gestion des entreprises : il ne s'agit plus de rechercher la meilleure solution possible, le principe du « quasi-positivisme » semble de plus en plus remis en cause. On parle de « fonctions transversales », de « cercles de qualité », de « participation », on revoit les « frontières » de l'entreprise, ses relations à l'environnement, ses partenariats avec d'autres entreprises. Il n'est dès lors pas étonnant d'envisager des changements dans l'enseignement de la gestion.

> On assiste au développement d'approches transversales dans le domaine des techniques de gestion elles-mêmes, par exemple la gestion de projets, la gestion de la qualité ou la gestion de crise. Enfin, apparaissent des enseignements visant directement la dimension existentielle du management et dont le but est de développer les compétences personnelles et relationnelles des managers. (Laufer 2004 : 134)

Les différents modèles de gestion existant aujourd'hui ne simplifient pas les choses et les écoles éprouvent des difficultés à adopter l'un ou l'autre modèle. Les écoles de gestion se transforment alors en « lieux de confrontation entre diverses approches de l'enseignement du management ». Il s'agit ainsi de combiner approche pragmatique (apprentissage sur le terrain), approche technicienne (priorité aux compétences méthodologiques dans les domaines classiques de la gestion), « approche de l'enseignement de la gestion par la recherche ». Il ne faut cependant pas que le « jeu concurrentiel » amène l'élimination d'une de ces approches (Laufer 2004 : 137).

Principes et typologie des discours universitaires

Amenées à gérer ces changements, les écoles de gestion trouvent éventuellement dans l'uniformisation, la gestion de nouveaux savoirs et de nouveaux discours une manière de dépasser ces clivages et de parler d'une seule voix.

3. Uniformisation des modèles de recherche et de publication

3.1. Approche de la thèse de doctorat : l'importance de la méthode

L'importance accordée à la méthodologie, dans les recherches menées au sein des écoles de gestion, est loin d'être anodine. Elle répond à des enjeux de légitimation et l'on peut se demander pourquoi

> on parle beaucoup d'épistémologie et de méthodologie en gestion alors qu'en histoire ou en anthropologie, l'élégance consiste à effacer les questions de méthode. N'est-ce pas un symptôme de manque de légitimité ? Ne risque-t-on pas de stériliser les thésards en les jugeant sur la façon dont ils produisent leurs connaissances plus que sur les résultats auxquels ils arrivent ?
>
> (Berry 2004)

Selon la démarche des « sciences positives », qui semble constituer, aujourd'hui encore, à plus d'un titre, le paradigme dominant au sein des écoles de gestion,

> la démarche de recherche suit, en général, trois étapes : état de l'art, étude théorique, étude empirique. [...] La bonne thèse ou le bon article..., comme on le voit dans les recommandations qui sont faites aux jeunes chercheurs, sont explicitement organisés autour de ces étapes obligées :
> tout d'abord un « état de l'art » qui montre une bonne connaissance de la littérature sur le sujet ;
> ensuite une formulation de quelques hypothèses, ce qui est l'occasion de montrer le maniement des concepts et des éléments d'analyse autour du problème étudié ;
> enfin, après avoir défini un terrain, un travail propre de vérification empirique, soit sous forme d'études économétriques classiques, soit sous forme d'analyse de données (Perez 2004 : 140)

Il y a ainsi une « instrumentalisation des concepts et du cadre d'analyse » que l'on retrouve dans « la plupart des revues, et dans les trois-quarts des thèses ». Certaines disciplines de la gestion sont mieux placées dans ce « jeu » positiviste, pouvant être plus facilement formalisées ou accédant plus facilement à des données.

> C'est le cas par exemple pour la finance de marché qui peut faire l'objet d'une formalisation poussée et offre de nombreuses bases de données. On retrouve aussi ces tendances en marketing et en gestion de production. Ces méthodes de recherche bien éprouvées dans d'autres sciences, deviennent dominantes en sciences de gestion. (Perez 2004 : 140)

Cela n'est pas sans conséquence sur le contenu des thèses et l'importance que la forme est susceptible de prendre sur le contenu. Roland Perez, Professeur émérite de l'université de Montpellier, qui fut notamment vice-président de la conférence des présidents d'universités et président du jury d'agrégation d'économie et gestion, manifeste son inquiétude à ce propos. Il écrit :

> Je me suis inquiété de cela, il y a quelques années... Certaines thèses étaient devenues des « thèses Canada Dry », elles avaient tout d'une thèse : l'aspect extérieur, les trois cents pages, les vingt pages de bibliographie, mais peu de contenu scientifique : par là, elles ne faisaient avancer aucun problème de gestion. Par un tel travail, on montrait qu'on était un bon élève, qu'on pouvait rester à l'Université et reproduire le système. (Perez 2004 : 140)

Nous pouvons également évoquer cet exemple d'un étudiant qui pour sa première épreuve de préparation à la thèse de doctorat avait bien intégré le type d'informations qu'une bonne introduction devait reprendre, les informations que la partie méthodologique devait mentionner ou encore celles que la partie discussion se devait d'aborder. Mais, à la question : « Qu'avez-vous appris depuis notre dernière entrevue ? », la réponse était loin d'être évidente, la question semblait incompréhensible. La forme, le processus, le respect des règles prenaient le pas sur le contenu et l'argumentation.

Pourtant, un autre modèle, celui des sciences humaines, pourrait être privilégié. Ce modèle implique une autre méthodologie. « Elle (sa méthodologie) demande une implication dans l'organisation, avec une durée qui est souvent peu compatible avec les contraintes existantes (une thèse en trois ans et des charges d'enseignement) et un accès effectif au terrain ». Cette approche cependant qui nécessite « une interactivité entre le chercheur et le champ d'observation » peut s'accompagner d'une influence de l'organisation (où la recherche se réalise) sur le travail du chercheur et d'une absence d'indépendance de celui-ci (Perez 2004 : 141).

Dès lors, les débats autour de la réalisation des thèses de doctorat permettent de mettre en évidence deux approches : celle que l'on peut qualifier d'« industrie de la thèse » et celle d'« artisanat ». Nous allons présenter ces deux approches que proposent Garel et Godelier.

Du côté de l'approche de la thèse qualifiée d' » *industrielle* », les étapes sont précisées, la thèse est « bordée »[1]. Cette démarche, davantage appliquée dans les écoles de gestion, est liée aux critères de publication, au manque de temps.

> Nos thésards ont en général comme projet d'entrer à l'université. Ils veulent donc être reconnus par la communauté des sciences de gestion, avec les contraintes que cela impose » Et de poser la question aux « défenseurs » de l'approche « artisanale » : « Comment mesurez-vous les risques que vous faites prendre aux vôtres par rapport au système académique ? (Berry 2004 : 190)

---

[1] Les étapes de recherche proposées (voir Thiétart *et al.*) sont : « conception, mise en œuvre, analyse, diffusion des résultats. La première est essentiellement consacrée à la bibliographie et à l'élaboration des hypothèses à tester. Dans la seconde, on définit et réalise son plan d'investigation, ce qui implique, selon les cas, la détermination de l'échantillon à étudier et la mise au point des questionnaires à administrer (recherches « quantitatives ») ou les campagnes d'interviews et l'insertion sur des terrains pour des observations de longue durée (recherches « qualitatives »). La troisième étape est consacrée à l'analyse et à la discussion des résultats, et la dernière à la diffusion » (Berry 2004 : 179).

Principes et typologie des discours universitaires

Du côté de l' » *artisanat* », on suggère de partir du terrain puis de trouver ce qui peut constituer un apport original et de rédiger une vingtaine de pages sur ce qui paraît fondamental et qui pourrait être développé. À partir de là, la thèse se construit. Le suivi régulier avec le directeur de thèse est fondamental et, de manière générale, l'aspect relationnel. Le parcours est long et rempli d'incertitudes. Le travail de terrain est difficile[2].

Comme nous l'avons vu, l'accent est porté, de manière différente, sur la méthodologie. Le sens donné à la thèse diffère : les uns jugeant la thèse comme une étape d'apprentissage, à partir de connaissances en gestion et susceptibles d'être suivie par la suite d'un approfondissement ; les autres estimant qu'il s'agit là d'une période unique, difficile, apportant un élément nouveau de connaissance.

Selon la première approche, la formation à l'esprit scientifique se structure essentiellement dans le respect des normes, définies à priori, dans le caractère privilégiée de la méthode préparant le travail de publication, lequel se voit inscrit, dès le départ, dans les exigences de réussite de la thèse.

Et si « les conséquences de la domination de ce paradigme positiviste sont d'une part un éparpillement du domaine, d'autre part une spécialisation excessive des jeunes chercheurs » (Perez 2004 : 140), l'institution et les acteurs y trouvent un intérêt. Le nombre de directeurs de thèses, de doctorats et de réussites permettent d'obtenir une meilleure place dans les classements. Ils permettent aussi de répondre aux intérêts individuels de carrière et contribuent à renforcer les règles et procédures de normalisation mises en place. Ceux qui président au processus de sélection et à l'encadrement des doctorants contribuent à la reproduction des règles et à la structuration du processus d'accès et de réussite de la thèse.

3.2. *Certification qualité et analyse de contenu*

La recherche de l'accréditation semble être une des raisons de la normalisation. On peut également y ajouter le souci de comparaison internationale qui peut lui être associé ainsi que la volonté de gérer le changement au sein de l'institution.

Selon l'expérience de l'ESSEC[3], le résultat de l'accréditation semble être, outre une reconnaissance internationale, une meilleure connaissance de l'institution et un « puissant levier d'action pour faire évoluer l'organisation » Il s'agit principalement de faire preuve de cohérence.

---

[2] L'approche qualifiée d' » artisanale » répond aux critères suivants :
— elle traite d'un sujet qui correspond à un véritable enjeu social ;
— elle apporte des faits nouveaux : il est bon de rapporter des pépites du terrain ;
— elle apporte une contribution marquante ;
— la thèse défendue est étayée sur des faits rapportés avec précision : le thésard doit expliquer comment il a recueilli ses données et ce qui l'a amené à se forger sa thèse. Il doit donc faciliter la critique de son travail ;
— elle montre en quoi les idées avancées s'opposent ou se rapprochent des connaissances établies. (Berry 2004 : 189)
[3] Première École de Gestion en Europe reconnu, en 1997, par l'AACSB (Association américaine des « Business School »)

> La logique de type qualité totale qui sous-tend la démarche vérifie essentiellement la cohérence entre les missions affichées par l'École, qu'elle est libre de définir, et ses modes de fonctionnement.
>
> (Thevenet 2004 : 219).

La question se pose aujourd'hui du rôle de l'accréditation européenne (Garel & Godelier 2004 : 220-221). Celle-ci insiste elle aussi sur la cohérence et développe un modèle semblable à sa grande sœur américaine.

V. de Gaulejac apporte un regard critique sur cette évolution. Il souligne l'importance de la qualité et le succès que les procédures qui lui sont associées rencontrent, il analyse le contenu des documents servant de guides « pour améliorer le management des entreprises ». Il énonce cependant plusieurs critiques qui, selon nous, sont susceptibles d'expliquer en partie l'uniformisation.

Les termes clés sont : l'excellence, la réussite, le progrès, la performance, l'engagement, la satisfaction des besoins, la responsabilisation, la reconnaissance. Ces concepts clés se définissent chacun en faisant référence aux autres termes (de Gaulejac 2005 : 60-66). Cependant, l'analyse plus approfondie du contenu des brochures de l'EFQM (European Foundation for Quality Management) conduit, selon de Gaulejac, à mettre en évidence l' « insignifiance » du contenu.

> ... les mots utilisés ne permettent ni de rendre compte de la qualité de l'activité concrète, ni de produire des significations sur le sens de l'action, ni de comprendre la réalité du monde de l'entreprise. On est dans l'insignifiance. Un discours insignifiant est un discours qui se ferme continuellement sur lui-même, chaque terme pouvant être remplacé par un autre dans un système de bouclage permanent » (Ibidem, p. 66). Le discours de l'insignifiance évite la « contestation ». « Lorsqu'on dit tout et son contraire, la discussion n'est plus possible. D'autant que l'apparente neutralité, le pragmatisme et l'objectivité présentent une démarche qui semble incontestable. Elle est faite pour susciter l'adhésion
>
> (de Gaulejac 2005 : 68)

> Le langage de l'insignifiance recouvre la complexité par l'évidence, neutralise les contradictions par le positivisme, éradique les conflits d'intérêts par l'affirmation de valeurs qui se veulent « universelles ». Ce faisant, ils déstructurent les significations et le sens commun
>
> (de Gaulejac 2005 : 68)

En parlant de la brochure EFQM de Gaulejac en souligne le côté mobilisateur. Ces brochures présentent un discours qui « loin d'aider à comprendre la réalité de l'entreprise » tentent plutôt de « canaliser les énergies sur une procédure censée donner du sens ». [4]

Il est particulièrement intéressant pour notre propos d'envisager le caractère scientifique dont la brochure scientifique de l'EFQM semble fait preuve.

---

[4] « La qualité est une utopie mobilisatrice qui suscite d'emblée l'enthousiasme et le consensus. Elle permet de dépasser les objectifs de performance, de rentabilité et de profitabilité qui connotent des préoccupations « bassement » financières. Comment peut-on être contre la qualité ? » Il s'agit du modèle à suivre. (de Gaulejac 2005 : 59).

> La brochure EFQM a des prétentions scientifiques. Elle se présente comme un « Modèle », au sens théorique du terme : cadre de pensée et méthode pour comprendre la réalité de l'entreprise telle qu'elle est. La démarche se veut objective, neutre et rigoureuse... Elle décrit différentes étapes, selon les canons des protocoles scientifiques du modèle expérimental.

explique de Gaulejac (2005 : 67).

La démarche *présente neuf « concepts clés » déclinés en critères et en indicateurs*. Ces indicateurs permettent de faire le point sur l'institution. Ils constitueront des critères d'évaluation. Les liens entre la démarche qualité et l'approche positiviste sont mis en évidence

> Les termes utilisés semblent marqués par l'évidence alors qu'ils sont porteurs de significations multiples et contradictoires ». Ils se présentent comme « objectifs » et neutres en englobant dans une construction abstraite les oppositions d'intérêts, les différences de point de vue sur les finalités, les différences entre le prescrit et le réel. (de Gaulejac 2005 : 67)

Le discours est contradictoire, annonçant qu'il s'agit d'un « cadre non prescriptif » tout en étant constitué d' « une centaine de pages qui décrivent la démarche et déclinent toutes les prescriptions pour accéder à la qualité », tout en définissant les « bonnes pratiques » (Ibidem). « Le Modèle EFQM est en définitive, écrit de De Gaulejac, un système de normes sous-tendu par une vision comportementaliste, positiviste et instrumentale du monde du travail. Derrière la qualité, les objectifs poursuivis sont clairs : optimiser les « ressources humaines, améliorer les résultats financiers, conquérir de nouvelles parts de marché, favoriser la flexibilité, produire l'adhésion, développer l'autonomie contrôlée » (de Gaulejac 2005 : 68).

Outre le caractère prescrit et normalisé, l'écart à la réalité n'est pas sans présenter une incidence sur les membres de l'entreprise. Percevant l'écart entre le « sens prescrit » et « le sens que chaque travailleur lui donne », le travailleur « vit une incohérence qui, loin de le mobiliser, le conduit à désinvestir sa tâche ». Or, « dans la démarche qualité», selon de Gaulejac, « le sens du travail est construit à partir d'un modèle idéal et non à partir de la réalité concrète » (2005 : 68).

4. De « nouveaux discours »

La recherche de certification introduit un ensemble de pratiques qui font apparaître, à côté des discours scientifiques, d'autres discours que le discours scientifique : discours administrativo-scientifiques, pédagogiques, organisationnels portés par des chercheurs, des enseignants, des experts extérieurs, des responsables de projets internes à l'organisation, des praticiens, des administratifs. On assiste à des discours divers, formels et informels, oraux ou écrits, officiels ou non-officiels, à propos des exigences et critères de recherches et de publication, à propos de la pédagogie et des compétences à acquérir, de la formation pédagogique des enseignants, à propos des programmes de cours, des évaluations des enseignements, des recrutements, des sources de financement. Ces discours concernent en partie de « nouveaux savoirs ». Nous pouvons citer, par exemple, les savoirs relatifs aux pratiques pédagogiques, à la conduite de projets, à la construction de programmes, à l'accès aux sources de financement, à l'exercice d'activités de gestion des services ou départements, à l'application des normes de présentation des rapports et publications, des dossiers de demande de subvention, etc.

Ces « nouveaux » discours sont élaborés par des acteurs occupant des rôles divers au sein de l'institution. Ils sont énoncés par la direction ou créés au sein de réunions auxquelles participent des académiques, des représentants du personnel scientifique, des membres du personnel administratif, des « nouveaux » professionnels. Ces derniers assument des tâches d'enseignement, des responsabilités davantage administratives ou des fonctions nouvelles n'appartenant ni aux tâches d'enseignement, ni aux tâches administratives mais liées davantage à la définition, à l'évaluation et, de manière plus générale, à la gestion des activités d'enseignement et de recherche. Ces réunions sont également le lieu de mises en scène, de prises de pouvoir, de rituels relevant davantage de l'ordre symbolique que du travail scientifique, de la mise en scène publique plutôt que du travail de recherche individuel ou en équipe. Ces lieux, où s'élaborent ces discours, sont également des lieux d'élaboration ou de reproduction de règles, des lieux de présentation de soi, des lieux où se mêlent l'explicite et l'implicite, le dit et le non-dit.

Ces nouveaux discours échappent en grande partie aux enseignants et aux chercheurs, les normes et critères étant également définis par l'administration ou par les experts associés à l'accréditation. Peu habitués à ces nouveaux discours, distincts de leurs centres d'intérêts privilégiés, les enseignants-chercheurs deviennent en partie spectateurs ou acteurs d'un spectacle, d'une représentation, dont ils ne maîtrisent pas toujours les règles. Ils sont ainsi amenés à maîtriser de nouvelles compétences par rapport à des discours dont ils sont en partie, voire pas du tout, responsables.

Ces discours sont plus ou moins » ritualisés ». Les textes respectent un « rituel » de présentation spécifique à chaque service, chaque département, chaque faculté. Les réunions au cours desquelles les différents discours sont échangés sont susceptibles, comme pour les publications, d'êtres normalisées, manifestant un rapport au temps spécifique, des préséances, des rituels d'organisation : introduction informative, approbation des procès-verbaux des réunions précédentes, questions des participants, débats et échanges de points de vue éventuels entre les participants, prise de décisions immédiates ou reportées, tours de table, calendrier des réunions ultérieures. Le rituel varie ici aussi selon les services, départements, facultés. De même, l'ordre du jour peut exister ou pas, être respecté ou non, les heures de début et de fin de réunion mentionnées ou non... Cela dépend de la culture, d'un ensemble de règles et de valeurs partagées au sein des facultés et écoles.

5. « Le choc des paradigmes »

Nous pouvons parler à propos des sciences de la gestion de « choc des paradigmes ». L'évolution des entreprises montre la diversité des questions rencontrées et des approches utilisées. La nécessité des mises en situation, l'importance des compétences techniques et des savoir-faire, le maintien de l'approche positiviste et le fait que les sciences de la gestion fassent référence aux disciplines scientifiques, tout en étant orientées vers l'action, montrent la complexité des situations.

Le modèle dominant reste organisé sur le modèle des sciences positivistes et influence alors le modèle de la recherche et les formes de publication.

> Au plan académique, 80-90% des travaux en SG (sciences de la gestion) se situent plutôt autour du paradigme des sciences physiques, et plus particulièrement des sciences pour l'ingénieur, et seuls 10-20% des travaux sont plutôt fondés sur une approche en termes de science des organisations. (Perez 2004 : 139)

Or, les comparaisons sont parfois trompeuses. Si la gestion fait référence aux « savoirs d'action comme les sciences de l'ingénieur», le domaine des organisations, expliquent Garel et Godelier, ne correspond pas aux sciences de l'ingénieur. Si « comme on applique les principes de la mécanique des fluides à la conception d'un avion, on adopte une démarche comparable pour gérer une unité de production », on risque d'assister au « choc des paradigmes ».

Dans son analyse des liens entre sciences et idéologie, P. Ricœur (1984 : 314-315) dit à propos des sciences sociales qu'elles ne sont pas en position d'imposer une critique de l'idéologie comme les sciences mathématiques ont pu le réaliser. Des « manières de voir » différentes, voire des dissensions, seront susceptibles dès lors d'apparaître et d'influencer le contenu des discours. Les discours scientifiques et les « nouveaux » discours orientés davantage vers l'action socio-politico-administrative seront nécessairement liés à ce « choc des paradigmes ». « Les normes scientifiques ont les mêmes limites que les groupes à l'intérieur desquelles elles sont acceptées » écrit Bourdieu (2001 : 41).

Une solution serait peut-être, suggère R. Laufer, Professeur à HEC-Paris, d'instaurer un « système de concurrence modérée » entre les approches évoquées précédemment : « approche pragmatique », « approche technicienne », « approche de l'enseignement de la gestion par la recherche » (Laufer 2004 : 137).

6. Champ et communauté scientifiques

La « communauté scientifique » est loin d'être une entité homogène « unis par un objectif et par une culture communs » (Merton) (Bourdieu 2001 : 91), il ne s'agit pas non plus d'une « guerre » sans merci (2001 : 93-94). La mise en place des nouveaux processus de gestion permet aux acteurs d'acquérir ou de renforcer leur pouvoir au sein d'une « communauté » « gérant une partie des intérêts communs et s'appuyant sur les intérêts communs, sur la culture commune, pour fonctionner » (2001 : 93-94).

Le champ scientifique présente une image spécifique tout en étant traversé par des conflits et des oppositions.

La référence à la notion de champ soulève cependant trois questions :

- celle de la distribution du capital : « La structure de la distribution du capital détermine la structure du champ » (Bourdieu 2001 : 68-69). La question de l'autonomie des établissements, ou de leur regroupement, prend dès lors tout son sens ;
- celle de la rationalité et de la recherche de profits, perspective dans laquelle la notion de champ décrite par Bourdieu ne s'inscrit pas. « La notion de champ... rompt avec le finalisme... selon lequel les agents — dans le cas particulier les

Principes et typologie des discours universitaires

chercheurs — seraient des calculateurs rationnels à la recherche moins de la vérité que des profits sociaux assurés à ceux qui paraissent l'avoir découverte »[5] ;
- celle des stratégies et des tactiques, des oppositions et des soumissions qui contribuent à structurer le champ[6].

Bourdieu introduit la distinction entre « deux principes de domination dans le champ scientifique » qui sont les pouvoirs « intellectuels » et « temporels ».

> Les pouvoirs temporels » sont « souvent du côté de la logique communautaire, c'est-à-dire de la gestion des affaires communes, du consensus minimal, des intérêts communs minimaux, colloques internationaux, relation avec l'étranger, ou, en cas de conflit grave, la défense des intérêts collectifs. (Bourdieu 2001 : 94)

Les critères de normalisation et les nouveaux discours participent au pouvoir « temporel ». Cependant, le phénomène de normalisation, concernant la recherche, les publications ou l'enseignement, modifie le travail quotidien de la communauté scientifique. Ce phénomène oriente les modalités de recherche et a une incidence sur les contenus et les niveaux de connaissance. Elle explique « la profonde ambivalence des universitaires qui se dévouent à l'administration à l'égard de ceux qui se consacrent, et avec succès à la recherche — surtout dans une tradition universitaire où le patriotisme d'université est faible et peu récompensé » (Bourdieu 2001 : 132). Cette situation augmente encore l'écart entre la conception d'une communauté unifiée tournée vers les mêmes objectifs et la réalité qui est celle d'une communauté enjeu de luttes de pouvoir et de conflits. L'émergence de « nouveaux discours » associée à la gestion de l'institution, complexifie les sources de pouvoir et contribue à accroître les tensions internes des champs et sous-champs. On assiste donc à un effet pervers entre les objectifs annoncés et les résultats obtenus.

Les discours et textes transmettent les informations et servent de supports aux interactions des acteurs qui contribuent à construire les champs et sous-champs, à instaurer et maintenir les règles et normes de fonctionnement. Ce sont des outils privilégiés de construction des structures, de communication entre les acteurs qui portent en eux les caractéristiques des règles et normes qu'ils contribuent à créer et à maintenir, à moins

---

[5] « La notion de champ marque une première rupture avec la vision interactionniste en ce qu'elle prend acte de l'existence de cette structure de relations objectives entre les laboratoires et entre les chercheurs qui commande ou oriente les pratiques : elle opère une seconde rupture, en ce que la vision relationnelle ou structurale qu'elle introduit s'associe à une philosophie dispositionnaliste de l'action, qui rompt avec le finalisme, corrélatif d'un intentionnalisme naïf, selon lequel les agents — dans le cas particulier les chercheurs — seraient des calculateurs rationnels à la recherche moins de la vérité que des profits sociaux assurés à ceux qui paraissent l'avoir découverte » (Bourdieu 2001 : 68-69).

[6] « le champ scientifique, comme d'autres champs, est un champ de forces doté d'une structure, et aussi un champ de luttes pour conserver ou transformer ce champ de forces »« Ce sont les agents, c'est-à-dire les savants isolés, les équipes ou les laboratoires, définis par le volume et la structure du capital spécifique qu'ils possèdent, qui déterminent la structure du champ qui les détermine, c'est-à-dire l'état des forces qui s'exercent sur la production scientifique, sur les pratiques des savants » (Bourdieu 2001 : 69-70).

de devenir subversifs avec le risque de renforcer encore les structures normalisatrices contenant toute forme d'opposition.

7. Renouvellement des écoles de gestion et souci d'autonomie : une démarche contradictoire

Les critères de normalisation et les nouveaux discours défendent tout particulièrement la nécessité d'autonomie. « Une des caractéristiques qui différencient le plus les champs est le degré d'autonomie » dont ils disposent (Bourdieu 2001 : 95). « Dire que le champ est relativement autonome par rapport à l'univers social environnant » signifie qu'» il dispose en quelque sorte de la « liberté » nécessaire pour développer sa propre nécessité, sa propre logique » écrit Bourdieu (2001 : 95). Les écoles de gestion tant du point de vue du pouvoir « intellectuel » que du pouvoir « temporel » privilégient l'autonomie. Du point de vue « temporel », le caractère autonome des écoles de gestion est un des critères essentiels de l'accréditation tant attendue. Du côté de la constitution du champ scientifique, la mathématisation — élément essentiel sur lequel les écoles de gestion se sont construites — a renforcé l'autonomie du champ. La mathématique et la physique ont marqué la distinction entre professionnels et amateurs, ont « séparé les *insiders* et les *outsiders* » (Bourdieu 2001 : 97). La mathématisation accrédite également la démarche scientifique relevant de manière privilégiée de l'approche positiviste, établissant, comme le processus de certification, des règles générales et se présentant comme modèle scientifique. Les pouvoirs » intellectuels » et « temporels » se rejoignent et se renforcent ici mutuellement.

Il s'agit, pour les écoles de gestion, afin de recevoir l'accréditation, de manifester leur autonomie par rapport aux structures universitaires dans lesquelles elles s'inscrivent. Elles doivent cependant continuer à maintenir des critères universitaires de haut niveau : des publications dans les meilleures revues, une sélection et un encadrement pédagogique des étudiants, une réponse de qualité aux demandes du marché de l'emploi et un fonctionnement de type démocratique. Assumer cette contradiction n'est pas toujours simple. De plus, dédoubler les structures pour manifester son autonomie est coûteux.

La revendication à l'autonomie trouve dans l'internationalisation — si importante dans les écoles de gestion comme dans l'entreprise — « un recours contre les pouvoirs temporels nationaux, surtout dans les situations de faible autonomie » (Bourdieu 2001 : 150). La création de l'INSEAD et sa spécificité reposaient sur l'international.

> La valeur ajoutée des enseignants était... de 5%, le plus important se passait entre les élèves, à cause du brassage. Le facteur international était le secret de fabrication. Aujourd'hui... l'école a de grandes difficultés à se renouveler... ». Un des anciens directeurs de l'INSEAD explique que » pour faire des choses nouvelles, il faut créer une école nouvelle tous les trente ans. C'est plus facile que de changer des écoles existantes.
>
> (Laufer 2004 : 137)

Le « renouvellement » des écoles de gestion est difficile.

Au niveau méthodologique, également, le renouvellement est difficile. L'utilisation des cas à l'ENA semble mettre en évidence un certain « conformisme » dans la

Principes et typologie des discours universitaires

résolution des cas, les étudiants imaginent peu de solutions nouvelles, différentes, impliquant un minimum de « prise de risques ». De même, les jurys ne « favorisent ni l'originalité, ni la créativité » (Urgin 2004 : 203).

Les sciences de gestion, plus particulièrement dans les pays francophones en Europe, se trouvent ainsi confrontées, depuis plusieurs années, à une série d'enjeux non négligeables. Se conformer aux normes et dispositions internationales, obtenir la certification qualité représentent dès lors un signe de reconnaissance et une visibilité internationale. On assiste à un cercle vicieux : les exigences de certification, justifiées à certains égards, impliquent des coûts. Ceci accroît la nécessité de certification en vue d'attirer de nouveaux étudiants et d'obtenir plus de visibilité. Le processus entraîne une concurrence plus importante entre les établissements. Cependant, le processus favorisant la normalisation et l'uniformisation réduit les possibilités de se distinguer.

8. Conclusions

L'uniformisation des critères de publications et l'émergence d'autres formes de discours représentent des exemples « idéal-typiques » d'un phénomène plus global que l'on peut associer à la globalisation et à la marchandisation. Elles contribuent à la recherche de la « meilleure solution possible » qui apportera la meilleure rentabilité. Pour atteindre cet objectif, les recensements, les évaluations, les audits et les procédures de reconnaissance qualité, représentent des outils privilégiés. La question de la normalisation, celle des nouveaux discours dépendent d'un phénomène plus général de gestion des organisations auquel l'institution universitaire en tant qu'organisation ne peut échapper. Ce phénomène se met en place de manière diverses selon les disciplines. En effet, la hiérarchie des disciplines rend certaines d'entre elles plus favorables à ces pratiques.

D'un point de vue interne, plusieurs facteurs contribuent à expliquer la situation décrite précédemment. Les écoles de gestion sont traversées par différents modèles : le modèle des disciplines scientifiques et celui de l'action, le modèle » intellectuel » et le modèle « temporel » (Bourdieu 2001 : 70), le modèle du positivisme et celui des sciences sociales. Les écoles de gestion sont amenées à conjuguer ces différents modèles. Certaines disciplines, dont la gestion, entretiennent avec la pratique une relation plus étroite. Les sciences de l'ingénieur et le courant positiviste continuent à caractériser les écoles de gestion, ils expliquent le souhait de quantification, d'objectivation. Le courant « temporel » de son côté amène les scientifiques à participer à différentes activités en vue de « défendre » leur discipline, à représenter leur disciplines ou leur profession au sein d'associations diverses, d'institutions de recherches qui les amènent à collaborer avec des responsables politiques, administratifs.

Par ailleurs, les liens privilégiés des écoles de gestion avec l'international d'une part, avec le monde de l'entreprise d'autre part, contribuent à expliquer la compréhension que les écoles de gestion manifestent vis-à-vis des évaluations internes et externes d'une part, vis-à-vis des comparaisons internationales que l'on peut associer au fonctionnement du marché d'autre part. Ceci permet également d'expliquer l'importance accordée à l'uniformisation des critères de publication et à l'émergence de nouveaux discours.

L'analyse de cette situation ne peut ignorer l'analyse du champ scientifique, la question épistémologique et celle du positionnement des acteurs. Les enseignants-chercheurs sont ainsi confrontés à la nécessité de maîtriser de nouvelles compétences, ils doivent adopter des modes de communication et de négociation avec d'autres acteurs de l'institution : direction, administratifs, voire d'autres professionnels liés à l'émergence de nouveaux discours et à l'adoption de différentes procédures de reconnaissance et de fonctionnement.

À la suite de cette analyse, nous pouvons penser que le phénomène est irréversible et qu'il est probablement encore amené à s'intensifier, justifié par des facteurs internes et externes aux écoles de gestion. Au sein des institutions, ce sont les disciplines qui ne prennent pas comme modèle dominant celui de la normalisation, et qui gardent une distance prudente vis-à-vis de l'émergence de nouveaux discours, qui pourraient le mieux manifester des signes d'opposition et d'inquiétudes. Cependant, ce sont ces disciplines qui manquent le plus de moyens pour imposer leur point de vue et qui aujourd'hui, pour survivre, se tournent vers le « temporel » pour trouver des solutions à leurs problèmes.

C'est donc, selon nous, au sein de chaque discipline, par le jeu des acteurs disposant d'un pouvoir symbolique important mais aussi d'un capital social et économique non négligeable que des changements pourront être apportés afin de rendre à la dimension scientifique toute sa puissance. Cela passe peut-être par une réflexion sur la définition de la science, par le développement de l'esprit critique et par une approche qui dépasse le cadre des départements, des facultés et de des institutions.

Nous voudrions terminer par cet extrait de Castoriadis :

> « La crise de la critique n'est qu'une des manifestations de la crise générale et profonde de la société. Il y a ce pseudo-consensus généralisé, la critique et le métier d'intellectuel sont pris dans le système beaucoup plus qu'autrefois et d'une manière plus intense, tout est médiatisé, les réseaux de complicité sont presque tout-puissants. Les voix discordantes ou dissidentes ne sont pas étouffées par la censure ou par des éditeurs qui n'osent plus les publier, elles sont étouffées par la commercialisation générale. La subversion est prise dans le tout-venant de ce qui se fait, de ce qui se propage. Pour faire la publicité d'un livre, on dit aussitôt : « voici un livre qui révolutionne son domaine » — mais on dit aussi que les pâtes Panzani ont révolutionné la cuisine. Le mot « révolutionnaire » — comme les mots « création » ou « imagination » — est devenu un slogan publicitaire, c'est ce qu'on appelait il y a quelques années la récupération. La marginalité devient quelque chose de revendiqué et de central, la subversion est une curiosité intéressante qui complète l'harmonie du système. Il y a une capacité terrible de la société contemporaine à étouffer toute véritable divergence, soit en la taisant, soit en en faisant un phénomène parmi d'autres, commercialisé comme les autres. (1996 : 101-102)

Repères bibliographiques

BERRY M. (2004), « Le thésard et son " terrain " », *in* G. Garel & E. Godelier (coord.), *Enseigner le management méthodes, institutions, mondialisation,* Paris, Lavoisier, Hermès Sciences, 179-190.

BOURDIEU P. (1984), *Homo Academicus,* Paris, Minuit, « Le sens commun ».

—— (2001), *Science de la science et réflexivité,* Paris, Éditions Raisons d'Agir.

CASTORIADIS C. (1996), *La montée de l'insignifiance. Les carrefours du labyrinthe-4,* Paris, Seuil, « Points ».

DE GAULEJAC V. (2005), *La société malade de la gestion,* Paris, Seuil.

GAREL G. & E. GODELIER (coord.) (2004), *Enseigner le management méthodes, institutions, mondialisation,* Paris, Lavoisier, Hermès Sciences.

LAUFER R. (2004), « Mutation de la société et enseignement de la gestion », *in* G. Garel & E. Godelier (coord.), *Enseigner le management méthodes, institutions, mondialisation,* Paris, Lavoisier, Hermès Sciences, 127-137.

PEREZ R. (2004), « Le choc des paradigmes en sciences de gestion : bilan et perspectives pour les sciences de gestion et leur enseignement », *in* G. Garel & E. Godelier (coord.), *Enseigner le management méthodes, institutions, mondialisation,* Paris, Lavoisier, Hermès Sciences, 138-146.

RICŒUR P. (1986), *De texte à l'action. Essais d'herméneutique, II,* Paris, Seuil, Collection « Esprit ».

THEVENET M. (2004), « L'accréditation de l'ESSEC : soumission au modèle américain ou reconnaissance des spécificités ? », *in* G. Garel & E. Godelier (coord.), *Enseigner le management méthodes, institutions, mondialisation,* Paris, Lavoisier, Hermès Sciences, 215-225.

URGIN A. (2004), « Faire sans les Américains : l'enseignement de la gestion à l'ENA », *in* G. Garel & E. Godelier (coord.), *Enseigner le management méthodes, institutions, mondialisation,* Paris, Lavoisier, Hermès Sciences, 195-205.

La dimension interactionnelle du discours universitaire écrit

Carmen Stefania STOEAN
Académie d'Études Économiques de Bucarest, Roumanie

RÉSUMÉ

Basée sur des principes et concepts de l'interactionnisme socio-discursif et de la théorie de l'action, notre analyse du discours universitaire écrit (DUE) vise à démontrer sa dépendance par rapport au contexte de sa production, à décrire un aspect de sa dimension interactionnelle, la relation auteur/locuteur – lecteur/interlocuteur, et à prouver que le texte qu'il sous-tend présente une structure dialogale. Le domaine de référence du type discursif analysé est le domaine économique. Les résultats de cette analyse pourraient servir à un programme de formation des étudiants en économie.

MOTS-CLÉS
Contexte • discours • face • interaction • stratégie.

ABSTRACT

Based on the principles and concepts of sociodiscursive interactionism and of the theory of action, our examination of the written academic discourse (DUE) aims to demonstrate discourse dependence on its production context, to describe an aspect of its interactive dimension, i.e. the relationship between the author/speaker and the reader/interlocutor and to prove that the text it generates has the structure of a dialogue. The genre examined is economic discourse. The results of this analysis could be used in setting up a curriculum for the training of students in economics.

KEYWORDS
Context • discourse • face • interaction • strategy.

* *
*

1. Introduction

Sous-type du discours didactique, le DUE appartient, avec le discours scientifique et le discours de vulgarisation à la catégorie du discours théorique écrit. Ce dernier relève de la communication institutionnelle ou professionnelle et ses particularités de fonctionnement sont dues, en grande partie, aux exigences imposées par ce type de communication.

2. Hypothèses de travail

Nos hypothèses concernent les caractéristiques structurelles et fonctionnelles que l'activité communicative partage avec tout autre type d'activité mais aussi celles qui lui appartiennent en propre, sous la perspective socio-interactionniste.

2.1.

L'activité communicative représente une forme de *comportement verbal* intégrée « aux multiples formes d'activité mises en place par l'espèce humaine » (Bronckart 1996 : 7) et déterminée au point de vue *social* et *spatio-temporel*.

Comme toute activité humaine, elle « se manifeste dans les formations sociales comme des actions "sensées" ou "situées" qui peuvent être attribuées à des agents particuliers. » (Bronckart 1996 : 11) Matérialisée par des énonciations de signes, en rapport avec une situation de communication, donc avec des dimensions spatio-temporelle et sociale, l'activité communicative est censée modifier la situation antérieure à l'action d'énonciation se trouvant, par cela, en interdépendance avec des actions non-langagières qu'elle provoque et dont elle est le résultat. Sa *motivation* se trouve dans *le besoin* de communication des membres d'une collectivité sociale et elle vise à atteindre des *buts* tels : établir une relation interpersonnelle, partager un certain savoir, modifier un état des choses. Sa *stratégie d'accomplissement* s'appuie sur le principe de la coopération : l'activité communicative médiatise la coopération des individus lors d'une activité sociale mais aussi leur rapport avec le milieu environnant. Comme *interaction,* elle ne se réduit ni à la transmission d'information ni à la description/représentation du monde environnant : véritable *agir communicationnel* (Habermas, *in* Bronckart 1985), elle contribue à provoquer certaines (ré)actions de la part du/des destinataire(s) ou bien à influer sur l'état des choses du milieu environnant.

2.2.

Toute activité communicative est une interaction.

L'activité communicative est une activité commune des interactants : la présence du locuteur instaurant la présence (explicite ou implicite) de l'interlocuteur, le discours qui en résulte est le fruit d'un travail plus ou moins commun : même s'il n'est pas construit effectivement par les deux partenaires, l'interlocuteur l'inspire et, par son image ou par ses réactions, il le développe. D'un côté, cela résulte de ce que Hagège appelle une « aptitude obstinée » du sujet social « au dialogue avec son semblable, vocation à pratiquer l'échange » (1985), ce qui fait de lui un *être dialogal* et de l'espace qu'il occupe un *espace communicatif.* C'est pourquoi « une part importante du matériel produit au cours de l'interaction n'a d'autre fonction que relationnelle si bien que même lorsqu'ils sont incontestablement chargés de contenu informationnel, les énoncés possèdent en sus une valeur relationnelle : quête de consensus, désir d'avoir raison (ou raison de l'autre), souci de ménager la face d'autrui, ou de la lui faire perdre. » (Kerbrat-Orecchioni 1992 : 9, 13). Par le biais de l'échange verbal et à travers son discours donc, le locuteur poursuit l'établissement d'une certaine relation interpersonnelle avec l'interlocuteur-destinataire auquel il s'adresse et qui ne doit pas obligatoirement être présent lors de l'échange.

D'un autre côté, cette caractéristique relève du fait que «… la véritable substance de la langue » est « constituée par le phénomène social de l'interaction, réalisée à travers l'énonciation et les énonciations. L'interaction verbale constitue ainsi la réalité fondamentale de la langue. » (Bakhtine, *in* Bronckart 1996)

Cette hypothèse introduit dans l'analyse de l'activité communicative et de son produit, le discours, trois constituants importants de la théorie de l'action.

Lors d'une interaction, chaque partenaire se voit dans l'obligation d'adapter ses moyens d'accomplissement aux moyens de l'autre, c'est-à-dire considérer l'accomplissement d'une action de son partenaire comme faisant partie de sa propre stratégie. Chaque partenaire doit « inclure dans son projet des prévisions, des attentes concernant le comportement de son interlocuteur, dont il sait aussi que les actions s'orientent elles-mêmes selon les attentes relatives à son comportement à lui. » (Bange 1992 : 103). La coopération permet d'ajuster/réajuster le contenu des énonciations respectives des interlocuteurs en fonction des conditions concrètes de l'interaction dans l'intention de voir se réaliser leurs buts ultimes respectifs. C'est *le principe de la coopération*, appelé aussi *le principe général d'organisation des interactions* (Bange 1992 : 109).

Les conditions de bon déroulement d'une interaction sont assurées par un *mécanisme de réciprocité*, manifestée comme (Bange 1992 : 115-116) :

- réciprocité des perspectives ou la capacité de chaque interlocuteur de se représenter les choses de la même manière que son partenaire, de se mettre à la place de ce dernier afin d'avoir la même perspective sur la situation et sur les moyens à employer pour atteindre les buts. Il s'ensuit qu'un individu n'agit/ne réagit pas « en fonction de la situation objective à laquelle il est confronté mais à partir de la représentation qu'il se fait de cette situation » (Vion 1998 : 47), suivant donc sa subjectivité ou mieux son intersubjectivité.
- réciprocité des motivations désignant l'acceptation de la part d'un interlocuteur de subordonner son action à la réalisation du but de son partenaire parce que cette réalisation le rapproche de la réalisation de son propre but.
- réciprocité des images des interlocuteurs : l'image que A attribue à B correspond aux images que B se fait de lui-même dans la situation donnée et qui le déterminent à accepter le rôle attribué par A.

Dans « la sélection des mots, la sélection des thèmes, l'admissibilité et l'ordre des séquences, les options et obligations pour ouvrir et clore les conversations » (Bange 1998 : 38) agit *le principe de l'orientation du discours en fonction du récepteur* qui continue, en fait, le principe de la coopération au niveau des manifestations textuelles des stratégies d'accomplissement mises à l'œuvre par chaque interactant. La perspective interactionnelle sur les faits de discours imposant l'interprétation du discours comme un coproduit des divers interactants, « qui en assument conjointement le pilotage », le récepteur, loin d'être une instance purement passive, « participe indirectement... à la construction du discours de l'émetteur... infléchit sensiblement les opérations d'encodage et... le *tu* exerce un contrôle permanent sur la parole du *je*. » (Kerbrat-Orecchioni 1988 :189)

2.3.

Le discours est contextuellement déterminé.

Le discours est étroitement lié aux caractéristiques de la formation socio-discursive qui l'a produit et dont il véhicule les signifiés car « chaque sphère d'utilisation de la langue élabore ses formes relativement stables d'énoncés... » (Bakhtine, *in* Bronckart 1996 : 7)

Chaque formation socio-discursive développe, en fonction de ses propres objectifs et intérêts mais en fonction aussi du domaine de référence de ses activités non-langagières, un/plusieurs types d'activités communicatives dont la matérialisation est le texte : « toute unité de production verbale véhiculant un message linguistiquement organisé et tendant à produire sur son destinataire un effet de cohérence ». (Bronckart 1996 : 137). En même temps que le texte, le locuteur doit choisir le type de discours le plus adéquat au contenu thématique à développer, à la situation de communication dans laquelle il se trouve, au but poursuivi mais aussi à l'interlocuteur. Produit d'une interaction sociale, le discours est validé dans le monde réel et évalué par rapport aux paramètres contextuels de sa production. D'où la nécessité de prendre en considération dans son analyse le *contexte*, les *interactants* et les *buts* de l'activité communicative qui le produit.

3. Le discours universitaire écrit

3.1. Définition et description

Le DUE est le produit d'une interaction en différé : les moments de production et de réception ne coïncident pas, une distance spatio-temporelle significative, parfois, séparent les interactants.

Le DUE est un *discours expositif* dont le but est « l'apport de connaissances et la transmission de savoirs. » (Besson 1993 : 43). Il instaure *un monde discursif* dont les événements sont accessibles dans le monde ordinaire des protagonistes de l'interaction langagière. Le rapport établi entre le monde discursif et les paramètres de l'action langagière place le DUE au *monde de l'Exposer impliqué* (Bronckart 1996 : 157). On y retrouve des discours dont le texte comprend des marques des paramètres de l'action langagière : auteur, lecteur, détermination spatio-temporelle. Le DUE représente un type de discours monologal à structure séquentielle *mixte, interactive-théorique* ou *narrative-théorique*, ce qui a des conséquences sur *la prise en charge énonciative du discours* ou sur *son organisation temporelle*.

3.2. Caractéristiques du DUE

Tout discours didactique est un *préconstruit* dans le sens que son auteur élabore, rédige ou du moins établit le plan de déroulement de son discours en fonction *des objectifs à réaliser, du contenu à transmettre, des buts à atteindre, des particularités de ses interlocuteurs.* (Cicurel 1996 : 98) L'auteur du DUE *ne connaît pas* effectivement *ces derniers* mais, averti sur leur niveau de connaissances et sur l'intérêt porté au thème choisi, il peut en construire l'image socioprofessionnelle et mettre au point la stratégie censée l'aider à atteindre ses buts.

De son côté, le lecteur essaiera de s'approprier cette image, d'assumer le statut d'interlocuteur-destinataire, d'entrer en dialogue avec l'auteur — par le texte — pour s'approprier les savoirs transmis et se former sa propre représentation de l'auteur. De cette façon, l'interaction moyennant le DUE *continue* après la rédaction du texte et la publication de l'ouvrage.

Le DUE est *le résultat* de plusieurs *intentions communicatives* car son auteur ne veut pas seulement *informer* — transmettre au lecteur des savoirs et *clarifier* un problème en l'aidant à découvrir des relations, à comprendre un événement mais aussi *activer* — faire agir le lecteur dans une direction plus ou moins précise et *créer un contact* — ouvrir et/ou maintenir ouvert un espace d'interaction avec celui-ci. (Schmidt, *in* Bronckart 1985 : 34)

Pour y arriver, l'auteur *conçoit* et *organise son discours avant* la rédaction effective du texte. Le choix du thème, la documentation et l'organisation du matériel recueilli lui permettent de se former ses propres points de vue sur le problème et d'adopter une certaine attitude par rapport aux savoirs transmis. De ce point de vue, le discours suit un déroulement linéaire qui ne sera interrompu ni par l'auteur ni par le lecteur. Mais, du point de vue de l'appropriation des savoirs, le DUE est une simulation : l'auteur simule la construction de son propre discours pour permettre au lecteur de parcourir le même *chemin de la découverte* que lui. C'est en fait une reconstruction qui témoigne de la préoccupation de l'auteur pour l'accomplissement des tâches assignées par le contrat didactique : il accompagne et surveille effectivement le lecteur dans l'appropriation du savoir.

Un DUE réussi doit être *la preuve du niveau de performance communicative* de son auteur c'est-à-dire de sa *performance textuelle,* la capacité de construire un texte correct et adéquat au discours, qui résulte de la manière dont l'auteur assume et, respectivement, attribue les places textuelles et énonciatives et de sa *performance discursive* résultant d'un côté de la manière dont l'auteur assume le statut institutionnel qui lui est attribué avec les places et les rôles qui en découlent et, d'un autre côté, de l'application d'une stratégie discursive de préservation des faces appropriée.

4. Fonctionnement du DUE

Le DUE est le produit d'une interaction sociale *institutionnalisée* dont les paramètres, antérieurs à toute forme d'interaction et appuyés sur un fondement objectif, lui assurent la spécificité : le *cadre social* de son déroulement, *les positions sociales* respectives de l'auteur-locuteur et du lecteur-interlocuteur. *Son fonctionnement* est réglé par un ensemble de *mécanismes* régissant sa production :

Principes et typologie des discours universitaires

4.1. Le projet de parole

Le choix du contenu thématique à transmettre et les buts poursuivis par cette transmission concernent **le projet de parole**. Dès l'initiation de son projet, l'auteur du DUE doit se représenter le plus clairement possible *les caractéristiques* de son destinataire dont dépendent l'élaboration et la mise en place du projet et le succès de son activité langagière. C'est en fonction de ces caractéristiques que l'auteur va choisir le genre de texte et le type de discours les plus adéquats aux destinataires mais aussi au contenu thématique, à la situation de communication, au but poursuivi. L'auteur-locuteur met à l'œuvre en fait le principe de l'orientation du discours en fonction du récepteur ce qui nous permet d'affirmer que tout discours a un destinataire déterminé, identifiable grâce à ses caractéristiques et dont la participation directe ou implicite à l'interaction verbale se voit repérée par le biais des marques constitutives du texte et du discours.

4.2. La relation institutionnelle

Le cadre interactif du DUE et le projet de parole favorisent **une relation institutionnelle** du type *expert/non-expert*. L'auteur-locuteur est le possesseur d'un savoir que, à sa connaissance, l'interlocuteur ignore. L'interlocuteur *non-expert,* étudiant en cours de formation dont le savoir dans le domaine considéré est nul ou, en tout cas, de beaucoup inférieur à celui de l'auteur, a non seulement besoin de transmission d'informations mais aussi d'explication et de formation dans le domaine.

4.3. Le contrat de parole

Ce savoir lui sera transmis conformément au **contrat de parole (didactique)** qu'il doit accepter. Ce contrat surdétermine le projet de parole et comprend un ensemble de règles mutuellement reconnues par les interactants et les sanctions encourues s'ils ne les transgressent pas (Maingueneau 1998 : 55). Le contrat didactique reconnaît et pose en principe l'existence d'un interlocuteur dans la communication écrite car il établit les responsabilités de chaque interactant : l'auteur est censé dispenser son savoir à l'intention du lecteur obligé de se l'approprier, sous peine de sanctions administratives et sociales, en vue d'une future réutilisation mais aussi en vue du changement de son statut professionnel. La transmission du savoir est rendue plus facile grâce à la motivation des lecteurs et aux buts poursuivis qui permettent la mise en place d'une action commune, coopérative qui assure cette transmission.

4.4. Le rapport de places

Au niveau de la relation sociale, **le rapport de places** fondamental est un rapport *dominant d'expert/non-expert*. Dès que le locuteur se manifeste comme *expert,* il attribue à son interlocuteur la place corrélative de *non-expert*. Les deux interactants se trouvent dans *un rapport de supérieur-inférieur* car, par le savoir détenu et qu'il doit dispenser, l'auteur-locuteur occupe *une position haute* tandis que le lecteur-interlocuteur, dépourvu de ce savoir, occupe *une position basse*. À ce *rapport institutionnel*, s'ajoutent des rapports de places subordonnés, issus des situations de communication particulières.

4.4.1. Des places modulaires

Aux places institutionnelles d'expert/non-expert s'ajoutent ***des places modulaires*** qui définissent une situation ponctuelle. L'auteur du DUE dispense son savoir en vertu d'une *responsabilité institutionnelle* et investit son lecteur de *la responsabilité institutionnelle d'assumer* et *d'intégrer* le savoir transmis, le refus d'accepter cette place pouvant entraîner des sanctions. Dans ce cas, *le rapport supérieur-inférieur est institutionnalisé en faveur de l'auteur*.

4.4.2. Des places subjectives

À travers son discours, l'auteur-locuteur se crée une image de soi-même, image qu'il offre à son lecteur-interlocuteur et qu'il veut imposer : celle de *l'autorité institutionnelle* chargée de transmettre un certain savoir qu'elle seule possède. Corrélativement, il contribue à la création de l'image de son lecteur, l'image *du bénéficiaire* dépourvu de ce savoir mais contraint par son rôle institutionnel à le recevoir. Ce sont ***les places subjectives*** que les deux interactants occupent respectivement.

4.4.3. Des places textuelles

Un autre type de places complémentaires est représenté par ***les places textuelles***. Lors de la production de son discours, l'auteur a recours à différents modes de présentation du savoir. Il peut essayer de convaincre en argumentant, en exposant et en expliquant des faits, en démontrant par des témoignages et des exemples. Au moment où il adopte l'une de ces démarches, il adopte un rôle textuel et attribue à son lecteur un rôle correspondant. Suivant le degré de compétence attribuée au lecteur et le degré d'abstraction auquel se situe le savoir à transmettre, la structure du texte va connaître des différences de fréquence au niveau des séquences discursives susceptibles d'y figurer ou bien des choix exclusifs de certaines séquences au détriment des autres.

4.4.4. Des places énonciatives

Au niveau énonciatif, l'auteur-locuteur peut occuper plusieurs ***places énonciatives*** suivant son degré d'implication par rapport à son dire, le type de relation établie avec son partenaire et le degré de dynamisme qu'il veut imprimer à son discours. Trois sont les attitudes les plus fréquentes de l'auteur par rapport au savoir transmis : *il prend une certaine distance par rapport à ce savoir, il donne l'impression de ne pas prendre en charge ce savoir jusqu'à l'effacement total ou bien il fait entendre plusieurs énonciateurs qui partagent ou non son attitude envers le contenu du discours*. (Vion 1999 : 109). La place attribuée au lecteur est celle du *bénéficiaire* censé accepter le savoir transmis et se laisser convaincre par l'attitude de l'auteur.

5. La dimension interactionnelle du DUE

Manifestée à plusieurs niveaux, cette dimension de l'organisation du discours concerne le réseau des interactions établies par l'auteur-locuteur *dans* et *par* le discours.

Le premier niveau concerne les interactions avec *le domaine de référence* du thème choisi et avec *la formation socioprofessionnelle* dont l'auteur fait partie.

Principes et typologie des discours universitaires

Le choix du thème et la position de l'auteur par rapport à ce thème lui font assumer et doivent justifier le rôle d'expert. Dans le même temps, l'intérêt des spécialistes pour le thème, le degré d'appréciation de la position de l'auteur et la mesure dans laquelle le discours satisfait à leur horizon d'attente validant son rôle d'expert et en assurent la reconnaissance.

La manière dont l'auteur se rapporte aux autres discours (qu'il peut insérer dans le sien propre) et à ses propres discours antérieurs sur le même thème ainsi que la manière dont il exprime son attitude envers ces différents discours constitue le deuxième niveau interactionnel, *de l'intertextualité*.

L'enchaînement des séquences discursives et leur nature font comprendre non seulement les buts à atteindre de l'auteur mais aussi l'image qu'il a de son lecteur. En même temps, l'imbrication des dimensions de l'organisation du discours les unes avec les autres et leur influence réciproque peuvent valider leurs existences respectives. Ainsi, par exemple, l'organisation hiérarchique du DUE témoigne de la structure dialogale du discours, constituant par cela un argument important pour la prise en considération de l'interlocuteur dans l'organisation du discours. C'est le troisième niveau, *des interactions avec les autres dimensions d'organisation du discours*.

Au dernier niveau, *des interactions avec l'interlocuteur*, se manifestent la relation institutionnelle expert/non-expert (le rapport au savoir, la distance auteur-locuteur déterminée par ce rapport et les stratégies de préservation des faces), les opérations d'exécution des tâches qui reviennent à l'auteur par le projet de parole et par le contrat didactique et les statuts, rôles et places de chaque interactant.

6. L'analyse du corpus

Le corpus est constitué d'extraits de Y. Crozet, *Analyse économique de l'Etat*, publié dans la collection « Cursus » chez Armand Colin (Paris, 1997). C'est un DUE destiné aux étudiants en économie.

6.1. La relation auteur-lecteur dans le DUE

Dans la communication didactique, il est presque impossible que les interactants gardent leurs faces ou du moins en évitent la dégradation. Par le contrat didactique, ils sont d'accord sur la nécessité d'ignorer le caractère menaçant de tout acte de discours et le soin de garder leurs propres faces et celles de l'interlocuteur. Ils sont donc d'accord de ne pas prendre en considération les stratégies de politesse de préservation des faces. Mais, vu que la relation enseignant-apprenant situe dès le début les interactants sur des positions hiérarchiques différentes, l'apprenant s'engage dans l'interaction avec un handicap qui va marquer son activité communicative tout entière. Or, c'est contre ce handicap que l'auteur du DUE doit lutter pour atteindre ses propres buts tout en aidant son interlocuteur à atteindre ses buts à lui.

Pour y arriver, ses démarches stratégiques visent à transformer sa relation avec l'interlocuteur mais aussi leurs relations respectives au savoir, du type *distance-autorité-conflit*, dans une relation du type *familiarité-égalité-consensus*. A cet effet, il essaiera de :

a) valoriser la face négative du lecteur-interlocuteur ;

Principes et typologie des discours universitaires

b) dévaloriser la face négative de l'auteur-locuteur ;
c) ménager les faces respectives des interactants.

6.2. Valoriser la face négative du lecteur

Pour réduire la distance qui le sépare de son lecteur par rapport au savoir concerné, l'auteur emploie fréquemment :

a. **le pronom *nous*** désignant le je-locuteur et le tu-destinataire, coparticipants à l'élaboration du discours. L'auteur induit l'idée que le discours n'est pas construit à l'avance, qu'il se construit lors de l'interaction grâce à son lecteur aussi. Les interactants agissent en leur qualité de coproducteurs du discours. Cet emploi laisse entendre que l'auteur occupe, par rapport au savoir à transmettre, la même position basse que son lecteur afin de lui faire parcourir le même chemin de compréhension et d'appropriation du savoir.

[1] C'est ce premier volet économique de l'État que *nous étudierons…* en présentant à la fois l'étendue du champ de la production publique et sa justification théorique. (p. 6)

[2] C'est pourquoi *nous verrons* dans une deuxième partie comment ont été résolues les questions du financement de l'activité publique… *Nous entrerons* ainsi dans le domaine spécifique et si riche de l'économie publique appliquée. (p. 6)

b. ***les formes d'adresse directe*,** propres à la communication en face-à-face, marques de la coopération, du progrès du lecteur dans l'acquisition du savoir. En même temps, l'emploi de ces formes déplace l'espace-temps du discours dans les coordonnées spatio-temporelles du lecteur.

[3] *Voilà* pourquoi l'intervention de l'État sous forme de… (p. 28)

[4] *Préférez- vous* recevoir 1000 F. *efforcez-vous* d'y répondre si *vous souhaitez* comprendre la notion d'actualisation. *Vous préférez* recevoir 1000 F… *vous considérez* qu'à long terme nous serons tous morts… *vous ne calculez pas, vous vivez* l'instant présent… *vous avez* une préférence pour le futur nul, *vous privilégiez* le présent ; *vous avez* quelques notions d'économie… (p. 94)

c. ***l'impératif de la première personne du pluriel*** dont le rôle est d'inviter à la coopération :

[5] … *insistons* bien sur le fait que…*Imaginons* qu'une nouvelle route ou une nouvelle sortie… (p. 37)

ou bien d'atténuer les directives formulées :

[6] *Gardons-nous* toutefois de réduire le rôle des administrations privées à l'organisation de la solidarité d'urgence… (p. 22)

[7] *Notons* également que les réactions des agriculteurs sont… (p. 30)

La première personne du pluriel fonctionne comme adoucisseur parce qu'en l'employant, l'auteur s'engage à participer avec son lecteur à l'accomplissement du procès dénoté, ce qui diminue le caractère offensant des actes mais menace en même temps la face négative du locuteur.

Principes et typologie des discours universitaires

d. **le pronom** *on* avec le même rôle que l'impératif :

[8]   Puis, comme *nous l'avons fait* depuis le début de ce chapitre, *on peut* raisonner en termes d'organisation… Enfin, comme le veut la forme la plus récente d'évaluation, *on va s'intéresser* aux politiques publiques. (p. 117)

5.3. Dévaloriser la face négative de l'auteur

Le je-locuteur s'efforce de diminuer son autorité professionnelle et institutionnelle en s'effaçant derrière :

a. **le *nous de l'auteur*** laisse entendre que le savoir transmis ne lui appartient pas, qu'il appartient à la collectivité professionnelle et que lui, auteur, ne fait que le transmettre en observant une démarche commune et peut-être préétablie.

On remarque dans l'emploi du pronom *nous*, l'alternance fréquente entre *nous de l'auteur* et *nous collectif,* dont la fonction est de circonscrire les tâches qui reviennent à chacun. Le premier indique que l'auteur est l'énonciateur du problème et de la démonstration tandis que le second désigne la solidarité et la coopération auteur-lecteur dans la réflexion sur le problème soulevé ainsi que dans l'effort d'y trouver une solution. Parfois, il est assez difficile de distinguer entre les deux *nous*. Dans le cas qui nous intéresse, nous avons pu établir que cette différence peut se faire à l'aide des verbes :

[9]   … Comme *nous l'avons vu,* les réponses… Il existe en effet de nombreux biens…à propos desquels se posent des questions de tarification… C'est ce que *nous verrons* dans un premier temps… Les effets de la pollution *que nous traiterons* ensuite, *nous* serviront d'exemple pour répondre à cette question. (p. 87)

Les verbes qui dénotent différentes étapes de l'analyse sélectionnent le *nous de l'auteur* :

[10]   …*Nous allons donc élargir notre champ* d'analyse en nous efforçant d'expliquer les différences… *Nous illustrerons* d'abord les tendances… (p. 45)

[11]   *Nous présenterons* cette double logique, mais avant cela… (p. 14)

[12]   … Dans une troisième partie *nous expliciterons* le sens de ces deux notions… (p. 6)

Les verbes dénotant des activités à l'intérieur de l'exposé ou les verbes de découverte sélectionnent le *nous collectif* :

[13]   C'est ce dernier aspect que *nous devons approfondir* maintenant. *Nous ne pouvons plus* nous contenter du constat de l'existence de l'administration, *nous devons chercher* pourquoi certains biens ne relèvent pas du modèle marchand. (p. 26)

[14]   *Nous avons vu* que les frontières entre les divers secteurs sont difficiles à déterminer et que, de plus…Tout cela vient du fait que les catégories que *nous avons fixées* ne sont pas réelles… (p. 24)

Principes et typologie des discours universitaires

b. **l'indéfini *on*** par lequel on diminue l'autorité professionnelle de l'auteur :

[15]   *On ne se prononcera pas* sur l'exactitude de cette affirmation, mais *on doit constater* qu'il conduit aujourd'hui à certaines impasses (p. 84)

Dans ces cas, l'auteur arrive à une conclusion ou propose des solutions que par modestie, il ne veut pas assumer. Le *on* désigne alors la communauté scientifique, le lecteur, avec lesquels l'auteur partage son savoir.

c. **l'emploi de sujet non-animés et de tournures passives**

[16]   Tout d'abord, *le chapitre 1 développera* une approche positive grâce à laquelle *sera décrit* l'ensemble varié que constitue l'archipel des administrations. *Il délimitera* donc les contours de notre objet d'étude. *Le chapitre 2 développera* ensuite une approche beaucoup plus normative où *seront présentées* les justifications que l'analyse économique a données de l'intervention publique... (p. 7)

L'auteur ne prend pas en charge l'organisation de la matière comme si elle est imposée de l'extérieur par une autorité dont l'auteur n'est que le porte-parole qui pourrait ne pas assumer les propos rapportés.

5.4. *Ménager les faces des interactants*

S'il ne parvient pas toujours à valoriser la face du lecteur, l'auteur a le devoir de la lui ménager et, en même temps, de ménager sa propre face. À cet effet, il emploie :

a. **l'indéfini *on*** pour atténuer différentes formes de directives qui menacent les faces négatives respectives de l'auteur et du lecteur.

[17]   *On notera* en effet la faible valeur ajoutée apportée par les salariés... (p. 12)
[18]   *On ne doit pas oublier* que la protection sociale est issue des... (p. 21)
[19]   *On se gardera de donner* à cet enchaînement une quelconque interprétation historique. (p. 24)
[20]   On se souviendra d'ailleurs... (p. 72)

Là encore, le sémantisme du verbe et la forme verbale sont importantes pour comprendre l'effet de sens de la structure : l'indicatif présent et l'indicatif futur expriment des injonctions fortes mais atténuées par leur indirection et par l'emploi de *on*. L'emploi des verbes modaux a le même effet atténuatif :

[21]   ...Mais *on peut se demander* s'il n'est pas aussi intéressant de considérer que les économies sont en fait dotées d'une régulation duale, que *l'on ne peut comprendre* qu'en associant les mécanismes de marché... (p. 24)
[22]   Enfin, pour terminer sur cette question de l'actualisation, *on ne doit pas oublier* que la formule... (p. 107)

b. ***les tournures impersonnelles*** ayant le même effet d'atténuation :

[23]   *Il est plus juste de considérer* que les biens et les services sont tout aussi nécessaires, et que ces derniers occupent effectivement une place croissante dans le PIB (p. 11)

[24] *Il n'est pas inutile* de s'interroger sur l'exactitude de la frontière délimitant les secteurs privé et public marchands. (p. 13)
[25] *Ce serait regrettable* dans la mesure où l'absence de discontinuité nette... (p. 24)

C'est la combinaison entre l'impersonnel et la forme verbale — le conditionnel ou le passif — qui crée un effet de sens d'atténuation et contribue à ménager les faces.

À ces formes, il faut ajouter les types de séquences discursives destinées à assurer les meilleures conditions de compréhension/acquisition du savoir. *La fréquence* d'un certain type séquentiel témoigne de l'image que l'auteur a de son lecteur. *Le type séquentiel* contribue à l'effet de sens des formes employées : dans une séquence descriptive qui n'implique pas l'auteur, le pronom *on* acquiert une valeur de généralité. L'auteur peut osciller entre l'emploi de *on, vous, il* suivant le degré de prise en charge du savoir.

Notre analyse a retenu 150 extraits dans lesquels nous avons inventorié 77 occurrences du *nous collectif*, 26 occurrences du pronom *on*, 20 occurrences de *l'impératif*, 9 occurrences de *l'impersonnel*, 8 occurrences des *formes d'adresse directe* et 5 occurrences de *questions*. Le nombre d'occurrences du *nous collectif* justifie notre hypothèse concernant la prise en considération du lecteur dans la rédaction du DUE et la présence des marques linguistiques qui témoignent de cette présence.

5. Conclusions

Au terme de notre analyse, nous pouvons conclure que les formes de manifestation de la dimension interactionnelle du DUE au point de vue de la présence du lecteur à travers le texte et le discours dépendent :

a) du domaine de référence choisi. Des domaines tels que la comptabilité, l'informatique, certaines techniques de marketing ne se prêtent que difficilement à une approche interactionniste. Cela ne veut pas dire que la dimension interactionnelle serait absente des autres DUE consultés mais la fréquence des marques est plus réduite ;
b) du modèle communicationnel de l'auteur. Pour Bakhtine et Vygotski, « l'homme est modelé par les différentes interactions auxquelles il participe, par les modèles qui sont présentés, par les pratiques et les discours... des divers groupes sociaux qu'il intègre ou côtoie. » (in Arddity & Vasseur 1999 : 6). De cette façon, il acquiert un *savoir communicationnel* valorisé ultérieurement. Il est évident que l'auteur du DUE analysé est un habituel des amphithéâtres et qu'il a l'exercice du discours oral.

L'approche interactionniste du DUE a une portée didactique qui mérite attention. Acquérir une compétence communicative écrite signifie non seulement savoir produire un texte mais aussi savoir comprendre, c'est-à-dire défaire et refaire un texte, se poser donc en coproducteur. Avant de *savoir* comment faire il faut *comprendre* comment faire.

Repères bibliographiques

ARDDITY J. & M. VASSEUR (1999), « Interaction et langue étrangère : présentation », *Langages* 134, 3-19
BANGE P. (1992), *Analyse conversationnelle et théorie de l'action*, Paris, Hachette-Didier.
BAYLON Ch. & MIGNOT X. (1994), *La communication*, Paris, Nathan.
BESSON M.-J. (1993), « Les valeurs du présent dans le discours expositif », *Langue Française* 97, 43-59.
BOURGUIGNON Cl. (1998), *La communication professionnelle. Contrainte et liberté*, Paris, L'Harmattan.
BRONCKART J. P. et al. (1985), *Le fonctionnement des discours. Un modèle psychologique et une méthode d'analyse*, Neuchâtel-Paris, Delachaux-Niestlé.
—— (1996), *Activité langagière, textes et discours. Pour un interactionisme sociodiscursif*, Lausanne, Paris, Delachaux-Niestlé.
CHARAUDEAU P. (1983), *Langage et discours : Éléments de sémiolinguistique (Théorie et pratique)*, Paris, Hachette.
CICUREL F. (1996), « La dynamique discursive des interactions en classe de langue », *Le Français dans le Monde,* 67-72.
CROZET Y. (1997), *Analyse économique de l'État,* Paris, Armand Colin, « Cursus », série Économie.
HAGÈGE Cl. (1985), *L'homme de parole,* Paris, Fayard.
KERBRAT-ORECCHIONI C. (1992), *Les interactions verbales, tome II,* Paris, Armand Colin.
—— (1988), « La notion de place interactionnelle ou les taxèmes 'qu'est-ce que c'est que ça ?' », in J. Cosnier, N. Gelas & C. Kerbrat-Orecchioni (éd.), *Échanges sur la conversation,* Paris, Éditions du Centre National de Recherche Scientifique, 186-199.
MAINGUENEAU D. (1998), *Analyser les textes de communication,* Paris, Dunod.
VION R. (1992), *La communication verbale. Analyse des interactions*, Paris, Hachette.
—— (éd.) (1998), *Les sujets et leurs discours. Énonciation et interaction*, Presses Universitaires de Provence.
—— (1999), « Pour une approche relationnelle des interactions verbales et des discours », *Langage et Société* 87, 91-114.

Résumés des articles scientifiques : conventions disciplinaires, langagières ou pragmatiques ?

Eija SUOMELA-SALMI
Département d'études françaises
Université de Turku

RÉSUMÉ

Cet article traite d'une étude comparative menée entre des articles scientifiques rédigés par des chercheurs français et finlandais, émanant de deux domaines disciplinaires différents : histoire et linguistique. Le corpus est constitué de 30 résumés par domaine et par langue (T = 120 résumés). Nous visons à répondre à la question du positionnement des résumés des articles de notre corpus par rapport aux conventions génériques anglophones (cf. Van Bonn & Swales (2007). Pour terminer, nous aborderons quelques facteurs pragmatico-discursifs pouvant influencer la mise en scène des résumés des articles scientifiques.

MOTS-CLÉS
Résumé scientifique • conventions génériques • positionnement

ABSTRACT

The aim of this article is to compare abstracts of research articles from two disciplines (linguistics and history) written by Finnish and French scholars. The corpus consists of 30 abstracts per field and per language, in all 120 abstracts. The generic conventions of English abstracts outlined by Van Bonn & Swales (2007) are discussed in relation to French and Finnish conventions taking into account both disciplinary and linguistic variation. To conclude, certain pragmatic factors having possibly an influence on the generic conventions of abstracts are briefly discussed.

KEYWORDS
Research abstract • generic conventions • positioning.

* *
 *

1. Introduction

Les résumés des articles scientifiques sont un genre de discours scientifique déjà largement étudié, notamment en anglais (voir entre autres Bondi 2004, Hyland 2000, Hyland & Tse 2005, Pho 2008, Stotesbury 2003), et en espagnol (Martin-Martin & Burges 2004, Montesi & Urdician 2005, Lores-Sanz 2004 et à paraître). Les études portant sur d'autres langues sont également disponibles (Melander & al. 1997, Yakhontova 2002, Dahl 2004). Pourtant, comme le constatent Van Bonn et Swales (2007), la recherche contemporaine en France portant sur le discours scientifique français en général[1] et surtout la recherche dans une perspective comparative, est relativement éparse et sporadique à l'exception du projet norvégien KIAP (Fløttum *et al.* 2006, 2007, Fløttum 2007, Fløttum et Rastier 2003 et la thèse de E. Vold de 2008). De plus, Swales et Van Bonn (2007 : 263) s'étonnent du fait qu'il y ait une prolifération d'études contrastives portant sur des résumés en espagnol mais un manque quasi-total sur les résumés rédigés en français. Le but de cet article est de combler cette lacune, de manière très modeste, certes, en étudiant la variation de certaines conventions rhétoriques des résumés de textes scientifiques rédigés par les linguistes et historiens français et finlandais. Notre article examine dans quelle mesure nos résultats sont concomitants ou non avec ceux de van Bonn et Swales 2007, ayant comparé les résumés des articles en linguistique appliquée, rédigés en anglais et en français.

L'importance des résumés semble aller en croissant ; le flux d'information scientifique ne faisant qu'accroître. Comme l'a constaté Ventola déjà en 1994, les résumés sont devenus un outil efficace pour gérer la masse d'information disponible. On pourrait qualifier le résumé de sous-genre de l'article scientifique, un sous-genre qui ne semble pas être entièrement conventionnalisé dans diverses communautés discursives comme le montrent entre autres Bittencourt dos Santos (1996) et plus récemment Lorés-Sanchez (à paraître). Que ce sous-genre soit encore un genre émergent se voit par exemple dans le fait qu'un certain nombre de journaux scientifiques n'en exigent toujours pas ou bien qu'ils l'exigent mais ne l'appellent pas résumé.

Que les résumés soient également un sous-genre dynamique, en pleine évolution a été démontré par exemple par Ayers (2008) dont l'étude porte sur les résumés des articles scientifiques publiés dans le revue *Nature* entre 1991-2005. Il dégage les résultats suivants : dans un premier temps, les résumés ne suivent pas les modèles prescriptifs des résumés[2], dans un deuxième temps, seulement 18 % des résumés suivent le modèle traditionnel IMRD/C à partir de 1996, et troisièmement, avec l'arrivée de la version électronique de la revue *Nature* en 1997, la section *Méthodes* a été éliminée et la section *Résultats* se confond avec la *Discussion*. En outre, plus d'importance est accordée à l'impact de la recherche sur le domaine scientifique en question, une prise en considération accrue d'un auditoire « normal », avec l'inclusion des définitions et des commentaires dans les résumés, ce qui, selon Ayers, montrerait la démocratisation de la

---

[1] Voir pourtant Grossmann et Rinck (2004), Boch & al. (2007) et les deux thèses non publiées de Fanny Rick et Cécile Poudat de 2006.

[2] Selon les recommandations ANSI (1979), *American National Standards for Abstracting*, un résumé ne devrait pas faire référence à son auteur ni inclure des références sauf dans les cas où l'argumentation du résumé est basée sur la référence en question (Stotesbury 2003).

communauté scientifique. Rien d'étonnant à tout cela. La plupart des chercheurs aujourd'hui (voir entre autres Paltridge 1997, Adam 1999, Bhatia 2005, Halmari & Virtanen 2005) mettent l'accent sur le fait que les genres discursifs ne sont pas des entités statiques mais des phénomènes qui évoluent en fonction des besoins de la communauté discursive et des contextes socio-historiques dont ils font partie intégrante. Mais qui dit évolution, dit changement. Ce changement peut être motivé soit par des facteurs internes ou externes au genre lui-même. En ce qui concerne les motivations internes, on peut constater que dès qu'un genre est devenu entièrement conventionnalisé, il se fige en stéréotype et commence à dégénérer si les besoins de la communauté discursive ne le soutiennent plus. Cela paraît être le cas avec les résumés de la revue *Nature*. Quant aux facteurs externes, c'est le progrès de la nouvelle technologie mais également les exigences sociétales et financières, adressées à la recherche scientifique en tant qu'institution, qui ont provoqué le changement.

2. Corpus

Notre étude se base sur 120 résumés dans le domaine de la linguistique et de l'histoire. Les résumés des articles linguistiques (30 en français et 30 en finnois) ont été collectés entre 2004 et 2007, les résumés des articles des historiens (30 en français et 30 en finnois) entre 2000 et 2006.

Il faut tout de suite noter deux caractéristiques du corpus finnois. En ce qui concerne la linguistique, les résumés publiés dans les publications étudiées sont toujours en anglais indépendamment de la langue dans laquelle l'article a été lui-même rédigé. En fait, la pratique des résumés dans les revues scientifiques finlandais est relativement récente. Par exemple dans la revue *Virittäjä* la pratique des résumés ne se généralise qu'avec l'arrivée de la version électronique de la revue en 1999, et en 2000 pour le *SKY Journal of Linguistics*. Pour ce qui est des revues en histoire, la pratique des résumés ne s'est pas encore bien établie. Soit les articles de recherche contiennent un résumé qui n'est pas appelé résumé (*Historiallinen aikakausikirja*) soit la section dont la fonction correspond au résumé porte des intitulés variés (telles que *préface, arrière-plan, pour commencer*). Un grand nombre d'articles dans les publications étudiées n'ont pas de résumé ou son équivalent mais commencent directement par la section *Introduction*. Dans cette étude, nous avons pris en compte les articles de recherche ayant une section dont la fonction correspond à un résumé, c'est-à-dire qu'il informe le lecteur au moins du contenu essentiel de l'article à suivre.

3. Macro-organisation des résumés

La plupart des recherches menées sur les résumés semble s'accorder sur le fait que les résumés se construisent selon deux modèles principaux en fonction des critères fonctionnels : **le type informatif,** englobant tout l'article, qui correspond au schéma IMRD (Introduction, Méthodes, Résultats, Discussion) supposé être le prototype des articles en sciences naturelles (cf. les résultats divergents obtenus par Ayers 2008 supra) et **le type indicatif** qui en gros décrit le focus de la recherche, situe la recherche dans son contexte et fait référence aux résultats acquis ou développements potentiels, ce dernier est illustré avec l'exemple [1].

[1] [**Introduction / le focus de la recherche**] This paper explores the different usages of Finnish motion verb *kiertää* within the theoretical framework of Cognitive Grammar. [**Méthode / Comment**] First, the different objective motion process types profiled by *kiertää* (as in the sentence *Lentokone kiertää kentän yllä* « The plane is circulating above the field) are analyzed, and then, the different abstract and subjective notion types of *kiertää* based on the objective motion usage (for example, *Tie kiertää pihaan* « The road bends into the yard) are discussed. [**Résultats**]The paper shows that the different process types of kiertää are not random but semantically well motivated. [**Discussion**] The paper emphasizes that the (too often neglected) analysis of Path provides an interesting and rewarding viewpoint to the lexical semantics of verbs of motion. The paper also attests that Cognitive Grammar provides solid tools for describing and analyzing the lexical meanings of verbs of motion. (Lingfin)

Dans l'exemple [1], la partie que nous avons dénommée Introduction, ne l'est pas dans le sens propre du terme mais présente plutôt la recherche. Deuxièmement, la section Méthode décrit plutôt la structure de l'article. En outre, il est quelque peu difficile de faire la différence entre les sections Résultats et Discussion. En fait, le résumé de l'article en question pourrait être décrit à l'aide du modèle CARS de Swales (1990) dont les deux premières phases (établissement du territoire, établissement de la niche) ont été omises. Il n'en resterait que la phase trois (*move*) : occuper la niche sous-divisée en étapes suivantes (*steps*) : présentation de la recherche (= Introduction dans notre exemple), description de la structure de l'article (= Méthode dans l'exemple supra), présentation des résultats principaux (Résultats et Discussion pris ensemble). Le seul problème, c'est que selon Swales, la deuxième phase, l'établissement de la niche serait obligatoire. Il faut pourtant noter que le modèle de Swales a été conçu pour les parties introductives des articles scientifiques dont les enjeux pragmatiques et contraintes textuelles ne sont pas les mêmes que pour les résumés. Une autre possibilité serait de décrire l'exemple [1] selon le modèle proposé par Bittencourt dos Santos (1996) qui se divise en cinq phases : Contextualisation (*stating current knowledge / citing previous research, extending previous research / stating a problem*), Présentation de la recherche (*indicating main features / main purpose / hypothesis raising*), Méthodologie (*How was the research carried out?*), Résultats (*What did the researcher find?*) et Discussion (*What do the results mean?* — conclusions et recommandations). Selon une telle description seraient présentes dans l'exemple [1] quatre phases (*moves*) sur cinq, avec l'omission de la première. Un modèle relativement similaire a été proposé par Hyland (2000) avec les phases suivantes : Introduction, But, Méthodologie, Produit et Conclusion. Le schéma de Bittencourt dos Santos a été conçu à la base des résumés de linguistique appliquée et celui de Hyland sur un éventail de disciplines plus vaste englobant des disciplines dites « molles » (linguistique appliquée, philosophie, sociologie, marketing) mais aussi des sciences dures (physique, biologie et deux domaines d'ingénierie différents). Ni l'un ou l'autre est directement applicable à notre corpus. Quoi que cela soit peu orthodoxe, il est souvent plus opératoire de décrire les séquences ou phases d'un résumé avec des dénominations empruntées aux différents modèles, comme le

Principes et typologie des discours universitaires

montre l'exemple [2] dont les deux premières dénominations (et phases) correspondent au modèle de Bittencourt dos Santos (1996), la troisième est empruntée au modèle CARS de Swales (1990) et la dernière à celle proposée par Hyland (2000).

[2]   [**Contextualisation**] Si le lancement des plans d'assurance hospitalisation de la Croix Bleue en 1942 apparaît indubitablement comme un tournant dans le développement du marché de la protection contre la maladie, des expériences avaient longuement préparé le terrain. [**Présentation de la recherche**]**Cet article retrace les grandes étapes de la mise en place des régimes d'assurance maladie privés au Québec,** depuis la fin du XIXe siècle jusqu'à la Seconde Guerre mondiale. [**Structure de l'article**] **Il est l'occasion d'examiner trois grands contextes** : 1) le développement des régimes d'indemnisation fondés sur l'allocation de prestations en espèces (ceux des entreprises commerciales comme des sociétés fraternelles) ; 2) la crise des régimes d'assurance volontaire dans l'entre-deux guerres ; 3) les efforts déployés par les promoteurs de l'assurance libérale pour mettre au point des formules de prépaiement à l'égard des frais hospitaliers et médicaux. [**Conclusion**] Dans le cadre de débats mouvementés autour de l'accès aux soins de santé, un grand défi doit alors être relevé : ouvrir les portes de l'hôpital à ceux qu'on désigne à l'époque sous le vocable de « classe moyenne ». (Hist. fran)

Évidemment, on pourrait argumenter que la phase que nous avons appelée « Structure de l'article » pourrait aussi bien être appelée « Méthodologie » Un problème ontologique et une question épistémique s'imposent ici : Qu'entend-on par méthode dans diverses disciplines ?

La plupart des résumés de notre corpus ne suit pourtant pas de modèle, mais s'organise selon un schéma plus ou moins réduit où plusieurs phases ont été exclues, comme le montrent les exemples suivants : [3] avec trois phases : Contextualisation, Présentation de la recherche et Résultats ; [4] avec deux phases : Contextualisation et Présentation de la recherche dans laquelle les conclusions sont déjà imbriquées) ; [5] : trois phases : Contextualisation, Présentation de la recherche et Structure de l'article mais pas de résultats ni de conclusion).

[3]   [**Contextualisation**] Word order phenomena are versatile in the world's languages. Fixed word-order languages as well as free-order languages have constructions which allow from the so-called « basic word-ordrer ». [**Présentation de la recherche**] This paper sketches out a holistic approach to word order, based on Construction Grammar. [**Resultats**]This framework allows us to combine morphosyntactic, semantic and pragmatic features in a unified description, and to bring forth the fact that word order as a linguistic phenomenon may be associated with a wide range of motivating factors. (Lingfin)

[4]   [**Contextualisation**] La chorégraphie est aujourd'hui comprise comme la forme absolue de la danse, un œuvre en soi. Il y encore cent ans, on la comprenait aussi en tant que notation, aujourd'hui appelée choréologie ou cinétographie. [**Présentation de la recherche+ Conclusion**] Dans cet article j'argue que le concept d'auteur dans le domaine de la danse est intiment lié

Principes et typologie des discours universitaires

au changement du concept de chorégraphie survenu au vingtième siècle. Ce changement est a son tour lié à la question de savoir qu'est-ce l'œuvre de danse. Mes exemples proviennent essentiellement du domaine de ballet, dont l'histoire est bien documentée et dont le statut est toujours très hégémonique par rapport aux autres modes de la danse théâtrale. (Histfin, notre traduction)

[5]   [**Contextualisation**] Au cours du processus de réaction conservatrice qui caractérise l'évolution de la Seconde République, le vote de la loi restreignant le suffrage universel masculin le 31 mai 1850 constitue un moment charnière. Devant la répression accrue, la résistance à cette loi prit essentiellement la forme d'un vaste mouvement de pétitionnement qui, en quelques semaines, parvint à réunir plus de 500 000 signatures. **[Présentation de la recherche] À travers l'étude de ce pétitionnement exceptionnel, cet article envisage certains aspects de la mobilisation démocratique en France** au milieu du XIXe siècle. **[Méthode / Structure de l'article] Nous examinerons les modalités de cette campagne** en suivant les stratégies de la collecte, la géographie de la France pétitionnaire et les usages parlementaires de ces pétitions. (Histfran)

En examinant de plus près les sections que nous avons appelées « Contextualisation », on remarque qu'elles ne correspondent pas toujours à la question à l'aide de laquelle cette phase est caractérisée par Bittencourt dos Santos : Qu'est-ce qu'on connaît déjà du domaine / du sujet de la recherche ? Le seul des exemples étudiés supra remplissant ce critère est l'exemple 4, tiré du corpus finnois en histoire. Dans d'autres cas il s'agit de donner soit un arrière-plan historique et temporel (résumés des historiens) ou d'esquisser un contexte généralisant. L'exemple [6] (infra) correspond plus au prototype de Bittencourt dos Santos : la contextualisation est construite grâce aux références aux savoirs / conceptions partagées au sein du cadre théorique adopté (linguistique cognitive) : *une observation fondamentale de la linguistique cognitive..., les linguistes cognitivistes s'accordent généralement sur..., les exemples les mieux connus de la dynamicité fictive sont...* et avec une référence directe à Talmy 2000.

[6]   [**Contextualisation**] **A fundamental observation of cognitive linguistics** is that language reflects our »cognitive bias towards dynamism» (Talmy 2000), in that we often use semantically dynamic elements when referring to static situations. The writer refers to this phenomenon as fictive dynamicity. **Cognitive linguists generally agree that** expressions incorporating this phenomenon reflect a dynamic conceptualisation of a static situation and that this arises because the conceptualiser selects a certain perspective and approaches the situation directionally. **The best-known examples of fictive dynamicity are** expressions of fictive motion (e.g. the phrase 'The road goes from A to B'), but fictive dynamicity also manifests itself at more abstract, grammatical levels of language. […] (Linfin)

D'après les résultats de Bittencourt dos Santos (1996), les sections « présenter sa recherche » et « méthodes » apparaissent pratiquement dans tous les résumés (98 % des cas) et les résultats dans 80 % des cas. Les résultats de Pho (2008) vont dans le même sens, mais dans son corpus — constitué de résumés en linguistique appliquée et technologie de l'éducation — la section Résultats apparaît dans tous les résumés. Comme le montrent déjà les exemples supra, ce n'est pas le cas dans notre corpus — la seule section repérée dans tous les résumés étudiés est la section « Présenter sa recherche ». La méthodologie n'est pas toujours explicitée et dans un bon nombre de cas, il n'y a pas d'indication des résultats, mais souvent à leur place une sorte de conclusion ou rien. Ces variations dans le nombre et la nature des sections nous semblent liées d'une part à la nature de l'article en question — s'agit il par exemple d'un article développant une approche théorique ou conceptuelle ou un article s'appuyant sur un corpus empirique ? (cf. Boch et al. 2007) — et d'autre part à la discipline. Si l'on accepte le point de vue de Carr selon lequel l'histoire est une discipline qui narre et décrit les événements du passé pour les interpréter et expliquer en vue de comprendre le passé mais aussi le présent (in Evans 2002, 1-2), il semble évident que la méthodologie consiste en la restitution des sources et leur description et que les conclusions importent davantage.

D'après les résultats de Hyland (2000 : 70), la section Introduction figure dans plus de 60 % des résumés dans le domaine des sciences molles (*vs* 30 % dans les sciences dures), mais le ratio est inverse pour la section méthodologie. Il explique ce résultat par la nature de la recherche dans les sciences molles : on cherche plutôt à discuter ou à définir une question qu'à établir des vérités empiriques (2000 : 72). D'après cet auteur, l'élaboration du contexte serait plus importante dans les sciences molles où l'on ne peut pas tant compter sur les axiomes et savoir scientifique cumulatif partagés. Les disciplines que nous avons étudiées relèvent toutes les deux des sciences « molles ». Mais même à l'intérieur de celles-ci, une différence se laisse observer : La section Introduction / Contextualisation figure dans 56 % des résumés des historiens mais seulement dans 35 % des résumés en linguistique indépendante de la culture d'origine de ses résumés (scripteurs français ou finnophones).[3] Les résumés en linguistique commençant directement par la description de la recherche ou son but sont très fréquents dans les deux communautés discursives comme le démontrent les exemples [7] et [8].

[7] **Cet article met l'accent sur la nécessaire prise en compte** d'une pluralité linguistique et culturelle dans la structuration de la subjectivité, soit, sur l'hétérogénéité des identifications qui travaillent par leur interaction et dans leur relation aux langues et au langage, au devenir des sujets. Il semble alors pertinent de considérer la subjectivité comme une tension, une circulation ou encore une disjonction entre plusieurs traits linguistiques, discursifs, culturels, éventuellement en contradiction. (Lingfran)

[8] The article examines both non-lexical and lexical means of initiating self-repair in an ongoing turn-constructional unit in Finnish conversation. In addition, interactional functions of self-repair are analysed. The data for the study come from a wide variety of interactions (100 telephone calls and 80 videotaped service encounters of different types), comprising some 600 instances of self-repair […] (Lingfin)

---

[3] Il convient de signaler pourtant en ce qui concerne les résumés de linguistique appliquée dans l'étude de Hyland, le pourcentage correspondant n'est que 46 %, quoi que toujours supérieur au nôtre.

Principes et typologie des discours universitaires

4. Focalisation sur la théorie ?

Dans l'étude de Van Bonn et Swales (2007), la majorité des résumés rédigés aussi bien en anglais qu'en français se focalisent sur la **théorie** soit en en proposant ou créant une, en l'appliquant, en la comparant à d'autres approches, en la développant, la critiquant ou l'élargissant. Il en va de même dans notre corpus de **résumés linguistiques**. Dans plusieurs résumés, la théorie / le cadre théorique (dont les expressions synonymiques dans le contexte sont *approche, modèle et perspective*) était utilisée comme point de départ (exemple [9]) en tant que moyen de résoudre un problème (exemple [10] ; voir aussi les exemples [2] et [4]), ou bien en tant que moyen de trouver une explication pour un phénomène langagier qui préoccupe le linguiste en question ou bien, pour élargir un cadre théorique [11].

[9] **Après avoir exposé une théorie des modules topiques,** condition sine qua non de toute communauté de sens, **l'article propose** une analyse plus précise des variations du sens commun (canon, vulgate, doxa) dont la distinction se justifie à l'aide de différents critères fonctionnels (Lingfran).

[10] Le propos et de démontrer, **dans le cadre d'une approche modulaire de la grammaire, la validité d'une analyse morphologique** de ces composés et de présenter, selon cette perspective, certaines des contraintes morphologiques et sémantiques qui pèsent sur la construction VN. (Lingfran)

[11] This paper describes an approach to parsing spoken conversation. **The idea is to extend the dialogue game model of dialogue (Carlson 1983)** with schemas from classical rhetorical stylistics, and implement a parser for them by extending the *cparse* categorical parser (Carlson 2005) with appropriate Lambek style categorial inference rules (Lambek 1958) (Linfin)

Comme on a pu le constater, une telle démarche est courante parmi les linguistes francophones et finnophones. Pourtant, il est nécessaire de signaler que la linguistique n'est pas un domaine homogène à cet égard. La théorie est davantage mise en avant dans les résumés dont l'orientation est plutôt théorique, tandis que ceux qui adoptent une approche plutôt descriptive ou bien suivent une démarche « *bottom-up* » y recourent dans une moindre mesure.

Pour ce qui est **des résumés des historiens** de notre corpus, les prises de partie théoriques restent majoritairement opaques ou implicites. Les exemples [12] et [13] nous paraissent plutôt exceptionnels, tandis que les exemples [14] et [15] illustrent relativement bien la démarche plutôt descriptive adoptée dans la plupart des résumés des historiens de notre corpus.

[12] Cet article propose une analyse des positions soutenues par le courant postcolonial et des problèmes épistémologiques et théoriques qu'elles soulèvent du point de vue des historiens [...] (Histfran)

[13] L'histoire de sexes a produit beaucoup d'interprétations sur la construction de celui-ci. Dans plusieurs interprétations le sexe est vu comme un modèle et un mode d'agir culturellement et historiquement produit qui n'a rien d'authentique, ni d'originel. **Une telle approche** offre de nouveaux enjeux aussi pour les historiens. (Histfin) (notre traduction)

[14] C'est au XIIIe siècle et dans des **genres secondaires** qu'apparaît le personnage du paysan libre des provinces du nord de la France. **Fabliaux** et **dits** réservent le mot « vilain » à l'exploitant qui pratique la polyculture avec sagacité, qui vit en couple et qui dirige une maisonnée plus ou moins nombreuse. Les propos qu'échangent ce paysan avec son épouse ou ses domestiques disent de façon extraordinairement vivante ses travaux, ses fatigues et les préoccupations de sa vie quotidienne. Son aspect hirsute et ses manières frustes sont ridiculisées, mais les poètes lui reconnaissent vigueur, savoir-faire et intelligence. [Interprétation / Conclusion] Ils lui attribuent les mêmes critères de stabilité, d'honorabilité et de réussite qu'au seigneur, au négociant et à l'artisan dans les milieux respectifs (Histfran).

[15] Les philosophes de l'Antiquité intéressaient le grand public en tant que penseurs mais aussi comme personnes. **Les biographies** de Diogène Laertios décrivent à travers les trajets de vie des philosophes le rôle du philosophe en tant que membre de la société grecque mais elles révèlent aussi les préjugés, attentes et croyances qui leur étaient attachés dans l'Antiquité. Le portrait du philosophe offre également des surprises. (Histfin) (notre traduction)

Dans les exemples [14] et [15], l'accent est plutôt mis sur la nature des sources utilisées : *genres secondaires* dans [14] et *biographies* dans [15] soit leur description suivie d'une interprétation / conclusion plus ou moins explicite. Aucune référence aux sources ou cadre théorique n'est faite.

Plusieurs chercheurs (Hyland 2000, Fløttum et al. 2006) en sont venus à la conclusion que la discipline et ses conventions sont le facteur le plus important influençant la rédaction des articles scientifiques dont les résumés forment un sous-genre. Cela s'est avéré vrai aussi pour notre corpus en ce qui concerne le rôle accordé à la théorie dans les résumés. En ce qui concerne les **résumés des articles linguistiques** de notre corpus, dans deux tiers des cas référence est faite à la théorie, au cadre ou à l'approche théorique adoptée. Ce résultat va dans le sens de van Bonn et Swales (2007). En ce qui concerne **les résumés des historiens**, l'accent est plutôt mis sur les sources utilisées et leur description / interprétation, le cadre théorique restant sans mention explicite dans la majorité des résumés étudiés. Il nous semble pourtant qu'outre la variation disciplinaire, aussi la nature de l'article en question joue un rôle important à cet égard. Comme nous l'avons indiqué supra, les articles en linguistique avec une visée soit descriptive ou ceux ayant adopté une approche « bottom-up » mettant l'accent sur la description et l'analyse du matériel proposent et discutent moins souvent un modèle ou un cadre théorique. Au lieu d'affirmer que les résumés des articles en linguistique mettent en valeur la théorie, une analyse plus poussée prenant en compte les sous-genres des articles scientifiques serait justifiée.

5. Positionner sa recherche

Suivant Bachsmidt (1999) et Régent (1985), Van Bonn et Swales affirment que les différences de styles rhétoriques entre les résumés français et anglais sont les suivantes : dans les résumés français, l'accent est mis sur la question : *Quoi*, tandis que les résumés anglais se focalisent sur le *Pourquoi*. En d'autres mots, les résumés français mettent l'accent sur *les données* tandis que les résumés anglais se concentrent sur la question : *pourquoi cette recherche est-elle importante ?*

Cette différence se manifesterait dans la manière dont les chercheurs situent leur recherche par rapport aux autres recherches. C'est-à-dire : 1) la justification de la recherche entamée — réponse à la question **Pourquoi cette recherche** ? et 2) **les références explicites** à d'autres recherches.

5.1. Justification de la recherche

Il est quelque peu difficile de concevoir jusqu'à quel point la réponse à la question *Pourquoi cette recherche ?* coïncide avec ce que Swales (1990 : 141) lui-même appelle **la création d'une niche** dont il est question dans les exemples [16], [17] et [18] : les phénomènes sous-jacents à l'étude méritent d'être examinés parce qu'ils n'ont pas encore été analysés que peu ou ont été ignorés (pas 1B de cette phase dans le schéma de Swales 1990).

[16] Notre objectif est de décrire l'évolution de la locution adverbiale quelque part de son emploi spatial standard à des emplois non spatiaux en vogue à l'heure actuelle, **mais non encore analysés**, comme ceux qu'exemplifient les séquences : (Lingfra)

[17] Cet article a pour enjeu de mettre à jour un paramètre discursif atypique, **souvent passé sous silence dans l'étude de l'ellipse post-prépositionnelle**, qui est à même de rendre compte de certaines tournures tronquées courantes dans le style relâché qui caractérise le registre familier. (Lingfra)

[18] Finland has a strong tradition of research in sociolinguistic variation. As a result, a lot is known about features of spoken Finnish that are diminishing or becoming more common, and those that, for example, distinguish the language use of one generation from another. *However, less is known about the reasons behind the variation phenomena*. In looking for explanations, the article focuses on the meaning that is associated with variable phonological and morphological features of spoken Finnish. It begins with the assumption that people make choices and build their own identity. *Until now, Finnish sociolinguistics has typically explained variation in terms of speakers' backgrounds*. (Lingfin)

Dans l'exemple 18, la justification de la recherche est mise en valeur grâce à la relation antithétique entre le paradigme dominant au sein de la recherche sociolinguistique et l'approche choisie par l'auteur signalée par le connecteur argumentatif *however* (pourtant) ainsi que par le marqueur discursif temporel *until now* (jusqu'à maintenant) impliquant un changement ou une rupture. Un rapport de contraste entre ce qu'il a été fait auparavant et le point de vue proposé par l'auteur s'établit également dans l'exemple [19], un des rares exemples utilisant le verbe prototypique de l'argumentation — *argue*.

[19] *In earlier research* it has been shown that case variation between the partitive object and the so-called total object (morphologically marked with the accusative, nominative or genitive case) is based either on quantification of the event alone or on both quantification of the event and the existence of a

Principes et typologie des discours universitaires

nominal referent that participates in the event incrementally *[...] The writer argues* that there is also *another type* of nominal aspect used in conjunction with verbal aspect, namely the use of the total object in aspectually unbounded sentences. (Lingfin)

Il nous semble légitime de s'interroger sur la présence ou non d'arguments pour justifier la recherche proposée dans les extraits cités. Bien que les verbes discursifs tels que *arguer, argumenter, affirmer, soutenir* etc. sont plutôt exceptionnels, les recherches sont situées par rapport à d'autres dans le domaine en question soit en soulignant un « hiatus » dans la recherche, en contestant des acquis des recherches antérieures ou bien en démontrant l'utilité de l'approche choisie comme dans l'exemple [20].

[20]   In analysing the data, the writer attempts to bring together the theoretical perspective of social constructionism and the methods of linguistic analysis, and thus to *demonstrate the benefits that arise or could arise from the use of this approach* (Linfin).

Pourtant, force est de constater que les justifications manquent dans la plupart des **résumés en linguistique**, c'est-à-dire dans 67 % des résumés français et 75 % des résumés rédigés par les linguistes finlandais. Ce qui a capté notre attention, c'est que beaucoup de résumés ne mettent pas en valeur ni le *Pourquoi* ni les *données,* c'est le cas de l'exemple [21].

[21]   Depuis une vingtaine d'années, les contacts de langues se diversifient dans de nouveaux parcours de migration. Les nouvelles figures en sont un espace de vie transnational (va-et-vient) ou international (diaspora), avec de nouveaux enjeux linguistiques, comme l'apparition de variétés « émigrées » de la langue transplantée, ou comme l'adoption d'un véhiculaire qui assure la communication entre membres de la diaspora. (Lingfran)

En ce qui concerne les corpus des **résumés des historiens** français et finnois, la situation est encore plus drastique. Dans le corpus français, cette astuce rhétorique ne figure que dans 14 % des résumés et encore moins dans les résumés finnois, le pourcentage n'étant que de 7,6.

Nos chiffres indiquent pourtant que les francophones justifient leur recherche plus fréquemment, comparés à leurs collègues finlandais. La variable discipline semble jouer un rôle important pour différencier les résumés des linguistes de ceux des historiens.

5.2.   *Références explicites à d'autres chercheurs / travaux*

En général, il ressort de l'analyse que les références explicites à d'autres chercheurs sont plutôt rares dans tous les résumés étudiés : 20 % dans les résumés français et 24 % dans les résumés finnois en linguistique ; 4,7 % dans les résumés des historiens français et 3,3 % dans celui des historiens finlandais. À cet égard, nos résultats corroborent ceux de Van Bonn et Swales (2007) pour le français. De plus, une différence disciplinaire nette entre linguistique et histoire se laisse dégager.

Bondi (2007), ayant étudié les parties introductives d'articles en histoire, affirme que bien que le discours de l'histoire soit conçu en tant que récit et son interprétation, la dimension argumentative n'y est pas entièrement absente. Elle distingue en gros deux types d'ouvertures. Les ouvertures qu'elle appelle phénoméniques (*Phenomenic openings*) sont les plus fréquentes dans son corpus. Ici, les voix des caractères historiques sont dominantes et l'axe temporel de référence est celui de l'épisode historique narré. Le deuxième type, beaucoup plus rare dans son corpus, est appelé ouverture épistémique (*Epistemic openings*). L'axe temporel est celui du discours et le phénomène historique est placé soit dans un cadre interprétatif spécifique ou dans un contexte du débat disciplinaire avec des références aux autres historiens. En examinant les résumés des historiens de notre corpus, il nous semble justifié d'affirmer qu'aussi dans les résumés des historiens, qu'il soit français ou finlandais, l'approche phénoménique est dominante sans nier la possibilité de résumés de nature épistémique avec un cadre d'interprétation spécifique, mais avec peu d'appels à l'argumentation dialogique à travers les références aux autres chercheurs.

Selon Van Bonn & Swales (2007), le manque de références explicites à d'autres chercheurs serait encore une preuve de la non-volonté du chercheur de situer son travail par rapport aux autres et ainsi d'accentuer la pertinence de son étude.

Il se peut, mais d'autres explications méritent d'être considérées aussi. Premièrement, les références indirectes à d'autres recherches (courants) sont aussi un moyen de se positionner comme le montre l'exemple suivant.

[22] En pratique difficile à définir, **la classe des 'verbes de mouvement' donne lieu dans les travaux récents à des approches diverses** (ontologies formelles, psychologies cognitives, traits sémantiques, rôles casuels). En revenant sur des oppositions telles que 'verb-framed' vs 'satellite-framed', 'objectivation' vs 'subjectivation', 'inaccusativité' vs 'ergativité', **nous montrons que** ces tentatives sont fondamentalement liées à **des conceptions inadéquates** de l'espace et du mouvement. [...] (Lingfran)

Ensuite il faut prendre en considération la politique et les conventions éditoriales de la revue en question Les auteurs sont-ils par exemple découragés ou encouragés d'utiliser les références dans leurs résumés ? Parmi les résumés du corpus, un certain nombre de résumés publiés dans un journal français de linguistique se réfèrent explicitement aux travaux d'autres chercheurs pour situer leurs travaux.

[23] **Cette contribution a pour objet** la connexion marquée par *–te* en japonais et la dichotomie coordination / subordination peu adaptée à ce cas. **Nous proposons de la remplacer** par un *continuum* (**Kuno, 1973**) ou par l'introduction d'une troisième catégorie de jonction : la *cosubordination* dans le cadre de la RRG (**Van Valin et La Polla, 1997**). (Linfran)

[24] **On reprend** la distinction sémantique proposée par de **Swart (2001)** entre deux emplois de la conjonction *ni* : un emploi à polarité négative (ni_1) et un emploi proprement négatif (ni_2). **On montre qu'une** analyse syntaxique des constructions qui mettent en jeu cette conjonction confirme la distinction proposée (*contra* **Doetjes, 2005**) et permet en retour d'expliquer **certaines données qui** ont été j**usqu'alors négligées.** (Lingfran)

Ces exemples peuvent également témoigner d'un changement en train de se produire, peut-être sous l'influence des conventions venant d'ailleurs et la pression de se faire publier dans les revues internationales ?

Principes et typologie des discours universitaires

Un autre facteur lié aux conventions éditoriales pourrait être la longueur autorisée des résumés. Si elle est limitée par exemple à 200 mots, il n'est peut-être pas surprenant que les références explicites soient omises. L'absence quasi-totale de références par exemple dans les résumés des historiens finlandais devient d'autant plus flagrante si l'on compare ces résumés aux parties introductives qui sont parsemées de références explicites.

6. Pour conclure

Notre analyse a fait ressortir les tendances suivantes :

1) Le facteur discipline différencie les résumés des linguistes de ceux des historiens en ce qui concerne l'accent mis sur la théorie et la fréquence du positionnement de la recherche — une réponse à la question *Pourquoi cette recherche*.
2) Le facteur « langue » fait ressortir les différences suivantes: les auteurs des résumés français positionnent leur recherche plus souvent que leurs collègues finlandais. Pourtant ils le font beaucoup plus rarement que les auteurs anglophones selon les résultats de Van Bonn et Swales.

Sans vouloir sous-estimer l'impact des conventions langagières et culturelles, des facteurs d'ordre pragmatique pourraient aussi expliquer une partie de la variation observée dans les résumés étudiés. Premièrement, ce sous-genre n'est pas entièrement conventionalisé mais il est dynamique et changeant (cf. Ayers 2008) ou encore émergent. Lié à ce dernier facteur on trouve également l'impact de la variation idiosyncratique : moins les conventions sont figées, plus la variation individuelle prend place (pour l'importance de la variation individuelle dans les textes scientifiques cf. Fløttum 2006, Fløttum & *al.* 2006, Fløttum & *al.* 2007)

Deuxièmement, le rôle et la taille de la communauté discursive semblent jouer un rôle, comme l'ont montré Burges 2002 et Lorés Sanchez (à paraître) pour l'espagnol (cf. aussi Van Bonn & Swales 2007). Selon ces études, plus la communauté discursive est restreinte, plus elle est conçue comme une « communauté de pairs ». Il s'en suit qu'il y aurait moins de traces rhétoriques et linguistiques issues du langage promotionnel mais plus du langage factuel et informatif (cf. Yakhontova 2002 : *telling vs selling*). En ce qui concerne notre corpus, malgré une certaine variation observée au niveau disciplinaire et langagier, la fonction des tous les résumés est surtout informative, avec relativement peu d'éléments persuasifs explicites. Cela voudrait-il dire que dans les communautés discursives étudiées on s'adresse surtout à une communauté des pairs où la compétition n'est pas (encore) aussi ardue qu'au niveau international ? Ou bien, dans quelle mesure a-t-on affaire aux questions d'éthique de la recherche vs. la commercialisation de celle-ci ?

Repères bibliographiques

ADAM J-M. (1999), *Linguistique textuelle. Des genres de discours aux types de texte*, Paris, Nathan.
AYERS G. (2008), "The evolutionary nature of genre: An investigation of short texts accompanying research articles in the scientific journal *Nature*", *English for Specific Purposes* 27, 22-41.
BITTENCOURT DOS SANTOS M. (1996), "The textual organization of research paper abstracts in applied linguistics", *Text* 16 (4), 481-499.
BOCH F., F. GROSSMANN & F. RINCK (2007), « *Conformément à nos attentes...*, ou l'étude des marqueurs de convergence/divergence dans l'article », *Revue Française de Linguistique Appliquée* XII-2, 109-122.
BONDI M. (2007), "Authority and Expert Voices in the Discourse of History", *in* K. Fløttum (ed.), *Language and Discpline Perspectives on Academic Disourse*, Newcastle, Cambridge Scholars Publishing, 66-88.
—— (2004), "The discourse function of contrastive connectors in academic abstracts", *in* K. Aijmer & A-B. Stenström (ed.), *Discourse patterns in spoken and written corpora*, Amsterdam, John Benjamins, 139-156.
BURGESS S. (2002), "Packed Houses and Intimate gatherings : Audience and Rhetorical Structure", *in* J. Flowerdew (ed.), *Academic discourse*, Harlow, UK, Longman.
DAHL T. (2004), "Textual metadiscourse in research articles : a marker of national culture or of academic discpline", *Journal of Pragmatics* 36/11, 1807-1825.
EVANS R. J. (2002), "What is history now?", *in* D. Cannadine (ed.), *What is history now ?*, Chippenham and Eastbourne, Palgrave Macmillan, 1-18.
FLØTTUM K. (2006), "The typical research article: does it exist?", *in* E. Suomela-Salmi & F. Dervin, (éd.), *Perspectives inter-culturelles et inter-linguistiques sur le discours académique. Cross-cultural and Cross-linguistic Perspectives on Academic Discourse*, Volume 1. Publications du département d'études françaises, 8. Department of French Studies, University of Turku Finland, 16-41.
—— (éd.) (2007), *Language and Discpline Perspectives on Academic Disourse*, Newcastle, Cambridge Scholars Publishing.
——, K. JONASSON & C. NORÉN (2007), *On : pronom à facettes*, Bruxelles, De Boeck.
——, T. DAHL & T. KINN (2006), *Academic voices across languages and disciplines*, Amsterdam, John Benjamins.
—— & Fr. RASTIER (éd.) (2003), *Academic Discourse. Multidisciplinary approaches*, Oslo, Novus.
GROSSMANN F & F. RINCK, (2004), « La surénonciation comme norme du genre : l'exemple de l'article de recherche et du dictionnaire en linguistique », *Langages* 156, 34-50.
HALMARI H. & T. VIRTANEN (2005), "Towards understanding modern persuasion", *in* H. Halmari & T. Virtanen 2005, 229-244.
—— (éd.) (2005), *Persuasion Across Genres*, Amsterdam, John Benjamins.
HYLAND K. (2000), *Disciplinary discourses: social interactions in academic writing*, London, Longman.
—— & P. TSE (2005), "Hooking the reader. A corpus of evaluative *that* in abstracts", *English for Specific Purposes* 24, 123-139.

LORÉS R. (2004), "On RA abstracts. From rhetorical structure to thematic organization", *English for Specific Purposes* 23, 280-302.
LORÉS-SANZ R. (à paraître), "Different worlds, different audiences: a contrastive analysis of research article abstracts", in E. Suomela-Salmi & F. Dervin (ed.), *Cross-cultural and Cross-linguistic Perspectives on Academic Discourse*, Volume 2.
MARTIN-MARTIN P. & S. BURGESS (2004), "The rhetorical management of academic critisism in research article abstracts", *Text* 24, 171-195.
MELANDER B., J. M. SWALES & K. M. FREDRICKSON (1997), "Journal abstracts from three academic fields in the United States and Sweden: national or disciplinary proclivities", in A. Duszak (ed.), *Culture and styles of academic discourse*, New York, Mouton de Gruyter, 251-272.
MONTESI M & B. G. URDICIAIN (2005), "Recent research into author abstracts", *Knowledge organization* 32, 64-78.
PALTRIDGE B. (1997), *Genre, frames and writing in research settings*, Amsterdam, John Benjamins,
PHO P. H. (2008), "Research article abstracts in applied linguistics and educational technology: a study of linguistic realizations of rhetorical structure and authorial stance", *Discourse Studies* 10 (2), 231-250.
POUDAT, C. (2006), *Étude contrastive de l'article scientifique de revue linguistique dans une perspective d'analyse des genres*, thèse de doctorat, Université d'Orléans.
RINCK F. (2006), *L'article de recherche en Sciences du Langage et en Lettres, Figure de l'auteur et approche disciplinaire du genre*, thèse de doctorat, Lidilem, Université Stendhal Grenoble 3.
STOUTESBURY H. (2003), "Evaluation in Research Article Abstracts in the Narrative and Hard Sciences", *Journal of English for Academic Purposes*, 327-341.
SUOMELA-SALMI E & F. DERVIN (ed.) (à paraître), *Cross-cultural and Cross-linguistic Perspectives on Academic Discourse*, Volume 2.
SWALES J. (1990), *Genre analysis: English in academic and research settings*, Cambridge, Cambridge University Press.
—— & S. VAN BONN (2007), "Similarities and differencies in French and English EAP Research Article Abstracts. The case of Asp", in K. Fløttum (ed.), *Language and Discpilne Perspectives on Academic Discourse*, Newcastle, Cambridge Scholars Publishing, 260-276.
VAN BONN S & J. M. SWALES (2007), "English and French journal abstracts in the language sciences: Three exploratory studies", *Journal of Englsih for Academic Purposes* 6/2, 93-108.
VENTOLA E. (1994), "Abstracts as an object of linguistic study", in S. Cmerjková, F. Danes & E. Havlová (ed.), *Writing vs. speaking. Language, text, discourse, communication*, Tübingen, Günter Narr, 333-352.
VOLD E. (2008), *Modalité épistémique et discours scientifique. Une étude contrastive des modalisateurs épistémiques dans des articles de recherche français, norvégien et anglais en linguistique et médecine*, thèse de doctorat, Université de Bergen.
YAKHONTOVA T (2002), "*Selling* or *telling*? The issue of Cultural variation in Research Genres", in J. Flowerdew (ed.), *Academic discourse*, Harlow England, Pearson Education, 216-232.

Communicating criticisms through written university genres

Maria ZAŁĘSKA
University of Warsaw

ABSTRACT

The paper proposes a framework for the description of interactions conveying criticisms through published articles, papers and books. Critical interactions as they occur in such texts are presented in terms of a four level structure. Seen "horizontally", texts at Level 1 involve authors adopting the role of a Proponent and expressing criticisms reflexively in function of their own claims. Seen "vertically", a Level 1 text may trigger a sequence of subsequent texts (at Levels 2, 3, and 4, involving both the attack and the defense of the original Level 1 text) in which the authors adopt the roles of the Proponent and the Opponent respectively.

KEYWORDS
Argumentation • interaction • level • criticism • genre.

RÉSUMÉ

Cette contribution propose un modèle de description des interactions conflictuelles par écrit, réalisées à travers des articles ou des livres. Dans le discours académique, ces interactions peuvent s'actualiser de manière « horizontale » ou « verticale ». Dans le premier cas, les textes ne constituent pas une séquence de l'action et la réaction explicite : chaque auteur adopte le rôle du Proposant et ses critiques sont plutôt marginales par rapport à l'argumentation positive en faveur de la thèse. Certains textes « horizontaux » peuvent quand même s'inscrire dans une séquence « verticale ». Dans ce cas, la critique du texte original et les contrecritiques suivantes constituent la raison d'être de l'interaction. Les auteurs adoptent les rôles du Proposant et de l'Opposant. Dans le corpus, les séquences « verticales » les plus complexes sont constituées de quatre textes, après desquels l'interaction, si elle se poursuit, se transforme en « horizontale ».

MOTS-CLÉS
Argumentation • interaction • niveau • critique • genre.

*　　*
*

1. Introduction

Current research on the expressions of criticism in academic contexts concentrates on three main topics: distinctions between types of critical discourses (e.g. polemic, controversy, debate, dispute, refutation); their argumentative articulation and/or the linguistic manifestations of the criticism (see e.g. Moeschler 1982, Kerbrat-Orecchioni 1980, Plantin 2002, to mention just a few).

The issue addressed here concerns interactions through published written genres (communication through the internet that relates to university discourses is beyond the scope of this paper). The study proposes a framework that allows for systematizing the interactions through which the scholars communicate criticism, exploiting the options offered by the argumentative roles and the available textual genres. The proposed model applies to the analyses of concrete sequences of texts expressing criticism, independently of their classification as a polemic, controversy or debate.

Criticism is treated here as an overarching term. It is an activity that is related to critical thinking, and is considered to be an essential aspect of scholarly activity. "Critical thinking is thinking about another product of thought (an argument, claim, theory, definition, hypothesis, question, or problem) in a special skeptically deliberative, evaluative way" (Govier 1987: 238). The concept of evaluation relates critical thinking to criteria that may involve the formulation of either positive or negative judgments. In this article, I will concentrate on the cases of the negative judgment and/or negation, i.e. these that are commonly called "criticisms" and that may be communicated through publications in the form of refutation, polemics, controversy. Due to the space limitations, the only case discussed here is a prototypical direct interaction between scholars that concerns one particular text.

2. Framework for describing interactions expressing criticisms within written university discourse

The corpus allows for distinguishing at least four levels of published interactions involving the expression of criticism. For the completeness of the model, the four levels are preceded by Level 0 that embraces expressions of criticisms that are not published. The model is open to include also Levels 5, 6 or subsequent levels; however, in the present study, I was unable to find any example beyond Level 4. Before entering a detailed presentation, a general overview of the framework may be summarized as follows:

Level	Communicative goal	Interactions through autonomous texts
0	Prepublicational criticism	…
1	Text(s)	Kayser D. (1987), « Une sémantique qui n'a pas de sens », *Langages* 87, 33-45.
2	Critical reaction	Kleiber G. & M. Riegel (1989), « Une sémantique qui n'a pas de sens n'a vraiment pas de sens », *Linguisticae Investigationes* XIII/2, 405-417.
3	Critical reaction to a critical reaction	Kayser D. (1989), « Réponse à Kleiber et Riegel », *Linguisticae Investigationes* XIII/2, 419-422.
4	Critical reaction to a critical reaction to a critical reaction	Kleiber G. & M. Riegel (1991), « Sens lexical et interprétations référentielles. Un écho à la réponse de D. Kayser », *Linguisticae Investigationes* XV/1, 181-201.
5	Critical reaction to a critical reaction to a critical reaction to a critical reaction	?

Figure 1. Levels of interaction through autonomous texts in written university discourse

The Level 0 refers to the pre-publication criticism, or peer review, that precedes the actual publication. The pre-publication criticism may be informal or formal. The informal one embraces the critical comments by colleagues, both oral and written. The formal one manifests through written pre-publication reviews, both signed and blind (for an analysis, see Ventola 1998). Since the object of analysis in this paper is the occurrences of published university genres, pre-publication criticism is discussed but only to a limited extent.

The corrections introduced after the pre-publication criticism to the published texts as the rule are not specially marked in the final version of the Level 1 text. Therefore, the contribution offered by the pre-publication criticism is usually indistinguishable from what counts as the original authorial version. Only in very rare cases are the corrections explicitly attributed to the reviewer. However, the overt acknowledgment regards rather a genuinely new insight by the reviewer (e.g. *I owe this idea to X*) than his merits in eliminating errors. The author sometimes recognizes rather generally the value of the informed criticism by conventional formulas of gratitude (e.g. *I am indebted to X / to anonymous reviewers for their constructive criticism; For thoughtful comments on an earlier draft, I am grateful to X and three anonymous reviewers*), often accompanied by the expressions that protect the pre-publication reviewers from any future potential refutation (e.g. *It goes without saying that all the remaining errors are my own responsibility*).

Principes et typologie des discours universitaires

3. Level 1

Level 1, as illustrated in the above example, is treated as the point of reference for texts belonging to the previous and subsequent levels. The Level 1 texts function as neutral, unmarked stage of the communication of one's own research through publication.

The written texts belonging to the Level 1 are a monologue in the sense that they are work of a single author. Even if the text is by more than one author, it is a monologue by virtue of fact that authors decide to speak with one voice, to share responsibility for the ideas expressed and, if needed, to respond jointly to any future criticisms. Thus, following the practice of university discourses, published texts count as monologic also in the sense that they are treated as personal record of single authors and contribute to make everyone's professional reputation. For the convenience of description, the author of the Level 1 text, called here the "Proponent" is referred to as "she", in contrast to other argumentative roles referred to as "he".

Thus in a text conceived as a monologue, the Proponent formulates her claims, contextualizing them in relation to what is proposed by other scholars. The Proponent may take a consensual or a critical stance towards previously reported ideas. Taking into account others' discourse has been theorized within different frameworks: as a dialogue, quasi-dialogue (Dascal 1989), interactions, intertextuality, reported speech or the bibliometric concept of impact factor.

None of the available frameworks seems able to capture the peculiarities of the expression of criticism through the written texts. For the purposes of the present description, the concept of 'interaction', used both in discourse studies and in argumentation studies, will be applied to the acts of referring to and evaluating others' ideas.

In the collected examples, there are two partially overlapping ways of interacting while criticizing other's work. On one hand, there are Level 1 texts, in which the interactions with others are merely projected by the author through quotations and other forms of reference within her text. On the other hand, there are texts ascribed, respectively, to the Level 2, 3 or 4 which have a double structure: they both *present* the interactions through reported speech, but also, taken as a whole, they *are* subsequent occurrences of direct authorial speech that constitute a part of interaction as an autonomous "dialogical turn" (in the broad sense of "dialogue") in an ongoing dispute, as illustrated by the Fig. 1 above.

Such a view on interaction within and through written texts has also consequences for argumentation conceived of as interaction. The models of argumentation that take as their starting point the oral interaction (e.g. Plantin 2005) embrace the Proponent, the Opponent and the Third party (corresponding roughly to the Audience within the rhetorical framework). Within the oral interactions, thus, the Proponent's counterpart is the Opponent, a participant whose ideas are at odds with these of the Proponent and who voices them in his own conversational turns.

However, in the written genres, the alleged "Opponent" shares only one feature with an actual one: his words are treated as a trigger to the Proponent's critique. The supposed "dialogical interactions", in different forms of reported discourse, are merely projections by the Proponent in her text in function of her own argumentative agenda. The quoted scholar in most cases is not even aware of being referred to in a Proponent's text. Therefore, he does not fulfill the role of an actual Opponent, i.e. the one who is able to formulate his own counterarguments on the spot and to realize his own argumentative agenda.

Thus, in order to distinguish the role of an autonomous Opponent that intervenes by means of his own actual conversational turns from the argumentative role imposed by the Proponent to a quoted author, it is useful to make a terminological distinction between the two. The status of the 'Opponent' is reserved to the participant who voices his own ideas in his own dialogical turns, both referring to the Proponent's arguments as well as realizing his own argumentative agenda. In terms of the model proposed here, the Opponent is the author of a Level 2 and 4 texts. It should be noted that, contrary to the common descriptive practice according to which the roles of the Proponent and Opponent are interchangeable, for the ease of presentation both terms are associated, respectively, with the author of the original text and with the author of a subsequent reaction. In the Figure 1, the Proponent is Kayser, the author of Level 1 and Level 3 texts where the original idea is formulated and defended, while the Opponents are Kleiber and Riegel, authors of Level 2 and Level 4 texts that attack the original Proponent's idea.

Instead, a scholar who is quoted without having any possibility of reacting while his ideas are criticized in Proponent's text, is called Critiquee. The passive voice (Critiquee) captures the sense that the quoted scholar is generally unaware that his words have been criticized by another author. Therefore, he is not able to react actively within such a supposed "dialogical interaction" before its publication, when the "dialogue" and "interactions" are already fixed and unchangeable.

According to the above-discussed sense of "criticism", the term applies both to positive and negative evaluations according to the informed professional standards. This broad notion of criticism is useful since Critiquee's ideas may be evaluated by the Proponent positively in some respects and negatively in others. As stated above, for the purposes of this paper, only the negative evaluations are taken into account.

The Level 1 texts may be involved in horizontal and vertical interactions. The interplay between the two is illustrated in the Fig. 2 below through selected contributions from the ongoing disciplinary dispute on colour terms:

1	Berlin and Kay (1969) Basic Colour Terms: Their Universality and Evolution.	Wierzbicka (1990) "The meaning of colour terms: semantics, culture, and cognition".	Kay (2006) "Methodological Issues in Cross-Language Colour Naming"	Wierzbicka (2008) "Why there are no 'colour universals' in language and thought'	Kay and Kuehni (2008) "Why colour words are really… colour words"
2		Kemmerer (1999) "Neuroscientific Evidence Against Wierzbicka's Analysis of the Meanings of Basic Colour Terms".			

Figure 2. Bifurcation: Level 1 - Level 1 interactions vs. Level 1 - Level 2 interactions

At Level 1, all authors adopt the role of the Proponents, with mainly positive argumentative agenda, even if they decide to criticize the alternative approaches. The titles suggest that the Level 1 texts do offer possibility of criticism and/or expression of conflict of epistemic interpretations, without resorting to the direct confrontation in the form of a Level 2 text.

Some of the Level 1 texts (such as Wierzbicka's paper in the above-reported example) are, however, reacted on not by means of another Level 1 text, but through a Level 2 text. It is an explicitly negative reaction, directed individually against a particular contribution. The author of such a Level 2 text chooses to put himself in the role of the Opponent, dedicating his contribution to pointing out the inconsistencies in other scholar's research (see below, section 4).

Level 1 texts are monologic by virtue of the adopted definition, with the voices of the Critiquees organized by the Proponent in function of her argumentative agenda. The realizations of informed criticism at the Level 1 texts are extremely varied. The cline of realizations goes from the substantially confirmatory argumentations to the mainly critical ones. Indeed, in some texts the Critiquees quotations are used prevalently for supporting the Proponent's views. In others, the criticisms manifest in balanced confirmatory and refutatory passages. Some texts are instead dedicated to negative evaluation. The scope and manifestations of such criticisms vary: the critical stance may apply to a single text authored by a scholar or to the approach adopted by many researchers (e.g. Singh ed. 1996 *Towards a Critical Sociolinguistics*).

The assignment of critical texts to Level 1 or Level 2 is sometimes problematic. The objective criteria may embrace the title and some features of the content; however, the relatively subjective factor of the author's intention also turns out to be relevant.

The criterion of title in many cases allows for disambiguating the intentions. Orientatively, the Level 1 titles are, as a rule, *ad rem* (i.e. they discuss a disciplinary topic within the Proponent's own argumentative agenda). Instead, the Level 2 texts frequently are formulated in an *ad personam* way (not in the sense of an argumentative fallacy, but

Principes et typologie des discours universitaires

in the sense that the title contains the name of the author of the criticized text, as in Examples 1 and 2 above).

However, the distinction does not apply in all cases. In the case of the books, the titles are formulated more frequently *ad rem*, but sometimes also *ad personam*. For example, the book by Sokal and Bricmont (1998) *Impostures intellectuelles* has the title *ad rem*, but the titles of some of the chapters are formulated *ad personam* or, perhaps, *de persona* (e.g. "Jacques Lacan"). On the other hand, different Level 1 texts bear titles that do identify the discussed scholar's name. Some of them are designed as informed criticism that shows the presented scholar's importance (e.g. Lyons 1971 *Chomsky*), others display the informed criticism that leads the author to mainly negative evaluations (e.g. Macmillan 1996 *Freud evaluated. The completed arc*).

From the perspective of Level 2, its prototypical examples are formulated in an *ad personam* way, mentioning not only the criticized author's name, but also signaling the negative stance (as the above reported "Neuroscientific Evidence Against Wierzbicka's Analysis of the Meanings of Basic Colour Terms"). Through the title, the conflict of epistemic interpretations is presented as Proponent-Opponent interaction, displayed in front of the disciplinary Audience.

However, at Level 2 there are sometimes titles apparently *ad rem* (e.g. *Une sémantique qui n'a pas de sens n'a vraiment pas de sens*). In this particular case, the repetition of the original terms hints at the Level 1 text, permitting insiders of the discipline to categorize the text as a reaction to a previous text, even without an *ad personam* title nor any other explicit lexical cue (such as *against, critique* or expressions of negation). Some texts are preceded by a clearly *ad rem* title and only the content reveals the critical stance of the author (e.g. Segerdahl 1998 "Scientific Studies of Aspects of Everyday Life. The Example of Conversational Analysis", as well as Segerdahl 2003 "Conversational analysis as rigorous science", both dedicated to severe criticism of the conversational analysis by Sacks, Schegloff and Jefferson).

The variety of titles suggests the previously-mentioned subjective criterion of author's intention. The Level 2 texts are extremely delicate from the interpersonal point of view, the refutation and the reputation being strictly intertwined. Therefore, many authors, even while actually intending to criticize the particular text of a scholar, prefer to do it within the textual genres available at the Level 1.

A Level 1 text indeed permits the author to adopt the role of the Proponent that, at least apparently, addresses problems in an *ad rem* way. This allows her to minimize the interpersonal impact of a negative, public evaluation of other scholars.

The Level 2 forms, instead, whose titles overtly (i.e. *ad personam*) or at least understandably (e.g. through an allusion to the original title) signal that they are designed as a critical answer to a Level 1 text, involve a stronger, interpersonal stance. A Level 2 text makes the author to adopt the argumentative role of the Opponent, a role that is both intellectually difficult and emotionally delicate. Furthermore, the Opponent, taking this explicitly critical stance, exposes himself to the risk of being refuted on his side by the original Proponent in a subsequent Level 3 text.

Thus, it is the case that Level 1 texts lend themselves to a twofold interpretation. From the "horizontal" perspective, Level 1 comprises any sort of monologic texts that have, as a rule, *ad rem* titles and present the Proponent's positive claims, contextualized with respect to those of the Critiquees. The Level 1 text, therefore, allows for the expression of any content, from a mainly positive and consensual position through the

Principes et typologie des discours universitaires

one that is mainly negative and critical. Therefore, it remains a constantly available communicative option: when attacked by an Opponent through a Level 2 text, the original Proponent is not forced to follow a "vertical", personal exchange by writing a Level 3 text and to maintain a Proponent-Opponent relation. The Proponent may take into account the criticisms in another Level 1 text, where the answer will be absorbed into argumentative agenda dedicated to a new claim, instead of being conceived only as a reply to the Opponent. In the "horizontal" perspective, the main communicative pattern is therefore: Proponent [vs. Critiquees] - Audience (to which belong other actual or potential Proponents and Opponents). Expressing it metaphorically, Level 1 texts may be conceived of as solo parties of different Proponents within the choir of disciplinary voices.

From the "vertical" perspective, it is the Level 2 author that transforms a Level 1 text into the actual first "dialogical turn". Moreover, such an exchange may be extended into subsequent "dialogical turns", reaching even the stage of Level 4. The critic's choice to adopt the role of the Opponent, instead of using a Level 1 format and taking the role of a Proponent, changes the pattern of interaction from the above mentioned into: Proponent [vs. Critiquees] - Opponent - Audience (to which belong other actual or potential Proponents and Opponents). Extending the above-mentioned musical metaphor, the Proponent-Opponent interaction could be seen as a duet to be enacted in front of a particular disciplinary Audience; however, since the second voice is an unexpected challenge rather than support, the duet transforms into a duel.

4. Level 2

With respect to the Level 1 texts that constitute the unmarked way of communicating ideas, texts at Level 2 are marked as reaction to the others' texts. Only in relatively rare cases, a member of the disciplinary Audience chooses to react at the Proponent's claims by writing a meta-textual, derivative, *de dicto* text, dedicated to the critical discussion of the claims contained within a Level 1 text. Such a choice of a "duet" (or rather duel) format is rather unusual: it is applied to the texts regarded as influential or at least emerging from others, worthy of dedicating them a special attention in a full-blown autonomous published text.

There are two main types of the texts belonging to Level 2: reviews and polemical articles (for a typology of meta-texts, see Załęska 2008). In reviews, the criticism may involve both positive and negative evaluations, and their authors as a rule do not adopt the argumentative role of Opponents. The Level 3 texts dedicated only to the Proponent's answers to the reviewers are very rare and occur in the cases of severe critiques regarded by the Proponent as blatantly unjustified.

In the polemical article, instead, the author explicitly adopts the role of the Opponent, as in the vertical interactions illustrated in the Fig. 2 above (Level 1: Wierzbicka 1990; Level 2: Kemmerer 1999). Such an exchange resembles an actual dialogue, although carried out through written means and temporally delayed (Level 1 - 1990; Level 2 - 1999). The sequential or "vertical" exchange comprises two autonomous "dialogical turns", with the possibility to continuing the exchange. Therefore, while the Level 1 criticisms are addressed against active, retired or deceased scholars, Level 2 texts are directed only to the active authors, potentially able to react in a Level 1 or Level 3 text.

As mentioned above, the categorization of critical texts into Level 1 or Level 2 is sometimes obscured by the idiosyncratic interplays of the title, content and communicative intention. Besides the differences discussed in the Section 3 above, the formulation of the title *ad rem* or *ad personam* depends on whether the action and reaction were spontaneous or planned.

The Gricean principle of cooperation (Grice 1975), applied to the oral communication, assumes that the participants will contribute to the dialogue as long as needed and they will not withdraw their contributions before reaching a state satisfactory for both parts. Within written university genres, a reaction is desired (since it translates into the highly appreciated impact factor), but, in naturally occurring scientific communication, it can hardly be planned or expected by the Proponent.

A Level 2 reaction as a rule is spontaneous, such as in the examples in Figures 1 and 2 above. In such cases, a Level 2 text may appear years later in a publication or professional journal different from where the original appeared. This makes such interactions often difficult to detect. In the spontaneous interactions, it seems that the Opponents favour *ad personam* titles that clearly identify the polemical intent. Collaterally, the *ad personam* titles may also create an effect of an individual, even personal, conflict of interpretations, displayed in front of the university Audience.

Sometimes, however, the written texts may be actually projected as dialogical interactions, not by the Proponent herself, but by the editors responsible for the design of the "hypertext", such as proceedings of a conference or a special number of a professional journal. In such a case, one volume may embrace the Level 1 texts *ad rem*, the subsequent section dedicated to the Level 2 feedback, or even the original Proponent's Level 3 reaction (see Section 5, following).

As in the case of reviews, such an elicited feedback represents an informed criticism, positive or negative, rather than mere opposition to the Proponent's claims. In the cases of planned feedback, i.e. when all the critical comments are put into the same section in the volume and their critical character is evident, their titles may be formulated both *ad personam* or *ad rem*. Indeed, the very design of the "hypertext" clearly reveals the intent of the Level 2 text, even without identifying the Proponent against whom the criticism is directed. An illustration is the Figure 3 (in Section 5, following): the title of the Level 2 comments by the Opponent (in this case: Dekker "Cases, Adverbs, Situations and Events", a reaction on von Fintel's paper) does not allow to the reader identify von Fintel as a criticized Proponent nor even to detect the critical intent of the text. In such cases, it is the hypertext, as well as the title of the following answer, that permits the identification of the text as corresponding to the characteristics of the Level 2. The Figure 3 below may serve as an illustration: the volume is divided into three sections that categorize the communicative interactions (proposals, criticisms and answers) and the Level 3 titles further specify the Opponents (Dekker and de Swart, in the example) to which the Proponent replies.

5. Level 3

The original Proponent, if informed about the Level 2 criticisms (in the case of the spontaneous comments), may choose not to answer at all or to address the criticisms in a Level 1 text, choosing the above identified pattern (Proponent [vs. Critiquees] - Audience) of entering the disciplinary debate.

However, she may choose also to continue the "vertical" interaction, publishing a text belonging to the Level 3. Its dialogical character is manifested by the frequent use of formulations such as *reply to...*, absent at the Level 2 that is only a reaction, not an answer. Choosing the Level 3 format, the author continues the communicative pattern: Proponent [vs. Critiquees] - Opponent - Audience, i.e. she maintains the character of an individual interaction, displayed in front of the disciplinary community, that has been adopted by the Opponent.

As in the case of the Level 2, the Level 3 text may be spontaneous or planned. In the former case, similarly to the previously discussed Level 2 criticisms, the answer sometimes is published with a delay, although not as long as in some cases of Level 2 texts.

However, the Level 3 text may also be planned, in order to give the original Proponent the last word while defending her claims, as in the Fig. 3 below. The papers selected as illustration concentrate on von Fintel's Level 1 text. Since some Level 2 texts address also Krifka's paper, the Level 3 replies by von Fintel and Krifka are included:

Source:	Kamp H. & B. H. Partee (ed.) (2004), *Context-Dependence in the Analysis of Linguistic Meaning*. Amsterdam - Boston etc., Elsevier.
Level 1	von Fintel K., "A Minimal Theory of Adverbial Quantification", 137-176.
Level 2	Hajicova E. & P. Sgall, "Remarks on Focus Sensitive Particles (to Krifka's and Von Fintel's Papers)", 421-424. Berman St., "Comments on Beaver's and von Fintel's Theories of Presupposition", 363-374. de Swart H., "Topichood and the Stage/Individual Distinction", 489-500. Dekker P., "Cases, Adverbs, Situations and Events", 383-404.
Level 3	von Fintel K, "Minimal Replies to Dekker, Hajicova and Sgall, Berman and de Swart", 541-548. Krifka M., "Replies to Rooth, Bartels, Asher and Peregrin", 549-552.

Figure 3. Planned interactions, selective replies: Level 1 - Level 2 - Level 3

Even if the overall design of the volume invites a Level 2 individual feedback, such a reaction occurs only in respect of texts that happened to attract attention of other authors. The same seems to apply, at least in some cases, to the Level 3 reactions. In the example reported above, von Fintel's replies to all his Opponents, while Krifka chooses not to answer to Hajicova and Sgall's Level 2 comments.

A curious example of the planned critical interactions reaching the Level 3 is the following example of a *Festschrift*, i.e. a genre that by definition is laudatory. In this particular case, due to the well known polemical brio of Roy Harris, the editors decided to elicit the Level 2 critical comments by his Opponents. The editors' motivations, exposed in the preface, allude to the concept of informed criticism adopted here:

> [...] we decided on a collection of critical essays. Contributors were asked to focus on (an aspect of) Roy's work, and either develop or rebut some specific point he has made, or else endorse or reject his whole approach to a given area of linguistic inquiry; Roy himself was invited to write a composite reply
>
> (Wolf & Love 1997: ix)

The editors' comments are revealing also with respect to the value of informed criticism as a way of appreciation:

> "A collection such as following is appropriate because [...] Roy is best known for the many controversial things he has said not so much within linguistics as about it. For reasons to do with the way it has come to be institutionalized, academic linguistics is on the whole unfriendly to controversialists as wholehearted and thoroughgoing as he has never flinched from being. Having issued our invitation to potential contributors, we were therefore confident that there would be a great deal more rejecting than endorsing in the eventual book. So confident were we of this that the working title was *A Blastschrift for Roy Harris*. We sat back waiting for adverse, even hostile commentary. On one level, a Blastschrift is an anti-Festschrift. But a Blastschrift is not as backhanded an honour as it might at first appear: on another level it pays its anti-honor and the compliment of taking his work seriously enough to subject it to criticism" (Wolf & Love 1997: ix)

In the discussed case, the planned interaction that reaches the Level 3 leaves the last word to the Proponent, as illustrated in the Fig. 4.

Source:	Wolf G. & N. Love (es.) (1997), *Linguistics Inside Out. Roy Harris and His Critics*, Amsterdam, Benjamins.
Level 1	different texts by Roy Harris
Level 2	11 contributions, e.g. Borsley R. D. & Fr. J. Newmeyer, "The Language Muddle: Roy Harris and Generative Grammar", 42-64.
Level 3	Harris R., "From an Integrational Point of View", 229-310.

Figure 4. Planned interactions: Level 1 - Level 2 - Level 3

The titles used at the Level 3 contain lexical cues that specify their character of an answer, i.e. a third dialogical turn in the ongoing written exchange, as well as the function of an individual interaction with a concrete scholar displayed in front of a particular academic community.

6. Level 4

The occurrences of interactions reaching the Level 4 are extremely rare and as a rule they remain cases of famous, memorable polemics, in which the Opponent insists on his critique in spite of the Proponent's reply. An illustration was reported in Fig. 1 that shows a spontaneous exchange reaching the Level 4 and becoming more and more personal, even aggressive. I am not aware of any example of planned interactions till the Level 4 that would leave the last word to the Opponent.

Principes et typologie des discours universitaires

Although it is not theoretically impossible to continue at the Level 5, 6 and beyond, I didn't find examples of exchanges above Level 4. Until contrary evidence is furnished, it seems that in reaching Level 4 criticisms are perceived by the disciplinary Audience as unnecessarily personal and fixed on the defense of individual convictions instead than on seeking constructive solutions for the benefit of a disciplinary community and its body of knowledge.

7. Conclusions

The qualitative differences between the critiques formulated within the "horizontal" Level 1 interactions as opposed to the "vertical" Level 2, 3, 4 interactions ere visible from three complementary perspectives: textual, interpersonal and argumentative.

From the textual point of view, the "horizontal" interactions constitute the unmarked, prototypical cases of the disciplinary communication. They contribute to what can be called the disciplinary buzz, i.e. the ongoing communication of different approaches to the disciplinary subjects. By default, the Level 1 texts are expected to present new ideas, corroborated by Proponent's own research based on the newly collected corpus. The other authors' ideas are functional to such a new insight, since they serve to contextualize the novelty of the research with respect to what has been done before. The consensual or adversarial stance of the Level 1 texts manifests itself in the content rather than in the title. Compared to the "horizontal" interactions, the "vertical" ones are marked and uncommon. They belong to a broader category of meta-texts. Level 2, 3, 4 interactions are by default dedicated to the negative evaluation of previous text(s) and to the counterargumentation. The Level 4 texts seem to be the last acceptable form of "vertical" interactions, concentrated on what has already been said. At the Level 4 the "vertical" exchange of mutual criticisms stops more often than it ends. If the Proponent or the Opponent find it compelling to pursue the polemic, their respective negative stances are integrated within a Level 1 "horizontal" exchange. Such a reduction of overt polemic into Level 1's more hidden interactions suggests that the actual communicative practices enhance the empirical or theoretical research based on the linguistic data rather than endless analyses of the errors committed in the previous argumentations by single Critiquees.

The "horizontal" or "vertical" design of interactions through written texts has an impact on the interpersonal level. The "horizontal" Level 1 texts are addressed to the disciplinary community in general. The Critique's professional reputation is not overtly put at stake in the title of the text. Also the "vertical" interactions apparently have a collective addressee; however, since the name of the Critiquee or a clear allusion to his words appear in the title that announces a radical rejection, they are far more threatening for the face of the Critiquee, even if unaware of being publicly criticized.

As stated above, the title sometimes does not allow to distinguish between the Level 1 or Level 2 texts. The argumentative design of the text reveals often a useful indicator of how these less prototypical texts should be categorized. While the "horizontal" Level 1 texts contain mainly the argumentation, from the Level 2 on in the "vertical" exchanges counterargumentation prevails. Besides, as mentioned before, in the "horizontal" Level 1 texts *de re* component (i.e. the original analysis of data by the Proponent) overrides the *de dicto* level (i.e. a reference, positive or negative, to other authors' ideas in order to contextualize one's own research). From the Level 2 on, instead, the *de dicto* component (in this case, a critical analysis of what has been argued by a Critiquee) is more developed than the *de re* component (that in this case manifests itself mainly as counterexamples that serve to reject the Critiquee's arguments). The quantitative prevalence of the Level 1 "horizontal" texts over "vertical" exchanges suggests that the argumentation based on the extratextual *de re* evidence is preferred over the *de dicto* intertextual and reflexive one.

The distinction between the horizontal and vertical interactions poses also interesting questions regarding differences between mainly consensual and agonistic written university genres. A frequently used metaphor speaks about the "dialogue" or "dialogism" of science. However, as explained above, only the agonistic written genres can happen to be displayed in "vertical" interactions similar to the conversational turns in the actual dialogue. The consensual argumentation, in which others' ideas are generally accepted and further discussed in subsequent texts, seems not to be displayed in a "vertical" sequence of a text-proposition and a text-answer. It is the intertextuality within the Level 1 texts that is treated as manifestations of "dialogue".

The proposed model invites further study on the criteria that permit to distinguish the Level 1 from the Level 2, as well as research on the growing personalization of conflict while reaching the Level 2, 3 or 4. The contrastive studies would allow for describing the differences among various languages and disciplines in the fine art of disagreeing.

Acknowledgments

The research has been conducted thanks to the research fund, generously granted to me by the A. Mellon Foundation at FMSH in Paris.

References

BERLIN B. & P. KAY (1969), *Basic Colour Terms: Their Universality and Evolution*, Berkeley and Los Angeles, University of California.
DASCAL M. (1989), "Controversies as quasi-dialogues", in E. Weigand & F. Hundsnurscher (ed.), *Dialoganalyse*, II (Referate des 2. Arbeitstagung, Bochum 1988), vol. 1. Tübingen, Niemeyer, 147-159.
GARAND D. (1989), *La griffe du polémique. Le conflit entre régionalistes et exotiques au Québec*, Montréal, L'Hexagone.
—— (1998), « Propositions méthodologiques pour l'étude du polémique », in D. Garand & A. Hayward (éd.), *États du polémique, Les cahiers du centre de recherche en littérature québécoise* 22, Montréal, Nota Bene, 211-268.
GOVIER T. (1987), *Problems in Argumentation Analysis and Evaluation*, Dordrecht - Holland / Providence RI, USA, Foris Publications.
GRICE P. H. (1975), "Logic and Conversation", in P. Cole & J. L. Morgan (ed.), *Syntax and Semantics. Vol. 3. Speech Acts*, New York, Academic Press, 41-58.
KAMP H. & B. PARTEE (ed.) (2004), *Context-Dependence in the Analysis of Linguistic Meaning*, Amsterdam /Boston etc., Elsevier.

KAY P. (2006), "Methodological Issues in Cross-Language Colour-Naming (pdf)"; first appeared 1999 in French as « La recherche interlinguistique sur les noms de couleur: Quelques considérations méthodologiques », *Anthropologie et Sociétés 23*, 69-90; english version appeared in 2006 in Ch. Jourdan & K. Tuite (ed.), *Language, Culture and Society*, Cambridge, Cambridge University Press, 115-134.

—— & R. G. KUEHNI (2008), "Why colour words are really... colour words", submitted to the *Journal of the Royal Anthropological Institute* (June 2008), available at: http://www.icsi.berkeley.edu/~kay/wierz.comment.pdf

KEMMERER D. (1999), "Neuroscientific Evidence Against Wierzbicka's Analysis of the Meanings of Basic Colour Terms", in M. Hiraga, Ch. Sinha & S. Wilcox (ed.), *Cultural, psychological and typological issues in cognitive linguistics*, Amsterdam, Benjamins.

KERBRAT-ORECCHIONI C. (1980), « La polémique et ses définitions », *Le discours polémique*, Lyon, Presses Universitaires de Lyon, 3-40.

LYONS J. (1971), *Chomsky*, London, Collins/Fontana.

MACMILLAN M. (1996), *Freud evaluated. The completed arc*, Cambridge, MIT Press.

MOESCHLER J. (1982), *Dire et contredire. Pragmatique de la négation et acte de réfutation dans la conversation*, Berne, Peter Lang.

PLANTIN Chr. (2002), « Des polémistes aux polémiqueurs », in M. Murat, G. Declercq & J. Dangel (éd.), *La parole polémique*, Paris, Champion, 377-408.

—— (2005), *L'argumentation. Histoire, théories et perspectives*, Paris, Presses Universitaires de France.

SEGERDAHL P. (1998), "Scientific Studies of Aspects of Everyday Life. The Example of Conversational Analysis", *Language and Communication 18 (4)*, 275-328.

SEGERDAHL P. (2003), "5. Conversation analysis as rigorous science", in C. L. Prevignano & P. J. Thibault (ed.), *Discussing Conversational Analysis. The work of Emanuel A. Schegloff*, Amsterdam, Benjamins, 91-108.

SINGH R. (ed.) (1996), *Towards a Critical Sociolinguistics*, Amsterdam, Benjamins.

SOKAL A. & J. BRICMONT (1997), *Impostures intellectuelles*, Paris, Éditions Odile Jacob.

VENTOLA E. (1998), « Interpersonal choices in academic work », in A. Sànchez Macarro & R. Carter (ed.) *Linguistic Choices across Genres. Variation in Spoken and Written English*, Amsterdam, Benjamins, 117-136.

WIERZBICKA A. (1990), "The meaning of colour terms: semantics, culture, and cognition", *Cognitive Linguistics 1*, 99-150.

—— (2008), "Why there are no 'colour universals' in language and thought", *Journal of the Royal Anthropological Institute (N. S.)* 14, 407-425.

WOLF G. & N. LOVE (1997), "Preface", in G. Wolf & N. Love (ed.), ix-x.

—— (ed.) (1997), *Linguistics Inside Out. Roy Harris and His Critics*, Amsterdam, Benjamins.

ZAŁĘSKA M. (2007), "Refutacja retoryczna a procedura falsyfikacji w nauce", *Forum Artis Rhetoricae* 3-4 (10-11), 83-96.

—— (2008) "Meta-teksty, metahistoria i retoryka", *Forum Artis Rhetoricae* 3-4 (14-15), 24-42.

L'HARMATTAN, ITALIA
Via Degli Artisti 15 ; 10124 Torino

L'HARMATTAN HONGRIE
Könyvesbolt ; Kossuth L. u. 14-16
1053 Budapest

L'HARMATTAN BURKINA FASO
Rue 15.167 Route du Pô Patte d'oie
12 BP 226 Ouagadougou 12
(00226) 76 59 79 86

ESPACE L'HARMATTAN KINSHASA
Faculté des Sciences Sociales,
Politiques et Administratives
BP243, KIN XI ; Université de Kinshasa

L'HARMATTAN GUINÉE
Almamya Rue KA 028 en face du restaurant le cèdre
OKB agency BP 3470 Conakry
(00224) 60 20 85 08
harmattanguinee@yahoo.fr

L'HARMATTAN CÔTE D'IVOIRE
M. Etien N'dah Ahmon
Résidence Karl / cité des arts
Abidjan-Cocody 03 BP 1588 Abidjan 03
(00225) 05 77 87 31

L'HARMATTAN MAURITANIE
Espace El Kettab du livre francophone
N° 472 avenue Palais des Congrès
BP 316 Nouakchott
(00222) 63 25 980

L'HARMATTAN CAMEROUN
Immeuble Olympia face à la Camair
BP 11486 Yaoundé
(237) 458.67.00/976.61.66
harmattancam@yahoo.fr

L'HARMATTAN SÉNÉGAL
« Villa Rose », rue de Diourbel X G, Point E
BP 45034 Dakar FANN
(00221) 33 825 98 58 / 77 242 25 08
senharmattan@gmail.com

655904 - Mai 2016
Achevé d'imprimer par